读听思写

READING · LISTENING · THINKING · WRITING

佘江涛 著

江苏人民出版社

图书在版编目(CIP)数据

读听思写/佘江涛著.—南京:江苏人民出版社,2024.3(2024.6重印)

ISBN 978-7-214-28392-4

Ⅰ.①读… Ⅱ.①佘… Ⅲ.①社会科学-文集 Ⅳ.①C53

中国国家版本馆CIP数据核字(2023)第185534号

书　　名　读听思写
著　　者　佘江涛
责任编辑　强　薇
特约编辑　王光亚
装帧设计　潇　枫
责任监制　王　娟
出版发行　江苏人民出版社
地　　址　南京市湖南路1号A楼,邮编:210009
照　　排　江苏凤凰制版有限公司
印　　刷　南京爱德印刷有限公司
开　　本　890毫米×1240毫米　1/32
印　　张　18　插页4
字　　数　420千字
版　　次　2024年3月第1版
印　　次　2024年6月第4次印刷
标准书号　ISBN 978-7-214-28392-4
定　　价　90.00元

何谓自己写的好文？一是深度阅读、聆听、思考、实践、体验等混成的结果；二是过了很久再读觉得耳目一新，有似曾相识燕归来之感，甚至都记不清是自己写的；三是看了竟然还能启迪自我，引发新的思考。

目录

第二乐章 —— 阅读

第三乐章——听乐

第四乐章——零碎而结构的思考和写作

尾　声

第一乐章　读听思写

智慧是终生自我教育一步步前行的结果

智慧的路径：通过读思写提高社会实践、生活的智商和适应力；通过读思写提高职业的生存和发展的能力，通过读思写实现终生自我教育；通过高级的读思写逐步达到读思写的四个终点；文化以读思写为主体，又超越读思写；这样走下去，接近智慧是可能的。（见《读、思、写的几个终点》）

读思写不一定能发现和解放自己，但发现和解放自己一定需要读思写——比智商高的是适应力，比适应力高的是读思写，比读思写高的是对多种文化语言的理解甚至掌握，最终可能得到把握世界和人生之道的智慧。后者不是前者的替代和舍弃，而是叠加和融合。智慧不是一个孤独的终点，而是一个点线交错的混沌结构。

读思写给予人社会交往和生存的力量

读思写赋予人意识，不少意识很快就遗忘了；但日积月累，却赋予人深厚的潜意识。当意识不够用的时候，潜意识就会出来帮忙。在这个意义上，潜意识比意识重要。生活不仅仅有意识的呈现，也有潜意识的底色。底色越厚，呈现越丰满。

我们不可能随时随地使用意识，且意识在一定时空难免会穷尽。弗洛伊德的精神分析学对无意识（潜意识）、前意识、意识三个层次的描述（后来进化为本我、自我和超我人格层次的描述），荣格的分析心理学对集体无意识（潜意识）、个人无意识（潜意识）、意识三个层次的描述，都说明了深层次的潜意识具有深海般的力量，意识只是波浪。

正如海明威在《午后之死》中所言：冰山运动之所以雄伟壮观，是因为它只有八分之一在水面上。

2019 年 10 月在俄罗斯文化中心《普京：权力的逻辑》的发布会上，我是最后一个致答谢辞的人。两个小时过去了，答谢辞里的话都给前面的发言者说完了，且现场译员只能翻译事先拟就的稿子。没有比最后念一篇被人说尽的稿子更令人抓狂的事情了。我的同事只好临时恳请一位俄罗斯女留学生翻译我的即兴致辞。我对她说，我说一句她翻译一句，你是钢琴大师斯维亚托斯拉夫·特奥菲洛维奇·里赫特，我是大提琴大师姆斯蒂斯拉夫·列奥波尔多维奇·罗斯托罗波维奇，我们上演一场二重奏。他们两人演奏的贝多芬五首大提琴奏鸣曲，以及他们的经历都给我留下了终生难忘的印象。她虽然面有难色，但对这一虚拟场景的想象使她欣然答应。答谢成了我一句、她一句的“音乐表演”。

以下是我的即兴发言的大概内容：

作为最后一个发言者，是上演三重悲剧：一重是与会者的耐心被两个小时消耗殆尽（他们在交头接耳，在玩手机，在等自助餐，在等例行公事早点结束）；二重是我没有去过俄罗斯；三重是我一点俄语都不会。但普京给我勇气（我像在做一场直播，举起了《普京：权力的逻辑》，大家的注意力开始集中了）。

理解普京，要具有俄罗斯的历史、东正教文化、文学、音乐等知识，否则难以理解普京的领导方式、历史抱负、文化自负。我并不想在这里卖弄我对俄罗斯文学、音乐的了解，我想问一下安娜·卡列尼娜的哥哥叫什么名字（在场的俄罗斯人一个也不知道，他们总算完全集中于我的讲话上来。我告诉他们是斯吉邦·阿尔卡迪奇·奥勃朗斯基，全场散落的俄罗斯钉子彻底被磁铁吸住了）。

随后我还是卖弄了俄罗斯文学、音乐方面的知识，告诉大家如何在俄罗斯的音乐背景下，在了解了一些俄罗斯历史、宗教、文学的基础上来阅读、体会译林出版社出版的《普京：权力的逻辑》。这部书不是一本罗列名人轶事的普通自传，它把普京个人和俄罗斯的历史、宗教、文化连接起来。一个礼节性的致辞变成了一堂文化课。我感到自己像马林斯基剧院的指挥捷杰耶夫，用指挥棒化腐朽之终曲为神奇的序曲。当我赞美马林斯基剧院的演出水平之后，俄国大使对我骄傲地说他自己也是彼得堡人。俄乌冲突之后，捷杰耶夫被欧洲“驱逐”回国，普京隆重地欢迎他光荣回归。2017年，我在伦敦看了他两场告别伦敦交响乐团的俄罗斯音乐的演出，爆棚的场景历历在目。现场听《火鸟》和《春之祭》的感受震撼无比，就此我喜欢上了斯特拉文斯基。

2016年我去伦敦，被英籍的华人能源专家邀请访问伯明翰大学。这只是一场礼节性的拜访，和大学副校长有半个小时的会见，看看有什么合作机会。无聊的寒暄开始了。副校长问我来过伯明翰吗，我说这是第一次；他又问我，对伯明翰这座城市及大学有什么了解吗？

这是一个应该回答nothing的问题。这时潜意识泛了上来，我说：

伯明翰城市交响乐团很有名，传奇指挥家西蒙·拉图曾经在这里做指挥。

英国最伟大的音乐家爱德华·埃尔加在伯明翰大学音乐学院任过职务。

文化批评的伯明翰学派的大本营在伯明翰大学当代文化研究中心。

《霍比特人》和《指环王》的作者托尔金是伯明翰人。

现代工艺美术大师威廉·莫里斯是伯明翰团体的最重要成员，我特别喜欢他的装饰风格。

莎士比亚是伯明翰附近埃文河畔的斯特拉福德镇人。

当然我对伯明翰大学自然科学方面的成就一无所知，当时也不知道李四光在这个学校的地质系毕业。

副校长来兴趣了，当即决定吃正式西餐，并决定派团考察凤凰传媒，探讨合作。随后几年，我见过了大学的校长和几位副校长，频繁互访，展开了一系列文化合作，并成立了中国第一家莎士比亚研究中心，致力翻译出版中文版的现代演出版本的莎士比亚戏剧（伯明翰大学的莎士比亚学院是全球最有名的）。

我没有小说家的耐心去描写和叙述两个故事的整个过程，但一切都是在毫无准备下完成，那时意识已经无能为力，依靠的全是潜意识的积淀、溢出和涌现，而这一切来自于大学时期的系统阅读和工作以后的随机阅读、聆听、观赏。这样的故事也发生在我和德国、法国、英国、美国、西班牙、韩国、日本、越南、印度、土耳其等国出版商的交往和合作中。只是这些记忆正在逐渐淡忘，沉入深海之中。

最近我基本上回到了当年大学中文系本科阅读的状态，听着古琴，阅读自己最喜欢的先秦两汉唐宋古文，以及诗经、古诗、唐宋的五律和五绝。在我心目中，除了先秦思想，它们是最为优秀的传统文化，部分地塑造了我的价值观、世界观、方法论和审美意识。

同时回到我当年大学中文系研究生的状态，沉浸于我喜爱的赫尔曼·黑塞、卡夫卡、加缪、伯尔的世界（译林出版社出版了黑塞和加缪作品非常好的版本），沉浸于安东·布鲁克纳、埃瑞克·萨蒂、舒曼、舒伯特、门德尔松安静舒缓的世界。他们的精神世界和我当下的心理状态有着间接和直接的分析心理学（analytic psychology）——不是精神分析学（psychoanalytic theory）——的关联。这些关联涉及从艺术家那里寻找自性化（individuation）的意志、勇气、安静、坦然，而非对这些艺术家做人格多层面的、内在的矛盾分析，去阐释和理解他们的艺术作品。

尤其是分析心理学大师荣格对于我而言越来越具有魅力，自性化的道路犹如海德格尔发现真理的林中之路。

荣格认为：人具有成为一个完整而独特的个体的内在需要，成为真正自己的这一过程就是自性化。

自性化包括三个方面：完整的人格、个人的独特性、接受与集体的关系，其中第一个方面最重要。自性化让人回到了内在的自我，回到了内在深处的自我，最终去实现强大、丰富、整一的人格。

自性化的过程可以分为四个阶段：发展面具，适应社会；面对阴影，认识内心；整合异质，实现完整；遇见自性，成为自己。前面三个阶段不一定循序渐进，有可能叠加和融合。

总而言之，自性化就是顺应潮流，发现自我，丰富自我，成就自我，能量内敛、集中而不弥散。

把荣格的自性化作为起点，从它出发去发现有深度的文学、艺术、思想、理论、学术，去进一步深化读思写，深化对其他文化形态的理解，并通过生活和实践，去接近智慧。起点极高，即使平移和下滑，也会令人仰视。

告别的和终生的

作为一个出版实践者，我已经从业30余年。30余年来，我一直非常珍惜出版作为文化传承、文明传播载体的责任和使命；也没有停止过对出版的思考和对思考相关的记录。我写作的《走向未来的出版》第一版、第二版、第三版是对出版实践、思考、记录的结构化汇总。

作为一个翻译者，我也翻译了一些难度较大的著作。翻译纯粹是为了更深入地理解某个出版种类所做的辅助工作，为了更方便和作者在较高的层次上进行交流。通过一句句、一段段的翻译，比照中文书籍，扎实学科基础。我的专业是文艺学，两条腿是哲学和英语，都是自学安装的。要理解历史学的本质和方法，理解宏观经济学、政治哲学、后现代社会以及后现代的性质，看中文书是方便之门，但精细和深度的理解，翻译是上山的路径。因此翻译了《纳粹德国：一部新的历史》《强迫症的历史：德国人的犹太恐惧症与大屠杀》《现代宏观经济学：起源、发展和现状》《政治哲学导论》《齐格蒙特·鲍曼：后现代性的预言家》等。

翻译是一件十分辛苦的事情，可信、达意、适合中文阅读的表达是非文学翻译的关键；专业知识甚至学术研究不到位，社科和人文的思想、理论、学术翻译不要碰。文学翻译除了可信、达意，还有语言风格的问题（不是中文的雅，雅只是一种风格，把文学作品都译成雅味真是怪怪的），更加困难。我在2014年后就告别了这个会导致颈椎炎、腰椎间盘突出、腰肌劳损的活。

不会告别的是终生的自我教育者，终生的读、思、写者。终生自我教育成本最低、最易获得、最好的方式是读思写。再往前一步，如果不止于读思写，做到知行合一、知人识事，智慧可能突然涌现出来。

终生的自我教育是最重要的教育，它贯通和延续家庭教育、学校教育，使得家庭教育、学校教育处于良性循环当中。没有良好的终生教育，家庭教育会凋敝，影响儿童健康人格的养成；学校教育会被绑架而扭曲，成为功利主义的平台。

需要高级一点的读思写，实现读思写的四个终点

需要阅读伟大的书和经典文学。它们都是文字语言力、作品结构力、精神力三强的作品，具有层次丰富、常读常新的特点。

对许多图书我不得不作提前的告别，此生看不完、听不完了，不存幻想。为了提前的告别，只读好书。参见后续文章《我读，一直读到终点》《和哲学家在一起的日子》《南京师范学院的购书记忆》，它们记录了我阅读的一些故事。

需要认真对待事实、真相、常识、逻辑、人生，以及他人的观点和角度，思考不走极端。这是健康的、健全的理性，不易获得、难以养育，较多地阅读科普图书是一条很好的路径。人做梦的时候是无所不知的神，思考的时候是小心谨慎的乞丐。

需要高语境写作，哪怕是笔记和随感，必须掌握文字语言的“3c”：语言简洁（clean），结构紧凑（compact），逻辑清晰（clear）。文字语言和整体结构都具有表达力。该说的说了，该留的留下。把弦外之音留给读者，期待大家用自己的经验、认知和想象力去领悟、填补、完成。

除了语言和结构的表达力，精神力尽量上层次。

值得注意的是，读思写不要限于文学，尤其不要局限于浪漫、励志、心灵鸡汤的文学，还要有更广阔的生态、政治、文化、经济、技术、文明，以及贯穿其中的制度、人性的视野，这

是一个大社会、大自然的视野。

文化不止于文字语言，文化是人类各种语言——图像语言、动作语言、声音语言、文字语言、数学语言——以及它们的表达方式，其中文字语言是最重要的，它的功能包括叙事（描写和叙述）、抒情、想象、象征、论理。对我而言，文字语言的功能最强大，最直接，甚至最锐利。

从文化角度看，知识分子分为：文人，掌握文字语言；艺术家，掌握图像语言，或动作语言，或声音语言；科学家，掌握数学语言；文化人，掌握多种语言；大学者，精通多种语言。能掌握一种语言已是了不起。成为文化人和大学者，需要通识教育，善待每一个课程；需要终生教育，扩大自己的语言疆域。

终生坚持、提升层次和贴近终点、继续超越，会逐渐生成智慧。

智慧生于人格、感觉和直觉、知识树、想象和创造的综合，通过实践、生活（没有生活和实践，没有挫折—苦难—磨练，没有知行合一，没有知人识事，一切终觉浅薄）、智商、适应力、读思写，通过图书、数学、音乐、绘画、舞蹈等各种文化语言，所有认知和智力渐渐生长、叠加、融合，可能突然进入顿悟。

智慧超越个人认知的四相——我相、他者相、众生相、寿者相，自由地游走在三重社会和五相世界当中。智慧是终生自我教育一步步前行的结果。（见《五相世界和〈狂喜之诗〉》）

能够把对立面、对立的极点平衡统一，保持张力的状态，不分裂、不极端、行事正常的人，可能就是掌握辩证法而非诡辩术、掌握智慧而非机巧的人。

总之，智慧是贯通、整合、平衡、顿悟，直抵本质（无慧之知笨拙，无知之慧玄虚）；是我相和执念的舍弃；是“惟精惟一，允执厥中”；是真、无我、中庸的心灵世界和人生大道。

读、思、写：人一生的劳动

读书、思考、写作是人古老的文化行为，孔子对读书和思考关系做了警句式的总结。在不同的时空，对不同人而言，三者的意义不同。表面上看，它们是个人行为，具有个人意义，但实际上它们是个人行为和集体行为、个人意义和社会意义交织的产物，最佳状态是两个行为、两个意义的平衡。但这些行为和意义的起点首先是个人的。

人格、感知力、认知力、想象力和创造力需要一台八缸发动机才能发动起来，它只有通过广泛的阅读才可能制造出来；它还需要通过思考，尤其需要通过写作创造出更清晰的思维形态，向更垂直的而非仅仅平面的方向发展，以历时的进展获得长久的共时。写作的真正意义不是通过营销将内容塞给不相关的人，而是照亮自己的内心，照亮自己的道路，让相关的人心灯互映。读是发动机，思和写是方向盘，一个都不能少。

没有思考和写作，阅读大多没有得到整理、淬炼、升华，小部分可能进入了潜意识，小部分残留在意识中，大部分挥发掉了。把阅读效率和效益最大化的路径，就是让思考和写作作为伴侣，使得后两者也成为一种习惯。人生可以放弃许多，但阅读力、脑力、笔力不能放弃，因为它们涉及人的内在性。

在同样缸径下，八缸一定比三、四、五、六缸排量大、功率高。在同样排量下，八缸一定比三、四、五、六缸速度快、功率高。思维非类比，类比思维虽然普遍，但很低级；人非机器，人之间很少出现这样的情况，但人需要强大、丰富、整一、稳定的人格去面对自我和世界，尤其是面对今天高速、高压的世界。

心理障碍根据 DSM－5 的分类有 19 种。 每一种障碍根据严重程度我认为有三个等级：情绪的、人格的和精神的。 三个等级中，情绪的极端是失控，人格的极端是分裂，精神的极端是崩溃。

人格在三个等级中处于核心地位。 人格四个层面——本能、本性、社会性、精神性——在不同的人那里呈现出内外深浅的差异，且一旦分化开来就很难把握。 精神障碍由四个层面自身的冲突，或者四个层面之间的冲突引发。 人格内部的阴影和外部的面具是精神障碍四个层面之间冲突的突出动因，尤其是潜意识的阴影。

强大、丰富、整一、稳定的人格，不会使得情绪经常失控，人格趋向分裂，精神瞬间崩溃。 读、听、写的目的就是建立控制自我的人格，让人看见自己、建立自己、守住自己、稳固自己。

人需要感知，否则心身会退化，人格、认知力、想象力和创造力无从生长。 艺术教育在感知力的培养上发挥着极为重要的作用。

人需要一棵丰满的知识树去实现知识的生长、融合和迁移，去稳固逻辑思维、形象思维、抽象思维，去扩展知识树的体量。 在知识泛滥成灾、碎片化的时代，没有结构、系统和深度的知识无所用途。 我们从来没有像今天一样需要约束知识的无序泛滥，需要知识的有序生长，形成强大的认知力而非知识的杂货铺。

人工智能和大数据能解决的是：提高我们对内部和外部世界体验、认识和探究的效率；加速知识树和知识图谱的形成，将碎片的知识系统化；加速思维进一步结构化，而非停留在线性水平上。

大数据和人工智能只解决了人格、感知、认知、想象力和创造力中间感知、认知两个部分中的一部分问题，功利主义的人们就对它们顶礼膜拜了！ 他们并不在乎人格，也并不在乎想象力和创造力，忘记了比感知、认知，特别是感知、认知速度更重要的事情。

人需要想象力和创造力，提升逻辑、形象、抽象三种思维能力，去面对线性结构和混沌结构的未来。 想象力和创造力不是奇技淫巧、雕虫小技、文化复古，而是在生态文明、文化精神、政治思想引领下的，结构性的理念和系统方法的创新。 最需要想象、创新迭代的是战略和人，而不仅仅是产品、时尚、营销、销售。

读、思、写不能解决人内在性四个方面的所有问题，但能解决其中大部分的问题，它们是人一生的劳动。 劳动为心，劳作谋生。 一个人要约束知识、财富、劳作，留给道德、信仰、劳动更多的空间。 自我要多在劳动中充盈，而非在劳作中损耗。

我个人的阅读兴趣是文学、艺术、文学和艺术理论、哲学、人格心理学、历史、宏观经济学、政治哲学，思考、笔记、短文、长文一直相伴。 我一直就想写出语言、框架、逻辑尽可能简洁、紧凑、清晰的文章。 先秦两汉唐宋古文的语言风格是我追求的理想。 我想获得干硬冷到底的风格，句子和句子、段落和段落层层相扣。 湿软热的传统抒情、网络语言的所指泛滥和能指萎靡让我厌烦。 我坚信干硬冷的感觉、判断才能接受有价值的信息，干硬冷的直觉、思维才能处理出有价值的信息。 真正的抒情不抒情，真正的波澜不惊人。

人需要在一个专业领域形成深度，辅以其他领域的融合，素质教育、文理通识教育、博雅教育就是这个其他领域。法律太难了，我在门口看了一会儿没有敢进去。自然科学领域我一直是望而却步，从未形成两种文化的融合，残缺一生。

但我永远记得：手机和当年的电视是被动的、消极的，只能照亮人的眼睛；阅读、思考、写作是主动的、积极的，才能照亮人的心灵！

读、思、写的几个终点

阅读最终可能是在阅读一本书

当把经济、政治、社会、文化、生态用制度和人性贯穿起来，或者说当把传统社会起决定作用的生态、政治、文化，现代社会起决定作用的经济、技术、文明（偏物质的）用制度和人性贯穿起来，同时关注、思考、写作属于自己的问题的时候，阅读的大多数书籍就被结构化到自己的知识树和知识林当中，并且贯通起来，不断建构、解构、重构出一本属于自己的书，用自己心中的这本书阅读天下书。不惑之年，心中无书，不如少读书。心中有书，可以多读点书，实际上可能是在阅读一本书。

读、思、写最终是形成一个张力闭环

纯粹的阅读结构化比较难。思考可以结构化阅读，写作可以结构化思考。不思考、不写作，阅读很难结构化，阅读的效率和效益会被耗费掉、冲洗掉许多。读、思、写是一个闭环。

结构化的潜意识溢出和涌现的力量更强，有时在把握本质方面，感觉、直觉的力量超越判断、思维的力量。在读、思、写的闭环中，需要感觉和判断、直觉和思维的张力。

碎片涌来是难以避免的，碎片有时是灵感的来源，是想象和创造的源泉。但要把它们结构化，而不是进一步碎片化，否则还不如闭目塞听。结构僵化可怕，碎片四溢也是徒劳。在读、思、写的闭环中，需要超市和杂货铺的张力。

读、思、写最终是为人生的四件事

建立人格、感觉和直觉、知识树和知识林、想象力和创造力。如果一生所做的任何事情都是为了这四件事，也就没有什么浪费的了。如果读、思、写成为了一种习惯，人生这四件事情并非艰难旅程。

读、思、写最终是三个目标

方向，即价值观；结构和系统、事实和逻辑，即世界观；以重点和协同为核心的系统方法，即方法论。只有价值观还是原料，有了世界观就是材料，有了方法论就是机器。文化不能过度集中在价值观上、伦理和道德上、心学上，要在对世界的认知上、在系统方法论上寻求与价值观的平衡。

没有人会过度地倾听价值观上的表达，特别是抒情式样的、湿漉漉的鸡汤表达，甚至激情宣泄，人最终需要干、硬、冷的事实和方法的获得和表达。

有价值的价值观一定以对世界的世界观，以及系统方法论为依据。愚蠢有时是人格或道德的缺陷，有时是制度的缺陷；但它往往不是出自人格或道德本身，而是出自世界观和方法论被动的缺失，出自对这种缺失无意的养成。在当代，愚蠢首先出自认知的惰性、人内在的熵增。

当然必须记得：这三个目标不可能依靠读、思、写独立完成，生活、劳动、实践（集体的生活和劳动）是必需的桥梁。

对我而言这三个目标实现的结果是：(1) 在总体方向和结构中，一个阶段会解决一两个重点。既讲两点论，也讲重点论。没有“两点”，一叶障目；没有重点，一事无成。(2) 讲唯物主义，但不忘辩证和结构的统一，不忘历史和逻辑的统一。没有这两个统一，唯物主义没有层次。（3）心要讲，认认真真地讲，但不讲唯心主义。

除了以上四个读、思、写的终点，能理解五种语言的人是高人，但首先要掌握好文字语言。

我们最好能理解五种基础语言：图像语言、动作语言、声音语言、文字语言、数学语言。但就文字语言的叙事、抒情、想象、象征、论理的力量，它的思维深度和广度，它的能指的广泛性和所指的明确性，它的抽象—具体的均衡来说，它依然是社会精英思维的必要和首要工具。

掌握任何一种语言都要先努力解决硬邦邦的技术问题，然后才是天赋、爱好、灵感、情感、思想的问题。欠缺的技术问题，最终都是要补上。

读、思、写是硬功夫，与文字语言高度关联，每天不懈怠是关键。一旦松弛，对个人而言，文字语言就进入了热力学第二定律的加速道。文字语言一旦沦陷，恢复重建的可能性极小。每天一点点，成为习惯，并非十分困难的事情。当读、思、写让你感觉到自己潜意识的世界无边无际、取之不尽、用之不竭时，你会深刻地直觉到自己虽然永未完成，但正在完成。

当内心的能量越来越高的时候，自然需要匹配能量场更高的人和事物。在有限的时间和空间中，最好的路径就是通过阅读、思考、写作，以及集体行为来发现高能量的人（包括自己）和事物（包括书）。这也解释了为何知天命之年，没有那么多人想见、没有那么多书可读的部分原因。

一个人可以放弃许多，但不要放弃阅读、思考和写作

作为客体来审视的读思写

阅读、思考、写作是日常生活和工作的一部分，我过去一直没有将它们作为客体来加以审视。

我关心阅读是从写《出版人和他的阅读》开始的，因为这个话题关乎出版人的通识学养、专业基础，以及对书稿的品鉴能力、选择能力。

在写《和哲学家在一起的日子》中，我回顾了我的部分阅读历程，这些阅读决定了我一生思考或想法的气质。由于职业的选择，我无学术，无理论，无思想，思考和想法还是有一点的。

在《说说哈罗德·布鲁姆》中，我谈论了阅读和阅读文学的意义。

在《文学阅读和阅读文学》中，我深藏三十余年的文学理论的潜意识得到了“溢出和涌现”。

此文的插曲：2020 年 10 月，凤凰出版传媒集团举办第二次作者年会，一开始我被要求代表凤凰集团去做有关文学的演讲。当时我去西藏出差，高原反应让我夜不能寐，加上旅途漫长，一下子多了许多时间，一口气写了四篇文章《出版和文学可以展开的三个话题》《文学阅读和阅读文学》《再谈文学性》《城市文学书写的意义和核心：人民的城市》。虽然我的演讲被取消，但四篇文章救了急，第一篇用于中国作协、南京师范大学文学院、译

林出版社共同成立世界文学与中国当代原创文学研究暨出版中心论坛上的演讲，第二篇用于译林出版社的一次文学图书直播，第三篇延伸了我对文学、绘画、音乐的思考，第四篇用于一次城市写作的研讨会。这给我几个启发：阅读、思考、写作得抓住机会做一点存量，否则无法应对突发的需求；阅读、思考、写作是自己的事情，别人无法替代，稿子得自己写才会妥帖；写的是自己的话，才有可能脱稿讲，才有可能不断延展、深化。

进入客体去审视读思写

我用九篇文章审视了这一客体。

第一组第一篇：《读、思、写：人一生的劳动》。劳作是被迫的，劳动是自主和主动的，是为了人的内在性，然后由内向外；读思写是最好的法门和劳动，三者是一个高度关联的结构闭环。简而言之，内在性就是四样：强大、丰富、整一的人格；对各种生活、语言现象的感知能力；结构化的认知能力，我叫它知识树；想象力和创造力。

第二篇：《文化人士的读思写听》。我在《我读，一直读到终点》一文中结合自己的经验，对阅读的功能进行了展开性的论述。在里面加入了聆听音乐的劳动。音乐的好处一是语言抽象，即使和图像、情感、思想有着关联，但依然具有很大的不确定性和想象空间；二是现在获得其信息与获得文字语言一样，十分便利；三是可以打通人的通感，和文字语言、图像语言链接，19 世纪浪漫主义音乐家们在这方面做了充分的实践。在这篇文章中，我十分强调潜意识世界的沉淀、积累、溢出和涌现。人比的是积累的老底子。当意识世界出现问题的时候，无意识世界一定会出来助力，这是人持之以恒的积累，读思听写在其中占据重要的部分。

第三篇：《写作的心理障碍》。真正的写作、独立思考的写作很少。写作的技能不是写作的首要障碍。重要障碍来自精神的空洞，来自没有自主的选择。如果长期处于被迫写作、突发被迫写作的状态，就会出现各种形态和不同程度的心理障碍。我在这篇文章中还提倡了干硬冷的文风，啰嗦无序、装腔作势、抒情过度的文章让人难以忍受。

第二组第一篇：《人和人的差异最终在哪里》。这一差异最终体现在人格的力量和质量上，毫无疑问，阅读、思考、写作在其中发挥着关键作用。它们是肥料，生活的实践和体验是土壤。本来还想写一篇展开我对人格问题长期的一些想法，由于需要整理过去的许多碎片想法，需要阅读一些烧脑的图书，所以一直悬置在那里。

第二篇：《知识树和碎片化》。一棵可以生长、融合、迁移的知识树，以及十多棵知识树形成的小树林，是我对结构化知识的比喻。我认为没有结构化的知识，其意义和功能不大。结构化包括建构、解构和重构三个环节。自信的建构，还要有无情的解构和理性的重构，这样知识才能不断进步，知识的疆域和视野才能不断扩大，形成对世界的更大、更深入的世界观。这也许是知识生产和获取的逻辑。毫无疑问，阅读、思考、写作在其中发挥着关键作用。

我一直认为中小学全面的课程教育十分重要，这是建立世界观的开始，只有社会起飞阶段才需要偏科教育；大学本科的文理通识教育是必要的，这样才可能形成一个比较完整的关于世界的世界观，形成更加开放、豁达、愿意交流的胸怀；终生教育除了专业教育，依然需要大学本科通识教育的供给。在19世纪，偏科教育是资本家剥削穷人的功利主义教育，是穷人迎合资本家的实用主义教育。现在偏科教育是功利主义、实用主义垄断教育，控制经济，以及政治和文化缺位的产物。

第三篇：《如何获得想象力和创造力》。现在和未来，想象力和创造力更多地来自于跨学科的融合，所以知识树和知识林这些活的知识、结构化的知识特别重要；敏锐的接受信息的感觉、具有洞察力的处理信息的直觉，是想象力和创造力的触发器，所以从小对自然、艺术的接触特别重要，感觉和直觉一旦丧失，等于神经末梢和毛细血管的丧失；潜意识结构得到长期的积累和叠加，可以不断地溢出和涌现地下水；强大的人格提供专注、安静、由内向外的力量，不受外部世界的骚扰。毫无疑问，阅读、思考、写作在其中发挥着关键作用。

我在《要“命”还是要分数》《一场最残酷的人生抉择和斗争》《职业教育必须高、上、通》《教育也需要绿水青山、金山银山》《终生教育—学习和出版业》等文中都延展了阅读、思考、写作里体现的思想：人格、感觉和直觉、结构化的知识、想象力和创造力至关重要，尤其人格。分数固然重要，但要看是什么分数。有些分数毫无意义，违反人性，危害社会；有些分数固然重要，但过于细化和工具化，伤害了四个“至关重要”，只会让人战战兢兢，甚至患上躁狂症、强迫症、焦虑症。未来不可知，选择无疆界，个人和民族的未来不是分数开创的，而是“四个重要”开创的。

第三组三篇，都是总结性的。第一篇：《公号一周年的写作思考》。说明了写作和我个人的关系、业余写手的特点和价值、写作的垂直领域和跨垂直领域、写作的风格和境界。

第二篇：《劳动、写作、学习》。把以前说过的问题更深入地阐述一下：什么是劳动，劳动的价值观、世界观、方法论；写作的功能，它和实践、阅读、思考的关系，阅读和写作的当下意义，写作当下提倡的简化风格；教育和学习将成为一件事，课程教育、考试教育、素质教育、创新教育必须四位一体，以人为本，面向未来。正确的劳动、写作、学习都是艰苦的心路历程。放弃错误的东西并不意味着正确的东西唾手可得。

第三篇即是此文。对过去有关读思写的思考进行回顾，并做如下总结。

我们每天都会自主选择、被迫处理、突发遭遇（好的比较少）许多事情。后两类事件经常会使我们产生各种消极的情绪。其实三类事情都是对人心力和物力的考验和磨练。其中自主选择的事情是统领，决定了我们对后两类事情的态度和处置。

自主选择的事情都有目的，有直接目的、长远目的、最终目的。最终目的无非是服务人的心力，即人的内在性，让它开合自如，出进从容。任何自主选择的事情都可以作为方便法门，可以指向和实现人的四个内在性，使人走上荣格所说的“自性化”（自性化包括完整的人格、个人的独特性、接受与集体的关系，其中第一条最重要）的道路，并不一定要弄得大开大合，大兴土木。对我而言，最方便的自主选择的事情就是阅读、思考、写作。

思考是阅读的结构化，写作是思考的结构化。贯穿其中的是方向，即价值观；是结构和系统、事实和逻辑、定位和布局，即世界观；是重点和协同，即方法论。这是长远目的。

读思写对个人会产生两个直接目的：形成一个阶段有意识的判断、思维的基础和原点；形成结构和系统、事实和逻辑、定位和布局、重点和协同的结构主义思维。

既然做了总结，从此，阅读、思考、写作将更多地成为主体行为，更少地作为客体的话题。

文化人士的读思写听

无论从事学习还是研究文科、理科、工科，一位梦想成为文化人士的人必须是专业加通识，或者专业加人文通识，沉浸于读思写的劳动当中，并使这种劳动和生活、实践互通。文化人士是掌握多种语言的人。

有意识的结构世界

读思写固然是为谋生的劳作，但更是为思想和自我成长的劳动，更是为积极而非消极、开放而非封闭的集体行动。

思考使阅读结构化，写作使思考结构化。结构化并非是僵死的，而是充满生命力的。富有生命力的结构化是建构—解构—重构三位一体的结构闭环。对一个人而言，阅读、思考、写作推动其内在性不断建构、解构、重构，实现闭环，并可能开启新的闭环。

碎片化不是阅读的敌人，它是普通人阅读的常态。有名人为碎片化阅读辩解，指出这本来就不是一个问题。但文化人士、精英的阅读不是碎片化的，它广博而有深度，系统且融合，指向思考，指向写作。

读思写对个人的四个功能：形成强大、丰富、整一的人格；形成敏锐的感觉和直觉；形成可以生长、融合、迁移的知识树；形成不断推动创新的想象力、创造力、自我批判力。

通过读思写，人就可能具有清晰的一元思维和均衡的二元思维（二元思维有三种形态：对立、均衡、含混）的能力，以处理点线面的问题；具有比较清晰的、均衡的多元思维能力，处理点线结构和混沌结构的问题，知道一果多因、一因多果，知道超小概率的偶然性、黑天鹅事件的巨大影响力。后一种处理结构性问题的能力有人说是一种“交响力”，如耶鲁大学法学博士、超级畅销书作家丹尼尔·平（Daniel H. Pink）。我没有读过他的任何东西，但感觉这一观点同我在《一位结构主义者的所思所为》中提到的音乐结构和思维—行为结构的关联可能不谋而合。

人的内在力量来源第一是丰富、混合、开放，吐故纳新、打破平衡；第二是结构、有序、简约，减少损耗，提高功率。两者如影随形，不可或缺，形成一个耗散结构，使人处于不断的建构、解构、重构的结构化过程中，服务于人的熵减，同时减少外部世界的熵增。对个人而言，读思写是最重要的力量来源之一。

读思写之外再加一个听，一切就可能相通。

运用抽象的绘画语言、舞蹈语言、音乐语言等艺术语言可以打通文理工科隔阂和壁垒。犹如历史是文科严肃读物和通俗读物的桥梁，这些语言是文理工科的桥梁，但其中最抽象的音乐语言更可以贯通不相干的人群。越抽象的越通约。因此，数学和音乐是多么相近。我和许多不相干学科的人交流，和外国学者的交流，一般从音乐入手，打破陌生和隔阂，慢慢吸纳一些通识知识。

任何能够与音乐和数学相伴终生的人，都是得到了最大恩赐的人。可惜除了算术，我对数学语言一无所知。

潜意识的结构世界

虽然我非常重视有意识的结构世界和其能力，并且强调对它不断结构化的重要性，但我依然坚信还有一个更庞大惊人的潜意识结构的存在。这个结构一是隐性的，位于意识的显性结构之下，不断为显性结构提供支撑和能量。二是渗透、纠缠、弥散的，显性结构犹如花岗岩，隐性结构犹如花岗岩中的血色花纹。三是潜意识的领域并非全是感觉和直觉的沉淀，也有判断和思维的沉淀；并非全是本能和本性的沉淀，也有社会性、精神性的沉淀；并非全是个人的沉淀，也有集体的沉淀。这些远远超出弗洛伊德的想象，而和荣格更为接近。读思写听会大量沉淀到潜意识当中，成为意识迷惘、乏力时的力量。一般而言，意识越高越稀薄，潜意识越厚越坚实。

人格有本能、本性、社会性、精神性四个层面，它们有深浅强弱之分，有内外之别，有内在冲突。它们有意识表现的少，潜意识沉淀的多；对外表露的少，有时是面具式的，对内深埋的多；强大丰富整一的少，脆弱单调破碎的多。常态下，多的部分一般不会暴露，但在关键、重大的选择性时刻，多的部分会如云雾中的山峰偶尔显出峥嵘。

读思写听是精神性的，但能进入有意识层面的东西是稀少的，多数进入了潜意识的层面，成了海底的冰山，为人格的建立和维护、感觉与直觉的培育和滋养、知识树的种植和生长、想象力与创造力的塑造提供源源不断的暗能量。

潜意识精神性的自然涌现是最值得关注的精神现象，它能窥见一个人的冰山结构。我谈论主题和变奏、谈论一个结构主义者的所思所为，主要是从意识层面的精神性入手，但人意识层面的能量来源是巨大的潜意识世界，其中包括潜意识的精神性。潜意识世界由人的集体潜意识、遗传、童年，以及后天经验和学习不断下落堆积而成。这个世界我们看不见，但它是决定意识层面的力量，并会在关键时刻或即兴时刻浮现、涌现出来。

人和人的人格差异在于：第一是显性的、有限的、有意识的结构世界；第二，也更重要的是隐性的、无边无际的、潜意识的结构世界。 对个人而言，构成这两个世界精神性的重要工具就是读、思、听、写。

读、思、听、写不是为了管理、控制他者，而是为了管理、控制自己，让自己看见自己、建立自己、守住自己、稳固自己。

出版人和他的阅读

出版人不是书评家，不是作家，不是出版点评人，这些往往被业外人士所混淆。他是具有明确的出版价值观、专业定位、出版理念、核心专业能力、系统方法，甚至建立了出版生态的职业工作者。

出版人有自己的价值观，使自己的工作具有使命感和责任感，把出版作为志业和天职；找准自己的专业定位，设计好自己需要专业化的垂直、深度发展的规划；树立和完善自己的出版理念，使自己的专业定位和产品成熟起来；在实践中形成自身核心的专业能力，其中包括：产品的判断能力、产品的决策或策划能力、产品的生产和运作能力、知识的迁移和融合能力，这四个能力是硬核能力；在实践中形成自己的系统方法，和团队分享这些方法，并加以制度化；最后，他会和团队一道共建出版生态，使传统出版在各种形态的营销和销售活动，以及知识服务中变得更加丰满。

一个没有自身价值观、专业定位、出版理念、硬核能力、系统方法，最终没有可以赖以发展的出版生态的出版从业者是出版的失败者。

阅读、思考、写作、说话应该是四位一体的，目的是建立健全和强大的人格和精神，并服务于生活和工作。

也许人类未来的最大的挑战根本就不是人工智能，不是经济危机，也不是癌症，而是人类自己的人格问题和精神问题。未来我们一定要有足够强大和健全的人格和精神，才能去应对外界的各种变化。未来一个人的人格和精神是否健康，是否强大，比其他各种技能要重要得多。一个人如果不懂得修心，只靠蛮力拼搏，必将遇到心魔，甚至走火入魔，出现情绪失控、人格分裂、精神崩溃等心理障碍。

因此，要成为一位优秀的出版人，阅读和相伴随的思考不可或缺，能够四位一体，就是锦上添花。

出版是传播精神的。一个拥有内在自我的人，特别是拥有内在精神的人才能从事出版。一个内在精神状态能够随时安静、专注的人才能从事出版。阅读有助于一个人实现这一目标。

但出版人阅读的具体目的与众不同：

第一，他会阅读相关领域的新老经典，使自己的文化修养、思维能力能够一直保持在一个较高的水平上；

第二，阅读相关领域的新老精品，形成知识生态圈，并提升对图书的判断能力、策划能力、营销能力，以及知识迁移能力，以适应内容生产的具体需要；

第三，读透自己和团队编辑的图书，形成对自身从事的出版门类的深度感受和体验，提高出版能力，增强在出版专业上的话语权，掌握出版的权力。这就是为什么许多人即使读了许多书，也不能从事出版或从事不好出版的原因。除了学而不思、杂乱无章之外，主要就是其阅读和出版实践缺乏远近深浅的关联，结果是于心无用，于工作无用。

由于时间是稀缺资源，必须合理分配以上三种阅读：(1) 阅读经典，占比 20%，少而精；(2) 阅读精品，占比 20%，也是少而精；(3) 阅读好自己和团队编辑的图书，占比 60%，努力把自己的图书变成可读之书，并把它们营销出去。

打造和修剪好自己的花园是第一位的。我读得最透的书都是自己编辑和团队编辑的书。如果没有60%自己和团队的书可读，其实就证明了自身和团队的出版已经失败了，没有形成垂直、专业的生态圈。

我读，一直读到终点

阅读的回忆

生于1963年的人，小时候没有绘本可看，只有几本翻烂的连环画被大家争相翻阅。 现在各类绘本完全看不完，我经常为按年龄段整理不同类别的绘本而苦恼：太多了，没有时间阅读、评估、甄别。

生于1963年的人，等到识字的时候，是没有儿童文学可看的。 记得小学五年级看到缩写本的《水浒传》《西游记》《三国演义》，真是如饥似渴；同时也可以看到《红岩》、《高玉宝》、《金光大道》、《艳阳天》、《欧阳海之歌》、《红旗谱》（据父亲说我的名字就取自于书中严志和小儿子的名字），还有一些集体创作的革命故事和小说。 等到初三的时候，我清晰地记得书店可以买到一些好看的书看了，但都是要排队去买的。 我花钱买的第一批书是《茶花女》《这儿的黎明静悄悄》《数理化自学丛书》《封神演义》《东周列国志》，笛卡尔的《方法论》和斯宾诺莎的《笛卡尔哲学原理》。

生于1963年的人，虽然书少，但处处是简单的快乐。 八岁入学，小学到高中十年制，没有中考，没有补习班，没有多少考试，如闲云野鹤。 我到高二考大学前才买了一本薄薄的历史教辅和一本语文《文萃》。 只要想读书，阅读的时间远多于可阅读的书籍。 上高中的时候，大家都敢于把自己家藏的图书拿出来互相传阅。 记得那时我就提供了阿·托尔斯泰的《苦难的历程》三部曲，能熟记里面的俄罗斯长姓名成了我后来偏爱阅读俄罗斯小说的基础；还有绥拉菲莫维奇的《铁流》、肖洛霍夫的《静静的顿河》、奥斯特洛夫斯基的《钢铁是怎样炼成的》。当然《唐诗三百首》《古诗源》，钱锺书的《宋诗选注》，胡云翼的《宋词选》已经不是稀缺资源。大家的脑子一下都亮堂起来，觉得好东西已经比小学时代多了很多。

生于1963年的人，家里的藏书总体来说还是稀缺的。好在我家里有一个藤条书架，满满的书，被父亲用一条旧床单蒙住，成了我一放学就赶忙回家躲进去的安乐窝。除了我以上提及的书以外，记得还有《资本论》、《马克思恩格斯选集》（四卷本）、恩格斯的《自然辩证法》、列宁的《哲学笔记》、梅林的《马克思传》，还有黑格尔的《小逻辑》。虽然我看不懂，但是我已经知道世界上有一批大人物，写了我们看不懂的、和课本完全不同的书籍；我还经常在书页上批注，由于字丑、思想浅薄，被父亲呵斥，拎了耳朵，甚是惊恐。但马克思主义和德国古典哲学的潜意识在那时不知不觉地奠定了。考上大学后，我就买了和家里的书架格调相同的大量书籍，虽然成年后搬了几次家，送掉的书可以装满几辆三轮车，但是改革开放四十多年出版的许多重要的书籍都留存下来，形成了深刻的轨迹和记忆。我在《和哲学家在一起的日子》一文中，只留下了部分记录。

阅读的功能

有关阅读的功能许多大师都有精彩论述，我也忍不住写了一些讨论阅读的文章：《出版人和他的阅读》《说说哈罗德·布鲁姆》《文学阅读和阅读文学》《读、思、写：人一生的劳动》《文化人士的读思写听》《劳动、写作、学习》等。我在这里整理一下，集中表达我的想法。

第一，阅读让我们守住内心，把握好自己，由内向外，应对外部世界的变化和无常，不至于随波逐流。阅读不是封闭自我，而是首先建立自我，然后开放自我。

阅读唤醒、呈现、展开我们的内在自我，让我们更好地处理与人、与世界的关系，而且让我们处理好与自己的关系；阅读展示我们对内部和外部世界的体验、认知、探究，以及我们所有的想象和创造。对内得到光明和气场，对外得到方向和大道。针对年轻人而言，再大的生活也是河流，阅读却是海洋。没有阅读的海洋，河流没有方向。

从私人阅读的角度来说，图书是一种独特的文化产品，是读者逃避喧嚣、回归自我的路径，是提供养成和维护健康人格的镇定剂、安慰剂、营养剂。它是精神的药品，又有这么多用户，只要掌握好出版的方向、逻辑和系统方法，难以想象出版行业会萎缩和消亡。

永远记得：手机和当年的电视是被动的，消极的，只能照亮人的眼睛；阅读、思考、写作是主动的，积极的，才能照亮人的心灵！

第二，阅读让我们跟上、顺应、改变世界。

由于中小学接受的基础教育课程并不完备，由于大学本科、研究生接受的通识教育不够开阔，由于外部世界越来越复杂、模糊、不确定、难以预测，由于思想、理论、学术生态的不断演化，由于人自我放松下坠的本能，就业后的终生教育—学习显得尤为重要，否则就会逐步成为受到体制保护的无用之人。阅读、思考、写作成了终生教育—学习重要的组成部分，成为了一生的劳动。

阅读要学毛主席，一直读到人生终点。

今天我觉得要强调多读些最新科学的普及图书，多读些有关16世纪以后、19世纪以后，尤其是有关20世纪以后的世界和中国的图书，立足当下、面向未来去博览群书。

阅读经典固然重要，但阅读新知是思想保持活力的源泉。不能沉浸在过去不可自拔，我总觉得当下阅读食古较多，不化更多。不能把经典绝对化，忘了现在和未来。新知、不完美的新知、稍纵即逝的新知，也要触摸。

如果高考是一场迫不得已的、漫长的创伤性手术，高考和厌学（包括厌倦阅读、思考、写作），高考之后的知识体系解构和重构，高考之后的人格和心理评估，高考之后的想象力和创造力重建等问题都值得研究。在中国似乎需要建立高考学这门学科。

对现有基础教育、高中教育、高考对阅读是否有不可逆伤害，我没有系统研究，但我周围的许多孩子，除了考试看书，根本不阅读，并且厌恶阅读是现实。大概到了40岁，他们就基本不会再去阅读了。

第三，广泛阅读，建立想象力和创造力的可能性。

中小学学科课程的完备教育和测评是重要的，大学的通识教育（general education）是重要的。偏科——过早的知识和技能的垂直化和专业化——对知识林的形成，对世界的整体把握，对想象力、创造力的形成都会造成损害。

高考的科目被增来减去，扭来扭去，无非就是想象偏科能创造成功，其实在垂直化、专业化的世界，多面手、跨学科人才更能取得成功，即获得单学科的边际拓展或学科之间的交叉创新。当下和未来，群体的多面手、跨学科人才更能创造出奇迹。学习的环境越丰富，广度越宽，学习者创建的抽象模型就会越多，对特定事例的依赖也就越少。学习者能够更好地将他们的知识应用到他们从未见过的情况中，这是想象力和创造力的本质。创造力、想象力需要人具有跨学科跳舞的学习习惯。但必须要有扎实的小初高教育、职业教育、大学教育课程体系的学习，课程基础学习的偏科是致命的。课程教育、通识教育是种活树林，偏科教育是打死水泥桩。如果深受偏科课程学习之害，后来只能依靠广泛的阅读弥补，东隅已逝，桑榆非晚。

高中之前，要不断用学习来刺激学生的神经元，促发神经元里的基因表达，生产更多的蛋白质，让新生的蛋白质进入神经元的连接枢纽——突触，增强神经元的活力。一旦神经元的连接被固定，就很难加以改变，就很难有可塑性。儿童、少年要涉足广泛、博闻强记，过早的偏科教育、固定联想和刷题的培训、单一的考试教育是贫穷社会和功利社会的产物。

成人期间，要继续通过学习刺激神经元，发挥基因在知识行为上的可塑性，促发形成逻辑力量、系统思维、专业方法。除了基因缺陷，傻子都是放弃教育和学习以后形成的。

阅读，不要被学校的课程所束缚；阅读，不要被成年累月的工作所束缚。卡尔·马克思和埃隆·马斯克的阅读和创造、创新经历最有说服力。

第四，阅读重要，但要以思考和写作相伴随才能被结构化。被结构化的阅读才有价值，它不是层层叠叠的废墟，而是有条有理的建筑。

思考是对实践、阅读的结构化，写作是对思考的结构化。脚力是实践，眼力是阅读，脑力是思考，最后转化为笔力，即写作。放弃实践、阅读、思考，尤其是最后的写作，等于放弃建筑的框架结构，放弃心路上的指示牌。

分级阅读

目前各种推荐书单众多，每张书单的品种也是数以百计，实际上大多没有语言和文化上的分级。但无论推送什么书单，都要促发读思写的四大功能，努力促成两个意识结构世界的建立（见《文化人士的读思写听》）去应对纷繁复杂的世界和人生；要注重中外古今文理的比例和结构，我总觉得近代以后的、自然科学的要多一点；要有一定的分级，符合多数人的语言和文化认知能力，不能像我小时候太多自发的阅读，事倍功半。

阅读的便利方式是分级，但对分级阅读要有三个限制：第一，分级针对普遍、一般性阅读，需要训练和考试，是重要的技巧，但和真正用心的阅读、沉淀为心的内在力量的阅读还是两回事。真正的阅读化解分级和技巧。第二，分级不是单一的，而是多元的，没有哪位可以垄断分级的权力。所以对任何分级书单不要奉为金科玉律。第三，阅读应该是分级的，有规则的，有一点点可以越过的障碍；也应该是没有分级的，偶然和突发的，有着巨大的阻力。伟大的著作永远是阻力，否则人的审美能力、知识能力、想象能力永远不会遇到高难度的挑战，人永远处于舒适、平稳的状态。分级使一切放入嘴里的都可以咀嚼，这样的阅读不能让人有往下深入、往上腾飞的压力和冲动。经常看不懂、经常需要很大的突破才让人知道自己的有限和可怜，逼着自己不断用心去阅读。

最后的几段话

面对家里堆积的图书，掐指一算，就算一年精读 12 本，一生也就最多只能读 360 本了。年轻时浪费的时间和精力只有到此时才能深切地感受到，就如我们一直糟蹋自己的身体，年老的时候开始热衷于养生一样。

对成年人来说，除了专业的工具性查阅和研究性阅读，其他阅读可以无类无别，只是方便法门，通过阅读去发现自我，然后守住自我、超越自我而已。 不要有太多的阅读“分别心”。

我开了许多方便法门去发现自我，但目前没有发现自我。见不到自己，法门再多又有何用。 也许这些法门不方便，也许自己还没有生出发现自我的慈悲和智慧。

也许最终，人到了自性化的境界，到了回归初心的庄严国土，除了专业的工具性查阅和研究性阅读之外，就不求于其他阅读了，不读一字，尽得风流。 这一天对我而言不会降临，因此我读，一直读到终点。

公号一周年的写作思考

写作的功能

我的个人微信公众号于 2020 年 5 月 4 日，在别人的无心鼓动下懵懂地开启，不知深浅，进入了后悔莫及、骑虎难下、欲罢不能的深水区，369 天发布“原创”（自己写的）稿件 109 篇，三四天一篇。2021 年 5 月 8 日开始，严格限制在一周一篇，每周六上午 8 点 30 分发布，全年 52 篇。真是时间的囚徒。写作对我个人来说，主要是心理治疗的工具。其功能是排遣工作压力，以免胡思乱想，掉进无法解决或一时难以解决的工作困境当中，沉迷其中而不可自拔，最终成了不知什么类别和等级的心理障碍者（参见 DSM－5 的 19 种心理障碍）。

所有碎片的时间都被利用起来，用感觉和判断去接受信息，用直觉和思维去处理信息。对我而言，从消极的角度来说，写作是情绪的安慰剂，是人格的救生圈，是精神的救命稻草，是无眠之夜和垃圾时间、碎片时间的填充物。从积极的角度来说，写作使我进入了卡尔·古斯塔夫·荣格所说的自我拯救的自性化状态：外在性消失了，人回到了内在的自我，回到了内在深处的自我，最终去实现强大、丰富、整一的人格。

写作的思想来源

对我而言，写作不是一个语言简洁而逻辑的组织问题，也不是一个结构紧凑而逻辑的搭建问题，而是思想资源逐渐枯竭的问题。形式不是大问题，最大的问题是内容在哪里。每周一文成了压力，似乎本身成了心理障碍——骑虎难下同时欲罢不能的心理强迫症；但必须用它以毒攻毒，治疗其他心理障碍；它也成为阅读、思考的动力，用写作促进自己去开采精神资源。内容在哪里？似乎一切都是有意识的增量，其实调动的更多是潜意识的存量。这些让我更深地感悟到：要让更多精神性的东西进入潜意识，尤其在人年少和年轻的时候。潜意识当中不能全是本能、本性，要有更多培养出来的社会性，尤其精神性的东西。我们平时似乎都在打磨意识，但拼的都是潜意识的积累。当意识出现问题的时候，看有多少潜意识的资源积累，有多少潜意识资源可以调动，有多少潜意识资源自然涌现。

潜意识的自然涌现经常稍纵即逝，一不留神就进入忘川，无迹可寻。最好的方法是用手机备忘录记下，有空再让它逐步结构化，并凸显出来。人难免会浪费，但不要浪费潜意识的、擦肩而过的思想，它们往往包含重要的直觉、洞见和启示。

业余写手的写作

过去一年的写作内容集中在出版、阅读、音乐、文学以及一些人文话题，今后将逐步集中在出版以外自己感兴趣的领域，主要是人文阅读、音乐和绘画、人文话题，并把它们贯通起来。

我不是职业作家，也不是业余作家，我只是业余写手。职业作家以写作谋生，有时难免没话找话。知识生产和思想生产一旦日常化，就极有可能没话找话。业余作家没话是不写的，干其他的事情去了。他们一旦发现自己对世界和人无话可说，或者说不明白，或者认知和想象到了尽头，他们就会无语沉默，闭嘴什么也不说了。孔子、老子、释迦牟尼、苏格拉底、维特根斯坦、塞林格、胡安·鲁尔福对我而言都是业余作家。

我的写作目的不是弗洛伊德所说的力比多压抑的升华，而是发现和扩大意识和潜意识的疆域，锻造自我，训练思维，防御和治疗心理疾病而已。但作为业余写手依然坚持阅读，不读的不说；坚持听乐，未听的不说；坚持没有较为具体的感觉、判断，较为深入的直觉、思维不说。在意识的表层，我是一个结构主义者；在潜意识的深层，我是坚定的新批评（new criticism）和细读（scrutiny）分子，我的硕士毕业论文就是讨论新批评、细读和文学理论的构建。结构和细节两者的均衡是最好的状态，犹如巴赫《四十八首平均律钢琴曲》的状态。舒曼说过“让平均律成为您的日常面包”，平均律中的“前奏曲”对人类情感无所不包，平均律中的“赋格曲”也包含了最精巧的声部表达和声部之间的平等对话，整个平均律更是结构布局和细节处置的均衡杰作，它们都可以让人规避在不确定的世界里出现各类心理障碍，比如情感匮乏和迷乱、自闭和对话能力的丧失、人格分裂和精神塌陷。业余写手是一位巴赫平均律的信仰者。

千万不要做专业写手，这是写作最糟糕的状态。米兰·昆德拉嘲讽一个人人都写作的时代，我想其中的主流就是专业写手：低劣的语言修辞和文学趣味，滔滔不绝的鸡汤废话，矫揉造作的抒情，充溢着满满、肿肿、肥肥的泡沫。流量决定他表达的方式和废话的内容。

写作的垂直领域和跨垂直领域

一年内也曾比较关心用户的增长和文章的点击率，但现在已经感到麻痹和不重要了。为自己的“命”而写，为喜欢看的人写，他们组成了一个相对垂直的网络社区和社群。

鲍勃·迪伦说过："有一件事我必须说说，作为一个表演者，我为五万人表演过，也为五十个人表演过，我可以告诉你的是，给五十个人表演要更难。因为五万人会有单一的人格，而五十个人不会，每一个人都会是一个个体，有独立的身份和对世界不同的看法，他们会更清晰地感知事物，会检阅你的真诚，以及你如何用自己的才华将其表达。"

互联网的表层是一个前现代景观和现代景观，它可以广泛渗透发酵地传播重要的社会信息。互联网在理论上可以连接一切，但是从文化上看只是连接一切的极小一部分。互联网的底层是一个加强版的后现代景观，在其中，文化没有普遍、通约，只有个别、碎片，持有相同观念和情感的人垂直地聚合在一起，到处是蜂窝和孤岛。

在前现代景观中，生态、政治、文化为主导，稳定、统一的程度高；在现代景观中，经济、技术、文明（这里"文明"的含义是德国人理解的偏物质的，而非文化的高级形态）为主导，虽然复杂，但信息还能对称，可控和确定概率较高；在后现代景观中，碎片文化、尖端技术为主导，具有高度的不对称、不可控、不确定性。互联网世界和现代社会一样，都是一个三种社会形态高度复杂的混合体。人很难是混合的，他们往往是单向的，局限于蜂窝和孤岛之中，这是典型的后现代文化景观，且被互联网凸显出来。人往往不知：每个人都有认知上的盲点和局限，或缘于信息不对称，或缘于利益影响。争论、争执、争吵、"开撕"都没有意义，倾听、判断、退让、妥协、交流、吸纳是成本最低、收益最大的理性行为。

当下社会是一个前现代社会、现代社会、后现代社会交融的混合社会，是一个高度不确定的、混沌的、黑天鹅此起彼伏的、充满各种偶然性和可能性的社会。这是过去历史中不可比拟的。决定社会形态的六元素——古老的生态、政治、文化一组；新近的经济、技术、文明（偏物质的）一组——在不同的社会形态中呈现的比例、重要性和关系不同。在前现代社会，前一组三元素比后一组三元素重要。在现代社会，经济、技术、文明占据主导地位几百年，好在前一组三元素还算能控制它们的方向和冲动，规范和约束它们的行为；在后现代社会，尖端技术把无限度的控制、进化、发展、增长等前现代社会和现代社会的冲动推到了极致。但尖端技术是双刃剑。它的危险躲在黑暗之处，具有高度的不对称性。政治、文化、经济的力量可能对尖端技术失去控制。人类面对着超级危险：尖端技术的异化，它可能会独立出来，变成超级权力和文明，成为吞噬一切的黑洞。后现代社会中，可怕的不仅仅是文化彻底碎片化，还有经济和技术失控。人被自己创造的经济欲望和技术超速（超过人的心智）所毁灭，被自己创造的文明所毁灭。

写作就是努力使自己成为一个混合体，努力超越蜂窝和孤岛，更多地在跨垂直领域说话。许多人成了人工智能和垂直算法的膜拜者。其实能算出的东西是变量少且确定的东西，算不出的东西正好相反：变量多且不确定。什么都能算的垂直化是一个极端，肤浅虚荣的多元化是另一个极端。人要在垂直领域积极地创新，也要在跨垂直领域主动地创新。千万不要去膜拜垂直算法的写作，这是典型的专业写手的把戏和堕落。算法解决不了复杂的人格问题，解决不了自由的知识探索，解决不了更加自由的想象力、创造力。我想它连最简单的制造也解决不了。

写作的风格和境界

关注短句的力量，少用“但是”“然而”“不过”“因为”“所以”“而且”，少用形容词和成语，少用对仗句和排比句，少用生僻字；突出重点，结构紧凑；关注句子和句子、段落和段落的逻辑关系。不要把语言损耗在语义的模糊、结构的松散庞杂、逻辑的混乱上。这样才能在视频、图像泛滥的社会给文字语言留下一个生存的空间。真正的修辞少修辞，真正的抒情少抒情。好的写作总是疏朗的、透明的。好的写作更具有巨大的克制力。里面有巨大的感觉、直觉、情感、潜意识、但大多不在表面，都是海底冰山。所有的火面前都有冰，所有畅快的吐槽和抒情面前都有理性。一切变成了结构和系统，其中有主导动机、主题，逻辑地引发整个文章的展开、变奏、随想，就如勋伯格对勃拉姆斯音乐的解析。

好的写作使人形成低调、温和、坚定的心，形成结构化、简约、中庸的处事方法。好的写作是自我的修炼，是最好的自性化、自我解放的途径。通过写作，把语言、想法和情感变成干净利落的刀片，一片一片地飞出；通过写作，把生活看作命运，毫无抱怨地一点一点吃下去。

公号两周年的写作思考

思考一：从消极的角度来说，写作是舒缓、治疗无聊、恐慌、恐惧、抑郁、焦虑、强迫、压抑等现代城市病的良药。对照DSM-5的19种心理障碍，细思极恐，感觉多少都患上了一些，程度也许还在情绪层面，没有达到人格甚至精神层面。无常的事情多，难解的事情多，无解的事情也不少，对我而言最好的心理医生是读思写。写作让思考结构化，思考让阅读结构化。在这个双重结构化的过程中，时间变成了行云流水，外部世界漫长的纠结和压力疏解了不少。

思考二：从积极的角度来说，写作使我脱掉了面具，面对自我内心深处的阴影，吸纳外部异质，形成丰富、强大、完整的自我。

写作是自性化（individuation）的方便法门。它不是写给许多人看的，而是给自己、给垂直的用户和社群看的。写作以自己为伴、以属于自己的朋友为伴。

无论上面哪种状态，我大多的文章都有生命和存在的体验，都有具体的人和事，只是不直说或隐去而已。

思考三：不想模仿自己、重复自己，写作也是方便法门；除了出版，不蹭热点，自身无法和热点信息对称，只能成为热点对面，又干又硬又冷的对面。受到时空和能力的限制，普通的人和社群很难把握到复杂的事实、真相。认知结论、假设不是那么容易和认知对象信息相应、对称。个人在信息的玉界琼田三万顷里只是扁舟一叶，大多数情况下只是自说自话。

写作就是先把脑子扔到冰水里，然后捞起来再写字。每次对自己的冷却都是一次冒险，结构化自己。结构化意味着不断地建构、解构和重构，但也可能固化、僵化、顽固不化。写作为第一个结构化服务，让大脑保持活力，处于耗散结构状态，避免急速的熵增。

思考四：看到什么都想一想，写下来。所有碎片的时间都被利用起来，用感觉和判断去接受信息，用直觉和思维去处理信息。我是一个偏重判断和思维的人，当判断和思维不够的时候，难免会去调动感觉和直觉，去调动潜意识的力量。

写作促进对阅读的思考，促进对实践的思考，促进对他者话语的思考，促使去开采精神资源。似乎一切都是在调动有意识的、自主的增量和存量，但实际上调动的更多是潜意识的存量，尤其在人年少和年轻时的潜意识存量。潜意识不全是本能、本性，也有社会性，尤其精神性的东西。当意识出现问题的时候，就要看有多少潜意识资源可以调动，有多少潜意识资源自然涌现。

思考五：文字一开始是散漫的，但渐渐贯通串联起来，成为一篇篇文章。最后还奇怪地发现所有的文章都有了关联，串联、并联起来，像高迪的教堂，但具体而微。

一篇和一组文章不仅是在一个思维结构系统中生长出来的，也是电子写作反复拼贴、修正的功能导致的。我们的作文教育是以传统书写为基础的，与当下的实际写作大相径庭。我已经不会用硬笔写文章了，更不用说用毛笔写文章了。

思考六：写作题材无非两个范围——读思写和出版，读听思写和人文。

出版是一个有趣的工作，它逼着你去看许多类别的图书。

最初出版没有垂直化的概念，只要赚钱什么都做，逼着自己乱看书；后来是有了自主选择，一直坚守垂直化和垂直化的迁移，这样系统地阅读了一些哲学、经济学、政治学、音乐史方面的书籍。天下最好的工作是垂直化的出版。一边工作，一边在阅读上有所进步；同时把编辑、阅读的体会写下来，思考和写作成了编辑、阅读自然延伸的结果，成了出版实践的升华。

音乐弥补了文字语言不能表达的东西、不能发挥的功能。对音乐的爱好完全出自于偶然，但却成了真实的爱好。一旦爱上了，就从随机的听转化为综合的听，什么都听听，从古典到流行、从中国到西方到世界各国。然后进一步的兴趣就是分类的听，从独奏到室内乐到交响乐，从独唱到重唱到合唱到歌剧到音乐剧，从爵士到摇滚到民谣。然后还安排一些专门的听，专注于一位作曲家的作品，专注于不同的诠释者对一部作品的演绎。最后在不同的情境下安排听不同的音乐，尤其在写作的时候。

思考七：我不是职业作家和职业写手，知识生产和思想生产一旦日常化，就极有可能没话找话；也不是业余作家，业余作家没话是不写的，干其他的事情去了。我只是一个业余写手，用写作治病，用写作找到自我，用写作逃避老年痴呆症，比业余作家的水平低一个层次。

写作无非为了四件事：人格、感觉和直觉、知识树和知识林、想象力和创造力；

无非围绕六个要素：生态、政治、文化，经济、技术、文明（这里的文明是偏重物质的）；

无非形成三观：确定方向的价值观，确定结构—系统、事实—逻辑的世界观，确定以重点—协同为核心的方法论；

无非围绕两条主线：制度和人性。它们贯穿了生态、政治、文化，经济、技术、文明六个要素。

以上四个主题引发了不断展开的变奏曲、回旋曲、随想曲、即兴曲。

我在《公号一周年的写作思考》一文中把该说的话说了百分之六十，今天补上百分之三十，再留百分之十给未来，或者永远留个白。

听见音乐的三个阶段

音乐是一种声音，很多时候，音乐仅仅是声音，只有当音乐在耳朵里成为旋律、节奏、对位、和声、配器、音色、想象、感情、思想、结构的时候，我们才听见了音乐，听见了不同层次的音乐。布鲁克纳、瓦格纳的音乐在最近两三年在我耳朵里才成为音乐。

听见音乐的第一阶段是用自己的耳和心去听，用自己的感觉去接受音乐信息，用自己的直觉去处理音乐信息。一切遭遇开始都是偶然，不知是人碰见了打动自己的音乐，还是音乐碰见了容易被感动的耳和心。

最初打动我的音乐是舒伯特的《A大调钢琴奏鸣曲》(D.664)，那是1979年在南京新街口人民剧场一场混乱的音乐会中听到的。当时我读初三，一个会演奏钢琴的同学带我去的，他现在依然在教授钢琴。记得那位澳大利亚华裔女钢琴家面对乱哄哄的咳嗽声、座椅滑动声、脚步声和乐章间的掌声一直很焦虑，甚至恶狠狠地盯着下面的观众。90多岁的德穆斯（Jorg Demus）2019年在南京的一场独奏音乐会，提出了请求场下安静的要求，否则他就不演奏了。40年过去了，对热衷考级的学生和不懂音乐的家长演奏确实是一场悲剧。没有结构的知识、技能、考试，没有人格和素养培养的家庭教育，似乎越演越烈。但那场嘈杂的音乐会改变了我的人生，从此我知道世界上有一种魔力的东西。《A大调钢琴奏鸣曲》第一乐章不断重复的第一主题在我心中成了永远的一束晨光，冲破了团团迷雾。是舒伯特把我引入音乐的大门。后来一直在寻找这首曲子的唱片，当时只记得是舒伯特的奏鸣曲，他的奏鸣曲却有21首，当时资源甚少，非常难买。为了再度遇到这首曲子，我几乎把各种能买到的舒伯特钢琴奏鸣曲都买了，可惜都不是，后来买了一张里赫特演奏的版本，记忆中的旋律时隔30余年再度出现，真是喜出望外。现在舒伯特奏鸣曲的套盒（box set）就有好几个版本，当年寻寻觅觅的感觉没有了，但第一次的聆听和旋律的再现一生难忘。

半导体收音机时代听到的第一首引人入胜的曲子是门德尔松的《随想回旋曲》(Op. 14)，那是1980年，我读高一，曲名当时就忘记了，只记得是门德尔松的钢琴曲。如此美妙的旋律使我养成了用磁带机——记得是第一代日立单卡机——外录半导体音乐的习惯。那时有一台日产内录式的单卡机器或双卡机是十分奢侈的，因为它可以避免外录的杂音。那时古典音乐都在晚上十点后才播放，我每周买一张广播电视报查看节目，躲在被窝里等待录下收音机里的曲子。一是怕父母说不做功课也不睡觉，二是让录音没有噪音。大概录了二三十盒索尼磁带，约翰·施特劳斯的最多，其他录的什么曲子现在记不清了。后来一直在寻找门德尔松的这首《随想回旋曲》，觉得它永远消失了。也是三十余年后偶然在让·伊夫·蒂博代（Jean-Yves Thibaudet）的门德尔松专辑中发现它，喜出望外，难以言表。我把这个故事告诉过一位英籍华人钢琴家，她专门为此曲录了一段视频送给我，也许她被这个故事感动了。

20世纪90年代是欣欣向荣的磁带、垂死的LP唱片（真实的模拟声音使它现在得以复活）和正在兴起的CD唱片混杂的时代。磁带给留下深刻印象的曲子是勃拉姆斯的《圆号三重奏》

(Op. 40)，真是超级的优雅和忧郁，从此勃拉姆斯成为我最喜欢的音乐家。LP 给我带来的第一次体验是霍洛维茨演奏的莫扎特的《A 大调第二十三钢琴协奏曲》(K. 488) 和《降 B 大调第十三钢琴奏鸣曲》(K. 333)，那是我第一次听到天堂的声音，至今这张 30 年前购买的唱片我依然常听。我第一批 CD 唱片的主流是哥伦比亚唱片公司和后来收购它的索尼公司的产品，听了大量尤金·奥曼迪和费城交响乐团的合作产品，这是我最早进入交响乐的路径。我的一位忘年交朋友在宾夕法尼亚大学学习音乐学，她告诉我她留恋的圣地之一就是尤金·奥曼迪的音乐资料博物馆，在那里可以深深体会到老一辈艺术家的人文情怀。现在指挥新秀迭出，演绎技巧和录音效果甚佳，不乏亮点和精彩之处，但文化底蕴的浓郁不能和老一代人相比，因为商业压力，难免有营销和夸张的气息，不能完全压住内心，沉住底气。

第二阶段是扩展性地借用别人的心和耳朵去听。仅仅靠自己狭隘的感觉去接受音乐信息，靠自己最初的直觉去处理音乐信息，到一定程度就不够了。当你听得足够多的时候，就想借助更多他者的感觉和判断去接受音乐信息，更多他者的直觉和思维去处理音乐信息。

这时我们经常会借助一批指挥家、演奏家、演唱家共同塑造起来的演绎体系，以及音乐史专家、乐评家、演绎家共同塑造的书写体系。

我们会比较和鉴别不同版本的演绎差异，发现一部音乐作品不同的形象；发现它有着更多的寓言、象征、暗示、含糊的意味；最终发现音乐的所指和能指的扩张力量远远超出文学作品。我们会阅读书籍和期刊，更深、更广、更系统地从作品的本身、作品之间的关系、音乐史的结构等方面去理解音乐。这时你会发现音乐变成了作品相互交织的世界，而不只是一个个孤零零的作品。

版本的比较和鉴别是加深对音乐感受、直觉的重要途径，阅读书籍和期刊是加深对音乐判断和思维的重要方法。我个人认为前者是基础，其中的况味难以言表。指挥家、演奏家、演唱家有优劣之分，但更多的是各有千秋、味道不同。我们最多借助20%的语言文字信息去把握音乐，其余还是要交给耳朵和心，耳朵和心不太骗人，以免被各类音乐知识分子构筑的各类阐释带入迷宫。

音乐毕竟不能仅仅成为我们知识树的一部分，如同文学和其他艺术一样，它更应该成为我们人格、想象力、创造力的一部分。审美是最综合、最高级的精神活动。音乐审美不仅是针对音乐的美，而是面对音乐性，音乐性远比音乐美复杂。文学审美不仅是针对文学美，而是面对文学性，文学性远比文学美丰富。

聆听音乐和阅读文学一样，对作品的直接体验远比阅读批评、文献重要得多。音乐作品的复杂在于有一个变化多端的中间媒介，而文学作品的中间载体稳定而清晰。听比阅读富有变化。即使音乐的底本做了很好的修订和定稿，中间媒介（阐释者）如何理解底本，如何将这种理解呈现出来，加上乐器、演奏技术和时空的变化，音乐到接受者那里的阐释变量远远超过文学阅读。

第三阶段是用自己的感觉和直觉去接受和处理音乐信息，同时也用自己的判断和思维去接受和处理音乐信息，实现否定之否定螺旋上升的一个周期。一个周期的每一个阶段需要十五年的时间。我才进入第三阶段，还没有完成一个周期。好在三个阶段是叠加、融合的，而非替代的。

在第三阶段，前两阶段的积累大多进入了潜意识。 在第三阶段会出现一种奇妙的途径：传统消失了，经典消失了，流行消失了，当下消失了，所有伟大的音乐和音乐家共时地、彻底地凸显和裸露出来，变得透明起来。

小心古典音乐的海洋

文字语言和音乐语言最容易获得，也十分容易自身堕落，或者被图像语言（尤其是视频）化解。文字语言一旦式微，人的叙事、抒情、想象、象征、论理的能力就会减弱，文明、文化不存；音乐语言一旦式微，人的身体、抒情、想象、象征、精神的空间就会逼仄，文明、文化黯淡无光。语文是一切教育的根本，音乐（还有数学）是一切教育的基本，其他都是重要。

在塑造强大、丰富、整一的人格，培育人的感觉和直觉，种植和培育生长、融合、迁移的知识树，打造想象力和创造力方面，阅读和聆听简直就是方便法门。对我而言，在塑造人格上，这两种语言异曲同工，各有千秋：文字语言的所指相对具体、明确，在种植和培育知识树上技高一筹；音乐语言的所指抽象、含糊，在打造想象力和创造力上棋高一着。

听见音乐的三个阶段：

1. 大量听的阶段。听有四种：随机的听、综合的听、分类的听、专门的听，形成对音乐的感受、品鉴、理解能力，逐步构造起潜意识的音乐世界，音乐作品可以从这个世界里不断地溢出和涌现出来。

2. 借助音乐家、指挥家、演奏家、音乐研究者和爱好者的论述去听，提高感受、品鉴、理解能力。

3. 形成自身对音乐独特的感受、品鉴和理解能力。

三个阶段并非泾渭分明，有时混合渗透，但一定有一个阶段为主导，且第一个阶段一定无法超越，越丰满越好。我一直坚守一个观点：音乐家是用来听的，而不是用来谈论的。不听，不多听，莫言。

随机的听就是非组织化和非结构化的听。在1990年CD时代之前，我在音乐厅、收音机、磁带、LP那里，都偶尔发现过许多令人惊奇的音乐，至今难忘的有：舒伯特的《A大调钢琴奏鸣曲》（D. 664，独奏音乐会）、门德尔松的《随想回旋曲》（Op. 14，收音机）、勃拉姆斯的《降E大调圆号三重奏》（Op. 40，磁带）、霍洛维茨的莫扎特《A大调第二十三钢琴协奏曲》（K. 488，LP）和《降B大调第十三钢琴奏鸣曲》（K. 333，LP）。随机的听会给人带来出乎意料的遇见、触发、喜爱，以及后来的沉浸。CD时代和互联网提供了随机的听的充分条件。随机地听并爱上一首曲子，有时会改变人一生爱乐的路径。

综合的听是半组织化的和半结构化的听。各家唱片公司都会根据自己的版权资源、音乐资源库，用花样翻新的概念，把不同体裁（独奏曲、室内乐、各种交响乐、歌剧咏叹调、合唱曲混合在一起）的名曲组合出不同的音像制品。直到现在，我经常去听一些这类“杂烩”（medley）唱片。曲子基本都顺耳好听，不消耗气力，符合音乐美的经典、权威且保守标准。

分类的听比综合的听在组织化和结构化上更进一步。比如你集中一段时间和注意力，去听著名的独奏曲、室内乐、各种交响乐、咏叹调、合唱曲。你开始专注某一类音乐体裁，往深里走了，感觉到深不可测的惊讶。

专门的听完全是组织化和结构化的。比如你集中去听巴赫的键盘乐、室内乐、交响乐、合唱音乐等一类作品，或者听他全部的重要作品，甚至听一些更加重要作品的不同版本；比如你集中去听卡拉扬指挥的重要演绎；比如你集中去听格林·古尔德演奏的重要钢琴作品。更为夸张地，你去听布鲁克纳、马勒的交响曲全集，威尔第、瓦格纳的歌剧全集。你开始专注于一位音乐家、一位指挥家、一位演奏者，专注于一部作品不同版本等方面的差异，感觉到深不见底的惊喜和恐慌：无边无际的宝藏和生命的短暂发生了冲突，尤其是唱片工业加剧了这一惊喜和恐慌。我知道我收藏的唱片这一辈子也听不完了。

四种听越来越垂直，从随机到体裁综合到体裁分类到专一，这只是音乐的深渊；当四类听混合在一起，一不小心就会把自己弄进回不了头的汪洋大海。加上相应的四类阅读，就可能忘记了自身的劳动，忘记了生活才是最重要的。其实聆听和阅读都是为人服务的，而不是让人沉迷、沉溺在里面，甚至淹死在里面。聆听和阅读而忘记人的目的和方向是一种心理疾病。我们的一切所为都是为了人格、感觉和直觉、知识树、想象力和创造力，为了劳动和生活。

第五种听是情景的听

在《小心古典音乐的海洋》中，我提及四种听：随机的听、综合的听、分类的听、专门的听。其实还有一种听：情景的听。由于它过于个性化，由于它需要建立在四种听之上，同时限于文章的篇幅，我没有去触及。

在那篇文章的末尾我表达了这样的意思：阅读和聆听只能融入、充实劳动和生活，不能覆盖和吞噬它们。能够体现这句话的聆听就是自己可以在一定的情景中选择音乐来听，或者音乐在一定的场景中从大脑中溢出和涌现出来，这时你发现音乐就是劳动和生活的一部分了。

我阅读时选择的是迪卡唱片公司出版的一套柔板（Adagio）系列，一套44张。多年的收集，我只缺了莫扎特的两张和柴可夫斯基的两张。这些唱片把最美、最悦耳的旋律聚集在一起，增添了阅读的趣味和快感，似乎自己置身在一个惬意的水景花园当中，任清风摆弄。其中最喜欢的一张是巴赫的柔板。巴赫非常宏伟，这是他巴洛克的一面；非常严肃，这是他德国人的一面；非常温柔，这是他受到意大利影响的一面，这一面都体现在他的柔板当中。

另外莫扎特的《A大调单簧管协奏曲》第二乐章和《降B大调第二十七钢琴协奏曲》第二乐章、柴可夫斯基《第一钢琴协奏曲》第二乐章、拉赫马尼诺夫《C小调第二钢琴协奏曲》第二乐章也是极好的首批选择。

沉溺在柔板中的最大危险是：被旋律美和温柔乡所腐蚀，音乐趣味会变得狭隘，甚至不可自拔，不知美之外，音乐还有更多的表现和表达。

我思考时选择的是威尔第的《纳布科》中希伯来奴隶的大合唱《飞翔，思想》（*Va, pensiero*），思想在这里不再是黑格尔的蜘蛛织网，而是尼采的雄鹰翱翔了起来。

马勒的第三交响曲第六乐章（是一首在缓慢中展开无限壮丽的音乐）、第四交响曲第三乐章（是一首在曲折中展开寂寞孤独的音乐）、第五交响曲第四乐章（是一首在至柔中展开眷恋生命的音乐）也都是很好的选择，无限壮丽、寂寞孤独、眷恋生命都适合深入和广大的思考。

下面几首也适合思考：

加布里埃尔·福雷的《安魂曲》，这是一首小巧独特、不同凡响的安魂曲。不是死亡的悼歌，而是安详、甜蜜的天堂祝福。思考在这里也变得轻松起来。

埃里克·萨蒂《希腊裸体之舞》（*Gymnopedies*）中的第一首、阿尔沃·帕特的《镜中镜》（*Spiegel im Spiegel*）都可以把人带入黑与白简洁的静谧当中，让思维像奥卡姆剃刀那般前行，用最少的话说出最清晰而丰富的意思来。

比才《卡门》第二幕和第三幕的间奏曲和《阿莱城姑娘》第一组曲中的小步舞曲，马斯卡尼《乡村骑士》中的间奏曲，都是很好的背景音乐，平静开阔，明静光亮，思维可以在其中不紧不慢地得到充分的展开。

我写作时选择的是巴赫的《哥德堡变奏曲》、《平均律钢琴曲集》、《托卡塔》（*Toccatas*）、《创意曲》（*Inventions*）、《帕提塔》（*Partitas*），但最好选择格林·古尔德演奏的版本。古尔德似乎一直在告诉我：如果演绎一部浪漫主义的音乐作品，要采用克制、中庸的姿态去展现它。 如果处理一部古典主义的作品，切莫投入太多的情感。 我一直告诉自己：真正的抒情不抒情。 文章要有秋天的风景：山高月小，水落石出。 要干硬冷，疏朗透气，语言简洁、结构紧凑、逻辑清晰。

生活常态引发持续纠结时，我选择的是勃拉姆斯的《德文安魂曲》第二乐章，个人的肉体和荣耀最后都是残花败草，把所有都放下，完全接受生命中的一切；紧接着去听的是勃拉姆斯的第三交响曲第三乐章，把自己置身于草木在黄昏风中起伏的大自然中，个人如此渺小，何苦纠结在螺蛳壳里。

命运无常引发突发纠结时，选择的是杰奎琳·杜普雷演奏的埃尔加《E小调大提琴协奏曲》、迪努·李帕第的《最后的独奏会》(*The Last Recital*)、罗莎·塔玛基纳（吉列尔斯的第一位太太）演奏的拉赫玛尼诺夫《第二钢琴协奏曲》。 他们都是天妒英才的早逝者，听听他们的声音，我们还愚钝地活着，已经够庆幸了。

郁闷和失意时，我选择的是皮亚佐拉的《遗忘》(*Oblivion*)、《咖啡馆1930》、《布宜诺斯艾利斯之冬》、《自由探戈》。 任何个人的痛苦都要忍受，并最终把它遗忘，只留下1930年咖啡馆的记忆、四季的永恒轮回、探戈自在的精神。 在我心里，皮亚佐拉的班多钮（bandoneon）手风琴是世界上最悲伤也是最解忧的乐器，他的《孤独》(*Soledad*)是和《遗忘》相呼应的曲子：没有人理会和关注你切身的感受、你浅显还是深刻的道理。 大家都很忙碌，自己照顾好自己。 从一开始你就是孤独地生存在忘川中。

退休时，我选择的是约翰·帕赫贝尔的《D大调卡农》(*Canon*)，生与死相伴相随，最后合二为一；阿尔比诺尼的《G

小调柔板》和巴伯的《弦乐柔板》也是很好的选择，一切都进入缓慢和安静之中；拉威尔《G大调钢琴协奏曲》第二乐章是最适合退休中午一人晒太阳、喝茶、发呆的音乐。真正的强大和诗意是一个人内心满满地、长久地待在一个地方。

死亡前，我选择的是理查德·施特劳斯的《最后四首歌》的第三首："手放下劳作，大脑不再思考，全身心地渴望，投入深眠的怀抱。"

紧接着可以选择阿莱格里的《求主怜悯》（*Miserere*），九声部的织体让灵魂缓慢上升，无法坠落。莫扎特的《求主怜悯》（K.85）深受其影响，门德尔松认为此声应是天堂来。据说莫扎特 14 岁时在罗马进教堂两次听此乐，过耳不忘，回家就记下了这个复杂的总谱，教会感到疑惑：幽闭在教堂的曲谱怎么会外流。阿莱格里作此曲时已处于文艺复兴晚期和巴洛克初期，他属于作曲风格保守的罗马音乐学派，为保守阵营提供了不朽杰作。

然后以维瓦尔第的《四季·冬》第二乐章接上，临终的寒冷中依然有不尽的暖意。

马勒的第九交响曲第四乐章是必须的收场，生命就像一片云彩最后消失在蔚蓝色的天空中。

怀念时最好的选择是勃拉姆斯《圆号三重奏》，第三乐章对其母的怀念感人至深；布鲁克纳的第七交响曲，第二乐章是布鲁克纳长期耕耘、借对瓦格纳去世的致敬一举成名的作品。这两首曲子是一短一长的挽歌。一急一缓融为一体的是皮亚佐拉的《再见，诺尼诺》，它是纪念其父去世之作，痛心和深情怀念交替出现。

如果是新年，最佳的选择是约翰·施特劳斯的《艺术家的生活》《皇帝圆舞曲》，流光溢彩，无论它们是想象还是幻觉。

人遭遇的情景太多，有音乐相伴会使光明柔和，使阴暗浑厚，使轻狂平息，使千千心结展开。

听，交响曲的声音

在本文中，交响乐（symphony）、管弦乐（orchestral music）、交响曲（symphony）是有区别的。交响乐是一个庞杂的概念，是管弦乐器、打击乐器混合演奏的作品，包括交响曲、协奏曲、人声和乐队、交响诗、交响音画、各类交响舞曲、交响组曲、歌剧序曲和间奏曲、夜曲、嬉游曲，等等，体裁不胜枚举，几乎就是一个相对于独奏曲、室内乐的音乐大类。

管弦乐是乐队建制小的交响乐，和交响乐的界限并不清晰。

交响曲和交响乐英文是一个单词，要从上下文才能看出它们的差别，中文可以用两个词来翻译，一开始就限定出它们的差别。最初交响曲是四乐章的、奏鸣曲式的交响乐，后来它不断寻求在乐章和曲式上的突破。

为什么我们并不太爱听交响曲

一是我们从小听得少，没有从儿童时期构成潜意识的偏爱。儿童时期产生的喜爱一旦进入潜意识，就难以抹除，会不时地浮现出来。当代伟大的指挥家西蒙·拉图十二岁听马勒的第二交响曲就泪流满面，立志成为一位指挥家能够指挥这部交响曲。他以极端的形式证明了这一点。如果儿童时期被考试的、刷题的、基本无用的知识和训练塞得满满的，有意义的阅读、思考、写作、聆听就很难产生，从而形成极其不良的精神原型。尤其当下，我们很难有时间、有耐性去听交响曲，去看长篇小说。我们被时间、任务、事务的高密度安排和不断转化切割成碎片，失去了全神贯注的能力，甚至高强度、不相干的转化让我们陷入焦虑、强迫、躁狂、抑郁的不良心理状态。急功近利的填塞和时间的碎片化，让我们已经很难培养起对交响曲和长篇小说的爱好。

二是交响曲的世界过于庞大。真正伟大的交响曲是19世纪和20世纪上半叶的产物，贝多芬、舒伯特、门德尔松、舒曼、李斯特、勃拉姆斯、布鲁克纳、马勒、德沃夏克、柴可夫斯基、西贝柳斯、尼尔森、沃恩·威廉姆斯、阿诺德、普罗科菲耶夫、肖斯塔科维奇写的大多是鸿篇巨制。那是一个文化生活形态传统的社会，除了图书、报刊、绘画和音乐，基本没有其他文化形态，加上人们的闲暇时间、发呆时间、无聊时间俯拾皆是，可以在交响曲的海洋里畅游。从电影、电视开始，人的注意力开始涣散，到了互联网时代，人们似乎已经丧失了注意力。人的精神状态从主动积极变为被动消极，基本被速度和功利牵着走。听一首八分钟以上的歌曲已经是难以忍受的了，还有耐心去听交响曲吗？音乐被流行歌曲的时间所限定，不能超过五分钟，人们只有在这个时间之内注意力才能集中，才会觉得舒服。五分钟成了现代人音乐注意力的极限。人们还能去听勃拉姆斯的四首伟大的交响曲吗？没空。听一支《匈牙利舞曲》都已经是奢侈的行为，所以大家对第一首最熟悉。人们还能去看托尔斯泰伟大的三部小说吗，没空，看一下他的《战争与和平》的缩减本已经很给面子了。交响曲是音乐中的长篇小说。基本功利化的时间已经杀死了交响曲和长篇小说。大家都在忙忙碌碌、伶牙俐齿，用内在的生命去应付外部世界的需求，一无和自我内心相关联的收获。

正如一位荣格心理学家对我说过："没有了放松和休息，我们失去了深度的注意能力。深度的注意能力让人可以安静地观望内在的自我（自性化过程中关键的一部分），使想象力和创造力成为可能。深度的注意以沉思和专注为基础，过度积极的主体无法抵达这一领域。今天大多数人的注意力体现为不断地在多个任务、信息来源和学习（工作）程序之间转换焦点。一味的忙碌不会产生新事物或带来个人内在的成熟。”

“如果一个人在行走时感到无聊，又没有办法忍受无聊的话，他会焦虑、烦躁地转来转去，并且急切地寻找各式各样的活动。这促使他去发明新的行走方式。跑步并不是新的行走方式，它只是加快速度的行走。舞蹈是新的行走方式。也许他在行走时体会到一种深度的无聊，并在无聊的激发下，将行走步伐改为舞步。然而，同线形、笔直的走路相比较，动作花哨的舞蹈显得过于铺张，完全不符合今天社会的功利主义和物质主义原则的要求。”(两段很学术的话我都做了通俗化的润色。)

三是交响曲的音乐语言复杂，对和声、配器、音乐织体的表现最为丰富，需要安静下来才能体验；且许多作品内涵丰富，抽象难以把握，需要安静下来才能感悟。安静在当下已经成为相当奢侈和稀缺的东西。安静需要自我充盈，一旦自我空洞化，人会恐惧安静，用喧嚣、速度来填塞自我。这也是人不喜欢听交响曲的原因之一。

四是交响曲可能提供了十分艰难和可怕的精神世界，不是太长、太复杂、太宏大，而是过于残酷、可怕、真实、难以听到的东西。这个就不展开了，接近形而上学了。

交响曲至多是60岁后老人可能的偏好。我曾经问一位年轻人为何不爱听交响曲，他说他还没有老。但这个可能的偏好依然取决于第一条——小时候能否形成潜意识，为老年出现返祖现象奠定心理基础；也取决于第三条——成年阶段对音乐的体验和感悟。

如何理解交响曲

从微观到宏观，我们可以从音色、节奏、旋律、和声、配器、织体来理解交响曲，首先必须去感觉交响曲，建构起直觉上的认知；然后阅读一些相关书籍，解构自己的存量认知，并形成相关的判断和思维；最后再重构自己对交响曲的感觉和直觉。

也可以从顺耳和噪音的历史演变、音乐的中心和边缘的关系、音乐的空间、音乐作品的不同演绎等四个方面来理解音乐。交响曲包揽了以上所有的小、大音乐元素，它充分展现了历史演变中的声音。爱上交响曲的声音，一般会爱上所有的音乐。交响曲即使不是无所不包的世界，也是一个完整而宏大的音乐世界。

交响曲的历史是一部不断被民众化、普及化的历史。它已经成为民众日常精神生活的一部分，尤其是古典时期和浪漫主义时期的交响曲。人们可以不喜欢交响曲，但没有任何必要把它神秘化、高档化，因此拒绝它。它只是一种音乐的声音。文化历史的一部分就是精英文化、知识分子文化，包括交响乐、交响曲，不断普及化的历史；就是它们和大众文化、大众音乐融合的历史。

交响曲的历史是一个噪音和顺耳互为演变的历史。交响曲在节奏、旋律、和声、配器、织体上充满了无数创新的变量组合，对接受者的感觉而言，都是一个从噪音到顺耳的挑战、演变、适应的过程，并且这一过程也会出现反向运动。这在古典主义、浪漫主义、现代主义的过渡期更加明显。

交响曲的历史是一个小空间到大空间互为演变的历史。交响曲最初是宫廷的，后来变成城市广场的，后来变成高山峻岭、大江大河、荒野丛林，后来变成整个世界，结构和层次上充满了简约和繁复的互动。熟悉交响曲的历史和曲目的人对此会有深切的感受。

交响曲的历史是一个中心和边缘相互渗透的历史。交响曲发端于17世纪末的意大利，后来在德国、奥地利得到发展，并在海顿手上内容和形式基本成熟，形成最初的德奥中心。后来法国、东欧、北欧、俄罗斯作为边缘加入，相互渗透，形成了一个新的更大的中心和群体，构成一个庞大的音乐系统。这个系统具有内在的多元性。

交响曲的历史是一个被不断阐释的历史。伟大的交响曲层次内涵丰富，可以不断演绎，犹如说不尽的莎士比亚。所有时代、所有风格的伟大的交响曲都在近一百多年来得到伟大的指挥家和乐团不同的、不断的阐释和演绎，并且在录音时代得到了保存，为听众对交响曲丰富的体验和鉴赏，以及深入的理解，提供了巨大的可能性。音乐是抽象的，交响曲的魅力在于可以不断地得到作曲家、指挥家和听众的阐释，20世纪以来对交响曲的演绎充分证明了这一点。

如何爱上交响曲

多听，多读一些相关的书籍，再多听，最终形成我所说的内心涌现的状态。

涌现是十分丰富的感觉不断地出现，是一种直觉的饱满感。没有涌现就没有丰富的感觉和直觉，就没有在某个领域的发言权。真正谈论交响曲的基础是感觉和直觉，是经验和体验。

“涌现”这个词是我在三十多年前受到文学教育时发明的

词，后来我发现许多人都在用这个词。我当时发现许多同学学文学满足于文学概念、文学理论、文学史，具体文本细读得不多，满足于从概念到概念的演绎思维，以及缺乏感觉和直觉、经验和体验的归纳思维，把文学作品作为谈资，而不是阅读的对象。这个词更适用于音乐教育。

当我们把所有音乐从历时的状态压缩到共时的状态，音乐就只是一个演化而非进化的丰富世界。由于音乐的抽象性，有历史纵深感的听众可以在一个巨大的平面更自由地选择契合自己内心世界的音乐。

一个人对音乐的历时感越深远，呈现出的共时感就越丰满，音乐成为了永远和当代共生融合、充满活力、不可分割的东西。这就进入了“涌现”的状态。当一个人把格里高利圣咏到巴赫到马勒到梅西安都体验了，音乐的世界里一定有随处可以安置性情、气质、灵魂的地方。音乐的历史似乎已经消失，人可以在共时的状态上自由选择，发生共鸣，形成属于自己的经典音乐谱系。

听交响曲犹如阅读文学巨著，需要强大、丰富、整一的自我方能驾驭。尤其在互联网时代，交响曲可以反过来培育和保持强大、丰富、整一的人格，抵御情绪、人格、精神方面的疾病，保持人敏锐的直觉，保持人判断和思维的系统性与深刻性，保持人的想象力与创造力。交响曲心理治疗的功用变得日益重要。

爱上交响曲，并选择吻合自己每个人生阶段的声音。

最后讲三句实在话：不必将交响曲神圣化、神秘化，许多曲目都大众化了。

交响曲只是交响乐的一个分支，多听一些其他种类的、短一点的交响乐，然后就靠近交响曲了。

可以不听交响曲，也可以不听交响乐，但不能不听音乐。

“凤凰·留声机”丛书总序

音乐是所有艺术形式中最抽象的、最自由的，但音乐的产生、传播、接受过程不是抽象的。它发自作曲家的内心世界和外化的技法，通过指挥家、乐队、演奏家和歌唱家的内心世界和外化的技法，合二为一地，进入听众的感官世界和内心世界。

技法是基础性的，不是自由的，从历史演进的角度来看也是重要的，但内心世界对音乐的力量来说更为重要。肖斯塔科维奇的弦乐四重奏和鲍罗廷四重奏的演绎，贝多芬晚期的四重奏和意大利四重奏的演绎，是可能达成作曲家、演奏家和听众在深远精神和纯粹乐思、创作艺术和演奏技艺方面共鸣的典范。音乐史上这样的典范不胜枚举，几十页纸都列数不尽。

在录音时代之前，这些典范或消失了，或留存在文献的记载中，虽然我们可以通过文献记载和想象力部分地复原，但不论怎样复原都无法成为真切的感受。

和其他艺术种类一样，我们可以从非常多的角度去理解音乐，但感受音乐会面对四个特殊的问题。

第一是音乐的历史，即音乐一般是噪音—熟悉—接受—顺耳不断演进的历史，过往的对位、和声、配器、节奏、旋律、强弱方式被创新所替代，一开始耳朵不能接受，但不久成为习以为常的事情，后来又成为被替代的东西。

海顿的《G大调第九十四交响曲（惊愕）》第二乐章那个强音现在不会再令人惊愕，莫扎特的音符也不会像当时感觉那么多，马勒庞大的九部交响乐已需要在指挥上不断发挥才能显得不同寻常，斯特拉文斯基再也不像当年那样让人疯狂。

但也可能出现顺耳—接受—熟悉—噪音反向的运动，甚至是周而复始的循环往复。 海顿、莫扎特、柴可夫斯基、拉赫玛尼诺夫都会一度成为陈词滥调，贝多芬的交响曲也不像过去那样激动人心；古乐的复兴、巴赫的再生都是这种循环往复的典范。 音乐的经典历史总是变动不居的。 死去的会再生，兴盛的会消亡；刺耳的会被人接受，顺耳的会让人生厌。

当我们把所有音乐从历时的状态压缩到共时的状态时，音乐只是一个演化而非进化的丰富世界。 由于音乐是抽象的，有历史纵深感的听众可以在一个巨大的平面更自由地选择契合自己内心世界的音乐。

一个人对音乐的历时感越深远，呈现出的共时感越丰满，音乐就成了永远和当代共生融合、充满活力、不可分割的东西。 当你把格里高利圣咏到巴赫到马勒到梅西安都体验了，音乐的世界里一定随处有安置性情、气质、灵魂的地方。 音乐的历史似乎已经消失，人可以在共时的状态上自由选择，发生共鸣，形成属于自己的经典音乐谱系。

第二，音乐文化的历史除了噪音和顺耳的互动演变关系，还有中心和边缘的关系。 这个关系是主流文化和亚文化之间的碰撞、冲击、对抗，或交流、互鉴、交融。 由于众多的原因，欧洲大陆的意大利、法国、奥地利、德国的音乐一直处在现代史中音乐文化的中心。 从 19 世纪开始，来自北欧、东欧、伊比利亚半岛、俄罗斯的音乐开始和这个中心发生碰撞、冲击，由于没有发生对抗，最终融为一体，形成了一个更大的中心。 二战以后，全球化的深入使这个中心又受到世界各地音乐传统的碰撞、冲击、对抗。 这个中心现在依然存在，但已经逐渐朦胧不清了。

我们面对的音乐世界现在是多中心的，每个中心和其边缘都是含糊不清的。因此音乐和其他艺术形态一样，中心和边缘的关系远比20世纪之前想象的复杂。尽管全球的文化融合远比19世纪的欧洲困难，但选择交流和互鉴，远比碰撞、冲击、对抗明智。

由于音乐是抽象的，音乐是文化的中心和边缘之间，以及各中心之间交流和互鉴的最好工具。

第三，音乐的空间展示是复杂的。独奏曲、奏鸣曲、室内乐、交响乐、合唱曲、歌剧本身空间的大小就不一样，同一种体裁在不同的作曲家那里拉伸的空间大小也不一样。听众会在不同空间里安置自己的感官和灵魂。

适应不同空间感的音乐可以扩大和深化一个人的内心世界。当你滞留过从马勒、布鲁克纳、拉赫玛尼诺夫的交响曲到贝多芬的晚期弦乐四重奏、钢琴奏鸣曲，到肖邦的前奏曲和萨蒂的钢琴曲的空间，内心的广度和深度就会变得十分有弹性，可以容纳不同体量的音乐。

第四，感受、理解、接受音乐最独特的地方在于：我们不能直接去接触音乐作品，必须通过重要的媒介人，包括指挥家、乐队、演奏家、歌唱家的诠释。因此人们听见的任何音乐作品，都是一个作曲家和媒介人混合的双重客体，除去技巧问题，这使得一部作品，尤其是复杂的作品呈现出不同的形态。这就是感受、谈论音乐作品总是莫衷一是、各有千秋的原因，也构成了音乐的永恒魅力。

我们首先可以听取不同的媒介人表达他们对音乐作品的观点和理解。媒介人讨论作曲家和作品特别有意义，他们超越一般人的理解。

其次最重要的是去聆听他们对音乐作品的诠释，从而加深和丰富对音乐作品的理解。我们无法脱离具体作品来感受、理解和爱上音乐。同样的作品在不同媒介人手中的呈现不同，同一媒介人由于时空和心境的不同也会对作品进行不同的诠释。

最后，听取对媒介人诠释的评论也是有趣的，会加深对不同媒介人差异和风格的理解。

和《留声机》杂志的合作，就是获取媒介人对音乐家作品的专业理解，获取对媒介人音乐诠释的专业评判。这些理解和评判都是从具体的经验和体验出发的，把时空复杂的音乐生动地呈现出来，有助于更广泛地传播音乐，更深度地理解音乐，真正有水准地热爱音乐。

音乐是抽象的，时空是复杂的，诠释是多元的，这是音乐的魅力所在。《留声机》杂志只是打开一扇扇看得见春夏秋冬变幻莫测的门窗，使你更能感受到和音乐在一起生活真是奇异的体验和经历。

普通听众的古典音乐

音乐知识可以越来越丰富，但不要忘了音乐作品本身，忘了对它们的直接感受和反应。古典音乐的音乐理论、音乐史、音乐家传记、音乐作品鉴赏和分析的书籍越来越多，我都不知不觉地收了两个书架，中英文版各半，有的内容已经达到了相当垂直的深度。英文版有：皮埃尔·布列兹（Pierre Boulez）的 *Music Lessons*、罗杰·斯克鲁顿（Roger Scruton）的 *Music as an Art* 和 *The Aesthetics of Music*、扬·斯瓦福德（Jan Swafford）的 *Beethoven：Anguish and Triumph*、斯维亚托斯拉夫·里赫特（Sviatoslav Richter）的 *Notebooks and Conversations*、阿尔弗雷德·布伦德尔（Alfred Brendel）的 *Music，Sense and Nonsense* 等。中文版有：萨义德的《音乐的极境》、保罗·亨利·朗的《西方文明中的音乐》、唐纳德·杰·格劳特和克劳德·帕里斯卡的《西方音乐史》、上海音乐出版社推出的"诺顿音乐断代史丛书"、亚历克斯·罗斯的《余下只有噪音：聆听20世纪》、加德纳的《天堂城堡中的音乐：巴赫传》、乌尔里希·德吕纳的《瓦格纳传》等。但这一切都不能代替对音乐的直接聆听。

作品越来越多，演绎越来越多，古典音乐让人应接不暇。相对于20世纪之前，20世纪之后已经不是古典音乐的创作世纪，而是演绎世纪；即使和大众音乐（流行音乐）相比而言小众的古典音乐，也成了训练、演奏、商演、录音制作、营销、销售的工业。对我而言，文字语言，尤其是现代汉语是技能，更是心的判断和思维；艺术语言，尤其是音乐语言、绘画语言是技术，更是心的感觉、直觉。我有时极端地认为：人生实在短促，应该把眼睛献给好的图书、绘画、自然美景，把耳朵献给好的音乐，把嘴和鼻献给美食。但阅读、聆听、品尝都是冒险，我们的感觉和直觉、我们的判断和思维、我们潜意识的积累和选择能力至关重要，应尽量避免在粗制滥造的制造和消费中浪费时间，甚至荒废掉一生。

对古典音乐的判断、思维、选择，源于对作品直接的感觉和直觉，源于这些感觉和直觉长期潜意识的积累，这些都源于一位普通听众的聆听行为。

首先，普通听众在这里不是一个阶层概念，而是一个文化概念。普通听众是非专业的，但具有习惯和积累的音乐素养和人文素养，具有聆听音乐的兴趣、爱好、习惯、方法。这和弗吉尼亚·伍尔芙的普通读者具有相似的含义。

古典音乐在这里不是古代音乐，也不是经典音乐，它和古代音乐、经典音乐有大量的重叠。它是难以定义的音乐，是和大众音乐（流行音乐）在音乐体裁、表达形式上不同，或者更精确而言是和大众音乐（流行音乐）相对的音乐。不同会暗示着高下，相对意味着平等；尤其在现当代，它和大众音乐（流行音乐）之间还有着模糊的过渡区。

其次，对普通听众而言，古典音乐不是历史延绵，而是对他自己当下的意义，意义来自于声音对心的直接撞击；古典音乐不是历时序列，而是心灵永恒的声音，来于心、归于心。贝多芬、舒伯特、舒曼、勃拉姆斯、肖斯塔科维奇的生卒年没有意义，比如他们的独奏作品和室内乐作品属于一类物种——内心深处的隐秘话语。

帕莱斯特里拉、蒙特威尔第不是复调，维瓦尔第、巴赫、亨德尔不是巴洛克，莫扎特、海顿不是洛可可，贝多芬、舒伯特、门德尔松不是古典，舒曼、勃拉姆斯、瓦格纳、布鲁克纳、马勒不是浪漫，德沃夏克、格里格、西贝柳斯、柴可夫斯基、拉赫马尼诺夫不是古典和浪漫前后的民族，勋伯格、韦伯恩、斯特拉文斯基、普罗科菲耶夫、肖斯塔科维奇不是现代。他们化解了历史，都是一个时间平面上的、共时的音乐。

对普通听众而言，音乐家和音乐作品不是用历史和时间定义和标签的，音乐作品首先是用来聆听的。音乐作品是个人—集体—人类的精神世界由内向外的投射，是灯；是个人—集体—人类用感觉和直觉、想象和梦幻对世界和自我的观照，是镜子。

再次，对普通听众而言，古典音乐不是社会背景——巴赫、亨德尔、莫扎特、海顿的音乐和王室的关系对他而言没有意义；不是社会关系——《英雄交响曲》和法国大革命、拿破仑没有关系，它是对人类英雄精神的赞美；也不是音乐家生平——肖斯塔科维奇的弦乐四重奏和对他的大批判没有关系，它们是对个人命运普遍状态最深的感受；更不是条分缕析的音乐结构——贝多芬晚年的钢琴奏鸣曲和弦乐四重奏对他的意义是纯粹的声音创新，奇妙而直接夺人心魄。

古典音乐和普通听众自身当下生活的感觉和直觉、想象和梦幻紧密相连，和他其后发生的判断和思维紧密相连。他人的感受、理解、领悟不能替代。除了歌剧和声乐作品，古典音乐总体抽象，且最适合做抽象转化，直接而充分地满足和唤起他内心的需求。对普通听众而言，古典音乐是最抽象、最自由、最贴近内心深处的艺术。贝多芬晚年作品的意义在于接触到了很少有人发现的生命奥义和喜悦，布鲁克纳交响曲的意义在于回归内心、静观沧桑，马勒交响曲的意义在于对生命和自然的热爱、对死亡的恐惧和超越，瓦格纳的意义在于其交响结构、合唱结构与宇宙的力量连接起来。

综合的听、分类的听、专门的听不是普通听众的主流，随机的聆听、情景下的聆听对他最为重要。后两个听是底层，底层越厚实，前三个就越丰满。他也不拒绝音乐理论、音乐史、音乐家传记、音乐作品鉴赏和分析，以及他人的理解和领悟，使自己的聆听丰满、厚实，到深刻领会，实现螺旋式的上升。我在上海音乐出版社出版的《印记》一书就是一位普通听众螺旋式上升的尝试。

最后，对普通听众而言，音质很重要，他会适度地讲究音质，但不沉溺于音质；更重要的是作品本身和对作品的演绎，以及对音乐的爱和想象。他不是音质的发烧友。

我们几乎没有听到过所谓最真实的声音。最真实的声音是现场的演绎，声部之间的关系和变化在空间清晰可见，但就是这样的声音都会被不同的现场做过。我们聆听古典音乐更多的是通过音响设备，不过我们通过音响设备听到的声音必然受到硬件和软件诸多变量的影响。

硬件从功放、连线、播放器、音箱到播放空间，就是一个硬件发烧友说不完的话题。软件（音源）——直接刻录的母带、模拟录音和混音的母带、数字录音和混音的母带、开盘母带；开盘母带直接刻录的母盘、从母盘上压制的 LP、从母盘上不同层级数字压缩的 CD——林林总总，更是软件发烧友说不完的话题。但对普通听众而言，一套五万水平的音响器材，加上从母带刻录的母盘上压制的 LP 或数字压缩的 CD，已经足够让他满意。记得大师威尔第说过的一句话："我手边有一架老掉牙的斯比奈琴，不久我就写起乐谱来，如此而已。"聆听也应该如此。我的一位爱乐朋友告诉我，他只听现场和 MP3，一种本真，一种真假。

此文写作反复回放的背景音乐如下：舒伯特的《未完成交响曲》《鳟鱼五重奏》，门德尔松的《意大利交响曲》，布鲁克纳的第四、第七交响曲，瓦格纳的《齐格弗里德的牧歌》。这几部音乐十分适合远比音乐枯燥无味的思考和写作，作为一个诗情画意、舒展自我的背景。

主题和变奏

主题和变奏（变奏曲）可以作为一个乐章，也可以作为一首乐曲存在。众所周知的伟大乐曲有巴赫的《哥德堡变奏曲》、贝多芬的《迪亚贝利变奏曲》、勃拉姆斯的《海顿主题变奏曲》、柴可夫斯基的《洛可可变奏曲》、埃尔加的《谜语变奏曲》、拉赫玛尼诺夫的《帕格尼尼主题狂想曲》。但我最爱听的还有贝多芬为大提琴和钢琴创作的两首莫扎特《魔笛主题变奏曲》、一首亨德尔《犹大·马加比主题变奏曲》，以及肖邦为钢琴和乐队创作的莫扎特《唐璜主题变奏曲》。它们都充分利用了歌剧原来主题的通俗和歌唱旋律的优美，不需要听者过度的全神贯注。

其实，我的思考和写作经常也是在一些主题和类似“固定乐思”的主导下行走，它们不断地变奏，生出林林总总的想法。主题和“固定乐思”或是确定了思维向上生发的根，或是决定了思维弥散的框架。我并不反对威廉·华兹华斯浪漫主义的观点：“强烈感情自然而然的流露”是创造力的源泉，但我始终坚持健康的古典主义的四个原则：结构—系统、事实—逻辑、定位—布局、重点—协同是第一位的、坚韧的，它们不抵制、反对、扼杀感情，反而使感情更具有张力。贝多芬的古典主义对感情的处置是世界上最伟大的人的行为。主题和类似的“固定乐思”是结构—系统原则的表现之一，我们甚至在诸多最具有个人化的艺术表现中都发现这一点，比如在梵高、莫奈、毕加索不同时期的绘画中也能发现固定色系的主导作用。

作为一位结构主义者，我相信生长、弥散必须有底层、有框架，必须有主题、有方向。

比如出版理论我有五个主题，其中二、三、五最为重要：(1) 作为集体行为的出版的四个标志。(2) 工业设计和出版。(3) 出版的新生态。(4) 出版高质量发展的三条路径。(5) 走向未来的出版。这些是出版的主题，也是出版的底层结构，生成出版的一系列思考和实践。（见《走向未来的出版》一书）

比如出版、阅读、听音乐、思考、写作的目的：无非是建立强大、丰富、整一、稳定的人格；培养人丰富、敏锐的感觉和直觉；种植出一棵能够实现生长、融合、迁移的知识树；培育想象力、创造力，以及自我批判的能力。

比如文学性和文学的本质：无非是文学性不在于文字语言和叙述结构的过度创新；文学是想象和象征的，其所指的魅力在于它具有能指充沛的象征和寓言意味；文学性一般处于多元和混合的状态，但语言、叙事（叙述、描写、结构）、情感、思想、想象力都充分实现的状态十分稀有。

比如音乐：音乐噪音和顺耳的演变、音乐中心和边缘的互动、音乐的多元空间、音乐传播的媒介、音乐的特别之处——音乐的能指比文学更为复杂。文学是想象和象征的世界，但它的含义即使再丰富和抽象，也不能和器乐相比。器乐是诡异和狡猾的艺术，是人类思想和感情最后的堡垒。

比如人格的四层面：它们是本能、本性、社会性、精神性，在不同的人那里呈现出内外深浅的差异，这些层面一旦分化开来就很难把握，所以没有比理解他者和自我更为困难的事情。培养人格的目标是建立强大、丰富、整一的内在人格，规避情绪失控、人格分裂、精神崩溃。这是人类最艰难的行为。

比如历史的七重奏：我们面对的作为学科的历史有考古的、

文献的、叙事的、问题的，作为故事的历史有意识形态的、寓言的、神话的。在政治经济社会文化中，它们各有其合理性，无需简单否定一种形态的功能。有时它们是贯通的，有时是混合的，构成了历史的复杂性，犹如一首七重奏。作为学科的历史，在考古和文献中被不断封闭，在叙事和问题中不断开放。

比如决定社会形态的六元素：生态、政治、文化；经济、技术、文明（这里是按照德国传统的理解，文明是物质的，文化是精神的）。生态、政治、文化决定方向，经济、技术、文明提供动力。要约束经济（以及背后的资本）、技术、文明，给生态、政治、文化留出空间。

比如经济的三个层面：底层是自然经济，中层是市场经济，高层是政治经济。要保护和捍卫市场经济，这是企业活力的源泉，是个人、社会、国家财富的源泉。但不要被中层庞大的市场经济，尤其自由市场经济覆盖、吞噬所有的经济，甚至吞噬、覆盖社会。社会行为远远不是市场经济行为，也不能还原为市场经济行为。市场经济，尤其是自由市场经济的不良外部性，在一个混沌结构的社会中是高风险的。比市场经济、自由市场经济更重要的是整个社会经济以及社会整体。必须保护整个社会整体，不被经济尤其是市场经济、自由市场经济绑架和扭曲。殖民主义、帝国主义的历史就是经济、资本绑架国家权力和意识形态的历史。

无论写什么，我都要有主题和底层结构，尽量保持方向的同一性和连续性，保持在知识生长、融合和迁移中，具有稳固的逻辑思维、形象思维、抽象思维能力；在知识泛滥成灾、碎片化的时代，具有结构、系统和深度的知识。

我不喜欢写评论，对我个人而言，任何人的信息都是不对称的，评论别人不如用别人的信息来启迪自己。其实大多数评论都是信息不对称的，甚至是完全不对称的意向，我也从来不看书评。

我也不喜欢争论、辩论，对我个人而言，任何人的信息都是不充分的，与别人辩争不如吸纳别人的信息来丰富自己。其实大多数争辩都没有限定和弄清各自的概念和范畴，难免为意气和面子，最终都是浪费时间，损耗身体和生命。

出版、图书、音乐只是引子，触发我的思想主题，通过主题和变奏投射出内在的自我，同时观照自我和外部世界。虽然我热衷于涉足出版和阅读、音乐、文学、人格心理学、历史、哲学、社会学、经济学，但限于为谋生的劳作耗费的时间甚多，为思想和自我成长的劳动配置的时间稀缺，我几乎没有深入任何严格的科学领域，尤其是自然科学领域。科学，尤其是自然科学，是文化中最通约的一部分。对我而言，科学，尤其是自然科学却是不可跨越的鸿沟，在这里我既没有主题，更没有变奏。

科学是分科的也是系统的、相互关联的知识和方法，是探索大概率规律的知识和方法，是可检验的、理性的、有序的、逻辑的知识和方法。它和艺术、文学、哲学一样，是文化的一部分，也是知识树中最艰难的一部分，需要系统的训练和培养。不是谁都能碰科学的。人能掌握一门科学，同时知道或熟悉相关领域的一些科学结论就不错了。

文学、艺术和哲学一样，通过感觉、判断、直觉、思维、想象，去关注、思考、发现人的生存意义和人的生存行为的元问题，确定人的行为的价值观、世界观、方法论，确定它们的基本主题和变奏。科学、文学、艺术、哲学认知的对象不一样，方法不一样，相互不可替代，但可互为表里，相互映射。

第二乐章　阅读

南京师范学院的购书记忆

我很少写记忆类的文章，从人生观而言，个人所有过往的东西过去就过去了，不值得沉溺和留恋，把精力放在现在，除非过往和现在联系得太紧，不得不记录一下。

从记忆的本身而言，它经常是本真的记忆、修饰的记忆、表述的记忆的混合。本真的记忆是自然但残缺的浮现；修饰的记忆面对自我，有意识或潜意识的补充、润色，难免偏离和走样；表述的记忆面对众人，有意识或潜意识的想象、掩饰，难免夸大和压缩，最后变成了故事和象征。卢梭的《忏悔录》就是三重记忆的混杂。

在南京师范学院购书的经历对我个人一生的发展十分重要，而且在那时的大学，只能通过读思写的闭环结构才能证明自己；购书的经历也是改革开放初期出版界的镜子，有一定的历史价值。我尽量使我的记忆保持本真的状态，它断断续续，像暮色苍茫中隐隐约约的山峦。

我 1981 年考入南京师范学院中文系，后来成了南京师范大学（似乎是我大三时改的名，在五台山体育馆有一个盛大的仪式）文学院；1985 年毕业，同年考入南京大学中文系，学习西方文学理论。本来 1984 年夏天想填报武汉大学马克思主义哲学专业，因为知道那里比南京还热，认为可能不适合深度的哲学思考，就放弃了。

南京师范学院给我留下最深记忆的地方就是宁海路老校区学生宿舍往教学区路上的一家小书店，那里是我思想的温床。我只要有点钱就光顾那里，只要有点钱就在那里享受和愉悦一番。

从我高中开始，图书逐渐丰富起来，但品种依然很少，绝不能和今天相比。几乎每一种重要图书的出版都是现象级的，是打开窗户透风的行为。在到处是数据、信息、知识窗口的今天难以想象。

学校那时的补贴每个月 17.7 元，我基本上都用于买书看了。那时的书很便宜，1 元钱可以买到 250 多页的书。10 元钱可以买上好几本重量级的书。

记得我在这家书店第一次买的是伍蠡甫主编的《西方文论选》(上下卷)、朱光潜的《西方美学史》(上下卷)。当时感到自己长大了，可以开始全面接触成人世界的思想。之后，美学、艺术理论、文学理论构成了一条长长的书单，就此不经意地奠定了后来学业的方向：《西方美学家论美和美感》，柏拉图的《文艺对话集》，亚里士多德的《诗学》，《狄德罗美学论文选》，斯太尔夫人的《德国的文学和艺术》，丹纳的《艺术哲学》，华兹华斯、柯勒律治、雪莱的《十九世纪英国诗人论诗》，爱克曼的《歌德谈话录》，席勒的《美育书简》，《海涅选集》，雨果的《论文学》，克罗齐的《美学原理　美学纲要》和《作为表现的科学和一般语言学的美学的历史》，桑塔耶纳的《美感》，苏珊·朗格的《艺术问题》，赫伯特·里德的《现代绘画简史》，李斯托威尔的《近代美学史评述》，朱光潜的《悲剧心理学》，蒋孔阳的《德国古典美学》，朱狄的《当代西方美学》。最后买的一本书是韦勒克和沃伦的《文学理论》，这本书我认为是写得最好的文学理论著作，在书架上一直放在同类书的第一排。后来读研究生之后，这张书单越来越长，以致一时形成了错觉，以为美学、艺术理论和批评、文学理论和批评是学问的中心。不过非常奇怪的是：它们当时确实是中国思想和文化转变的热点。

最初买的哲学书有《西方哲学原著选读》（上下卷），《西方现代资产阶级哲学论著选集》，色诺芬的《回忆苏格拉底》，斯宾诺莎的《伦理学》，休谟的《人类理解研究》，康德的《任何一种能够作为科学出现的未来形而上学导论》，费希特的《论学者的使命》和《人的使命》，谢林的《先验唯心论体系》，黑格尔的《精神现象学》《逻辑学》《法哲学原理》《哲学史演讲录》《美学》，叔本华的《作为意志和表象的世界》。哲学的书单由此展开，从古代到后现代。

我知道黑格尔是在高中时期，家里有一本《小逻辑》，看不懂，感觉这个人要用一整套逻辑的概念来架构这个世界，用蜘蛛网来编织这个世界。当时大学稀少，前程单一，如果考不上大学，就去当工人，高中录取大学的比例是 11 : 1，但人没有现在那么焦虑。高二时我还痴想如果考不上大学，就好好啃一啃《小逻辑》。我经常中午在中文系正门前的草地上读黑格尔奇怪而深奥的书，直到大二的一天，《逻辑学》突然让我眩晕呕吐，吐出的东西比吃的还多，从此就再也没有读过黑格尔的东西。我似乎希望寻找一种尼采式的闪电、鹰击长空的感觉和直觉，而编织蜘蛛网让我体会到让-保罗·萨特《恶心》的存在状态。不过依然记得黑格尔《哲学史讲演录》的“开讲辞”是一篇 1816 年在海德堡大学的演讲，演讲中对当时精英追名逐利、逃避精神追求的描述似乎适合人类历史的大部分阶段。

那时存在主义思想通过让-保罗·萨特刚刚进入中国，我们还并不知道胡塞尔、海德格尔、西蒙·波伏娃、加缪、梅洛-庞蒂、罗洛·梅。我记得最初买的是萨特的《存在主义是一种人道主义》《萨特戏剧集》。《存在与虚无》的出版是后来的事情。那时“存在先于本质”对年轻学子的意志力、选择生活的勇气给予了难以想象的能量。大学四年级，我发现了胡塞尔，他悬置和直觉的现象学认知方法对我影响极大。也是在大学四年级我买了罗洛·梅的《爱与意志》，当时觉得这本书写得太好了，读了好几遍，但是现在都忘了写的是什么，都进入潜意识中去了。

罗素的《西方哲学史》(上下卷)是我最爱的书，读烂了一本一套，最后不得不再买一套新的，朱光潜的《西方美学史》也是如此。对我影响很大的书是《逻辑经验主义》(上下卷)，通过这本书我知道了石里克、卡尔纳普、艾耶尔、维特根斯坦、波普尔，知道他们生活的时代，世界上没有逻辑、无法证实(证伪)的胡话实在太多了；也通过此书，我知道了科学哲学，知道了库恩、拉卡托斯、劳丹、费耶阿本德。

那时除了爱读《毛泽东选集》之外，还把《马克思恩格斯选集》和《列宁选集》给读了。这些书家里都有，只是在中文系特别喜欢上哲学课，和哲学老师相谈甚欢，哲学老师给我100分，这是我在中文系最好的成绩，引发了同学的不满，因为他们中的一些人考试不及格。可惜这位老师的名字我完全忘了，只记得他是北京大学哲学系毕业的。

那时的社科、人文书籍依然十分有限，我接触经济学、政治学、社会学、法理学还是工作以后的事情。当时学界的热点也主要集中在美学和文学批评、哲学、心理学。非常奇怪的是，那时的文学批评像火锅，什么思想和学说都要在里面涮一下：我快离开南师大的时候，新批评进来了；我快离开南京大学的时候，后现代主义哲学、解构主义进来了。此后，美学、文学批评开始衰落，经济学、政治学、社会学、法理学全面开花，图书世界逐渐繁荣起来，同时定价也开始逐步攀升。

我也是在这家书店知道了心理学的世界。波林的《实验心理学史》、墨菲的《近代心理学历史导引》、舒尔茨的《现代心理学史》、《心理学的体系和理论》（上下卷）、《心理学纲要》（上下卷）看了许多遍，墨菲的那本书看散掉了，不得不再购一本。和萨特的哲学一样，当时最有冲击力的心理学是弗洛伊德的书籍带来的，后来一路读下来，还买了一些荣格、阿德勒、霍尼的书籍。

那时朴实的学风、单一的环境让我们心无旁骛、如饥似渴地阅读、思考、笔记，形成了结构化的闭环。记得把侯外庐的《中国思想通史》、郭绍虞的《文学批评史》都买了读了，特别喜欢《古诗源》《宋诗选》《唐宋文举要》《先秦两汉文学作品选》。这可能和我的语言偏爱有关，也进一步加强了我的语言偏爱。最喜欢的课本只有王力的《古代汉语》、几本古代文学作品选、《马克思主义哲学原理》。我们那一代人不是沉浸于课本、辅导用书、考试，而是博览群书长大的人。

世界著名的小说只要一出版，都购来一读，尤其是俄罗斯和法国小说对我们那一代人影响极大。不过我印象最好的小说家是莫泊桑、福楼拜、契诃夫、屠格涅夫，阅读雨果、左拉、乔治·桑、罗曼·罗兰、冈察洛夫、肖洛霍夫都是痛苦的体验，太啰嗦和铺陈了。托尔斯泰、司汤达、巴尔扎克居于中间。工作以后除了读现代小说，几乎就不看古典小说了，它们是时间的奢侈品。

在书店里买的最有用的书是英汉词典，记不清是什么版本，厚薄各一本，几乎把薄的都背了下来。然后读影印版的英文书，把外语自学成可读英文书的哑巴英语。当时我的英语在中文系最好，英语老师对我十分关注，也激励我努力学习英语。可是我的考试总不能最好，后来发现许多英语不好的人都在做习题和模拟试卷，最初的刷题和固定联想的教育在英语学科中形成。到了南京大学我发现这种现象在英语公共课里已经泛滥起来。

在这家书店里，文学理论和美学、哲学、心理学、文学、英语五位一体，送我进了南京大学中文系西方文学批评专业。虽然当时我身在中文系，但我的脚通过这家书店踏进了政教系、教育系、英语系。

由于多次搬家，书越来越多，图书不得不每次舍弃一点，最终遗漏了不少。现在家里的书籍主要是最近十来年的，许多也没有打开过。面对这些书，我知道这辈子都要对不起它们，大多都不会打开了。只有在南师大、南京大学完全安静、彻底、认真地看过一些书，虽然大多内容也都忘了，但部分成了海平面下的冰山，时时能感受到它们潜意识的力量，而且发现这些铅字版本竟然不少虽然纸页泛黄但都留存了下来，因为它们都是一些值得反复阅读的经典图书。

南师大的那家书店早就没有了，但它永远留存在我的记忆中，并成为了精神世界的一个圣地。

最近整理书架发现还有不少在南师大书店、南大书店购买的图书，同时发现了奇怪的现象：搬了五次家，留下来基本没有处理的书大都是20世纪80年代大学学习期间购买的。一半是经典，一半是留恋。

“党人”不存，国将焉附？

别梦依稀咒逝川，我的出版生涯即将结束，但 35 年前工作不久时策划的帝国衰亡（汉唐宋明）四书——徐兴无师弟的《白日薄西山——大汉帝国的衰亡》（再版后更名为《党锢败局：大汉帝国的衰亡》）、赵益师弟的《日落九世纪——大唐帝国的衰亡》和《月沉西子湖——大宋帝国的衰亡》（再版后更名为《两宋党争：大宋帝国的衰亡》）、夏维中师弟的《景山的晚风——大明帝国的衰亡》（再版后更名为《崇祯的王朝：大明王朝的衰亡》）——的情景依然历历在目，它们将在中国出版史上长期留存。

四书当时开中国历史新叙事的先河，集文献功底、问题意识、历史叙事为一体，这样的历史三重奏当时无出其右，今日少出其右。

江苏人民出版社 2021 年再版了四书，包装设计耳目一新，书名也有更改（原来的整个书名是当时出版编辑小秀才刻意对仗的产物，实在是败笔，不忍重复），加上现在的营销能力，横空出世莽昆仑，一定能受到更多读者的喜爱。

作为客体的历史人物、历史事件大多是在语言中存活下来的。时间湮没了历史的陈迹，但无法销蚀语言。在语言中，历史以文献的方式得到了留存，得到了理解，得到了生存下来的居所。从这个意义上来说，作为人类文化形式的历史主要就是对客体历史的语言呈现，当然古代史的考古、当代史的影像、当下史的大数据做了最坚实的补充。在这里，语言的历史具有确定性和封闭性——它尽量追求真实，尽管这种真实不可能得到彻底的实现，甚至一开始就充满了无法补救的断裂、空白、遗失，甚至塌陷，尤其在没有影像和大数据支撑的古代史当中，完全依赖于考古，依赖文献和文献之间的比照、取舍。 结论是：我们不可能完全面对客观的历史，也不可能面对一个“完全”的历史。

过去的历史又处于新的历史变化之中。 历史中的人物和事件不断地被一代又一代人以不同的文化视界所审视，这种文化视界又决定着人们对过去历史再现的取舍。 进一步的结论是：单一的历史视角是不存在的，历史的意义被不断地发现和创造，新的意义的可能范围在不断地形成、扩展；同时，长期被掩蔽的东西被置于光亮之下，而长期被突出的东西又可能退隐到灰暗的背景之中。 历史就这样永远被一个个新的“现在”不断地在这两个方面——前者是问题、后者是叙事——重写，历史的意义和场景就这样永远处于再生和消解、凸现和遗忘之中。 历史在这里具有了变动不居和开放的性质，它不再仅仅意味着过去，它就此从对过去的记载变成具有时间性和历史性的东西。 这就是历史的魅力所在。 最终，在历史中，场景再现的功能和意义再创的功能糅为一体，历史的封闭性和开放性在一个个新的“现在”中以不同的形式会合。

历史学术和由此延伸的思想、理论需要学者非同一般的素养：严谨的封闭功夫和自我约束的开放视野。 一位优秀的历史学家是会以马克斯·韦伯主张的学者使命，承担起历史学术、思想甚至理论的责任。

当《白日薄西山——大汉帝国的衰亡》一书用“衰亡”的历史主题来剖析大汉帝国的时候，堆积在桓、灵、献三帝统治时期厚重的尘埃被掸拂而去。 对这段历史时期人物、事件的再现以及对其衰亡过程的描绘，把历史一下带回到近二千年前的过去；而作者对大汉衰亡原因的探索，在书中体现的精神气息，又时时让人感到二千年后的文化视界。

大汉帝国是我国历史上寿命最长的王朝，它不仅赋予了我们这个民族的姓名，而且铸造了我们这个民族的个性。它和之前试验性的秦帝国一起，开创并发展了崭新的政治制度和社会文化。它将夏、商、周三代根据宗法血缘秩序建立起来的分封王国，转变成为中央集权制的帝国，并使这种政治观念和体制深入人心，一直延续至近代。它是中华本土孕育出来的第一个强盛的帝国和时代。然而至东汉和帝（89—105年）以后，君主冲幼、外戚专权、宦官擅权、党锢事件、士族崛起、庄园经济、宗教运动、流民暴动、边将叛变、军阀割据的现象纷至沓来。至桓、灵两帝之后，这些矛盾集中爆发，形成巨大的冲击合力，摧毁了大汉帝国的社稷江山。本书集中截取桓、灵、献三帝执政74年的时间段，全景式地展示了这个帝国走向衰亡的全过程，并由此揭示了大汉乃至中国传统政治文化的一些根本矛盾。读者不难发现，此后中国历史上任何帝国的灭亡，都以不同的形式重蹈了大汉帝国的覆辙。因此，本书的探索具有十分重要的历史意义，对了解后来唐、宋、明、清几个大帝国的衰亡提供了历史的坐标。全书气势恢宏，不乏大汉之气势，在再现历史的基础上，它充满了现代人强烈的历史批判意识，给这一段在大汉显得迷蒙、混浊、纷乱的历史投去深沉的理性之光。

政治腐败是任何朝代衰亡的共同原因之一，其他特殊的历史原因一般都是通过政治腐败发挥作用的。大汉自殇帝（106年）之后，皇统屡绝。国柄或归诸外戚，或归诸宦官，朝纲紊乱，积重难返。就封赏爵位来说，道德、行为的准则丧失殆尽，受封者多为外戚、宦官的亲党或通贿权奸的虚诈之徒。故后来的士大夫认为接受封爵是一种耻辱。同时，帝国的察举征辟，也多为外戚、宦官交替把持，朝政昏暗，士风日下，忠正之士被废，虚诈之徒登堂。权力成为聚敛财富的手段，成为排斥清流士大夫的手段。

自顺帝（126—144 年）开始，朝中士大夫已有清流和浊流之分，清白和腐败之别。这种分化和冲突，到桓帝（147—167 年）执政时，愈演愈烈。清流士大夫和一些在野的处士（未做官或不做官的士人）、太学生，以及郡国学府的生徒们，以气节、道德、文章相互标榜，引为同志。他们希望用舆论、直谏和手中的权力，扭转社会风气，医治已身患绝症的大汉帝国。这样，一个有号召力的党人集团，从帝国文人的各阶层汇聚独立出来。

今天看来，党人就是当时那些做官的、不做官的、未做官的正直的知识分子。尽管在特定的历史条件下，他们也难免有种种缺点，如太学生们总是本着经典中圣人们远不可及的理想标准，衡量朝廷政治，显得迂阔而不切实际；有些士大夫在处理政务、为人处世时显得过于迂腐，不懂政治上的迂回、权宜之术，一点也不会察言观色，显得孩子气十足。但是，治理一个国家绝对不能单靠有权有势的外戚和宦官，尽管他们的存在有着种种合理的理由，他们的行为有着种种合情的依据。国家机器的运作是否有效、文教制度的操作是否有力，实际上都维系于恪守道德礼义、熟谙行政技术的士大夫们以及他们的后备军。

然而，帝国管理和运作的关键人物——士大夫们——的命运自和帝（89—105 年）开始就步入下坡路，变得无足轻重起来。从和帝到质帝（146 年）的 58 年间，外戚集团和宦官集团为把持皇权展开了无休止的争斗。他们轮流坐庄，天子们仅仅是外戚和宦官手中的一个象征甚至玩偶。到了桓灵二帝之时，宦官取得了彻底的胜利，他们不仅打败了外戚势力集团，打败了朝廷士大夫阶层，打败了酷吏的法制利器，也击溃了帝国的根基——党人集团以及党锢君子们的道德力量。

大汉自高帝开基以来，沿袭秦帝国创制的中央与地方郡县两级行政制度，一改周代的贵族分封和世袭制度。帝国选拔官吏的标准不再依靠贵族宗法血缘，而是受过教育的士人（士人包括游士、儒士、士大夫、名士）。和秦始皇不同的是，汉朝列祖列宗所用的士人，不是学申不害、韩非子法家之术的狱吏，而是自幼习诵五经的经生。尽管汉朝的法律也很强大，但帝国的理想是德治而非法治。法律不再是治理国家的主要手段，自周文王、周公至孔夫子构建并传授下来的一套道德文化理论得到了推崇。德行和经术皆长的士人被擢拔出来成为士大夫，承担起管理国家的重任。然而到了桓灵二帝执政期间，企图力挽帝国颓势的名士（有社会声誉的士人）、太学生、清流士大夫却被视为一伙捣蛋鬼，成为了被杀头、放逐、禁锢、永不录用的党人。

结果是：恪守传统政治和文化理想的士大夫们以卵击石、飞蛾扑火，纷纷在残酷的政治斗争中落马。他们以整个性命，去为历史负重，作荒漠中的呼喊，作壮烈的牺牲，如李膺、范滂之流。

结果是：向往内圣外王的名士们拒绝了出仕的道路，选择清贫和隐逸，因为他们发现帝国已失去道义的根据，如郭泰、申屠蟠之辈。

仅在桓帝执政的延熹九年（166 年），帝国就在全国搜捕党人七八百人之多。各郡国陆续开出了本地党人或与党人牵连者的名单。由于帝国中央下达了硬性任务，加上各地中官势力的添油加醋，政治派别利用此事趁火打劫，帝国的精英分子几乎被整肃殆尽。

到灵帝执政时，党禁非但未解，而且变本加厉。党人成为欲图社稷的构党阴谋分子，纷纷被废黜、抄杀，帝国的君主、宦官、政客已经病态到极点。他们在施虐于道义、真理、正直和知识分子上找到了无尽的快感。

在腥风血雨的日子里，唯一的光亮就是党人不屈的意志、前仆后继的骨气和视死如归的精神。这种精神状态确实要让后世的士人们汗颜。其中惊心动魄之事书中均有生动描述。

本书把党锢事件中所有的残酷、所有的变态，所有的坚韧不拔、所有的大义凛然都再现得淋漓尽致。真是大汉未亡，党锢事件已经泄露出浓浓的衰败之气。

对知识分子的集体迫害是对文明的亵渎，结果只能是政治的崩溃。党锢事件令大汉统治的力量全部丧失，固基支梁、抱柱维持帝国大厦的忠义之士灭绝殆尽；而残存下来的精英分子不再对其有眷恋之情，或隐逸尘外，或另辟地基，重造新帝国的事业。朝廷中余下之人尽是乌合之众，政治上稍受冲击，便拆砖卸瓦，一哄而散。大汉的悲剧是深刻的，它的文教和道德造就了一大批有教养、有气节的士人，尤其是士大夫阶层，但它的政治最终又亲手毁掉了它所养育的这个阶层，从而最终毁掉了自己。

公元九世纪

唐朝作为我国历史上最强盛的王朝，它衰亡的原因是什么呢？读完《日落九世纪——大唐帝国的衰亡》，我深感这似乎不是一个简单的历史必然性能够草率回答的问题，也不是一个简单地罗列一些历史史实可以说清的事情。

一个政权的内在合力能否协调、处理乃至承受来自经济、军事、外交以及种种社会问题形成的冲击力，也就是处理灰犀牛尤其是黑天鹅事件的能力，对政权能否持续至关重要。这种内在合力由政治体制和政治制度的体系禀赋、领导人的才能智慧、政府官员的素质能力、各种政治势力之间的关系，以及政治行为的实际运作能力等各种要素构成。一旦合力呈弱势或向下滑坡的走势，它就可能在社会种种困境、难题、灾难压力，尤其突发事件的冲击下土崩瓦解、分崩离析。

在古代的君主政治中，决定政权合力的人的主观要素，如君主、朝臣、外戚、宦官、藩镇占主导地位，而制度的客观因素相对显得次要，有时甚至相当脆弱。这就导致了它的政治活动以及政权交替往往要在秘密甚至阴谋策动下进行，也导致了它处理突发事件的能力通常比较脆弱。只有当君主圣明聪睿，群臣发愤自强，宦党、朋党、外戚势力不兴，朝纲相对稳定一贯的情况下，君主政体才会显示出其解决外在问题的能力。

由于主观因素在政治的合力中占主导地位，偶然性事件对政权的强弱消长影响极大，政权对偶然性事件的控制则相对薄弱。因为一切在很大程度上取决于不稳定性极强的人，而不是相对稳定的制度、法规和规范。一旦朝廷缺少明君忠臣，而朋党宦官的权力日炽月盛，同时外在的社会矛盾和冲击又特别厉害，政府就会束手无策，奄奄待毙。一切事件的发生、发展和对它们的处理，都成了纯粹碰运气的事情。对任何参与其间的人来说，历史显得既无情又沉重。

大唐自安史之乱以后，王权正处于明显的弱势和向下滑的走势之中，恢复大唐旧日的辉煌既是有志天子们的抱负，也是臣子们的梦想。拯救和衰亡无疑成为公元九世纪历史的主题。此书正是抓住当时政治斗争的焦点——朝廷与藩镇以及天子与群臣、宦官之间错综复杂的关系，揭示了唐朝政权无可奈何花落去的轨迹。这一轨迹上既有制度必然引申出来的悲剧因素，如朋党之争和宦官擅权，更有无数偶然事件激起的令人扼腕叹息的波澜，这些波澜击碎了中流击水者的梦想、卧薪尝胆者的期望。这些偶然事件既发源于中国君主政体，又给这种君主政体以致命打击。它充分暴露了君主政体对偶发事件、对历史的偶然性的控制能力极为脆弱，极其无能。读罢此书，读者会感到历史的玩笑无情，偶然、命运对古人的捉弄不仅无情，而且可怖。偶然性导致的失败不仅仅是丧失权力，而且是丧失生命。

政治改革家王叔文为使太子承继天子之位，可谓殚精竭虑。论智慧才能以及从事政治斗争的意志力，王叔文在朝中可谓鹤立鸡群，并且他的周围聚集着像柳宗元、刘禹锡这些不同寻常的精英人物。然而，十八年的满腔热忱，十八年的处心积虑，十八年的兼收并蓄，他所拥立的天子却是一个患有严重中风、口不能语、足不能步的天子——顺宗皇帝。在当时的政治斗争中，天子具有举足轻重的作用，而在朝中尚缺乏坚厚实力的少壮改革派拥立这样一个皇帝就几近于自杀。历史偶然性的命运悲剧无情地在王叔文身上发生了，它的无情之处在于给王叔文这样有才能的大改革家配派了一个唐朝历史上身体最糟糕的天子。

文宗皇帝的登基完全是宦官擅权的结果，他的上台完全是偶然的。在他之前的宪宗、敬宗都给宦官诛杀，因此，消灭宦官势力不仅是一种政治上的需要，也是一件扭转主奴颠倒、挽回皇家面子的事情。从自身的素质来看，文宗皇帝算得上德才兼备并具有相当的耐力，他登基上台到实施行动，跨度竟然有八年之久，所用的策划政变之人也是极擅阴谋之道的郑注和李仲言，他们和宦官的关系相当不错，因此隐蔽性很强，直到事发之前朝廷内外除极少数同党外，均无人察觉。然而，一切都被瞬间的闪失和犹豫葬送了。天子从此受到宦官们更无情的钳制，朝臣受到无度的戮杀和蔑视。文宗朝发生的一场旨在推翻宦党势力的“甘露之变”也许是公元九世纪最具戏剧性的历史插曲，其间充满了无数偶然的因素，这些偶然因素已不是脆弱的皇权政治所能控制，它只能撮合在一起葬送文宗皇帝的鸿鹄之志。

随后的武宗朝也出现了一个了不起的政治家李德裕，在清除异己、推行新政方面，他显示了无人可匹的才能。然而，他的不幸恰似顺宗朝的王叔文。他遇上了一个短命的天子。一朝天子一朝臣的古训在他身上得到了绝妙的印证。没有政治制度和规范上的保证能使他的新政一贯下去，甚至连他的性命在没有规章可循的政权交替中，也成为三万顷沧海中的一叶扁舟。

以上这些历史的悲剧故事并非是纯粹偶然的不幸，它们都是中国古代宫廷政治和人治政治的产物，这一必然性不以上述的形式，也会以另外的形式表现出来。在宫廷政治和人治政治中，偶发事件对政治力量的影响十分巨大，而政治力量对偶发事件的驾驭力量却十分弱小。政治的中心、杠杆是维系在一个活生生的天子身上，维系在一群个性都有缺陷的朝臣身上，而不是维系在一个坚实的制度和政治规范上。王叔文的改革只能通过天子才能生效，因此天子的禀赋乃至体格是至关重要的；同时，他的改革行动最初只能悄悄进行，具有浓郁的阴谋色彩，这完全是由宫廷政治的性质所决定的。因此，一旦天子撒手不管，同志当中再出现几个意志徘徊之人，失败就成为必然。

文宗时期的“甘露之变”更是如此，它带有十足的阴谋政治色彩。政变的组织者郑注和李仲言只是擅长阴谋之术，缺乏坚定的政治信仰和道德信念，因此比王叔文的改革更缺少政治基础。在这种阴谋政治中，偶然性因素的作用最强，它总是偷偷摸摸地进行，一丝失言失态的行为就使数年的韬晦前功尽弃、付诸东流。至于李德裕的悲剧就更能清晰地揭示出人治政治的悲剧的秘密：天子要树立自我的威望是人治的核心，而为了达到这一目的，推翻前朝的所有的政策以至清除前朝的旧臣，另树一帜、另结一派是必不可少的，因此德高望重的李德裕连同他的立新除弊的政策，只能被新的天子扫进历史的垃圾堆。

撇开充满戏剧性事件较多的几朝，来审视一下相对稳定的宣宗朝，我们就能清楚地看到藏匿于偶发事件之后，起着决定性作用的人治政治的全部弱点。宣宗朝是大唐最后的辉煌时期，这位皇帝的上台完全归功于他数十年的装疯卖傻，他既是宫廷政治的牺牲品，又是胜利者。这位秉赋超群的现实主义者统驭十三年，四方藩镇俯首，朝野上下诚服。然而，这位深谙“天子之法”“人治之术”的君王只能解决一时的利害冲突，而不能消弭未来衰败的症候；他只能抓住延长生命的机会，而无法创造再生的机遇。政权的延续和他生命的延续成了同步共存的东西。随着宣宗的驾崩，一轮红日无情地西沉了。事实上，人治政治的弊端在宣宗那里已发展到登峰造极：岌岌可危、行将倒塌的大唐宫殿被一个自视极高的天子支撑着，而他又蔑视所有其他的政治力量。他的死亡也就是大唐帝国灭亡的开始。

历史的偶然和必然就是这样的沉重和无情。可见，如何增加政治力量、权力机构对偶发事件、偶然因素的控制能力是一个古老的历史问题。本书自然不会提供这方面的良药，但却给我们提供了不能忘却的历史启迪。历史不应该逃避偶然，没有偶然就等于没有机遇，没有责任，没有挑战；但历史应该以法治的制度体系、各级的治理能力控制、驾驭偶然，否则历史对所有的人来说太无情无义了。

两宋党争

在中国历史上，没有哪一个大王朝像大宋帝国那样，从一开始就弥漫着衰败的气息，让人感到压抑和失望，很难让人形成振奋激越的感觉。这也许是过去学人甚少治宋史的原因之一。

《两宋党争：大宋帝国的衰亡》首先从几个比较浅显的方面展示了大宋王朝衰亡的外在病因。

第一是定都的地理位置。帝国的京都东京开封虽然物华繁盛，但却是无险可恃之地。一旦有虞，銮舆播迁，就会政令不行，从而动摇宗庙社稷。

第二是天下精兵齐集京都，而在境内各州都是些不加训练、充当劳役的厢兵。太祖皇帝“杯酒释兵权”的故事常常为后人津津乐道，但作者一针见血地认为：太祖收兵权的初衷并非以天下的安危为目标，而是为了巩固赵氏一家的天下。

第三是宋朝庞大复杂、缺乏实效的政治结构。作者由表及里，触摸到了比地势、军事更重要的政治因素。宋朝建国之初就吸取唐亡教训，重文治，讲究仁德怀远，由此而来的是重文臣，限武将，削弱藩镇。但养士需要优厚的俸禄和政治上的特权，这样就不可避免地形成大批的冗官。在这种制度下，官署机构叠床架屋，庸碌无事之徒如过江之鲫，沉重的政治结构难以承担起帝国经济、军事诸方面的责任。

但作者的分析并不仅仅停留在这个粗浅水平上，而是用了大约一大半的篇幅从宋人的心底里，挖掘出大宋帝国衰亡的内在病因，向世人展示了宋人的无奈、无能、无聊乃至无所事事的心态轨迹：军事上从战而不利到丧失信心到一味求和；政治上从锐意改革到不思进取到意气用事，最终堕落到党同伐异、私欲横行；心态上从宽厚仁爱到自甘平庸到寡廉鲜耻。但其核心是对政治上内哄争斗不断高涨的热情和对军事上抗击外侮不断增长的怯懦。这种内战内行的快意恩仇和外战外行的媚外苟且，构成了大宋衰亡的心史。如说此书是一部大宋人的心史，我想大概首先应出于此。

灭唐祚者非黄巢、朱温之辈，也非藩镇割据，实乃牛李党争。这种悲剧不幸也在大宋登峰造极地重演。作者首先展示了由范仲淹和吕夷简开启的党争，然后又着重展示了王安石“熙宁变法”之后引起的更为残酷，同时又更为纷繁复杂的宫廷派系争斗。这种争斗并非简单地发生于保守派与改革派之间，而且也发生在保守派和改革派内部。在这里，作者表现出非常敏锐的政治意识和对世态人情的把握：改革派中有宵小，保守派中也有正人君子；操守正者也有致命弱点，如王安石的固执褊狭，操守劣者也不乏成熟的政治手腕，如善于审时度势的吕惠卿。没有哪一派是清一色的，没有哪一个人拥有绝对而单纯的善恶。这种政治斗争的复杂性、人情的复杂性，作者不是用一般的理念来说明的，而是从一件件惊心动魄的历史事件中引发出来的。同时，作者常常穿插一些对历史事件的深刻点评以及对历史人物深层动机的洞察，从而使本书更具历史的凝重感，从而使读者时时感到历史是活生生的人的历史。

作者认为明显的党争可以仁宗朝为开端，以吕夷简和范仲淹两派的争斗为核心。但结果是前者晚年不惜补过，后者磊磊自咎，以和解告终。这表明当时“帝国的政治尚未腐朽昏聩，朝臣的心态尚未变异，为臣之道尚未丢尽”。

二度党争以仁宗朝庆历四年为始，以反对范仲淹改革为目标。作者对纷繁杂陈的派系的分类颇有独到之处：第一是保守派，这派人士习惯于端庄持重，甘于自守，坐而论道，不务实事，“借批评他人以表明自我没有推卸责任。这些人平时自诩正直不阿，鄙斥浮名，可一旦有人奋发突进，他们就无法泰然处之，群起而攻之”。他们或出于守成求稳，或出于难以排遣的嫉妒。但表面上都不失操守和做人为臣之道。这种分析不能不说是鞭辟入里。另一批则是德行等而下之的人，他们也打着正人君子的幌子，借着保守的势力，趁机干着争名夺利、诬陷攻讦的下流之事。第二是改革派内部亦复如此。由于对改革内容、方法、手段的认识和实施有差异，彼此也免不了闹意见，加上一些人借改革谋取私利，追逐权力，最终也发展到内部权力倾轧、反目为仇。加之各类政系、学派穿梭其间，党争变得更加令人难以捉摸。不过作者的这种分类以及详尽的叙述却使令人眼花缭乱的政坛纷争明晰可见。

王安石变法最初受到的抨击还能让人接受。它一方面反映出士大夫根深蒂固的以礼义治国优于以贫富之术治国的倾向；另一方面也反映了这一阶层大部分人害怕生事、唯恐世变的惰性以及只会呜呼哀哉、杞人忧天的心态。作者的这种评析可谓入木三分。当时改革派王安石和保守派司马光、欧阳修、苏轼等都保持着君子风度。反而是改革派内部为争夺实权祸起萧墙，王安石和改革派二号人物吕惠卿翻了脸，首先断送了改革的大业。到了神宗去世，哲宗登基，宣仁太皇太后这位“女中尧舜”元祐年间垂帘听政之际，对变法的否定就显得变态起来。其代表人物司马光一反过去持正谨慎的面目，变得狂狷冲动、峻急严厉，从此帝国的党争拉开了血腥的一幕，士风也从此真正颓败不振。

与党争之烈相比，帝国的对外争斗就显得无力可怜了。 太宗两次与辽开战，但都以优势而落败，表现了大宋心理的不成熟和纪律的松弛，但这一切都和大宋的政治懈怠一样，得到了天子的宽宥。 太祖、太宗也希望能像大唐那样以德服人而不是单纯以威屈人。 但大宋并不具有以威屈人的实力。 它与北方民族的和解是一种无奈和苟且。 真宗朝著名的“澶渊之盟”表面上看是中国的仁厚大度的表现，实际上大宋君臣的心里早已形成排遣不掉的恐北情结，只要与北方讨个“和”字，什么事都干得出来。 最初的“和”字还蕴含着强咽的痛楚，但到后来只剩下麻木不仁和寡廉鲜耻了。

至于整个南宋的历史，一开始就被不惜一切苟且偷安的高宗和不惜一切逢迎圣上的秦桧定下了基调。 作者在叙述南宋整段历史中涉及到两件事，读后令人颇为感慨。 第一件是1142年金人南下，为了求和，枉杀岳飞。 作者认为这出丑剧并非秦桧一人能导演，如果没有天子的默许，群臣的默然，秦桧要杀掉这位朝廷重臣绝非易事。 那么深层的动机是什么呢？ 前者看来一目了然，怕功高盖主，危及皇位，而后者的动机就微妙得多。 士大夫可以为天子的无端受辱而不顾性命，为自己的忠而不察而抗言直疏，却没有一个为精忠报国的岳飞说句公道话。 在这种官员互为嫉妒的悲哀心态下，大宋怎能不亡？ 这里对士大夫阶层心态的刻画可谓入木三分。

第二件是宋廷南移后，南方愈发富庶，形成了国势弱而生活晏然的情境。 荒谬的历史似乎形成了一种正面效应。 作者认为不然：“高宗和秦桧把天下的正气销蚀殆尽，朝间风气日渐轻薄，士大夫们随事俯仰，共乐晏然。 忠诚之士贬逐一尽，所存者均是些沽名钓誉之辈、柔佞奸巧之徒。”政坛之风颓靡至此，这种悲哀绝非可用国家一时的富庶来抵销。加之美丽温柔的临安城以她温暖的怀抱，融化了无数伤心人的痛苦，削了壮士的剑锋，雌了猛士的阳气。偏安求和带来了南方的繁荣，但“世事的合理与否绝不可用一时结果来下判断，更不能用它来代替是非标准”。作者在这里的感慨是多么的深切、沉重！对价值、理念的信仰又是多么的执着！称斤论两的势利已经取代了惩恶扬善的信念，这就是宋人衰败无救的心态。确实，一旦物质替代了精神，人们不再需要精神，甚至鄙视精神的时候，最大的历史悲剧——“哀大莫于心死”也就上演了。重义轻利固然迂腐，但轻义重利，甚至只求蝇头之利只能亡国。就在这种心态支配下，与秦桧相类的奸臣韩胄、史弥远、贾似道之流恣意妄为、浑浑噩噩地把持朝政数十年，大宋的岁月不知不觉地蹉跎而去。

本书不能不让人深切地感到：比宋朝被外族侵侮、掠夺的历史更令人痛心的，乃是君臣灵魂日趋对外胆怯，不惜一切求安；对内日趋凶残，不惜一切求利的历史。在这一心史中，同仇敌忾之气愈发淡漠，兄弟阋墙之争愈发炽烈。以致奸臣韩胄的头颅也为了讨个“和字”被另一奸臣史弥远砍下献于金人，至此大宋的所有正义感和原则力量被践踏一尽。国未亡，宋人之心早已消亡。

《两宋党争：大宋帝国的衰亡》一书可以说是把这个大帝国数百年的心史再现得淋漓尽致，体现出了作者对历史整体把握的水平；同时，对历史事件的评判和对人情毫末的把握，又体现了作者不失思想家的深度；最后，本书的语言也十分优美，长句子在一般人的手里往往会弄巧成拙，但作者却能将它转化成自己独特的叙述风格语言，意味绵绵，充满诗意和美感，显示出丰厚的语言功力。作者在历史真实事件的花岗岩里融入了深邃的智慧、分明的道德评判和激荡的诗情，使宋史这一段不太引人注目的历史，显露在人类理性审视的目光之下，使这块历史的花岗岩更具坚硬的力度和晶莹的光泽。我个人认为要了解中国传统的政治、中国人传统的心态以及我们这个泱泱礼仪之邦的所有缺陷，宋史不能回避，此书不可不读。不要被宋雌性化的旖旎文化和富庶生活所迷惑，宋从一开始就失去了大国政治和文化气吞河山的精神。

崇祯皇帝

有关大明帝国的衰亡，似乎很难再发掘什么历史的新意了。自万历朝内阁大学士张居正去世后，大明开始处处暴露出衰败的征兆。200多年前太祖定下的基本体制作为“祖宗之法”无人敢去触动，人们只能在力所能及的范围内修修补补，使庞大的帝国苟延残喘。到崇祯帝即位时，来自东北后金的军事冲击和西北农民的暴乱，使明朝处于比南宋还要难堪的局面。从朝廷一方看，财政危机和士风颓靡最为严重。尽管皇室内帑无数，宦官、大员私藏甚夥，但应付饥荒、战事、平乱的国用已日渐空竭，加征税赋和拖欠军饷使急于敛财的朝廷饮鸩止渴；而文官集团内部的争权夺利、党同伐异并未因魏忠贤阉党的被清洗而终止。“庙堂不以人心为忧，政府不以人才为重；四海渐成土崩瓦解之形，诸臣有角户分门之念。”连内阁大学士也都是些虚与委蛇、战战兢兢、揣度思忖、嫉贤妒能的官场混子。至于以钱养官、晋官的贿赂之风更是无法阻禁。

《景山的晚风——大明帝国的衰亡》一书对以上诸种原因的叙述条理十分清晰，基本上让人把握住了明朝衰亡的历史轨迹。但读罢此书，还可以从中发现另一个直接导致明朝衰亡的原因，那就是崇祯帝刚愎自用，勤政不善政，用人又疑人。

平心而论，崇祯从登基伊始，一直兢兢业业，一心想成为中兴之主。与其祖父万历、皇父泰昌、皇兄天启相比，确实可谓励精图治，其勤奋在中国历史上无一亡国之君可与之比肩。难怪所有史籍都众口一辞，把“慨然有为、沉机独断、不迩声色、忧勤惕厉、殚心治理”的赞语加在他身上。在位 17 年，他几乎每天忙忙碌碌，很少有什么享受。但勤政不能等同于善政。

经历明末战乱的文学家张岱在其《石匮书后集》中说：“先帝（崇祯）焦于求治，刻于理财，渴于用人，骤于行法，以至十七年之天下，三翻四覆，夕改朝更。耳目之前，觉有一番变革，向后思之，讫无一用，不亦枉却此十七年之精励哉?”

特别在用人方面，崇祯帝是满盘皆输。在乱世之秋，不善于识人，不善于用人，可以说是政治上最大的失败。这种失败必然导致决策层、管理层水平的大幅度下降，导致政治合力的松弛，削弱政府接受挑战、应变时局的能力。

纵观崇祯帝的用人之策以及最后结局，都不出张岱所言：“用人太骤，杀人太骤，一言合则欲加诸膝，一言不合，则欲堕诸渊。以故侍从之臣，止有唯唯否否，如鹦鹉学语，随声附和而已耳。则是先帝立贤无方，天下之人无所不用，及至危急存亡之秋，并无一人为之分忧宣力。从来孤立无助之主，又莫我先帝若矣。”

崇祯帝绝对自信，尽管他缺乏政治经验，却听不进一点不同意见；又求胜心切，不能容忍大臣一时一地的过失；更缺乏内省，直至他魂归煤山前仍说：“朕非亡国之君，臣皆亡国之臣。”似乎亡国的责任与他毫无干系。他这些偏执的心理痼疾，直接导致了晚明官僚集团中，有所作为的人几乎都成为悲剧性的人物。

崇祯元年，他起用辽东名将袁崇焕，对之期望过高，恩爱有加，以为有了袁崇焕，辽东局势可即刻乾转坤移。但奇怪的是当崇祯二年，后金大军进逼京师时，在慌乱之中，他竟听信谣言，中了努尔哈赤设下的反间计，逮捕并磔杀了袁崇焕。在自毁长城之时还不乏自鸣得意。

接替袁崇焕的辽东名将孙承宗在崇祯四年长山、大凌河惨败之后，自然无法向猜忌多疑、求胜心切的崇祯交代，落得个罢官闲居、剥夺世荫的下场。

好在儒教的教化，总有人愿意脱颖而出，报效国君。崇祯二年，杨鹤总督陕西军务。在崇祯的许可下，他以安抚手段平息战乱，并初见成效。但由于陕西的饥荒问题无法从根本上解决，安抚只能是权宜之策，以致崇祯四年，“贼乱”又起。杨鹤遂遭逮捕，谪戍边塞。

在平息陕西“贼乱”中，曹文诏的表现尤为突出，算得上是陕、晋前线最得力的干将。崇祯六年春，曹文诏节制陕西、山西诸路兵马，连连获胜；但仅到八月就因“怙势而骄”的罪名而被调离，从而成了锋芒毕露的牺牲品，农民军失去了一个真正的对手。崇祯八年，曹文诏气急之下战死。

接下来是洪承畴和卢象升。前者屡建奇功，但于崇祯十五年松山大败后降清；后者功高被忌，被崇祯帝调离熟悉的剿“匪”战场而主边事，崇祯十年与清作战阵亡。此外就只剩下孙传庭、贺人龙、傅宗龙了。

孙传庭本是剿杀农民军的最得力将领，但崇祯十一年，却因与兵部尚书杨嗣昌不和，被皇帝囚于狱中。直到崇祯十五年，走投无路的崇祯苦于前线无人领兵，孙传庭才被释放。可悲的是，孙传庭在赴任之前奉密旨斩杀了陕西大将贺人龙，其罪状是多次临阵脱逃。贺人龙与李自成同为陕西米脂人，长期与农民军交锋，甚有名气，人称“贺疯子”。他的被杀真是莫名其妙。崇祯十六年，孙传庭奉旨在潼关与农民军做最后一搏，结果是战败被杀，连尸首都没有找到。

傅宗龙在崇祯十二年被起用为兵部尚书，但几个月后就因与崇祯帝意见不合被逮捕入狱。两年后，再次被任命为无兵无将的陕西总督，不久战死，其状惨烈。

不能说明末无人，只能说明末无善用人之人；不能说明末无千里马，只能说明末无伯乐。当时几乎无一能人有什么好下场，而他们的悲剧的导演大都是由崇祯担当的。

崇祯一朝，高层官员变更十分频繁，如兵部尚书先后撤换了14人，刑部尚书则更多，为17人，而阁臣竟多达50多人。最令人吃惊的是，崇祯竟在半年之中更换了五任蓟镇总督。这种走马灯式的撤换，哪里还能谈得上什么久任之法。

更严重的是，崇祯帝还推行重典之策，严惩文武百官，其手段之烈、范围之广、人数之多，都是明代历朝罕见的。崇祯帝在位17年，共杀首辅2人、总督7人、巡抚11人，其余各级官员更是多得数不清。

更可怕的是，崇祯帝像一匹脱缰的野马，无法控制自己的偏执和疯狂。危难中他总渴望有人能力挽狂澜，但他不能容忍失误，更不能容忍失败；稍有舒缓，他又不能容忍不忠、能干。在这个反复无常、心底狭隘、具有强烈病态心理的皇帝身边，就连整日阿谀奉迎、揣摩圣意的曲意庸臣也不能善终，他又怎么能够善用能人，控制危局，把明朝的国脉延续下去呢?

明朝的衰亡固然有许多原因，但在这相互交织的原因网络中，我们会看见一个越来越清晰、越来越可怕的身影，他就是《景山的晚风——大明帝国的衰亡》一书给我们展现的崇祯皇帝。

历史的故事此消彼长，展示了人性的魅力，同时也显示出人性的缺陷。对茫茫的历史来说，人的视角无论多么深邃，它只能照亮历史的一个点。人就在这个点上展示了新的历史含义。就此而言，历史没有一个终极、一个中心。历史永远向我们展示无限的开放性，我们对其永远会有新的阐释和认知。

“海外中国研究丛书”三十二年出版纪念语

我1988年参加工作，32年相随此套丛书。江苏人民出版社和刘东老师风雨同舟，交相辉映，成就了五代编辑团队，出版了一批激活思想、理论、学术的著作，打开一扇扇海外看中国的窗口。我们从此也可以在他者的镜像来看自己。这种情况在32年前远比现在要有超现实感。

32年的出版历程，坚持至今，难以置信，但终究蔚为壮观。此套丛书毫无疑问是中国出版史上的一个重大的出版实践、事件和现象级成果。

我从来不做日记和记录，任时光流逝。32年过往的坚持，故事很多，记不清了，重述它们，难免有扭曲夸大缩小遮掩，甚至编造之处，只能是唯有长江水，无语东流；现在看到的是出版190余种的结果，也只能是执手相看泪眼，竟无语凝噎；记得的是该丛书沐浴了五代出版人和七八代学子，如今居高声自远，非是藉秋风，完全依靠自己修成的品质。海外中国系列的出版历程充满了人生的寓意。

就此说几句没想到——

没想到自己成了经历江苏人民出版社“海外中国研究丛书”五代出版人的元老，当时参与其中的场景、故事和出版人已经依稀模糊，至于本人微薄的贡献，刘东先生有比较客观的评说。但与几代编辑的辛勤工作相比，我的劳作不足挂齿。与这个重要的出版历史实践、事件和结果相比，我只是沙粒。但还是要强调一下，2009—2019年十年凤凰集团的凤凰文库，以及相配套的并不绵薄的出版资助，一度就是一大批社科人文图书得以延续出版的庇护所。没有凤凰文库，难以想象“凤凰”丰富的社科人文出版资源可以延续至今，蔚为壮观，成为“凤凰”出版的自醒和自觉。在规模、营销、品牌、利润都尚无彰显，在文化价值弱于经济、价值诉求的总体情势下，凤凰文库成了十几套大型社科人文图书的诺亚方舟。

没想到回眸32年，此套丛书不知不觉中制造了中国出版的重要文化现象，修成了江苏人民出版社的一个出版传统。几乎所有优秀的社科编辑都多少浸染于其中。

没想到32年来海外中国不断改头换面，有各种各样的版本，中途基本稳定下来，可惜存书的地方有限，我只留了最新的版本和凤凰文库版，是历史遗产和记忆的重大损失，也是版本资产的重大损失。

没想到自己通过海外中国，发现了许多很少关注的历史场景、角度、研究方法、叙事方式、问题，打开了历史的更广阔视野，历史的眼界、常识、理性、逻辑大有长进，保持了自己较高的历史认识水平和历史阅读的品位。

但愿这套丛书再走三十年。对我们而言，长期的预言都是失败的。更长的祝愿留给后人言说。

总之，没想到不知不觉中，海外中国研究丛书32年的出版打造了一个凤凰的、江苏的、中国的出版品牌，滋润了七八代中国学人，培养出五代凤凰出版才俊，成为我从业32年，唯一一套和我风雨同行、不离不弃的书侣。

社科品牌是数十年默默打造出来的，是一个身体和灵魂均需巨大投入的行为艺术，需要坚韧不拔的推敲打磨。好书最终是由历史评定的，它们会引发多代读者反复的翻阅和引用，持续发挥影响，甚至是焦虑性的影响，不断引发思考和争议，成为新的思想、学术、理论的资源，成为被跨越的对象。

这时我的脑海里突然浮现出卡尔维诺的《为什么读经典》和哈罗德·布鲁姆的《如何读，为什么读》。

《英帝国史》是一部小型的世界近代史

我们面对的作为学科的历史有考古的、文献的、叙事的、问题的，作为故事的历史有意识形态的、寓言的、神话的。在政治、经济、社会、文化的背景中，它们各有其合理性，无需简单否定某一形态的功能。它们有时是贯通的，有时是混合的，构成了历史的复杂性，犹如一首七重奏。作为学科的历史，在考古和文献中被不断封闭，在叙事和问题中不断开放。

我的老朋友、出版老战友、尊敬的老师钱乘旦先生主编的八卷本《英帝国史》在2019年底出版了，这部通史属于学科的历史。没有考古，但本书文献参考之多，叙事时间和空间之长之大，探讨大英帝国兴衰历程的问题之多，在中国无出其右。

该书是江苏人民出版社历史出版领域的又一重要收获。在一个渴望立竿见影、弯道超车、跨越发展、横空出世，希冀不经过量变而飞速质变的产业时代，必须对这一耗时二十多年的劳动表达敬意。本书是钱先生和他的门生教授们的劳动成果。师徒同出一门，学术思想和专业精神传承有序，否则，中国第一部英帝国史依然难以降生。

一部英帝国史是国别史、区域史和全球史的综合，是一部小型的世界近代史。英帝国是中国人接触的第一个英国概念，但两百余年来因为各种原因，中国没有自己的英帝国史。

中国人对英帝国的印象十分复杂。中国的英国史和英帝国史研究从一开始，就与救亡图存、民族复兴、走向世界紧密联系在一起。问题导向和意识形态诉求十分鲜明，最初也难免夹杂寓言和神话的涵义。

从全球史的角度来看，英国后来者居上，通过海洋而非大陆，加速拓展了现代化、全球化的空间，成为历史上面积最大、分布最广的全球性帝国；到了21世纪初，它却不得已也心甘情愿地成了全球化的逆行者，而与此同时中国正走上伟大的民族复兴之路，并在全球担负起大国的责任。在这样的历史情境下，全面认识、深入思考英帝国历史是有意义的，同时品味其苍茫的落日余晖，意味隽永。如果在英国最伟大的音乐家爱德华·埃尔加花费了十年时间，在1908年完成的第一交响曲背景下阅读此书更是别有一番风味。维多利亚时代的盛世荣华、爱德华时代的回光返照，都在这部伟大而动听的音乐中有充分的表现。看此书，听此乐，心中五味杂陈。

看此书时还可以参考江苏人民社出版的迈克尔·哈特和安东尼奥·奈格利合写的《帝国——全球化的政治秩序》、杰奥瓦尼·阿瑞基的《漫长的20世纪》，“脑洞”会进一步大开，更充分地领会英帝国沧桑变迁的必然性。现当代资本的路线从威尼斯、里斯本、马德里、阿姆斯特丹、伦敦、纽约一路走来，造就了政治、文化、经济、科技、军事、制度的霸权和大大小小的帝国。现当代有几部“帝国史”，英帝国史、美帝国史毫无疑问是最辉煌的。英帝国在一战后进入帝国斜阳，美帝国还有多少年？下一个帝国在哪里？资本的力量实际上决定了轨迹，政治、文化、经济、科技、军事、制度决定了角逐的结果。

江苏人民出版社一直有着出版各类历史图书，尤其是出版通史图书的传统。就通史图书而言，我和江苏人民出版社的同仁长期秉持着中国原创通史的出版理念，即原创通史是全球史背景下的中国史、东亚史、大国史、洲际史，我们和钱先生二十多年来走的就是这样一段心路历程。

二十多年来，钱先生把自己最重要历史学作品都交付江苏人民出版社出版，由此形成了一张豪华的书单，其中包括十卷本的《世界现代化历程》，《英国通史》《德国通史》，还有即将陆续推出的《日本通史》《法国通史》《俄国通史》，时间将会证明，这些图书构成了全球史背景下中国原创通史研究的知识框架。

不仅如此，钱先生还向我们引荐出版了一批优秀学者的专业图书，如杨栋梁教授主编的《近代以来日本的中国观》、李安山教授的《非洲华人社会经济史》，以及18卷本的“百年南开日本研究丛书”，出版后得到学术界和读者的认可。

正因为有钱先生和各位学者多年以来的关心和支持，江苏人民出版社的历史图书出版，形成了规模，产生了影响，在学术界和出版界形成了良好的声誉，不断有学者把自己多年的学术研究成果交付江苏人民出版社出版，由此储备了可观的原创历史优秀选题，连同已经出版的图书，它们将形成全球史背景下中国原创通史的宏大景观和知识生态。

鲁迅三书

阎晶明先生的鲁迅三书（《鲁迅还在》《鲁迅与陈西滢》《须仰视才见》）是他四十年专业和情怀的结晶，这些书温习旧梦，寄托遐思，是鲁迅研究的一个重大的转折：对鲁迅的研究从神的研究到对人的研究；对人的研究切口和入口新巧，大处着眼，微中见著。鲁迅在作者的笔下不是神，也不是鬼，是人，也是伟大的人，其思想高度和文学才华，在现当代中国作家中无人可以匹敌。须仰视才见，但仰视确实可见。

鲁迅的思想和精神不会死，他是中国文化不断发展和进步的旗帜；也不能死，他是中国人灵魂存续的源泉。鲁迅的魅力永存，是中国说不完的莎士比亚、托尔斯泰、雨果。

作为鲁迅研究专家，阎晶明先生在这三本书中显示了深厚功力。“鲁迅三部曲”侧重点各不相同，《鲁迅还在》从日常生活的各个角度再现鲁迅作为凡人的一面，由此衬托出他在思想和文学等领域的伟大；《鲁迅与陈西滢》是一部全景式的论战的专著，非常精彩，同时是国内罕见的关于陈西滢的研究；最新的一部《须仰视才见》则从多个维度和相当的高度阐述鲁迅对于中国、中国人的意义。

阎晶明先生是鲁迅先生的超级热爱者，“既保持着研究者的克制，更呈现出追随者的热忱”。阎晶明先生在很多场合都不讳言自己是鲁迅的忠实粉丝，这其实也是我们无数喜爱鲁迅的读者的心声。正是有着专业背景的支撑，又有着长期的热爱，阎晶明先生的鲁迅研究系列不断给人耳目一新的感觉。阎晶明先生的一个核心观点值得关注：对鲁迅，我们需要放在“一个恰当的位置，同时一个必要的高度”来进行研究和阐述。

鲁迅经常告诉我们是谁。忘了鲁迅我们会忘了我们是谁，忘了如何审视我们自己，忘了我们如何不往下坠，忘了我们怎样向前。这三本书可以唤醒或加深我们对鲁迅的记忆，同时用他的精神皮鞭不断抽打我们。

叶舟的《敦煌本纪》：重塑长篇小说的古典气场和尊严

译林出版社的世界文学的群体中又多了一部伟大的著作。

译林出版社和我近来一直秉持着一个出版理念，即译林出版社出版的中国文学，是世界文学背景下的中国文学，犹如它所出版的外国文学一样，是世界文学背景下的外国文学。 它们在同一背景下互为一体，交相辉映，共同构建了文学的想象世界，以及在这个世界里呈现出的人性。

在这个理念下，译林出版社的文学出版一直维持在相当高的文学、文化、思想水准上。 译林出版的标准不会降低。 感谢叶舟老师奉献了一本在世界文学背景下拿得出手的中国文学作品。

作品一旦产生，作家就再也无法控制它，作品成了一个客体，供人阅读、评点、讨论和批评。 作品的内涵和层次如果足够丰富，就会被反复阅读，说不尽、道不完，接受不断的诠释。

叶舟的《敦煌本纪》自出版至今，有关的评点、讨论和批评就没有结束过。 它能走多远取决于它被阅读的命运。

对译林的文学编辑团队、文学营销团队而言，《敦煌本纪》是河西走廊人生命力的体现和对生命的关切，是几代敦煌人英雄的精神气质，是这种气质背后古老而壮美的西北边疆的集体意识，是这种意识充溢的敦煌故事和中国故事。

对我而言，文学的力量来自于边缘对中心的冲击，犹如音乐史中发生的一样，没有中欧、北欧、俄罗斯音乐的冲击，欧洲古典音乐的气场早就萎靡不振了。 就这部长篇小说本身而言，它是艰难的写作，结构恢弘庞大，很久没有人这样费力地去写这么大的东西了，让我想起了肖洛霍夫《静静的顿河》；它是艰难的阅读，苍苍莽莽，犹如一部庞大的交响曲，阅读它需要耐力和体力，犹如聆听马勒的第三交响曲。 它重塑了长篇小说的古典气场和尊严。

这部小说是西部的、荒原的、充满力量的，拯救了我所谓东部的、城市的、脆弱易碎的心。

“五有”艺术家柯军

作为杰出的昆曲表演艺术家，柯军先生有思想力量和理论素养。他的许多思想都进入了专业艺术理论家的领域。他要把自己所有的艺术表演行为、方法放置到一个具有价值观、世界观的框架中才能安心。所以他写的面向传统的《说戏》和面向当下、未来的《素昆》特别厚重。

作为杰出的昆曲表演艺术家，柯军先生有文化素养。他涉猎书法、篆刻、戏剧，把这些领域中的血肉筋骨融会到昆曲的表演和创新当中，融会到他的思想理论的思考中。所以他写的《说戏》和《素昆》特别丰满。

作为杰出的昆曲表演艺术家，柯军先生传统表演功底深厚，并不断创新表演形式，且有即兴能力，更有国际视野，兼容并蓄。所以他写的《说戏》和《素昆》特别实在，来自实践，回归实践。

作为杰出的昆曲表演艺术家，柯军先生是艺术演变创新的先锋。但他心中一直有一个结，就是如何处理传统和先锋之间的关系。《说戏》讲的是传统的传承，《素昆》说的是传统的突破性回归。规范意义上而非描述意义上的传统，是由历史上一个个创新点所构成。在这个意义上，传统并不意味着过去，只有过去的创新点并成为经典的才是传统的一部分，而现在的创新点才可能成为未来的经典，成为未来传统的一个点。

任何艺术形式都有一个由简到繁，再由繁到简的循环。这就是艺术演变的秋冬春夏，也是接受者偏好的秋冬春夏，两者并不同步。艺术上四季的先行者就是先锋，他一般都超前于艺术演变的秋冬春夏，更超前于接受者偏好的四季变化。作为双超者，先锋都是勇者。

柯军的素昆由繁到简，体现了当今艺术潜在的势变和对这种势变的探索。他是中国昆剧界的斯特拉文斯基。他的素昆既是对昆曲传统的颠覆，也是对这一传统的简化和素化，以突破的姿态回归更古老、素朴、静默的形态，以创制一个未来传统的新点。我在看他素昆《夜奔》的表演时，竟然感到了古希腊戏剧的原始力量，耳畔竟然回响起本杰明·布里顿《大提琴交响曲》，尤其是反复回响的帕萨卡利亚（passacaglia）苍凉空旷的主题动机。他的颠覆、简化、素化需要一种巨大的勇气，因此他在自己素昆的宣传片中采用了爱德华·埃尔加《大提琴协奏曲》第一乐章的主题，表达了先行者紧张、压抑且坚韧的心情。

作为杰出的昆曲表演艺术家，柯军先生给我最深刻的印象就是对内心情感的控制力。对情感的控制是一个非个人化的过程。这是艺术家成熟的重要标志，也是人成熟的标志。非个人化不是去除个人的情感，而是使个人情感变得更有力，如在花岗岩里注入血。

非个人化采取的方式一是认识到创造既是个人的，也是非个人的，他必须连接传统又突破它，不是仅仅追求无足轻重的形式创新和独特性，他做到了；二是不直接抒发个人情感，而是逃避它，在他那里情感永远是在理性、艺术、历史的约束当中得到表现，先压制它，再表现它，他做到了；三是在他那里，每一个作品都不是孤立地、离散地自我凸现，他用说戏的传承、素昆的突破把它们关联起来，成为一个巨大的有机整体，他做到了。

非个人化主动连接了诸多的束缚，使得他的表演和书籍显示出强大的个人力量。虽然我无力在出版上以“五有”和他同步，但期待他的下一步和下一部。

纳粹德国：一部新的历史

有关纳粹德国历史的多卷本佳作无疑是威廉·夏伊勒的《第三帝国的兴亡》，此书成于 1959 年，源自作者 1934—1941 年的《柏林笔记》。作为驻德记者，夏伊勒在笔记中将亲身经历、深入思考和准确预见融为一体，为《第三帝国的兴亡》奠定了牢固的写作基础。《第三帝国的兴亡》是一位亲历者对一段人类最黑暗历史的记录，而且涵盖面超出一般亲历者的局限，加上深入的剖析，至今都难以超越。我 1976 年 13 岁时读了新华出版社的内部资料本，从此奠定了历史学读物的较高口味：扎实的史料文献功底、高超的叙事能力、有历史深度的问题意识——好的历史图书的三重奏标准。40 余年过去了，这部历史学著作的地位在中国书界依然岿然不动，犹如贝多芬的《大公三重奏》，从头至尾，傲视群雄。

但目前最好的单卷本第三帝国史，无疑是克劳斯·P. 费舍尔耗时十年、成于 20 世纪末的《纳粹德国：一部新的历史》。作者生于 1942 年的慕尼黑，是战后生长起来的德国人。从心理分析的角度来推测，战争和失败的阴影无疑嵌入了作者的潜意识当中。但即使如此，他并不具有经历战争的成年德国人的原罪感，他以更客观和超然的态度讲述自己民族最黑暗的历史。

作者掌握的文献资料可谓汗牛充栋，非夏勒伊可比，需要专业历史学家去芜存菁的功底；作者特别善于紧凑的综述和清晰的表达，在较小的篇幅内让人得以把握纳粹德国时空的全貌，对纳粹德国宣传功能、体育教育、义务劳动、战时日常生活的描述尤其引人入胜；作者对这段历史的思考极其深入，他对极权主义的起源、纳粹主义的魔力、第三帝国运作的方式、大屠杀相关的难题、德国之罪等问题的思考，使本书成为研究希特勒德国——获得权力、维护权力、失去权力的第三帝国——最全面、最权威的著作。就我个人而言，我更喜欢《纳粹德国——一部新的历史》，因为它更具有问题意识和思考的力量，犹如勃拉姆斯的《圆号三重奏》，丰满厚实，意味隽永，让人沉浸，不可自拔地去思考这段奇怪的历史。

纳粹德国何以如此短命，暴兴暴亡？

政治上热衷于非常态的社会工程运动式的管理，以及全覆盖的警察恐怖统治；

文化上和外交上热衷于狂热的种族主义；

军事上热衷于闪击战和多点出击，缺乏战略支撑，无能承受消耗战和总体战；

统治阶层的心态上热衷于极端自恋和整个民族热衷于群体自恋，导致了集体的精神变态。德意志民族的内心深处存在着巨大的黑暗，纳粹主义运动用种族主义和魅力艺术唤醒了这种黑暗。运动的参与者都是一帮极端自恋型的躁狂青年。一战的结果让他们青春期的自恋没有实现，他们必须通过一场种族主义运动加以完成。

凡此种种，纳粹政权本质上是一场赤裸裸的种族主义运动和反国家、反人类的行为艺术，是一次精心包装的群体精神病发作，一场精彩的《尼伯龙根的指环》的表演。演员和观众都被损耗得精疲力竭，只能“华丽地”昙花一现。

极权主义的政治、极端主义的文化、表现感极强的战争、虚荣夸张的极度心理障碍，它们可以华丽一时，但疯狂的行为艺术从不可持续。

瓦格纳歌剧和纳粹主义的行为艺术

思想的贫乏和艺术完美的冲突在瓦格纳的最后一部歌剧中达到了顶峰，也在纳粹德国的行为艺术中达到了顶峰。

瓦格纳的歌剧是纳粹魅力艺术的重要组成部分。齐格弗里德、女武神的英雄形象非常适合纳粹种族性的宣传。其描绘了强大的金发德国人大胆而英勇地与外部世界作战，于是，瓦格纳和他的歌剧被纳粹选中了。

事实上，这不是误选。从《尼伯龙根的指环》开始，瓦格纳歌剧的德意志性、讨好德国民众的精神堕落、假冒的基督性、观念性大于艺术性都让世界主义者尼采厌恶。

瓦格纳依然是最伟大的交响乐歌剧大师。在我眼里，《帕西法尔》说的是救世之人必须经历抵御诱惑、精神和身体磨难、大智若愚。《帕西法尔》是一部宗教剧，主人公帕西法尔（Parsifal）就是瓦格纳妄想和自大的精神归属。他要扮演救世主，人物和主题都过于沉闷。这些对中国人都毫无意义。

但艺术性的问题被瓦格纳在这里彻底解决了，**《帕西法尔》是一部伟大的歌剧。这部歌剧的价值在于其艺术性。它是一部宏大的交响乐，一部乐剧，没有宣叙调和咏叹调，人声只是其中的一个声部，像大海和森林延绵不断的迷雾中若隐若现的阳光。**唯有从这个角度入手，才会感知到此剧的魅力。正因为艺术性的问题得到了解决，瓦格纳的泛夸被套上了光环，他的虚荣被掩盖成英雄的光荣。

瓦格纳把他的歌剧逐步变成了涵盖海洋和森林的交响乐。

大指挥家和乐团可以在其中大显身手。 但指挥家和乐团必须有信步遨游的水平，否则在其中必定散架和迷路。 我看到了瓦格纳思想的可笑之处，但经常被他的音乐所迷惑。 犹如我厌恶纳粹的一切，却常被它的服饰和各种行为艺术的设计所迷惑。

纳粹大屠杀的根源来自哪里?

《强迫症的历史：德国人的犹太恐惧症与大屠杀》是克劳斯·菲舍尔继《纳粹德国：一部新的历史》之后又一部历史巨著，是战后成长起来的德国历史学家对德国进行自我反思的力作，是叙述德国反犹史以及其极端形态大屠杀的经典之作。

大屠杀丑陋而坚硬，无需用渲染、煽动的语言来描述。唯有坚韧的情感、理性和逻辑，可以贴近这段黑暗的历史。

奥斯威辛之后，写诗是残忍的；同样，奥斯威辛之后，极端的邪恶也应该是难以生长的。前提是我们真正把握了这场德国对犹太人大屠杀的历史和逻辑，由表及里地实施针对性的解决方案，才能够抵御大屠杀和人类残暴事件的发生。

本书再现了各种要素是如何聚合发酵，变成一场灭绝性的种族杀戮。

大屠杀的人性和心理根源来自哪里？

对犹太人灭绝性的种族杀戮来自普通人类特别是普通德国人的黑暗本能，来自文明对这一本能约束的崩溃。

我们这个现在成为了全人类的智人人种，在七万年前开始的迁徙过程中，把人类的其他人种杀戮一尽，并且不和其他人种有两性的交往现象，我们身上和他们的遗骨身上只有各自的DNA。智人也许是天生的种族主义者。

来自于受害者本性的恐惧和自保，以及历史中长期形成的犹太人缓和、逃避、顺从等集体潜意识。

来自德国经济、政治、社会迷失方向、濒临崩溃、焦虑绝望、道德危机的黑暗阶段，犹太人不可逃避地成为灾难的替罪羊。

来自欧洲各类国家不同程度的反犹太行为，以及世界各地的漠不关心和无所作为。

来自德国逃离自由、回避道德、对死亡和尚武的痴迷、犹太人恐惧症等文化的黑暗传统。

来自纳粹的生物学—种族主义的意识形态，以及它有效的宣传和洗脑。

纳粹政权成功地利用了以上个体和集体人性的诸多弱点。

大屠杀的政治和经济根源来自哪里?

来自种族主义革命和攫取极权权力的政治需要，以及维持革命和权力的经济需要，这些需要必须制造真实的对手。

来自德国极权主义制度的传统，来自纳粹极权主义警察国家的恐怖控制和运作。

来自充斥工具理性的科层体制的高效，齐格蒙特·鲍曼的《现代性与大屠杀》对此有更深入的讨论；来自丧失道德的平庸和服从的共谋，汉娜·阿伦特的《艾希曼在耶路撒冷》对此有更深入的讨论（不过艾希曼绝对不是平庸的恶人，他欺骗了阿伦特）；来自纳粹化的国防军的默认和支持。

在那一段历史时期，这些力量汇集成洪流，使德国人完全背离了自己人道启蒙的传统，被深深地卷入整体黑暗之中。

大屠杀远比我们一般理解的复杂。 本书既不是简单去谴责德国的罪恶，也不是为他们在道德上作赦免。 它提供了丰富和深远的人性、历史、现实的解释。

每一个集体性大屠杀都必须得到历史和逻辑的反思，而不能仅仅停留在资料汇编、道德控诉和情感发泄的水平上。

当代经济史的真实面目

最近一个系列性热点问题是：1500 年左右欧洲人通过大航海开启的全球化，以及后来自然顺接的经济、资本全球化是否会终结？这种终结是新冠病毒引发的，还是它加速的？如果全球化一定时间段的弱化是一种理性预期，我们是否要在经济、技术、金融、文化等方面做好应对的预案？——比如新的国民经济体系的设计，对初级产品（粮食、猪肉）和初级资源（土地、水、空气）的极力维护，对国家战略技术的系统性开发，彻底地反新老殖民主义文化，等等。

由于影响未来的变量实在太多，世界已经不是简单的均衡关系，或者复杂的线性结构，而是混沌的结构。凯恩斯在他那个时代就说过，所有的长期预言都是失败的，何况现在。

但是尽量客观和中立地回溯、认知历史，是科学的素养，是强大的心态，是学术的志业或天职，它多少能够让我们知道今天的世界大概是如何形成的，为未来的走向投去一束具有解释能力的光亮。如果许多人有价值的思考都是一束这样的光亮，未来起码不是层层揭不开的迷雾。个人认为首先必须认清近代全球史演进的动力——资本主义和帝国主义，而非亚当·斯密从开始就神话了的市场经济和有限政府。

这样的想法使我不断想起我在 2004 年编辑出版的一本书，我为它出过好几个版本。这是我编辑生涯中编辑的唯一一本伟大的历史著作，可惜很少有人认识其重要性。它就是杰奥瓦尼·阿锐基研究资本主义历程并揭示其本质的杰作：《漫长的 20

世纪：金钱、权力和我们社会的起源》。这是一本值得花上一个星期好好阅读并经常精读的图书。我另外编辑的霍布斯鲍姆的历史四书（《革命的年代》《资本的年代》《帝国的年代》《极端的年代》）只能算是杰出的历史著作。

近代开始，资本的中心从热那亚到阿姆斯特丹到伦敦到纽约到西太平洋，发生了地域的漂移。国家的政治、军事的权力角逐也随之漂移，出现了一系列修昔底德陷阱和帝国的替代。资本到哪里，角逐就到哪里。当资本的中心向西太平洋漂移，美国千年帝国的梦想和资本的移动发生了最为剧烈的历史性的矛盾。政治制度和意识形态的矛盾加大了资本矛盾的剧烈程度。阿锐基1995年的预言变成了现实的冲突。

资本主义不能等同于市场经济。市场在资本主义社会中从来就没有纯粹过。它或多或少地受到垄断的威胁，还受到政府的扶植或掣肘。资本主义从诞生到今天已经600多年了，其间兴衰起伏，经过不断的内部调整，一次又一次地度过了致命的危机，进入一次又一次新的发展阶段，至今尚未衰败。特别是20世纪80年代的自由放任的市场经济和90年代的新经济全面复活了有气无力的资本主义，而今全球经济和政治的一体化的规则似乎又是由资本主义国家在制定；与此同时，苏东社会主义体系的解体和计划经济在全球范围内的衰落，使资本主义产生了已经消失了几十年的兴奋。在这种背景下，资本主义的本质、发展规律得到了重新重视和研究。

研究资本主义的鸿篇巨制可谓多矣，如马克思的《资本论》、韦伯的《经济通史》和《经济与社会》、霍布斯鲍姆的《资本的年代》、布罗代尔的《15至18世纪的物质文明、经济和资本主义》等。阿锐基则与众不同，著名的左派政治学大师安德森说:“他综合了马克思和布罗代尔的思想，阐述了资本主义的整体历史，在所有的同类著作中最为雄心勃勃，前无古人。”本书因为其不凡的成就获得了1995年美国社会学会杰出学术奖，被评价为:“很少有学术著作能够使读者同时在过去当中看到现在，同时在现在当中看到过去。但阿锐基的《漫长的20世纪》却做到了这一点。它把资本主义的历史描述为一连串体系积累周期，对学术界提出了巨大的挑战。它结合了精湛的历史研究和比较研究，对现代世界的理论解释尤为发人深思。”

阿锐基的体系积累周期的思想是建立在布罗代尔的一种非传统的观点上的。布罗代尔说得很清楚，资本主义从其出现到扩张完全依赖其国家权力，并构成了市场经济的对立面。资本主义从来就没有实现完全的市场经济，而是不同程度地反市场经济。具体地说，国家与资本的一体化是资本主义三层结构的最高层面，中间一层是市场经济的层面，最低一层是自给自足的物质生活层面。大多数社会历史学家和经济学家主要关注市场经济的层面，很少有人研究作为“反市场”的资本主义的顶层。马克思的《资本论》也是对资本主义的底层做了广泛的研究。阿锐基的体系积累周期就是要对顶层的阴影地带投入一束光线:当代经济史是资本和帝国主义联姻，市场经济只是它的底层。

有人说20世纪是美国的世纪，美国在经济、政治、军事、文化等方面的霸权影响波及整个世界。阿锐基为了阐释清楚美国的资本积累周期在“漫长的20世纪”——相对于布罗代尔“漫长的16世纪”和霍布斯鲍姆“漫长的19世纪”。这里的“漫长”意味着跨越一个世纪，而非恰好一个世纪;意味着观念上的世纪，而非时间上的世纪——从崛起到全面扩张的全过程，势必要追溯到前一个世界霸主——英国体系，因为美国体系的崛起只有与英国体系的消亡联系在一起才能被理解；同样，英国体系的崛起是与荷兰体系的消亡联系在一起，而荷兰体系的崛起又是和热那亚体系的消亡联系在一起的。不难看出，美国体系恰恰是前面三个体系最终的延伸物。这样，资本主义体系此消彼长的流变就一目了然了。

阿锐基认为，马克思对货币资本向商品资本的转移，然后商品资本再一次向货币资本的转移这种循环往复的现象的描述，不仅提供了资本主义一般的投资逻辑，而且也描述了作为世界制度的历史资本主义反复出现的格局。这种格局的中心是物质扩张阶段与金融扩张阶段——即货币资本向商品资本的转移与商品资本向货币资本的转移——的交替更迭。在物质扩张阶段，货币资本使越来越多的商品开始运转；在金融扩张阶段，越来越多的货币从商品的形式中撤离出来，资本积累不再通过商品交易，而是以金融交易不断进行。这两个阶段共同组成完整的体系积累周期。上述四个资本体系的积累周期，较后一个都在更大组织和更大规模上重复前一个周期的特征，同时又有所创新。四个积累周期相互重叠，而且，后者与前者相比较，持续的时间越来越短。**然而，物质和金融的扩张从来不可能是独立进行的，这种资本的自发行为必须有国力的保障，否则，资本主义的发展就将终止。**

在14世纪前后的欧洲，在泛欧亚大陆的物质扩张中，意大利北部的资本主义城市国家是主要的受益者。威尼斯、米兰、佛罗伦萨和热那亚这四大巨头各自占有界限较明确的市场。在激烈的竞争中，威尼斯成为在战争立国活动和控制国内市场方面最强大的国家。当时威尼斯以国家为中心，而热那亚以资本为中心，在那里，资本具有巨大的活力。但是，热那亚的资本家缺乏进行战争和立国的竞争实力，为了在物质扩张和贸易扩张中挫败威尼斯，使资本在欧洲的每个角落获得不断再生，他们与伊比利亚的地主阶级统治者建立了政治交换关系。通过这种跨国的交换关系，伊比利亚的统治者可以利用国际贸易和金融网络来支撑自己的地主事业，而热那亚的商人则利用强大的外国战争和立国机器来向世界扩张。

同热那亚体系不同，荷兰在17世纪崛起之时，就把热那亚外部化的保护成本内部化，它用自己的枪炮力量——荷兰商人与当地的地主阶级统治者奥兰治家族建立的政治交换关系——绝对控制了波罗的海的贸易。它还效法国家垄断资本主义的前辈威尼斯，成功地使阿姆斯特丹成为世界商业和巨额融资的中心，而且创建了许多规模巨大的特许股份公司，这种公司兼有战争立国和贸易扩张的双重作用，是半政府、半企业的机构，如17世纪下半叶的荷兰东印度公司就是一个拥有海外领土的微型帝国。

英国早在16世纪就通过地主阶级和资产阶级“难忘的”同盟，实现了保护成本的内部化。18世纪末的工业革命，加上19世纪拿破仑的战败，使英国的立国力量称霸全球，使其在国际贸易中占据了压倒一切的支配地位。19世纪的英国在更大的规模上再现了威尼斯和荷兰转口贸易的战略和结构；同时，英国体系又正是通过更加复杂的形式，恢复了热那亚国际金融主义和伊比利亚地主阶级统治的组织结构来实现其生产成本的内部化；而且，在以前的热那亚和荷兰的积累周期中，主要的资本主义企业一般只从事远程贸易和巨额融资，尽量把生产活动排除在外，而在英国积累体系中，资本主义是建立在积极参与组织生产过程的资本主义企业之上的。

19世纪70年代，英国开始失势，资本主义似乎快要走到了尽头。但一个新的国民经济开始崛起。这个国民经济的财富、规模和资源都大于英国。这就是美国，它发展成为一个具有强大吸引力的“黑洞”，吸收着来自欧洲的劳动力、资本以及企业家。这个帝国的特点是，地主阶级的统治制度和资本主义完美和谐地统一在立国的过程中，而且，它的保护成本远远低于英国散落在海外的领土帝国，但却继承了英国在世界贸易枢纽的岛国地位。作为一个洲级岛屿，美国可以随意进入世界经济的两大海洋。

德国两次扩张的失败更使美国经济得到空前的扩张。1947年，美国的黄金储备是世界总量的70%；1938年，美国的国民收入相当于英法德意和荷卢比的总和，几乎是苏联的三倍；而到1948年，美国的国民收入是上述西欧国家的两倍多，是苏联的六倍。美国体系不仅实现了保护成本、生产成本的内部化，而且通过一种新的、规模更大也更复杂的形式恢复了荷兰体系的公司资本主义的战略和结构，实现了销售成本内部化。

历史资本主义发展成为一种世界性的制度，它是由政府和商业组成的世界—帝国（如热那亚、英国）或公司—国家（如荷兰、美国）集团为基础的。然而，这种集团越强大，它们所产生的积累体系的生命周期就越短暂。

随着苏联的解体，世界性的军事力量集中在美国及其盟国手里，但资本积累的中心却从美国逐渐转移到东亚地区。15世纪以来，枪炮的力量和金钱的力量结成了“神圣的同盟”，一直推动着资本主义经济向前扩张。如今，如果说把追求利润的东亚与追求权力的美国连接起来的政治交换关系，已经很像16世纪热那亚与伊比利亚的关系，无情的区别是，金钱的力量好像第一次在西方人手中滑落。但是，这又将意味着什么呢？

我们是否将要目睹一次资本主义世界经济的换岗，目睹资本主义下一个积累的开始，现在还不太清楚。但是，阿锐基肯定：新的地区（东亚）将取代老的地区（北美），成为世界资本积累过程最富活力的地区。这已经是事实。

迄今为止，资本主义的存活和发展并非其市场经济，而是其资本一次次地和国家权力成功而有力地结合。无论是在物质扩张，还是在随之而来的金融扩张阶段，国家权力一次次地给予资本新的生存空间。这使人想起了乔姆斯基在《新自由主义和全球秩序》一书中所揭露的，新自由主义不是传统的自由主义的复活，而是国家权力和巨额资本的一体化，是国际霸权主义和强权政治在全球范围对资本主义的保护和对市场经济的绞杀。

可以说，本书是至今为止对资本主义发展历史描绘最为有力和精彩的著作，它解说了资本主义四大积累体系的因果关系，但对资本主义未来的预言，作者是非常慎重的。历史是开放的，在现有资本主义的国家力量支持下，历史会不会再次给资本主义的物质和金融以扩张的空间和机会，对此，谁都不敢，也无法断言。

但可以肯定的是，新的资本积累已经发生了巨大的漂移，这种漂移可能放弃与美国政治力量的同盟。有着千年帝国梦想的美国不允许出现这种类型的漂移，它意味着帝国权力的丧失，何况这次丧失不是在600年资本主义体系的内部。美国一定会用尽立国之力量出来干预，殊死一战。

和哲学家在一起的日子

哲学最初解答外部世界的本质，后来转向人的本质，后来转向神的问题，后来转向认识论和方法论的问题，后来再转向世界、人的生存、科学认识等问题，形成了本体论、价值论、方法论的大循环。随着各种学科的兴起、成熟和独立，它们都树立了学科自身的根本理念和哲学，哲学已经没有能力再抽象了，除非重复古典哲学的话语。哲学螺旋上升的过程在20世纪开始逐步关闭，它的领地越来越小，只关注和思考人生存的元问题了。这个问题永远解决不了，所以哲学家和哲学永远不会消失。现代哲学家基本上是对人的生存状态进行深入探讨的思想家、理论家的代名词。

无论是传统哲学和现代哲学都是绝对烧脑的，并会引发短路。特别是在资本和网络联姻的极权时代，所有的知识都碎片化，全面、系统、深刻的知识树结构对绝大多数人来说已经坍塌。大部分的脑子一旦碰到哲学问题必然跳闸。如想不烧脑，小的时候必须接触过哲学，这种对哲学的意识、逻辑和理性的偏爱会潜入潜意识中，不时地溢出、涌现出来，减少烧脑、跳闸的可能性。

思考，从“我思故我在”开始

初中三年级时我在书店买下两本奇怪的书，因为人名和书名都很奇怪。一本是斯宾诺莎的《笛卡尔哲学原理》，一本是笛卡尔的《方法论》。两本书加起来一元钱左右。我当时觉得翻译者的前言和作者的正文完全是两种语言、两种思维，让我知道世界上还有语言和思维如此古怪的外国人。

一天下午，突然父亲在身后发现我在看书，拎起我的耳朵斥责这样的书我能看懂吗，不懂装懂，浪费时间。我很羞愧，确实看不懂，完全是猪鼻子里插葱。但那时确实没有什么好看的，课程少，也没有中考，我们无需重复无聊的劳动以提高考试能力。那时也没有分级阅读的概念，也没有那么多书满足分级阅读的需要。书籍很少，就像沙漠中的泉水，只要是字都看，字字句句都是水。所以我继续偷偷看这两本书，虽然看不懂，但前言里说斯宾诺莎是泛神论者、磨镜片的人，笛卡尔的“我思故我在”却永远忘不了。神无处不在，和自然界一体，对自然界要有敬畏之心；哲学家看来是很清苦、很孤独的人，否则做不了哲学家；我思故我在，也就是说我不思则我不在，思考对有价值的人生来说极其重要，这是很励志的一句话。过几年自学西方哲学史的时候，他们都是相识归来的燕子了。

读《逻辑学》读到吐是一种怎样的体验？

第三个相处的哲学家是黑格尔，高一在父亲的书架上发现贺麟翻译的《小逻辑》，翻来翻去许多次，真的看不懂。那时想高考考不上就看这本书，其实这是对高考恐惧心理的补偿。上大学后，买了当时黑格尔所有中文版的图书，先苦读他的《美学》，后来是《逻辑学》。

一天中午，《逻辑学》看得突然头昏眩晕，胃部不适，跑到卫生间呕吐，吐的东西远远超出上午吃的东西。吐完了眼睛一亮，看见了世界，从此再也没有碰过黑格尔的书。黑格尔说过：在纯粹的黑暗和光明中是什么也看不见的。那时的黑格尔真是纯粹的黑暗。 后来尼采又给了我解答：黑格尔是蜘蛛，他是雄鹰、闪电。 萨特也给出了解答：恶心来源于直觉。 目前黑格尔的书连同我在书上做的笔记，已经沉睡了将近四十年了。至今和黑格尔相关的书——拉康的精神分析、科耶夫的《黑格尔导读》——我也不敢碰。

我发出了“我的康德”的狂叫

再后来，我又转向康德，对这位一辈子生活极其规律、来自哥尼斯堡的哲学家有着由衷的敬意，用活页纸做了纯粹理性、实践理性、判断力三大批判，尤其是《判断力的批判》的大量笔记。

大学暑假的一日下午正在睡觉，被隔壁房间持续不断的订书机声音弄醒。 我发现表弟把我的活页笔记用订书机全部订了起来。 我发出了“我的康德”的狂叫。 表弟惊恐罢手，婶婶漠然，康德是谁啊？ 把钉子起出来不就行了吗？ 我一边起钉，一边看着破损的活页纸，非常绝望。 也不知是怎么回事，我后来很少去看康德了，对此我没有做过心理分析。 二十多年后，买了邓晓芒先生的译本，也没有时间看，但康德对我的影响比其他哲学家都大。 我也为他怒吼了一次，真的伤心了一次，最重要的是他改变了我的命运。 研究生英翻中的考题就是勒内·韦勒克《文学理论》中康德的美学。 周围考生抓耳挠腮，我一气呵成，永远感谢康德的“判断力”。

罗素，真正的哲学启蒙老师

罗素是我接触最多的哲学家，他的《宗教与科学》《西方哲学史》《人类的知识》《我的哲学发展》是我精读的四本书，我真正的哲学启蒙老师是他。他铸造了我的思维模式：常识、逻辑、理性；简洁、紧凑、清晰。这六个词让我偏好雕刻刀似的思想方式，它可以使人轻装上阵，走完漫长的思想朝圣之路。

记得大学四年级的时候，石里克、卡尔纳普、维特根斯坦加固了我这样的思维倾向。培根、休谟、洛克、穆勒都成了我最喜欢的哲学家和思想家。只是为了完成哲学史的浏览和时髦，我才去涉猎大陆哲学家，比如叔本华、尼采、克尔凯郭尔、哈贝马斯，以及一帮后现代哲学家，比如罗兰·巴特、福柯、利奥塔、德里达、布尔迪厄。

和哲学家在一起的日子，25 岁后就基本结束了，后来断断续续都是惯性使然。

译林出版社的《牛津通识读本》中众多哲学家的导引突然激发我重读哲学史的欲望。但我希望它只是残火而已。不想在余生没事找事，再费神了。

不过，年轻人哪怕出于虚荣，也和他们相处一段时间吧。

现代化—现代社会—现代性

当代很少有杰出的思想家和社会学家像齐格蒙特·鲍曼那样，经历过多重的思想转型，并像他那样滔滔不绝地多产，但其坐标定位是对整个西方现代社会的科层制管理，以及西方现代性理性规训的深刻怀疑。他的一系列著作对现代社会、后现代社会的生存状态，以及现代性和后现代性进行了全面的描绘。其中著名的有《立法者和阐释者》《现代性与大屠杀》《现代性和矛盾态度》《后现代性的通告》《必死性、不朽和其他的生存策略》《碎片中的生活》《后现代的伦理学》《后现代性和它的不满》《工作、消费主义和新穷人》《全球化：人类的诸种后果》《寻找政治》，等等。对鲍曼来说，西方的现代性是一个陷阱，它的后现代性又是一个雷区，两者无论是叠加、嵌入还是展开、延续，都是共存的。作为前者的批判者和后者的预言家，他揭示了他所处的困境——我们如何才能实现现代社会和后现代社会、现代性和后现代性的相互超越。

丹尼斯·史密斯的《齐格蒙特·鲍曼——后现代性的预言家》一书是英国政体出版社（Polity Press）现代思想家传记丛书中的一种。由于鲍曼十分多产，他的中文版图书也出版了不少，仅江苏人民出版社就出版了他的《共同体》《被围困的社会》《废弃的生命》《流动的生活》《流动的时代》《流动的恐惧》《生活的艺术》。对齐格蒙特·鲍曼的书籍介绍、对他以及其著作的评述也十分丰富，又由于这是一部评论性传记，再为一部传记写一篇导引或另加评述几乎是多余的。十年前对此书的翻译，却导致我陷入了一个持续的境遇而不能自拔：对现代化、现代社会、现代性，现代社会前后相对应的社会形态——前现代社会，后现代社会，当下实际社会形态的混合特性等三个问题展开一些个人的思考。这些思考始终在清晰和模糊之间变幻，一切都怪碰了不该碰的东西。

一

现代化、现代社会、现代性是当下我们正在经历的主要状态，对它们的褒贬自然会以现代社会凸显的经济、资本、技术作为重要的路标，而将其前的前现代社会，以及其后的后现代社会作为参照背景。鲍曼更注重于后现代社会的背景，毕竟西方经历的现代社会历史已经久远了。

现代化是实现经济、政治、社会、文化、制度、人的现代化的过程，工业化、城市化、全球化是其最为突出的现象。现代化形态的复杂性远远超过人们的想象，在不同国家对其的本质诉求和表现形式不同，甚至大相径庭，因此对现代化的定义是难以统一的，尤其在规范意义上加以定义是艰难的。

现代社会是现代化过程塑造的社会形态，由于现代化的过程不同，具体的现代社会形态也不相同。总体而言，现代社会是经济和政治结盟、市场经济和国家管控此消彼长、个人权利和政治民主勾连、社会分工和分层细化、文化多元和文明优先的时代。

从西方600年的现代化进程来看，资本权力和政治结盟、市场经济和国家管控此消彼长、个人权利和政治民主勾连贯穿在整个现代化的过程，三组关系的对立导致人总体上只是进入了形式公平、自由、平等的时代，依然是少数人掌握绝大部分的资源，并且变得越来越刚性。 市场经济只是现代社会的底层，上层是政治和经济的结盟，是大企业的垄断，一切都是为了资本和其帝国在全球的扩张。

现代性涉及更为抽象的定义，是一个更为驳杂的概念，是现代社会在经济、政治、社会、文化、制度、人的现代化中呈现出来的基本特性，也是现代化和现代社会的方案和蓝图。 资本主义和社会主义、自由主义和威权主义、市场经济和计划经济、自由放任和政府干预、个人主义和集体主义都是现代性内部的矛盾。 任何现代性的主张都会找到它的对立面，任何对现代性的简单概括都会淡化现代性内在的复杂性，降低我们对它的认识水准。

现代化、现代社会、现代性具体而言都不是一个中性的概念，都涉及价值判断，它们都有硬币的两面；对它们的褒贬无穷无尽，都是针对它们积极的和消极的阴阳两面；各国也都根据自己的传统、认知、理念，以及结构性变量，选择自己的道路。中国已经找到了自己独特而成功的现代化道路。

二

认识三种社会形态——前现代社会、现代社会、后现代社会——可以从把握不可避免的六个要素入手。 它们分为两组：生态、政治、文化；经济、技术、文明（按照德国传统的理解，文明是物质的，文化是精神的）。 对人类的生存和命运共同体的价值而言，三种社会形态都有其内在矛盾，各有特性上的长短优劣。

约 1500 年前，人类处于前现代社会，前三个要素——生态最初最为重要，政治、文化后来居上，尤其是政治要素——控制着后三个要素的方向和边际。

1500 年后，人类逐步进入现代社会，后三个要素——尤其经济要素——逐步摆脱前三个要素的控制，甚至反制前三个要素，只是需要的时候和政治结成同盟，形成了一个又一个世界帝国的替代。一旦发生经济（资本、财富）从帝国滑落，帝国政治就会以各种形式出来相助，甚至倾立国之力。中西方 600 年前的大分流本质上在于政治和经济要素在社会形态中地位的消长。

21 世纪前后，技术的要素日益提高，甚至有可能脱离与前现代社会的政治结盟，以及现代社会的经济控制，我在《帝国之河》和《万有引力之虹》的书评中已经阐述了这一点。同时，文化从现代社会的多元化变为后现代社会彻底的碎片化和去中心化，一切都在被解构和过度创新。失控的技术和文化的碎片化两者结盟意味着一种超级的自由和危险，而这种自由和危险被法国的后现代哲学家们浪漫主义地美化了。对此哈贝马斯再次告诫：现代性是未竟的事业。

当下社会是三种社会形态的同体，和过去、未来没有关联的、单一纯粹的社会形态是不存在的，只是在不同国家和地区混合的形态和程度不同。

同体有涵盖、融合、对峙的关系，对峙是糟糕的状态，共存一体，互相对立；涵盖和融合涉及哪个社会形态处于优势地位，哪个要素、哪组要素、要素的哪一面起核心作用。关于现代社会、前现代社会、后现代社会，现代性、前现代性、后现代性相互之间简单的对立和替代的讨论，已经显得不符合现实，不符合人类的生存和命运共同体的价值诉求。

理性、历史、逻辑的选择是保证现代社会处于核心地位，前现代社会和后现代社会融入其中，发挥三种社会形态的特性优势。前提是恢复前现代社会生态、政治、文化真正的基础地位，处理现代社会中各种权力、权利的关系；用生态、政治、文化来捍卫社会，保持经济、技术、文明的方向；控制后现代社会文化碎片化的多元状态，以及技术的边界，保持文化和技术不断创新的活力。

现代性是未竟的事业，是核心；后现代性是现代性的叠加、嵌入、展开、延续；但前现代性是历史的根基。德国浪漫派从19世纪就到处寻找这一根基，其实这个根基在古老的中国文化中早已经存在。海德格尔最后转向东方就是为西方的现代性寻找价值根基。

三重社会

最近在阅读当代中外作者书籍的过程当中，在和许多人的交流当中发现，虽然大家同处当下社会，但是所处的时空不同，甚至有时沟通起来有点困难。由于工作的原因，目前我不得不成为三重社会的游民，频道不断转换，与不同时空的人接触和交流。厘清三重社会的关系，认识决定社会形态的几个要素，对应对个人和集体生存的各种变化和挑战，是有所帮助的。

从生产形态角度里看，有农业社会、工业社会、信息数据数字智能叠加的网络社会之分；从社会形态角度看，有前现代社会、现代社会、后现代社会之分。当下社会不是三重社会的替代，而是它们的叠加同体。

和过去、未来没有关联的、单一纯粹的社会形态并不存在，只是在不同国家和地区混合的形态和程度不同。

农业社会—前现代社会是线性关系，工业社会—现代社会是线性结构，网络社会—后现代社会是混沌结构。三重社会的叠加同体对人造成了巨大的认知和应对的挑战。个人的理性和非理性（感觉、直觉）即使自负，也往往与外部处于高度的信息不对称状态当中，常常是愚蠢反对愚蠢、错误反对错误、无理性反对无理性。个人往往陷于自我一元独尊、与他者二元对立、实际十分茫然的信息茧房之中。集体理性、集体智慧从来没有像在当下社会显得那样重要，集体真诚而谦逊的倾听、讨论、研究、决策从来没有像在当下社会显得那么需要。

每一个社会都存在着内部演化（退化和进化），演化的速度后者比前者快。网络社会—后现代社会的演化速度尤快。网络一的多平台发布，网络二的自媒体发布、网络三的区块链分布以及未来元宇宙的涌现，网络社会都充分展示了后现代社会的景观：技术的单一性和技术的加速，社会结构的混沌、不稳定、难以预期，文化的碎片化、去中心化。结果是：技术进化的速度越来越快，文化却萎缩成粗暴的功利主义、野蛮的民粹主义、极端的民族主义。文化的进化越来越跟不上技术的步伐，技术成为巨人，文化变成白痴。技术在吞噬一切，文化却无法让人合理生活。

生态、政治、文化、经济、技术、文明（这里的文明是偏向发达的经济、技术的系统）是决定社会结构形态的六个要素，贯穿六个要素的是制度和人性。在不同社会形态中，六个要素发挥的功能不同。

三重社会的同体有涵盖、融合、对峙的关系，对峙是糟糕的状态，共存一体，互相对立；涵盖和融合涉及哪个社会形态处于核心地位，哪个要素、哪组要素、要素的哪一面起基础作用。关于前现代社会、现代社会、后现代社会，前现代性、现代性、后现代性相互之间简单的对立和替代的讨论，已经显得不符合现实，不符合人类的生存和命运共同体的价值诉求。

理性、历史、逻辑的选择是保证现代社会形态处于核心地位，前现代社会和后现代社会融入其中，发挥三种社会形态的要素优势。前提是恢复前现代社会生态、政治、文化三大要素真正的基础作用，用生态、政治、文化三大要素来保护社会，保持经济、技术、文明的方向；处理现代社会中各种权力、权利的关系；控制后现代社会的技术边界，以及文化碎片化的多元状态，同时保持技术和文化不断创新的活力。

经济、技术以及它们构成的文明体系不能覆盖，也不能吞噬生态、政治、文化，更不能瓦解生态、政治、文化。六者无论怎样互为嵌入、融合，生态、政治、文化规定经济、技术、文明的方向，犹如大地和诗意地生活在其上，决定了人的存在。经济、技术、文明是现代社会、后现代社会的好东西，没有生态、政治、文化的铁轨，它们绝对是坏东西。

人类的真正危险在于：政治、文化、人性、制度进化太慢，和他们的经济、技术和文明进化的速度很难匹配。第一个倒霉的是生态，第二个倒霉的是人类存在的本身。

现代性是未竟的事业，是核心；后现代性是现代性的叠加、嵌入、展开、延续；但前现代性是历史的根基。德国浪漫派从18世纪就以文化和文明的对立，到处寻找这一根基，其实这个根基在古老的中国文化中早已经存在。海德格尔最后转向中国道家哲学就是在为西方现代性的缺陷寻找修复的根基。当今中国的现代化方案更发人深省、给人启迪。

海德格尔的“新人”

每次想到海德格尔，就会想到勃拉姆斯。这两位德国人都十分的内向、深沉、质朴、怀旧。一位是诗人似的哲学家，最后与传统哲学一刀两断，沉浸在“思与诗”当中，一位是具有哲学家气质的音乐家，从来不把音乐作为娱乐的工具，相信音乐最能表达悲剧哲学和忍让退隐的情绪；一位相信“思与诗”能使人进入澄明无蔽的境界，一位坚信音乐关系到人的命运和对它的最终思考；前者是最后的古典哲学大师，后者是最后的古典主义音乐大师。两人的作品都是复杂、细腻、高雅、严肃。在勃拉姆斯灰暗、忧郁的室内乐旋律衬托下，捧一本海德格尔晦涩的书来读，难免产生置身于黑森林中的感觉。起初四周云笼雾罩，如越来越深的思；随后渐渐豁然开朗，如越来越明的诗。你会完全沉醉于你所曾惧怕阅读的话语之中，倾听一位自然的守护者内心之声。

这位出生于巴登的乡村小镇的哲学家，天生具有农民气质。1922 年他 33 岁时，海德格尔在托特瑙堡——黑森林的南部——建造了一间小木屋，它成为崇拜者们的朝圣地。他最著名的《存在与时间》于 1926 年在这里完成。在这本历史性的著作中，人的存在（此在、存在者，dasein）成为一切的出发点，唯有从人的身上才能逼问出一般存在的意义。海德格尔言语深奥、论证繁复，对人的存在状态和显示方式进行了深入的描述，从形而上学的高度把人的地位巩固起来，同时塑造了“烦”而不“畏”、“向死而生”的“人”。

不久，此书中人的形象已不能使他满意。作为一个质朴的农民，他从本能上热爱人融化于其中的自然，而不是人所操纵的自然。他需要一个心平气和、泰然处世的“人”，来取代“烦”而不“畏”、“向死而生”的“人”。这一新人听命于世界的存在、存在本身的邀请，期待这一存在的召唤。存在的基础不再是人的存在。存在是一种结构，包含“天、地、神、人”的世界，自然是其基础。

“新人”是自然的守护者。从1930年起，海德格尔开始了一次质的飞跃。他不再赋予他的小木屋以意义，而变为小木屋的看守者。世界的存在比人的存在重要得多，人只是自然的邻居和守护人。他开始消解西方传统和现代的哲学思想体系，从而成为后现代的拓荒者。海德格尔否定了文艺复兴以来日渐膨胀的个人，以及这个人的附属物——被资本和政治滥用，最终吞噬人、毁灭人的技术。

现代人不需要置身于小木屋，宁愿蜷曲在铲平自然的钢筋住宅中；不需要林中路上的静思，而需要高速公路上的驰骋；不需要不懈的运思、追问，而需要稍纵即逝的信息。海德格尔惊恐于人被连根拔起的境遇。人类和地球的西方文明化正在毁灭、枯竭一切本质性的东西。现代人已无家可归，安居无处，内心的“思与诗”早被剥夺，彻底失去了本真的安居。

南黑森林一个开阔山谷的陡峭斜坡上，有一间滑雪小屋，海拔1150米。整个狭长的谷底疏落地点缀着农舍，再往上是草地和牧场，一直延伸到林子。那里，古老的杉树茂密参天。这一切之上是明净的天空。两只苍鹰在晴空里翱翔，舒缓、自在。这就是海德格尔“思与诗”的工作空间，他保管、照看的世界。他臣服于自然，自然以它的原样涌入其心胸。他带着还乡的喜悦，诗意地安居在黑森林的土地上，进入明澈、敞开的境界，倾听自然的“寂静之声”，期待着自然无蔽的显现，自然和人的合一。

“新人”用“思与诗”发现真理。地隐匿、关闭，天明亮、敞开，真理存在于地的遮蔽和天的除蔽的张力之间，存在于大地和天空之间无蔽的“林中空地”。

海德格尔窥见了一个奇妙、神秘的世界，它只能用愈发难解的语言才能表述清楚。它不是有着规范的逻辑和语法的哲学语言，它是真正具有思想的诗的语言，“思”遮蔽，“诗”除蔽，两者统一而不分离。赫尔德林是运思写诗的典范，他发现大地和天空之间的意义。“思诗合一”去发现存在自身涌现的真理，这是海德格尔一生获得的最高境界。我认为，“思与诗”就是胡塞尔“悬置”之后的直觉，这个直觉发现了世界的本质，这也是胡塞尔一生的智慧。

“新人”是艺术的守护者。“技术”是人自我扩张、最终不受控制的“框架”，是自然征服者的工具，最终它吞噬征服者；自然的本意是“涌现”，艺术最初和技术贯通，以自然为源泉，是自然守护者的工具。要守护自然就要守护好艺术，用艺术驯服技术。

海德格尔的晚期著作触及了人最敏感的神经中枢，这一中枢在人类对西方现代文明——它的技术、财富、荣华、征服、掠夺、人的自我中心——的偶像崇拜和盲目效仿中，彻底石化了。

海德格尔的旧人和新人影响了两代人的思想——存在主义和后现代主义，他对大写的、唯我独尊的自我开始厌倦了，对传统哲学的思维形式厌倦了，对征服自然的技术厌倦了，没有比感恩于“天之大道”更贴近解救之途的了。这个天道就是成为“新人”，用“思与诗”发现自然，用艺术守护自然，就是文化控制文明。

1976年，海德格尔自己感到四周愈来愈暗了，他终于彻底融入他一直心向往之的自然当中。在无思、无诗、技术征服自然的时代，还有谁依然漫步在林中路，栖息在小木屋，守护着黑森林，沉浸在问、思、诗的虔诚中？

海德格尔的林中路是一条离开西方、通往东方的道路。这条路上的人越来越多了。

文学阅读和阅读文学

文学不是用来谈论的，而是用来阅读的，谈论的目的也是为了激发阅读。

我们必须始终记得 T. S. 艾略特所言：莎士比亚不是用来谈论的，而是用来阅读的。

具有阅读意义的出版是不是出版主体，我没有做过统计学上的判断，但可以肯定，大部分图书不是用来阅读的。大多数普通读者可不这样认为：出版和阅读高度关联，出版服务阅读，出版的意义和阅读的意义贯通；出版和阅读的主体就是少儿文学和成人文学，就是类型文学和原创文学。

在资本和时间高度挤压欲望的时代，从没有人像今天的人那样脆弱、空心和碎片。文学写人，又直指人心，因此文学出版和文学阅读，尤其是原创文学出版和原创文学阅读的意义如今显得尤其尊贵。

文学阅读的意义

布鲁姆在《西方正典》《如何读，为什么读》中体现的文学阅读的观念和我的阅读观念有高度的重合。

他认为阅读文学的真正作用在于通过文学中的审美、认知和智慧使我们学会如何和自己说话、如何接受自己和与自己相处。阅读文学的真正功用是促进一个人内在自我的成长，使自己善用孤独，与死亡坦然相遇。“没有莎士比亚，我们就无法认识自己。”

我认为文学作品的价值只有通过阅读实现，它直接激发读者。阅读唤醒、呈现、展开我们的内在自我（本能、本性、社会性、精神性），让我们更好地处理与人、与世界的关系，尤其让我们处理好与自己的关系；阅读展示我们对内部和外部世界的体验、认知、探究，关乎我们的感知结构和知识结构；阅读能激发我们的想象和创造，关乎人的想象力—创造力—批判力，使人去更深刻地发现自我、发现世界、发现未来。

当然，阅读首先是为了建立强大、丰富、整一的自我，抵制内心世界的脆弱、空心和碎片，对内得到光明和气场，对外得到方向和大道。再大的生活也是河流，阅读却是海洋。没有阅读的海洋，河流没有方向。文学写人，又直指人心，是最具诱惑力的汪洋大海。

文学阅读和文学性

文学阅读不同于其他阅读，必须始终记得文学性。文学作品通过其文学性实现文学作品的价值，实现文学阅读的功能。越是伟大的作品文学性越丰富，其价值越高，实现的功能越是丰富。

文学性包括语言、叙事（叙述、描写、结构）、情感、思想、想象力，但它们几乎不会以独立的状态呈现，有着不同程度的混合。各种作品体现的文学性不同，差异性极大，没有统一的文学性。伟大的文学作品具有文学性的多层性、融合性和不确定性，提供无限阅读和解释的可能。

无论文学是一面镜子映照世界，还是一盏灯照亮自我和他者，它都是想象的产物，是象征的世界：它是虚构的世界，即使文学手法是写实的，文学作品是现实主义的，与当下、过去有着直接的联系；它是作家和读者共同创造意义的世界，它一旦产生就有着语言所指和能指交织一体、自我生长的含义。

文学阅读的路径

文学阅读首先是对语言、叙事（叙述、描写、结构）、情感、思想、想象力的感觉接受和直觉处理，尤其是针对类型文学以外的原创文学。对原创文学的阅读有时是一场冒险和赌博，需要深厚广大的修养做底子，但最后要落在接受信息的感觉和处理信息的直觉上。

文学阅读和其他出版物的阅读是两回事：面对不确定的感官世界，文学阅读要多用心；面对相对稳定的概念世界，其他出版物的阅读要多用脑，落在理性接受和思维处理上。

阅读文学

掌握以上对文学阅读和文学性的理解，我们就会发现：

1. 一部作品之所以吸引我们不是实现了全部的文学性，不是实现了阅读的所有功能，而是非常有特点和个性地实现了一部分。

2. 审美的力量完全可能超越道德和认知的力量，它有时也包含了道德和知识的力量，并更能显现道德和知识的力量。丰富而深刻的审美性和审美活动是最伟大的客体和心理体验。

3. 伟大的作品十分接近全部的文学性，十分接近实现文学阅读的所有功能。比如莎士比亚的戏剧，所以莎士比亚是说不尽的。

《布鲁克林有棵树》的语言、叙事非常传统：语言通俗，语言和语言、段落和段落和谐展开构成一个世界。它是一部优秀的老式小说。 其实大部分人都喜欢看老式小说。

它是一部没有故弄玄虚玩弄认知力和思想力的书，一点也不烧脑，但它从日常生活中发现了美（注意：审美不仅仅针对美）、情感，以及一个边缘儿童的成长之路。 它是一部展开自我人格、让人格像书一样繁茂的书。

《杀死一只知更鸟》的价值在于涉及了对严肃的道德问题的思考：对正义的信念和维持正义的勇气。 正义涉及权利和权力的分配，涉及公平、自由、平等、发展的分配。 本书更多地是从人人自由、平等的角度来理解正义，并通过一个儿童视角的故事把这种理解体现为从小就必须渗入灵魂的信念，尤其是维护这一信念的勇气。 这本成长故事的特点在于语言极具个性，并维持了情感和认知的张力。

《麦田里的守望者》之所以成为经典，是因为它创立了一个年轻人迷惘和自我放逐的语言风格；是因为它在压缩的空间中呈现了一个年轻人迷惘和自我放逐的道路，在工业文明的时代具有超越一个世纪的意义；更是因为它将文学想象提高到梦幻和救赎的高度，具有一种振臂一呼又无可奈何的象征意义，这个意义也是现代人的心理悖论。

《比利时的哀愁》更是一本奇妙的少年成长小说。 作品的上半部结构展开稳定，把少年的哀愁给家庭带来的哀愁铺陈开来。 但是和一般的成长小说不同，作品的下半部将线性叙事变成了混沌结构的叙事，是零散段落的串联，隐喻着战争、政治给少年的心灵带来了动荡、破碎和混乱。 小说在更广阔和复杂的历史时空展开，使这部小说的成长历程更具有挑战性。 我个人认为此书的文学性不论从结构、感情、思想、想象力都更非同凡响，超越了一般的成长小说。

20 世纪后半叶有三位公认的伟大作家——马尔克斯、博尔赫斯、卡尔维诺。朱利安·巴恩斯有望成为第四位。他们都不是传统类型的作家，都是带有童话、寓言、魔幻、奇思妙想的作家，都是突破 19 世纪达到极限的现实主义和浪漫主义叙事边际的作家，探索叙事艺术新的可能性和边际的作家，也是最接近文学本质——构筑超越现实的想象世界和象征世界——的作家。相比而言，马尔克斯的文学性层次更为丰富，他的想象力和象征力更为魔幻。

少年读小说不要一味沉溺于 19 世纪的传统，应该培育一些现代的文学趣味，这样文学之心才能生长茂盛起来。可以从他们三位开始，可以首选卡尔维诺，他下笔温柔，阴冷时依然温暖，黑暗时依然光明。

卡尔维诺的著作实在太多，其寓言思想丰富，想象力奇特、极端。他的小说是可以看到各种奇异风景的房间。

一般人们的阅读都从“祖先三部曲”（《分成两半的子爵》《树上的男爵》《不存在的骑士》）进入。他写了《为什么要读经典》似乎是为自己的作品写的，起码是为他的“祖先三部曲”写的。《分成两半的子爵》是关于人性善恶同体的极端故事，是与自我妥协、接受自我、期待自我超越的寓言。

《树上的男爵》是一个追求自由的极端故事，是卡尔维诺的内心世界，是他十五年巴黎隐居生活的预言，是寓言式的《麦田里的守望者》。

《不存在的骑士》是没有躯体的堂吉诃德的寓言，是追求精神的极端故事。极端的东西只有通过富有想象力的寓言来表达。

仅仅从这几位作家的作品中我们发现：文学文本之间的差异

远远超出其他类型的文本，这是由文学性的丰富复杂所致；文学文本使用文字语言，虽然不如音乐语言抽象，但其含义依然具有强大的自我生长和不确定性。这两点导致文学永远是通过审美，翱翔在我们的人格、认知、想象的广大世界。它的力量虽然仅次于音乐，但文字语言更便利，文学的世界更容易滋长和繁衍。

城市文学书写的意义和核心：人民的城市

卡尔维诺在《看不见的城市》里说过这样的故事：可汗对马可·波罗说，他想让所有的城市按照他理念中的样板演绎而成，其中一切都符合常规，可现存的城市都偏离了常规。马可·波罗对可汗说，他的样板城市充满例外、不一致和内在矛盾，他想让所有现存的城市都是这一样板的一些修剪和修正。可汗的城市是不可能的，马可·波罗的城市是可能的。

城市最初是自然状态的产物，对生态的依赖是第一位的；后来又成了政治、文化、经济、技术、文明（这里指的是偏科学技术、作为物质和工具的文明，而非文化的高级形态）融合影响的产物；后来又成了城市理念和城市建设制度的产物。它充满了内在的例外、不一致和矛盾，最初都具有活力，后来被更多的要素渗透，被更多理念和制度参与，得到修建和修正，得到各自的命运。

生态、政治、文化和经济、技术、文明两组要素一道推动城市的形成和发展。总体而言，在前现代社会，第一组要素起着决定性的作用，在现代社会和后现代社会，后一组要素起着决定性的作用。

前一组生态、政治、文化规定了城市的方向，使得城市丰富，使得它的力量持续下去。后一组经济、技术，以及偏重物质的文明使城市富有力量，并促发了现代城市的形成。

人类社会需要的是：两组要素都不能缺，前一组是方向盘，后一组是引擎，这样形成的城市才可能是人民的城市，否则它只是各类社会精英、掌握权力和权利的优势阶层此一时、彼一时的城市，脆弱、摇晃、空洞、破碎的城市，而强大、稳定、丰富、整一的城市则是人民的城市。

在自然状态下，城市是人民的城市；在政治、文化、经济、技术、文明的渗透下，城市可能是人民的城市；在理念和制度状态下，城市应该成为人民的城市。

城市的书写可以从历史的角度入手，历史角度可以从考古、文献、叙事、问题等学科路径，可以从意识形态、寓言、神话的故事路径入手；可以从文学角度入手，也可以从文学和历史的中间角度入手。文学角度和中间角度的书写离不开历史的角度，但文学角度有不可或缺的重要意义，它无需重复历史的功能，这是由文学的想象性和象征性所决定的。

城市在形成、演变的历史文献记载中往往忘记了人民，而文学的想象性、象征性书写可以把他们记载下来，并将这一想象和象征延伸到理念和制度当中。理念和制度必须价值理性和工具理性并举，落脚点是人民的生存、发展、幸福。未来的城市必须以人民为中心。

城市文学的书写是想象的、象征的书写，它不是历史的城市记录，不是中间道路的城市传记，而是雨果、巴尔扎克、狄更斯、托尔斯泰式样的书写。

这是我理解的城市文学书写的意义和核心。

诗人的圆桌

圆桌是平等对话的象征，圆桌也是高贵对话的行为和事迹。吉狄马加在《诗人的圆桌》（江苏凤凰文艺出版社 2021 年版）中与十六位世界各国的诗人，就自然—人文—诗学展开跨文化对话，这张圆桌就是诗人们创造的象征、行为和事迹，同时也更坚定了我对诗人和诗的信念：

最好的抒情诗人不是最优秀的诗人，最优秀的诗人也是思想者。

诗不仅仅是用来抒情的，也是用来想象的；诗还有更重要的功能——思考，并和抒情、想象浑然一体。

海德格尔的名言将永远留存：运思的人越稀少，写诗的人越寂寞。其含义无非是：（1）算计和聪明的人越来越多，社会进入了无度的功利。（2）算计和聪明的人越来越走投无路，救赎的可能性越来越渺茫。（3）诗敞开面向天空，去蔽；思关闭站立大地，遮蔽；真理存在于诗与思的无蔽之间。伟大的诗歌是真理的发现。（4）伟大的诗人是大地诗意的栖居者，是抒情者，也是思想者，从而成为真理的发现者。这样的诗人很稀少，很异类，也很寂寞。

《诗人的圆桌》通过对话的方式，展示诗人思的一面。十六场对话引发了我诸多要点式的思考，每一条思考的溪流都可以转化为更广大的思考河流，转化为诗。我也幻觉地加入这场对话，成为这些圆桌上的参与者，发出微弱但平等的声音。

第一场：和美国印第安诗人西蒙·欧迪斯的对话。

1．现代化的意义和它的问题需要充分展开。目前我们对现代化、现代社会、现代性的认识需要从前现代、现代、后现代三合为一地来认知，只有这样，现代化、现代社会、现代性的全部内涵才能展开，当下社会的方向才能明晰。

2．人类文明（除了物质意义上的文明，也是先进文化意义上的文明）的源头不是单点的，有不同文化的源头。从道德的角度而言，一种文明需要尊重另一种文明，交融共存；但从现实的利益而言，文明确实存在着竞争、冲突和替代。保护文化意义的文明需要政治和军事力量，需要科学技术的物质文明。

3．诗歌是一种形式的认知和思考，是另一种真理。

真理有科学的真理和非科学的真理。前一种真理包含实验室真理、大概率真理、解释力真理，后一种真理包括直觉真理、信仰真理。诗歌发现直觉真理，用感觉、体验获取信息，用直觉之思处理信息，获取顿悟、洞见和启示。如电光照耀黑暗，雄鹰穿越云层。分科之学、实验室已经使我们太沉迷于前一种真理，忘记了后一种真理的存在。

真理有根本的，有关世界、人性和制度本质；有基本的，有关生态、政治、文化、经济、技术、文明；有重要的，有关世界万象。它们构成了真理的体系。

人追求真理，但有的可说，有的不可说，有的不可直说，说出的不能超出政治、文化、社会和人承受的限度和目的。真理不能超出时空说。爱真理，但真理之上的还有导向。人生来要死，但告诉两三岁的孩子有意义吗？

4．人不是大地的主人，而是大地的房客，房客要守规矩，照管好房子。这种前现代社会的思维方式必须贯彻到现代社会、后现代社会之中。

5. 印第安人的称谓是哥伦布的命名，空洞而无意义。就如chinese的命名一样，空洞而无意义，“ese”还充满了蔑视。

6. 目前一个大的问题是土地和人的分离，使用土地的还不是人，是利益。以人为本的生态、政治、文化必须用来规定使用大地的方向。

7. 人和万物是平等的，和后者是融合的。文艺复兴建立的“人是宇宙的精华、万物的灵长”的观点有问题。

8. 土著的生存和发展面临危机，其实与许多特定的社区、社群、亚文化圈没有本质的区别，如果没有综合性保护，都会面临危机和消亡。

9. 资本主义、殖民主义、帝国主义对人类的危害，以及造成的阴影远没有被揭露，同时又被利益集团不断面纱化，甚至讴歌。

所幸我们的文化认同和表达方式是一致的。我们没有少数族裔、原住民的这种分离。这使我想到一个悖论：后殖民主义文化研究要用西方语言和学术话语来反西方殖民文化。文化和身份均不认同，但表达方式不得不认同，这是深刻的内在人格分裂。中国人没有这种分裂：我们可以彻底地用自己的表达方式表达自我。

第一场对话结束，此刻我坚实地站在大地上，并仰望天空，去诵读吉狄马加的诗歌，聆听用他的诗歌谱写的歌曲，进入天与地之间。

我等待有时间开启第二场对话。

生存—成长—成功：从约翰·契弗那里想到的事情

社会化教育的功能有四种：

1. 在基因和童年人格的基础上（这些都是遗传、父母的事情，不要让老师们背锅）培养人格和精神，形成内在和外在自我，但实际上没有人愿意在这方面花力气，因为这是未来才能看得清的事情。大多数人看到的是当下的功利，而非中期和长期的发展。很少有人愿意为当下看不见、摸不着的事情花功夫。其实此功能最重要。

2. 建立基本的认知框架和体系，种植知识树，形成知识融合和迁移的能力，获取求得知识、真理需要的客观中立、放弃自我的精神和方法，去解决未来均衡关系、复杂结构、混沌结构的问题。但实际上人们没有在这方面花力气，因为这是费神而当下收效甚微的事情。凡是和考试、考试结果无关的认知、能力、精神、方法很少有人愿意下功夫。知识学习中，考试很重要，但有比考试更重要的东西。可惜最重要的不是首要的。

3. 激发学习者想象、创造的能力，这不仅对艺术至关重要，对科学和技术也至关重要。但实际上更没有人愿意在这方面花力气，这种没有办法度量衡的能力需要太大的勇气相伴，只会加大人生的风险成本，无助于稳定的衣食住行的供给。大家学艺术基本上都是学习硬技术，往考试上靠，是上名校的附加分，与想象和创造能力的培养、与内外人格的培养没有关联。

4. 形成怀疑和批判的精神，挑战和解构现有的知识、艺术、科学、技术体系，做保守主义的或革命性的、颠覆性的重构。实际上没有制度的支撑，这一功能是很难发育起来、成长出来和持续下去的。

应试教育只是完成了以上功能的冰山一角，只是完成第二类功能的极小部分，其他功能需要素质教育（西方叫博雅教育liberal education或文理通识教育general education）、课程教育、创新教育来完成。但多数人限于先天禀赋、家庭环境、教育环境、社会物质等资源的稀缺，个人社会选择能力有限，都在应试教育的轨道中驯服行进，在应试教育中基本完成对自己的所有培养，在人群分类的二八定律中生存下来。这是必须接受的现实。在一个优质教育资源匮乏、现代化刚刚起飞、现代社会还是雏形、现代性尚未形成的国家，这是必须接受的现实。

只有少数人接受过比较完整的教育，成长起来，但是他们也并非一定能成功，因为成功不能缺少个人强大的意志和反抗精神、个人天赋和勤奋，以及运气。成长是社会认可的价值的实现，成功是自我认可的价值的实现，它是对现有认知、价值、生存和成长体系的挑战，是通过自我去实现教育的第四个功能，风险极大。生存、成长和成功不是等同的事情，甚至是弱关联的事情，哪个更为重要是价值观、世界观的问题，无需讨论，一触碰一脚泥，自找麻烦。

译林出版社近年出版了“美国的契诃夫”海明威之后的约翰·契弗的三本书（《沃普萧纪事》《沃普萧丑闻》《约翰·契弗短篇小说集》），早几年前也出版过另一位“美国的契诃夫”属于契弗后辈的雷蒙德·卡佛的几本书（《当我们在谈论爱情时我们在谈论什么》《大教堂》《新手》《请你安静点，好吗》，可惜版权被别的社拿去了）。他们两人都不是社会认可的生存人士，也不是成长人士，而是自我认可的成功人士。

此两人和海明威一样都善于用极简、普通、客观、准确的手法，描写普通的人与事，背后藏着巨大的冰山、凌厉的寒风、痛彻心扉的呐喊、宽阔深厚的力量。这样的评价有点糟糕，应该说背后隐约有一把可以刺入心脏的刀子。把这两位比喻成契诃夫也很糟糕，契诃夫藏着的是隐忍和诗意，而他们是利刃。这四位作家都惜墨如金，惜墨如金的作家都是意志坚定的，要为艺术抵抗版税。虽然19世纪现实主义文学、浪漫主义文学是高峰，但回头看那时超级大师们的许多作品，真是言语啰嗦、废话连篇、陈词滥调泛滥，不忍卒读。也许那时的作家都要用鸿篇巨制来证明自己能写，其实稿费也是一个重要的动力。

约翰·契弗的成功佐证了强大的意志和反抗精神、个人天赋和勤奋，以及运气对成功的重要性。

1. 反叛无聊的只为考上名校或在名校学习无聊东西的教育，这是起点。应试教育、课程教育、素质教育可能都很无聊。这个选择非常冒险，是向教育的结构性社会需求和评价体系挑战。约翰·契弗冒险成本巨大，需要巨大的意志力和反抗意志。成功者似乎必须先成为一个存在主义者。

2. 个人天赋，这是突破口。个人与社会结构是一个矛盾体，一般的选择是同化和顺应。天赋使突破成为可能，勤奋使得天赋落地，他成功突破了。成功者似乎多少有点莫扎特的味道。

3. 杰出编辑的发现，这是运气。成功者似乎难免贵人相助。

16岁那年，契弗拒绝背诵希腊剧作家的名字，这确实无聊透顶。校方很快开除了他。他就此写了一篇小说《被开除》，描述他对机械教育的失望，寄给《新共和杂志》。当时文艺批评家、诗人和翻译家马尔科姆·考利正在《新共和杂志》当编辑。考利给契弗写了一封回信，从此契弗与考利展开了持续一生的“父子和师生”的关系。考利又把契弗介绍给《纽约客》编辑凯瑟琳·安吉尔·怀特。契弗就此成了《纽约客》的主要投稿人，经过怀特的手，他发表了120篇短篇小说，成了美国当代短篇小说的大人物。

强大的意志和反抗精神、个人天赋和勤奋，以及运气三合一真的很难得，是一场冒险或者赌博。成功难得，好的文学很难得，一般人还是好好选择生存和成长之路。成功对功利主义而言，实在太奢侈。功利主义要的是生存，至多是成长。

说说哈罗德·布鲁姆

文学理论家、批评家、宗教研究家

哈罗德·布鲁姆 1930 年 7 月 11 日生于纽约，2019 年 10 月 14 日在美国最富有的小镇纽黑文去世，那里是耶鲁大学的所在地。 7 岁到 15 岁，他依靠公共图书馆如饥似渴地接触西方文学名著。 他的成长经验始于 7 岁，但他坚持一生的、自负顽固保守的人格一定比这个时间要早。 他十分偏爱西方文学著作中大量暗黑而有力的人物，用他们来建立自己的精神性，他一定在艰难困苦的童年就形成了这样的偏好。

人格固然和遗传、童年有着高度的关联，但是人格的展开、修订、培养、丰富需要后天的经验和历练。 在这一点上，布鲁姆表现得过于充分：一是 7 岁前的贫穷、悲情、笨拙的混合，和大多数这种情况下的宿命者并无二致；二是他成年后的阅读速度、记忆能力、聪明敏锐、博学睿智，超凡的写作能力，以及一如既往的保守主义和精英主义，在西方文学批评界和文学理论界无人可比，他是超越者，对他的童年做了充分的补偿，建立了自己的超我。 他是纯粹靠读书、写书、教书创造了命运的奇迹。

我们阅读的速度似乎都赶不上他写作的速度，他一共写了五十多本书。 有人一生在课本和辅导读物之外可能都没有读过这么多本书。 他是为读书、写书、教书而生的人。

对多数读者来说，首先熟悉的是他的文学理论，译林出版社出版了 1994 年的《西方正典》，2000 年的《如何读，为什么读》，2011 年的《影响的剖析：文学作为生活方式》。 1973 年的

《影响的焦虑：一种诗歌理论》曾在江苏教育出版社出版，它比前三本更有文学理论的色彩，是他文学理论和文学史观点的基石之作，对非文学理论专业的读者而言，前三本更有可读性。

然后为人熟悉的是文学批评，译林出版社出版了可读性极强的《文章家与先知》《史诗》《短篇小说与作品》《小说家与小说》《诗人与诗歌》《剧作家与戏剧》，涉及西方世界所有重要的文学体裁、作家和作品。这六本书是切尔西出版社一场伟大的出版行为中他个人的成果。他为上千种文学批评文集写了前言，然后把这些前言分类结集出版。其中《剧作家与戏剧》最值得一读，里面深入地涉及他一生的指路明灯，也是我们最熟悉的莎士比亚。布鲁姆每年都会通读一遍莎士比亚。对他而言，莎士比亚的剧本不仅用于演出，也适合于阅读，更适合于启迪人生。莎士比亚和他的关系，犹如孔子和许多中国知识分子的关系一样。

读者最不熟悉的是他的宗教研究，距离感和陌生感过于强劲，确实引发不了兴趣，都不知道下一句说些什么。

阅读文学的观念

布鲁姆在《西方正典》《如何读，为什么读》一书中体现的阅读文学的观念和我的阅读观念有高度的重合。

1. 阅读文学的目的：他认为阅读文学的真正作用在于通过文学中的审美、认知和智慧使我们学会如何和自己说话、如何接受自己和如何与自己相处。阅读文学的真正功用是促进一个人内在自我的成长，使自己善用孤独，与死亡坦然相遇。“没有莎士比亚，我们就无法认识自己。”

2. 阅读文学要艰难一点：布鲁姆认为要去阅读不太懂的、

烧脑的经典著作、伟大书籍；阅读要在孤独中进行，逐渐孤独消失了，自我照亮了、成长了。他两次读品钦的《拍卖第四十九批》、三次读麦卡锡的《血色子午线》才读进去。

最后对布鲁姆的文学理论概念谈一下自己的看法：

1. 文学的价值、对价值的接受和处理

文学的价值来自审美、认知和智慧。审美是无利害的、主观的、自主的、个人的。审美是最高级的、整体的、领悟的，它的力量必须通过形象和语言，包含对知识、智慧、想象、创造的要素接受上的感觉，以及处理上的直觉。

千万不要缺乏，甚至没有对文本进行深入的感觉和直觉，就直接跳入先入之见的判断，以及抽象无趣的思维分析。没有前者的后者是苍白的。莎士比亚是用来阅读的，而不是用来谈论的。对所有艺术品的审美都是如此。

2. “影响的焦虑”

前人对后人的压力自然会产生束缚的焦虑。消除焦虑的方式就是用创造力去做突破，形成审美的陌生性，形成新的传统。传统既不是过去，也不仅仅是过去的创新，而是连接过去、现在和未来的创新谱系。过去的创新是现在的传统，现在的创新是未来的传统。能够进入传统谱系的作家都必然经历焦虑的形成和焦虑的消除，经历过审美的熟悉和陌生的过程。焦虑是创造必要的前提，伟大的作家必须联结传统又突破它，而不是仅仅追求无足轻重的形式创新和独特性。

3. 文学史阶段论

布鲁姆把文学史分为神权、贵族、民主、混乱（网络神权时代）四个时代，这种划分基本沿用了意大利人乔万尼·巴蒂斯塔·维科在《新科学》中的时代划分。西方人特别喜欢用三四个要素，尤其是三个要素（可能受到三位一体的顽固影响）来描述历史的螺旋上升，以及周而复始的循环。译林出版社出版的彼得·沃森的《思想史——从火到弗洛伊德》前言中对此有充分描述。西方人在历史的划分上好标新立异，但有时很牵强附会，解释力不强。布鲁姆的划分核心在于第四个时代，即低劣文学和大众趣味蔓延的时代。他的阶段论不是一般文学史的划分，在这个划分中，他使自己在后现代状态中成为了一个不合时宜的堂吉诃德，以文化的保守主义和精英主义抵抗碎片化的多元主义对中心的消解和解构。

4. 审美、细读的封闭性和文化、历史研究的开放性

布鲁姆和新批评派一脉相承，在他们看来，对文本本身封闭的审美、细读是第一位的，甚至是全部。对女性主义、拉康精神分析、新历史主义批评、解构主义、符号学、后殖民主义、文化研究等新潮学派热衷于政治和道德正确，泛滥行话的所指和能指，脱离文本的审美、认知、智慧价值，以及缺乏对文本的审美、细读等过度开放性行为，他深恶痛绝，发起了“对抗性的批评”。他的观点虽然没有被广泛接受，但是必须被认同。如果文学、音乐、绘画、雕塑等成了纯粹的政治、道德、文化现象，而不再是审美对象，它们对人性就不再有独特的价值。如果要开放，首先必须经过严格的封闭。否则就不再有艺术、艺术鉴赏和批评。

所有形式的艺术为人格，为知识和智慧，为想象和创造，最终为包容性的审美（不仅仅止于美的审美）而存在。这就是我们要坚持布鲁姆立场的理由。不过他经常写得不够紧凑、清晰和简练，七拉八扯、含糊其辞，不太符合我的审美趣味和行文原则。这要怪他过度博学、才情、机智，忍不住引经据典，且行文无法自控才华的横溢。他确实不是贝多芬，没有很好的张力平衡。

朱利安·巴恩斯的肖斯塔科维奇

音乐语言十分抽象，尤其是器乐作品，却可以传达文字语言无法表达的东西，人们难以确认其确切的内涵，也难以建立音乐和外部世界清晰的联系。因此不能作为精神分析案例的作曲家，或不能作为文化分析案例的作曲家，或不能作为政治压力和艺术创作剧烈冲突案例的作曲家，对传记作家和小说家来说，没有太大的写作价值。马勒可以作为第一类案例，瓦格纳可以作为第二类案例，肖斯塔科维奇可以作为第三类案例，都是传记作家和小说家偏爱的素材。

如果作曲家不属于以上三类案例，文字语言是很难从他们的音乐语言中拉出更多的内外话题，而文字语言是可以比较轻松地展开文字语言，甚至绘画语言的。音乐家的传记一般没有看头，大部分也是由这个原因造成的。除了有文字导引的歌剧、声乐作品，以及部分交响诗、标题音乐之外，我们其实并不能十分明确音乐家在说什么，也很难用他的作品和外部世界直接互为诠释。

在描述、想象、象征、论理、交流、赋予价值、形成文化共同体等功能上，文字语言比音乐语言、绘画语言更为强大，但也危险。肖斯塔科维奇 1936 年惹祸的作品是歌剧《姆钦斯克县的麦克白夫人》，而不可能是他马勒谐谑曲风格的第四交响曲。

朱利安·巴恩斯的《时间的噪音》是他《终结的感觉》获得布克奖之后的第一部长篇小说。人功成名就之后只有两条路：继续啃硬骨头，再上一层楼，继续去吃苦头；一路平滑或下坠，呈现成功的悖论和悲剧。巴恩斯花费了很长的时间构思和创作《时间的噪音》，啃了一块硬骨头，表现了政治和艺术家非常极端的关系，以及艺术家在这种环境下的人性。

肖斯塔科维奇和索尔仁尼琴不可比。在肖斯塔科维奇的时代，是死亡和生存的选择，人必须成为懦夫，所谓的英雄都生活在国外，是局外人；在索尔仁尼琴的时代，是流亡和生存的选择，人有可能通过选择成为英雄。肖斯塔科维奇外表是懦夫，但一颗不死的心在音乐艺术中顽强地生存下来。音乐是他灵魂可以呼吸的最后透气孔。他的面具人格和内在人格分置，没有发生严重的冲突以致他的人格分裂、精神崩溃，就这一点而言，他是守住了内心世界、守住自己灵魂的英雄。他的十五首弦乐四重奏是他的内心最深的寂静之声，它们和贝多芬的钢琴奏鸣曲、肖邦的夜曲一样，是他作品的路标、路灯，或者背景。1936年后，肖斯塔科维奇进入了人生重大转折点，无论是沉默、检讨、悲伤、快乐，他都永远坚守着内在的人格，流淌出的音乐最终淹没了时间的噪音，成了至今都没有消失的低语，萦绕在世人的耳边。

《时间的噪音》是一部小说，其中的事件、细节并非完全的事实，也无从或无需考据。人们可以怀疑《见证》一书的真实程度：肖斯塔科维奇的口述有多少想象的成分？伏尔科夫的记录是否完全准确？但小说无论是现实倾向或非现实倾向，写实手法还是非现实手法，贴近现实还是远离现实，它都是一个虚构的世界、一个象征的世界，体现出人性的各种可能性。把小说当作事实是对小说世界的严重误解，也是对作家想象力的贬低，对阅读趣味的伤害。

小说中的肖斯塔科维奇体现了这位艺术家在那个时代最有可

能的、最为真实的人性，他不是实际上的肖斯塔科维奇。完全真实的肖斯塔科维奇永远是一个谜，斯大林时代的历史真相是很难梳理出来的。就理解肖斯塔科维奇而言，小说可能比传记、回忆录更有价值。

但这部小说的故事展开和肖斯塔科维奇的形象过于疏离，小说的描写和叙述密度不够，对苏维埃社会的想象力也十分有限。巴恩斯想写得有深度，但肖斯塔科维奇和他的社会对巴恩斯而言过于深奥复杂，他没有深切地感觉过它，对它也缺乏真切的感情，因此在题材处理上缺乏直觉的把握，而更多是思维的分析。结果是作者写了不少昆德拉式的、入木三分的妙语和格言，它们直接说服了我，引发了众多的想象和思考。《时间的噪音》算不上一本好的小说，只是三幅三个场景的素描，但却是一包好的发酵粉，触发我进一步去想象肖斯塔科维奇内在人格的可能性，并把他《姆钦斯克县的麦克白夫人》(Op. 29)，第四、第五交响曲（Op. 43、47）以及之后的作品一股脑儿地听完。

艺术不要耽于“美”

最近在阅读翁贝托·艾柯（Umberto Eco）的《中世纪之美》（译林出版社出版），发现中世纪的美学、中世纪的艺术实践（主要是绘画、建筑、音乐）、中世纪艺术的传播和对它的理解三者之间既存在紧密的联系，也存在差异和断裂。这激发了我几十年前残存的一些艺术理论的思考。我们不能完全从中世纪的美学和信仰来理解中世纪的艺术实践和艺术作品。艺术实践和艺术作品超越当时的美学和美的定义，也超越艺术理论，更不用说对这些艺术作品后来的传播和消费。

对艺术的理解我是极端保守主义的，我认为：

内容来自内心，无论是向外的投射，还是对外的映照，必须需要艺术的形式的外化；

不要纠缠于美和美学，要关注艺术理论，更要关注艺术实践、艺术传播和消费，更要关注艺术作品的艺术性，以及对它的审美行为；

可以独立关注艺术作品所包含的更综合复杂的东西；

艺术的本位主义者一定不会放弃艺术性。

艺术的三个层面

艺术大致分为艺术理论、艺术实践、艺术传播和消费三个层面。作为现象，艺术实践比艺术理论复杂，艺术传播和消费比艺术实践复杂。越往下走，场域和视界越来越大，要素和变量越来越多。三个层面的关系是非线性的。如果艺术理论仅限于美学和美的要素，是空洞的；艺术实践如果拘泥于艺术理论，是僵化的；艺术的传播和消费如果仅仅是“我注六经”，会没有生命延续力。 在出版理论、出版实践、出版物传播和消费上也是如此。 在一种成熟文化中，这种递进现象十分普遍。

艺术理论、艺术实践、艺术传播和消费，后两者十分重要，否则艺术理论会不接地气，进入自我循环、自说自话。 三个层面构成了一个金字塔结构，越到底层越广大。 没有一定量地细读过文学、细听过音乐、细赏过绘画，没有关注过艺术变化（不是进化，艺术在技术方面有一定的进化，但整体而言只是变化）的历史轨迹，不具有一定的全球的、跨艺术的意识和视野，这样的艺术理论和思想只是一孔之见，苍白而僵硬。

从艺术行为生发到社会行为也是如此。 人文、社会科学、自然科学，以及它们的结合，如果不接地气，缺乏实践、运用、传播、消费，离开了行业，也就失去了应有的价值。 历史上很多理论和思想由于缺乏行业的运用者和追随者，尤其缺乏行业体制化的传播和传承，虽然独特创新、富有建树也只有思想史的价值，甚至淹没在时间的忘川中。

艺术性的两个层面

除了艺术的三个层面，艺术作品的艺术性大致分为两个层面：美和审美性。 纯粹的美和陷于其中的美学理论是单薄的，无需在上面纠缠过多的时间，耗费无谓的精力。 对什么是美的探究，以及以此为核心的美学，是哲学尤其是德国哲学的阑尾，黑格尔、鲍桑葵没有给我太多的艺术启迪，累赘的东西不少。只有康德的崇高给了我的启示：伟大的艺术品超越美。

艺术性具体而言有文学性、音乐性、绘画性等。 艺术性始终处于艺术的中心，否则艺术就没有本位的基础。艺术性，尤其是其中审美性的表达不仅仅停留在某种特定的艺术语言上，它完全可以超越道德和认知的力量，有时包含了道德和认知的力量，并更能显示道德和认知的力量。丰富而深刻的审美性和审美活动是最迷人的客体和心理体验。

审美性涉及技术、技巧对复杂多样的内心世界变化无常地形式化、外化，是艺术作品的力量所在。审美性不纠缠于美，甚至对美忽略不计，审美性注重于对内心世界的艺术表达。它是千差万别的审美活动的基础。

艺术作品的艺术性要素几乎不会以独立的状态呈现，一般处于不同程度的混合状态，且差异极大，并且没有统一的艺术性。小说的语言、叙事（叙述、描写、结构）、情感、思想、想象力等，音乐的节奏、旋律、和声、对位、配器、情感、思想、想象力等，在不同的作品中都有千差万别的组合和艺术性呈现。艺术品的消费者总能在艺术世界找到自己的对应物，将自己放进去。

艺术品的三个层面

除了艺术作品的艺术性，伟大的艺术作品的精神内涵本身也是可以自足的，它涉及一部作品多层次、多方面的思想和感情，可以直接进行剖析。我是一个艺术品的有机论者和本位主义者，但即便如此，我依然相信一些艺术作品的思想和情感十分重要，可以单独剥离出来。说不尽的莎士比亚早就超越美、审美性和审美活动，其精神内涵的丰富性是说不尽的重要组成部分。伟大而经典的艺术作品总是由艺术性和精神内涵构成，它最大可能地实现了全部的艺术性，层次丰富的精神内涵也为它提供了无限阅读和解读的可能性。

艺术性——艺术性由美和审美性两个层面体现——和精神内涵，三个层面构成一个橄榄球结构，审美性位于中间。

美再复杂也是简单的，纯粹的美是单薄的，它由被大众、传统、权威所确定的艺术要素所定义和体现。纯粹追求美的艺术是对艺术的禁锢、摧残和毁灭。看多了、听多了都一个样，让人腻味。

审美性要比美复杂得多，它是艺术家用自己的方法外化内在自我的结果，以提供审美的多种可能性。审美性不被抽象的、权威的美的理念所控制和约束，它突破美的束缚，追求对内在自我的独特、创新的表现力。

除了艺术性，艺术品的精神内涵是可以独立凸显出来的。一部谈不完、说不尽的艺术品，不仅在于其复杂的艺术性（尤其是审美性），还有其精神内涵。艺术家主要靠感觉去接受世界，用直觉去理解世界，有时也使用判断去接受，用思维去理解。伟大的艺术家比拼的不仅是艺术性，还有精神力量。在艺术品中，精神内涵往往会显得更有力量和感染力。

因此谈艺术，不仅仅谈美，还谈更复杂的审美性，即技术对复杂内心世界的表达；还谈美和审美性之外的东西，即对艺术作品的精神解读。伟大的艺术作品就是一个世界，面对它就是在面对一个世界。这就是为何做伟大的艺术家，创造一部伟大的艺术品是困难的原因所在；也就是为何艺术品的创造和对它的审美、对它的理解是最伟大的人类精神活动。

艺术的语言

各种艺术有其自己独特的语言——文学语言、音乐语言、绘画和雕塑语言、舞蹈语言，等等。各种语言有其传统风格、地域风格、流派风格、时代风格。风格实际上是传统、地域、流派、时代与个人之间不同程度的融合，是一种互相印证。尽管艺术家们有的故作姿态地夸大这种融合，有的否定这种融合，但我一直信守 T. S. 艾略特在《传统和个人天才》中表达的观点。我准备专文论述这个问题。

我们接触艺术的时候，首先遭遇的是艺术语言的力量。它们是艺术的表象，也是艺术的内质。

母语的文字语言、文学语言最容易获得，接触音乐语言、绘画和雕塑语言、舞蹈语言受到时空的限制，是一种昂贵甚至奢侈的行为。录音工业、印刷工业、影像工业的发展使对音乐、绘画和雕塑、舞蹈的获得便利起来，但现场的体验依然受到诸多限制。

必须看到，因为现代音乐录音工业和器材制造工业的繁荣，音乐语言已经成为仅次于文学语言、容易直接接触的艺术语言，且成为了世界无需翻译的、最流行、畅通的艺术语言。

阅读翻译的非母语文字语言、文学语言是一种冒险，甚至是一种徒劳。文字语言涉及可信和达意，每每读译本都担心偷工减料、添加私货、词不达意的种种扭曲。至于文学作品的翻译更是一次奥德赛式的远航。文学语言的风格在翻译过程中都会不同程度地被扭曲、流失、衰减，甚至塌陷。这种现象并非人们想象的仅仅在诗歌翻译中发生。

作为文字语言，文学语言和日常生活的叙事（叙述和描写）、论理过于密切，是一种下坠的语言，在创新上受到较大的地心引力影响，缺乏其他语言的弹性空间。音乐、绘画和雕塑、舞蹈等艺术语言不重在叙事、论理，更重抒情、象征，本身就是对日常生活的超越，是飘离的语言，人们对它们的创新相对宽容，对这些创新的接受也是一个时间较短的接受过程。现代艺术历史表明：音乐、绘画和雕塑、舞蹈等艺术语言的演化路径总体清晰可见，文学语言的演化不够清晰，且吃力不讨好。

文字语言是最广泛使用的叙事、抒情、论理、想象、象征的综合性文化工具。文字语言是文明的标志，是文化的核心。所谓文明程度，文字语言的历史延续时间和影响力是一个重要标志。人们对文学语言的创新不够宽容，历史对渐进的创新缓慢接受，对激进的创新拒绝且遗忘。

艺术品的三关

艺术品的第一关是艺术语言的表现力、想象力、创造力，语言的技术、技巧是最底层的硬功夫。是衣带渐宽终不悔，为伊消得人憔悴（我把王国维的第二境界调至第一境界）。

艺术品的第二关是艺术作品结构的表达力、想象力、创造力，是昨夜西风凋碧树，独上高楼，望尽天涯路。

艺术品的第三关是艺术家创造出自己都无法模仿、再造的艺术品，它是语言力、结构力、精神力三力强大的张力合一。是众里寻他千百度，蓦然回首，那人却在，灯火阑珊处。

艺术的精神力主要是感觉、直觉带来的。艺术很大程度非理性，不借助理性判断和思维，但不是无理性，它和理性保持着不同程度的关系。在艺术中，感觉、直觉和判断、思维之间的张力关系最有力量。

透过语言力和结构力，精神力得到了向外的投射，但达到第三关的艺术品十分稀有。我们接触的优秀艺术品大多停留在第一关。

艺术品由艺术性的美和审美性两个层面构成，它们存在于语言力和结构力当中。第三个层面是精神内涵。

美是艺术品的一小部分。美是传统的、保守的、封闭的、排他的。审美性通过语言力、结构力，尤其通过创新的力量，使艺术处于不断开放、吸纳的状态，并可能创造出今后也将被突破的、新的美的传统。

艺术品由艺术性和精神性构成。我是艺术品的有机论者，但我依然相信艺术品中主要通过感觉、直觉把握的精神力量可以析离出来，我更相信语言力和结构力会使这种精神力量更加不同凡响，尤其在艺术的第三关。

总结

一位艺术家拥有自己独特而有力的语言，他并不十分在乎美；他不会用美束缚自己的语言和结构表达，束缚他的精神。

来自心的声音和对它们的语言和结构表达是关键。

心声的层次也同样重要。同时，语言和结构的表达、想象、创造的力量使得心声更加不同凡响。

艺术家在他者的历史、影响、模仿的三重焦虑中生存，求得艺术性和精神内涵的突破。在各类艺术泛滥、无处不在、唾手可得的今天，大家真心希望看到一些艺术和精神与众不同、富有特色的艺术品。不仅仅是美（也可以不美），而是独特的表现力、想象力、创造力以及灵魂。

第三乐章　听乐

用几句话说说13位音乐家

以下是为江苏人民出版社的“世界音乐家传记丛书”写的最简营销词。这时发现，写最短的东西最难：要抓住本质，字词句不能有任何废话；还要有一定的煽动性，又没有炫耀的感觉。每位音乐家几句话，背后是我几十年的专门聆听。对其音乐作品艺术性和精神内涵的提炼不是古龙水、香精水，而是香精。

巴赫(1685—1750)

他是勤奋刻苦的作曲工匠，他是技艺高超的管风琴、古钢琴、弦乐器演奏家，他是灵魂博大精深、容纳大海的音乐家。巴赫的音乐是德国巴洛克时期的博物馆，包含了后来音乐发展的可能和广阔，丰富、广大、深厚使他成为音乐史上最伟大的音乐家。

莫扎特(1756—1791)

莫扎特的音乐明暗交错，一直延续到生命的终点。

尤其在生命的最后十年，不时浮现出紧张的戏剧性和悲怆的色彩。宫廷式的优雅、勃发的青春精神、至纯至真的孩童般面貌下，潜藏着沉重、阴暗、悲凉、怨愤的潜流。

贝多芬(1770—1827)

贝多芬的英雄主义是他一生人格和精神的主流，他的英雄风格也始终体现在他对自我和艺术的控制力上。他是真正只为灵魂创作的个人主义音乐家，他是与时代精神呼应的伟大的古典主义者和浪漫主义者。

肖邦(1810—1849)

肖邦各类钢琴曲构成了他多彩的精神谱系：从沙龙诗人到情感絮语者到民乐采风人到革命斗士。但一以贯之的是钢琴艺术的最高标准：对钢琴技艺的驾驭和对各类感情的控制。

舒曼(1810—1856)

舒曼的音乐是灵魂完美的表现，是 19 世纪诗人和哲学家的结晶物，是典型的中产阶级知识分子的艺术选择，是对贝多芬伟大传统和浪漫主义宏大趋势的温柔演进。

李斯特(1811—1886)

李斯特的浪漫主义是甘泪卿、靡菲斯特、浮士德的糅合，是单纯的心灵、黑暗的诱惑、光明的渴望的糅合。他的音乐不是舒曼的内省，不是马勒的宣泄。他是用复杂、恢宏、炫耀的技术使自己成为光影明暗交织的诗人。

威尔第(1813—1901)

威尔第是有史以来最伟大的歌剧作家，和莎士比亚并驾齐驱。无论作曲技巧如何炉火纯青，人物性格刻画如何细致入微，他的原始、淳朴、率直、高尚、热烈始终如一，他的人声和乐队的平衡始终如一。

马勒(1860—1911)

要了解 20 世纪的古典音乐，马勒不可跨越。要成为世界著名的乐团、大指挥家，马勒不可跨越。 要成为真正的古典音乐爱好者，马勒也不可跨越。 一个现代人的灵魂，马勒不可或缺和跨越。

德彪西(1862—1918)

他是瓦格纳最有力的挑战者，他是远离尘嚣的艺术家，他是精致细腻的艺术家，他是把音乐带入现代音乐新境界的革命者。

西贝柳斯(1865—1957)

他的音乐是从边缘走向欧洲中心，又从欧洲中心走向世界的声音，是民族传奇的声音，是欧洲音乐语言的声音，最后成了静默的声音、过去的声音、永远的声音。 但无论什么声音，都是属于他自己的声音。

拉赫玛尼诺夫(1873—1943)

19 世纪浪漫主义音乐在俄罗斯荒野上的总结。 在工业时代拉赫玛尼诺夫终结了，今天他又回来了。 如同巴赫在 19 世纪的复活，成为每个人丰富灵魂的催化剂。

巴托克(1881—1945)

巴托克是 20 世纪古典音乐的代表人物，在民歌研究、音乐创作和演奏三大领域留下丰富的遗产。 他推进和丰富了 20 世纪民间音乐和西方音乐的融合。 对于东欧而言，他的音乐实践可以和 19 世纪的德沃夏克媲美。

普罗科菲耶夫(1891—1953)

普罗科菲耶夫和巴托克、斯特拉文斯基、肖斯塔科维奇、布里顿一样，是20世纪所有音乐体裁最大胆的语言革命者。他的作品结构宏大、规则严格，具有俄罗斯音乐的传统和古典气象，但却是一个多调性的复合体，充满直率的现代风范。

说不尽的塞巴斯蒂安·巴赫

关于巴赫人生的七个阶段，尤其是最后三个创作阶段——魏玛时期（1708—1717）、柯腾时期（1717—1723）、莱比锡时期（1723—1750）；关于他的键盘音乐（管风琴和古钢琴）、室内乐、室内管弦乐、新教和世俗康塔塔、大型新教合唱曲的特点，相关的论述和著作可谓汗牛充栋。我将用三段短文和最简练的话总结对他的一些想法。

一

巴赫是伟大的三位一体者：他是勤奋刻苦的作曲工匠，他现存的作品体系庞大、数量超千，是不断变化的音乐体裁迁移，以及永不停歇的劳动产物；他是技艺高超的管风琴、古钢琴、弦乐器演奏家，需要的技艺连当代演奏大师也不得不满怀敬畏之心；他是灵魂博大精深、容纳大海的音乐家，只有进入他的音乐世界，人们才能体验到这位一生磨难、坚韧顽强、朴实无华、虔诚少语的德国清教徒的内心浩瀚。

巴赫一生才气横溢，和莫扎特一样，无需特别的激发就可以流泻出技巧精湛、旋律优美、内涵充沛的乐曲，加上他始终不忘“辛劳在我、荣耀归主”的初心和使命，交替着从未间断的创作劳动和谋生劳作，见缝插针，兢兢业业，创造了上帝想留在人世的奇迹。他是真正的存在主义者，他一直用自我的选择、意志证明着自己的存在和坚定信念。

作为一位路德派清教徒，巴赫相信复杂、有内涵的音乐才能表达基督的受难和对天堂的渴望。他的《约翰受难曲》《马太受难曲》《B小调弥撒》《圣诞清唱剧》就是最好的佐证。

他也相信只有逻辑、理性规律才能囊括世界万象，触及音乐本质。他的《哥德堡变奏曲》《十二平均律钢琴曲集》《音乐的奉献》《赋格的艺术》就是最好的佐证。

他更相信，音乐表达人的喜怒哀乐，但必须以克制的姿态加以流露。贝多芬以英雄风格做到的事情，巴赫用路德派教徒的虔诚信仰和文化涵养做到了。他们的音乐大气、隽永、深刻，很大程度上来自于对自我的克制。

奉献、逻辑、克制使他成为音乐史上内心最为强大的音乐家。

巴赫的音乐是德国巴洛克音乐的博物馆。在巴赫时代（1685—1750），意大利柔美的协奏曲（concerto）和法国华丽的序曲（overture）、组曲（suite），同德国中世纪路德派传承下来的复调合唱融为一体，形成了德国巴洛克音乐丰富的风格，他的音乐是这一风格的博物馆，包含了后来音乐发展的可能和广阔。

丰富、广大、深厚使他成为音乐史上最伟大的音乐家。

不要以浪漫的方式表达和理解巴赫。巴赫的内心沉稳、安静、明净、大气磅礴。山无语自高，水不言自深。这样的心态最能表达巴赫，最能接近巴赫。

音乐要表达丰富广大深厚的情感，也要不失细微处理、冷静客观、单纯透明。这两股合力最后形成了这样一种艺术：敏感而客观、热情而冷静、丰富而统一、意味深长而精细考究、情感强烈同时隐而不发。

巴赫的现代意义和对一生的启迪在于：一个人要约束知识、财富、劳作，留给道德、信仰、劳动更多的空间。自我要多在

灵魂中充盈。

二

巴赫在世的时候只是一位杰出的管风琴家，作为作曲家他默默无闻。出版的作品甚少，即使出版也难以动销。他作为演奏家越是得到人们的注意和赞扬，作为作曲家就越受到争议。这和古斯塔夫·马勒的命运十分相像。

尽管巴赫采用了意大利优美的咏叹调旋律，并借意大利音乐的简洁、平稳抹掉了德国音乐的棱角，但他没有充分更谈不上完全接受意大利音乐，一直保持着德国粗犷的风格。他在当时崇尚那波利柔美曲调的音乐界不为人知，名声远不如今天仅小有名气的泰勒曼。意大利式娇媚的音乐，甚至花哨、肤浅的歌剧音乐在当时的德国甚为时尚，人们对严肃的音乐趣味十分轻视。特别是巴赫过世后，他受到了更为严重的轻视。在当时新的艺术风格中，他的复调音乐是在卖弄学问，他的宏伟艺术显得沉重，令人难以承受。对18世纪的听众来说，巴赫四个儿子——威廉·弗里德曼（最大的也是最受宠爱的）、卡尔·菲利普·艾玛努埃尔（发展奏鸣曲式的）、约翰·戈特弗里德、约翰·克里斯蒂安（被称为“伦敦巴赫”，最有才华的）——的名声远超过他。他们纤巧的洛可可风格更符合当时流行的艺术趣味。直到1801年《十二平均律钢琴曲集》出版，这种情况才有所改变。

音乐史让丰富广博深厚的巴赫复活。犹如莎士比亚的戏剧，他的音乐成了后人取之不尽的源泉。在他过世后的几十年，他的儿子和学生都还牢记着他。浪漫主义时代与巴赫的激情、他的半音和声、庞大的结构、复调音乐的澎湃气势和壮丽辉煌建立了联系，门德尔松、肖邦、李斯特、舒曼都为巴赫的“复活”作出了不同程度的贡献。

1708—1717年，巴赫在魏玛担任宫廷管风琴师、唱诗班指挥、室内乐团的小提琴演奏家兼指挥。他作为一位管风琴大师的名声由此传开。在此期间他的创作体裁是比较全面的：管风琴曲、新教和世俗的康塔塔、室内乐、室内管弦乐。

1717—1723年，巴赫在柯腾为爱好音乐的公爵利奥波德王子提供世俗音乐服务。因为王子是加尔文派，礼拜仪式只用简单的圣咏。这是巴赫一生最悠闲自在的日子，创作了不少奏鸣曲、键盘独奏曲、组曲、协奏曲，洋溢着浓郁的世俗气息。1720年，太太玛丽亚·芭芭拉过世，这使巴赫突然意识到自己要继续创作宗教音乐，把心里深刻的信仰表达出来。

1723—1750年，他担任莱比锡圣托马斯教堂唱诗班音乐指挥，也是莱比锡大小教堂的音乐总监，并成为圣托马斯合唱学校的教师和音乐督导。巴赫看重的是音乐总监和音乐督导的职责，而市政当局要求他扮演好唱诗班指挥和学校教师。这一矛盾长期困扰着巴赫。这一时期他写作了200余首新教康塔塔以及大型的新教受难曲、清唱剧、弥撒曲、经文歌，其中倾注的戏剧性和情感力量得到后来几代人的共鸣；他还写作了最伟大的键盘独奏曲《哥德堡变奏曲》和《十二平均律钢琴曲集》（第二卷）。在生命的最后五年，他完全回归自我的内心生活和精神需求，潜心完成他一生的总结工作《音乐的奉献》和《赋格的艺术》。

巴赫无论在哪里都是一位辛勤的劳作者，完成工作任务；也是一位辛勤的劳动者，完成“心”的任务。他是17世纪的古斯塔夫·马勒。

三

巴赫的音乐并非全部涉及宗教，但处处渗透和流露出虔诚的情感。他的音乐是音乐中的宗教：确立了人们对这种艺术严肃性的信仰，并创造了人类音乐中的神迹。

巴赫是最后一位伟大的宗教音乐家。北方的新教是他艺术的宗教基础。他认为音乐是“赞颂上帝的和谐之音”，赞颂上帝是人类精神生活的中心内容。他的音乐最初是从路德派的众赞歌（chorale）曲调中产生的。他通过这一曲调，并结合了当时最流行的曲调，创作了一系列伟大的作品，以显示音乐历史发展的巨大可能性。他的康塔塔（用众赞歌曲调写成的合唱曲）、受难曲、弥撒曲、圣诞节和复活节清唱剧，以及众赞歌前奏曲（用众赞歌曲调写成的管风琴曲）成了宗教音乐最后的辉煌。同时，他也以优美的旋律和卓越的艺术手法创作了大量的世俗音乐，其中包括古钢琴独奏曲、室内乐，以及各类室内管弦乐作品。17世纪的德国音乐有了自身鲜明的特点：一是和新教市民的日常宗教生活紧密相连，二是和宫廷的实力紧密相关，缺乏大型管弦乐和歌剧表演。这些也导致了德国音乐朴实和内向的风格。

在众多的巴洛克音乐家中，人们最熟悉和喜爱的是德国的第一位古典音乐大师巴赫，其次是生于德国但在英国发展的亨德尔，再次是意大利的维瓦尔第。除了歌剧，巴赫的一千多部作品记录了巴洛克时期几乎所有重要的音乐体裁。但一位音乐家不能脱离音乐作品表演的可能性来创作音乐作品，巴赫音乐创作的三个重要时期，没有一个可以为他提供歌剧舞台。

巴赫的音乐展示和融合了巴洛克艺术所能表现的宏大和庄严（亨德尔是代表）、柔美和华贵（维瓦尔第是代表），以及他自己的新教艺术的纯净和质朴。他的音乐是包罗万象的大海。除了歌剧，他深入当时音乐艺术的每个领域。 和莫扎特一样，他没有创造什么新的音乐形式，但他使当时所有的音乐语言和表现形式变得完美。 他将法国风格的管弦乐组曲和其辉煌、意大利风格的协奏曲和其柔美，融入到他严肃的新教音乐当中，使他的音乐世界比同时代任何人的都丰富、广大、深厚。

在巴赫时代，意大利人和法国人把德国（神圣罗马帝国）人等同于野蛮人，这种偏见一直维持到莫扎特时代。 从巴赫开始，德国音乐逐步在欧洲国家名列前茅，和法国、意大利一道成为了西方音乐的核心。

巴赫的音乐博采众长，推陈出新。 自他之后，德国的音乐焕然一新，庞大的气场开始孕育升腾出来。

巴赫对变化多姿的色彩、生动细小的末节、详尽复杂的整体都有特别的爱好，有时这会打乱作品结构的连贯性，使听众难以形成统一感。 在他那里没有古典主义和浪漫主义的主题对比原则，特别是他的键盘赋格曲，往往只是对一个主题的复述、详解和讨论，缺乏戏剧性，初涉音乐的人不能体会到其对位技巧的魅力。 但这恰恰是他的高明之处。 他巧妙将短小的音乐动机用两条或更多的旋律叠加和发展，最终汇成一个壮丽宏大的世界。他的音乐世界通常是从一个中心点蔓延开来，用一些简单的元素构建起来。 任何一个细微的素材最终都可能发展成一座高耸的大厦。

巴赫是帕莱斯特里那之后最后一位伟大的复调音乐大师。对我们这些习惯主调音乐和和声语言的人来说，复调音乐和对位语言是复杂的。 他通过复调音乐，连接了中世纪和文艺复兴的传统；他的赋格艺术、对位技巧，后无企及和超越之人，成为至高的典范。 同时，他通过优雅讲究的装饰音手法和 17 世纪的法国相连，通过戏剧性的咏叹调和 17 世纪的意大利贯通。 他的作品既是对旧的、复调的、对位的音乐世界的总结，又是对新的、主调的、和声的音乐世界的开启。 他是连接过去和当下的桥梁，并指向未来。

他磅礴的音乐世界和精湛、复杂的技巧，为成熟时期的贝多芬、瓦格纳丰富、广大、深刻、有力的音乐作了充分的文化准备。 更重要的是：他的音乐确实是音乐中的宗教，是对音乐严肃性信仰的表征。 这种信仰在贝多芬、舒曼、瓦格纳、勃拉姆斯那里得到传承，代表了整整几代德国音乐家的思想信仰和文化信念。

莫扎特的另一面

在莫扎特的音乐中不难看出，其中快乐和痛苦是共存的，但是，长期以来人们受到一些莫扎特音乐演奏家、诠释家普及教育的影响，认为他的音乐体现的是孩童般的纯真，是十五六岁的少年才能流淌出来的天籁。这种简单化的倾向给我们塑造了一位不谙人事、不识人间愁滋味的神童、天才，这就使得我们不能真正领会莫扎特的音乐精神，尤其是无法理解莫扎特维也纳时期（1781 年之后）十年中大量优秀成熟的作品。莫扎特的珍贵之处在于他将幼年就自然存在的清纯可爱一直延续到生命的终点，但是在他的作品中，尤其是最后十年的作品中，历经困顿磨难、洞悉世事的心理带来的戏剧性和悲怆色彩是难以掩盖的。在他宫廷式的优雅、勃发的青春精神和至真至纯的孩童般的面貌下，潜藏着沉重、阴暗、悲凉、怨愤的潜流。

一

莫扎特的真正伟大之处在于，他不像巴赫能够将个人的痛苦转化为人类对上帝的虔诚和奉献，也不像贝多芬能够用巨大的形式和理性力量约束深重的个人痛苦，把这对矛盾体放置在高度紧张但依然平衡的艺术框架中。莫扎特具有一种化解和拯救的力量，将痛苦自然而然地化为淳美——一种陈酿般的、阅尽沧桑的甜美。莫扎特的音乐也没有经历过巨大的外在变化，如巴赫有从世俗风格到宗教风格的巨大跨度，贝多芬有从外向的英雄风格到内省的哲理风格的巨大差异。莫扎特的风格似乎从一开始就固定下来了，只是充满了繁多的变化。莫扎特的音乐有着清一色的欢乐、喜悦和热情，如新酿的干邑。当人生的悲苦体验一丝丝地融化进自然美妙的旋律中的时候，其音乐变得越来越成熟甘美，像上好的干邑在利穆赞木桶里经年存放变得越来越浑圆，这一特点在他最后十年的作品中体现得尤为明显。他这一时期创作的奏鸣曲、室内乐、管弦乐作品的慢板乐章大多具有甜蜜和忧郁、欢乐和悲伤交织融合的氛围。这种特有的情调在《F大调第十五钢琴奏鸣曲》(K. 533)、《A大调单簧管五重奏》(K. 581)、《降B大调第二十七钢琴协奏曲》(K. 595)、《A大调单簧管协奏曲》(K. 622)的慢板乐章中登峰造极，它们是我所听到最好的“人生之秋”的声音。

明白的痛苦和躁动、浪漫的忧郁和悲情不是莫扎特音乐的基调，但是没有散尽的这几丝阴影却让他的整个音乐世界变得尤为生动和丰富。在他为数不多的小调作品中，莫扎特更加直接地表现了强烈而复杂的感情。我们在这里可以直接发现一位内心布满阴影的浪漫主义诗人。这些作品构成了一个层面，和莫扎特众多的大调作品一道构建了一个富有色彩变幻、明暗交织的世界。

二

莫扎特早期最著名的小调作品是《E小调小提琴奏鸣曲》(K. 304)和《A小调钢琴奏鸣曲》(K. 310)。1777年，莫扎特因与萨尔茨堡大主教不和，便同母亲一起开始了一次巡回旅行演出，目的地是巴黎。莫扎特在巴黎的生活并不成功。他不喜欢“快乐的”巴黎人，总觉得他们并不怎么精通真正的音乐。他们喜欢的是热闹、绚丽，能够引发人们生成具体形象的音乐，而对那些乐思抽象、音乐性太强、织体细腻、情绪内向、触动内心的深层情感音乐没有太多兴趣。他在法国创作了一些委托之作，如《降E大调交响协奏曲》(K. 297b)、《C大调长笛和竖琴协奏曲》(K. 299)、五部钢琴协奏曲，但没有一部取悦了巴黎的听众。他们需要华丽炫耀的法国宫廷音乐，而不是意味深长的德奥音乐。

也许因为没有任何成功的迹象，莫扎特感到前景暗淡。再加上母亲于1778年7月3日突然去世，黯然神伤的莫扎特用小调写下了这两部充满了强烈戏剧性和悲伤情绪的奏鸣曲，在莫扎特早年光明的天空中布下了两片黑色的浓云，格外令人注目。

研究莫扎特的专家阿尔弗雷德·爱因斯坦（物理学家阿尔伯特·爱因斯坦的堂弟）认为：《A小调钢琴奏鸣曲》是悲剧性的，而它的姐妹篇《E小调小提琴奏鸣曲》是“抒情性的，其中没有一丝天国的光线，充满了戏剧性的冲突和难以解脱的黑暗”。《A小调钢琴奏鸣曲》对莫扎特意味着绝望，这种“绝望”在第一乐章快板的第一小节就被沉重地敲击出来。第二乐章尽管歌唱般的开端给人感到它可能是一首如歌的行板，但不久就向狂暴的、接连敲打的音型发展，与第一乐章绝望的情绪靠拢。最后一个乐章以一个令人窒息的走句开启和收尾，在效果上几近疯狂，阴暗的情绪得到了强化。

《E小调小提琴奏鸣曲》是莫扎特同类体裁中唯一的一部小调作品。尽管此作不失莫扎特小提琴奏鸣曲一贯的优雅纯真，但是感情格外的强烈，带有不可抑制的悲凉色彩。通过第一乐章感伤而忧郁的第一主题，小提琴和钢琴直接制造出弥漫在整部作品中压抑的悲凉气氛。这一主题在发展部得到了加强，钢琴声部沉重而急促，小提琴也不时发出凄厉的声响，把呈示部里甘美的气息和明亮的音响完全掩盖了起来。尽管再现部有云开日出之感，但与“漫长”的发展部相比较，刚刚透出的阳光实在短暂，还不足以消解感伤的氛围。第二乐章虽然以优雅的小步舞曲速度展开，但浓浓的悲情在徐缓的旋律中显得更加沉重，没有任何兴高采烈的踪迹。在三声中部中，小提琴、钢琴断断续续的音型如泣如诉，把忧郁的气氛更为表情化。最后在急促的走句中，这一音型把全曲的悲伤化为一声叹息。《E小调小提琴奏鸣曲》强烈的感情和戏剧化，直接显示了莫扎特对巴黎的失望和失去母亲的痛楚。这部作品似乎命里注定与30多年后贝多芬成熟的钢琴作品在气质上有着亲缘关系。

这两部作品是莫扎特在维也纳时期之前创作的作品，如此强烈的忧郁无疑在他早期的作品中显得十分特别，但它们确实体现了莫扎特精神世界的另一面。这一面在后来维也纳时期创作的钢琴作品（K.396、K.397、K.457、K.475、K.511、K.540）、《D小调弦乐四重奏》（K.421）、《G小调钢琴四重奏》（K.478）、《D小调钢琴协奏曲》（K.466）和《C小调钢琴协奏曲》（K.491）、《G小调弦乐五重奏》（K.516）、《G小调交响曲》（K.550）中得到了延续和强化，并且更具有浪漫主义的诗情和强烈的戏剧性效果。同时，这些小调作品都在不同程度上突破了与表达内容难以配套的传统形式。

三

莫扎特作于维也纳时期的小调钢琴曲，和他在萨尔茨堡时期的钢琴奏鸣曲有着鲜明的对比。在这一时期，他作品中古典主义典雅的特征被浪漫主义充满幻想的、不拘形式的风格替代，其所表现的情绪也显得微妙、含糊、曲折。从总体上说，莫扎特的钢琴协奏曲是为自己创作的，而他的钢琴奏鸣曲是供家庭娱乐而制作的，但是这几部小调的钢琴独奏作品却可以说是他心灵的写生，它们都是古典主义时期浪漫主义的精品。也只有莫扎特才能写出如此流露真情的作品，而不受当时古典主义音乐语言的限制。这些作品中包含的对生活的热爱和悲剧般的退隐心情，以及时而快乐、时而悲伤的情绪，可以让我们捕捉并体味到莫扎特晚期的复杂心态。也只有深入这些钢琴独奏曲当中，我们才能真正理解莫扎特人格和艺术的丰富性。

在《C小调幻想曲》(K.396)、《D小调幻想曲》(K.397)和《C小调幻想曲》(K.475)三部作品中，莫扎特编织了自己的幻想世界，作品越写越大，越来越曲折跌宕。《C小调钢琴幻想曲》(K.396)是一部浪漫主义的小品，始终在慢板的神秘跳跃中展开，可谓吉光片羽。莫扎特开始展示自己神秘的一面。《D小调钢琴幻想曲》(K.397)通过速度的变化展示了莫扎特迷离的心灵之光。乐曲开始的一段行板把人带入幽暗但依然透着阳光的世界，随后的柔板是一段优美的旋律，但中途插入的一小段高音区急促清脆的敲击使得旋律线条的展开被中断了一下。随着急板的进入，音乐情绪从神秘转入焦虑，但柔板主题的再次出现使音乐又进入了神秘幽静的世界。在这种幽静中，我们能够体味到隐忍和不安。只有当小快板突然进入的时候，莫扎特才把阳光一下子带到了一直处于幽暗变化的世界当中。这段小快板是莫扎特早期作品典型的快乐风格，无忧无虑。也许此曲最能反映出莫扎特初到维也纳失望和希望交织的心情，同时，细腻的忧伤和优雅的热情都可以视作这位艺术家对自我高贵的节制和表现。

《C小调幻想曲》(K.475)是莫扎特稀有的神秘乐曲。这部不和谐的半音风格的幻想曲回到了巴赫《音乐的奉献》的风格当中，同时强烈地预示着贝多芬著名的“C小调”（贝多芬的第五、第八、第十四和第三十二钢琴奏鸣曲都是用C小调创作的）情绪。这部作品以柔板毫无装饰的音型为开端，具有一种超然冷漠的感觉，并且被莫扎特对静默成功的运用所强化。在这里，音与音之间的静默与心灵之间的寂寞有着直接的关联。每个音都犹如古老、坚硬的巨石，象征着命运无情的力量。随后高音区下行半音柔和的和声段落透露出更多失望无助的感情。莫扎特很少以这样凄凉的情绪支配一首乐曲。接下来的柔板甜美的旋律稀释了此前阴冷的气息，传送出甜蜜的低语，但依然笼罩着挥散不去的愁绪和痛楚。在柔板和全曲的结尾部是三个速度和性格有着对比的插段。第一段为快板，短促但充满昂扬和雄辩的气势；第二段为行板，感情的抒发更为微妙，音乐色彩也比较模糊，但彷徨的气氛依然占据主导地位；第三段是速度更快的快板，更具有激情和表现力。在毫无装饰的音型回归之前，一段寻寻觅觅的乐段穿越最高的声部，放松了这一音型再次出现的紧张感。最后又是下行半音柔和的和声段落，失望无助的情感产生的紧张一直保持到曲终，给人以难以释怀的沉重感觉。《C小调幻想曲》（K. 475）是莫扎特最富戏剧性的键盘作品，有着幅度巨大的感情变化和极为精致的表现。其中传达的寂寞、失望、激昂、甜美、彷徨、痛苦只有其《D小调钢琴协奏曲》（K. 466）和《C小调钢琴协奏曲》（K. 491）、《G小调弦乐五重奏》（K. 516）、《G小调交响曲》（K. 550）可以媲美。另外要提到的是，可以把作于1784年10月的《C小调奏鸣曲》（K. 457）看作是七个月后的《C小调幻想曲》（K. 475）这部伟大作品的先行者，其中的严峻、不安、痛苦的感情在《C小调幻想曲》

(K. 475) 当中不仅被投入到更为复杂的感情之网当中，而且得到了更加充分透彻的体现。

《C小调幻想曲》(K. 396)、《D小调幻想曲》(K. 397)、《C小调幻想曲》(K. 475) 作于1782年，同年莫扎特在没有征得父亲同意的情况下，同一位曼海姆音乐家弗里多林·韦伯的女儿康斯坦泽·韦伯结婚了。她在莫扎特死后为莫扎特的第一部传记撰写和出版做了大量工作，最终在1828年完成了传记的出版。

作于1787年3月的《A小调回旋曲》(K. 511) 是又一部钢琴小品，结构紧凑，但具有广阔而意境深远的空间感。回旋曲的主题是一首典型的西西里舞曲，按半音的步伐渐强地展开。在半音上升的旋律中可以听到一个持久的、不加渲染的、低沉的声音振动，它具有命运让人难以逃避的象征力量。两个插段是主题的变形，它们都没有抗拒主题半音音型的介入，而是让它渗入自己的肌体，暴露出它们自身的脆弱。在结尾部，稳定的低音线被十六分音符曲折的形式所替代。不知这种变化是象征着悲剧的消解，还是对这种消解的渴望。此曲是莫扎特晦涩的钢琴作品之一，自始至终充满了微妙的情感，回旋主题中生活的热情和悲剧般的退隐感，插段中时而快乐、时而悲伤的情绪，还是能够让人捕捉到这位音乐家当时真实的心境。

作于1788年的《B小调柔板》(K. 540) 是莫扎特主观情感最强烈的作品之一，触及他所能涉及到的感情深度。它和《C小调幻想曲》(K. 475)、《A小调回旋曲》(K. 511) 都属于莫扎特十分另类的作品。第一主题忧郁而沉重，第二主题作为对比尽管显得轻快明亮，但是依然带有克制压抑的表情。发展部的半音和声预示着肖邦和瓦格纳的风格，同时也为后来的贝多芬、柴可夫斯基、威尔第奠定了基础。更令人感兴趣的是莫扎特选用了黑色的B小调，这在他的作品中绝无仅有。

四

《D小调弦乐四重奏》(K. 421) 是“海顿四重奏”(共六部) 当中的第二部，也可能是最优秀的一部。从1782年到1785年跨度三年的这六部四重奏完全是莫扎特出自于内心需要，而非委托创作的。他在这些作品中花费了大量的精力。这一技巧复杂、性格严肃的体裁是他在室内乐中遇到的最困难的东西，手稿中大量的修改证实了这一点。尽管海顿革命性的“俄罗斯四重奏”(六部) 和巴赫赋格艺术对莫扎特施加了重要的影响，但是，莫扎特通过这六部作品重新发现了自我。主调和复调艺术达到了辉煌的融合，弦乐四重奏被提高到新的、可能达到的水准。《D小调弦乐四重奏》(K. 421) 作于1783年，整部作品强烈的忧郁和悲剧的气氛溢于言表。生动的第一乐章暗示着他个人生活的危机。即使第三乐章小步舞曲也无法掩盖深重的忧郁。第四乐章出现了莫扎特早期四重奏的意大利风格，一组以西西里民歌为主题的变奏舞曲，神秘而古怪，最终变成令人窒息的疯狂。莫扎特在写作这部作品的时候，他的妻子康斯坦泽正在隔壁房间分娩他们的第一个孩子。1782年8月4日，康斯坦泽正式成了莫扎特的妻子。康斯坦泽为莫扎特生了6个孩子，其中4个在婴儿期都不幸夭折。

作于1785年的《G小调钢琴四重奏》(K. 478) 最初并不被人们喜欢。因为它的钢琴声部十分专业，对中提琴和小提琴的技巧要求也非常高。在18世纪80年代大多数业余提琴手那里，这部难度极大的作品可能被演奏得乱糟糟而影响了对它的欣赏。第一乐章急切惶恐的第一主题和明亮振奋的第二主题之间的鲜明对比，表现了莫扎特当时复杂的心态。发展部精心制作的对位处理使主题和情绪变得更为复杂，这些都使当时的乐师感到很不习惯。

作于1787年5月的《G小调弦乐五重奏》(K. 516) 是莫扎特内心阴郁绝望的源泉流淌出来的罕见自白。阿尔弗雷德·爱因斯坦认为《G小调第四十交响曲》是“室内乐的宿命作品”，但这样的评价更符合这部弦乐五重奏。第一乐章明显的苦闷和焦虑反映了莫扎特当时的心态。他心里明白自己正失去维也纳人的喜爱，而父亲也处于病危之中。第二乐章的小步舞曲依然维持着第一乐章的情绪，开场部分的愤怒产生了三声中部都无法消除的震撼。第三乐章慢板的心绪最为曲折，从退却隐忍到紧张不安，形成了只有贝多芬才有的张力。第四乐章回旋曲没有使用惯例的G小调，而令人难以置信地使用了G大调。很明显他要把自己带出难以忍受的黑暗，进入光明世界。

五

《D小调第二十钢琴协奏曲》(K. 467，完成于1785年2月10日）最受浪漫派作曲家喜欢。其骚动不安和强烈的抒情风格使19世纪的人们把莫扎特视为前浪漫乐派的先锋，甚至是贝多芬这样的突显个人风格的作曲家的先驱。这部钢琴协奏曲是革命性的作品，其严肃性和技巧的纯熟是以前他自己创作的同类体裁的作品不曾有的，标志着一个崭新的开端。第一乐章是压抑和恐惧的，旋律的大幅度变化也显示了感情的强烈。第二乐章的浪漫曲中营造的田园悠闲诗意被钢琴弹出的旋涡似的三联音所破坏。第三乐章回旋曲的第一主题热烈如火，预示着歌剧《唐璜》第二幕魔鬼般的气氛。即使是钢琴演奏的抒情性的第二主题也在大幅的音程中被扭曲。

《C小调第二十四钢琴协奏曲》(K. 491，完成于1786年3月24日) 虽然是仓促完成之作，但却是莫扎特最强有力的同类作品，由于运用了不同寻常数量的木管乐器，其力量的强大和音色的丰富前所未有。第一乐章的悲剧气氛令人哀怜，也冷峻得令人恐惧，隐藏在强烈情感和不可抑制的幻想背后，是一股不祥的预兆。莫扎特在第一乐章结尾手稿的空白处画了一个奇怪的脸，多少加重了音乐的不祥寓意。

小调对于莫扎特具有特殊的意义，总是能够迫使他表达激动不安和情绪强烈的另一面。《G小调第四十交响曲》(K. 550) 完成于1788年7月，有关此曲的分析比比皆是，但是人们必须记取的是，此作是18世纪最坚定、最阴郁、情感最丰富、结构最严整的交响曲，也是莫扎特心灵中一个不为人注意的层面的最好缩影。

我们只有从三个层面——天生寻求快乐和阳光的莫扎特、用快乐和阳光化解忧郁痛苦（或者说忧郁痛苦让快乐和阳光富有层次和深度的）的莫扎特，以及直接表现忧郁痛苦的莫扎特——才能理解真正完整、丰富的莫扎特，才能真正理解莫扎特音乐的魅力和伟大，使我们对他的欣赏和理解提高到较为真实的水平。

结尾

本文前五部分都涉及莫扎特的器乐作品，这篇文章的真正结尾十二年来我一直没有写，因为涉及我心目中最伟大的《C小调大弥撒曲》(K. 427)，以及他的《D小调安魂曲》(K. 626)。它们是音乐历史上最伟大的声乐作品之二，完全发自作曲家的内心，没有任何讨好。其内涵过于丰富，所有的语言描述都会苍白无力。唯一的选择就是反复聆听去洗涤灵魂，让海浪冲洗顽石：放弃自我，敬畏宇宙。《C小调大弥撒曲》(K. 427）的慈悲经（Kyrie）和信经（Credo）第二段，以及《D小调安魂曲》(K. 626）的“震怒之日”(Dies irae）和“哭泣之日”(Lacrimosa）都是初听就夺人心魄的段落。

可以肯定，因为有了它们，莫扎特所有作品的颜色层次一下子变得更加丰厚而饱满，如深秋尽染的层林。《C小调大弥撒曲》(K. 427）阴冷的柔绵和《D小调安魂曲》(K. 626）饱满的力量把莫扎特所有作品整合成一个丰满而整一、明暗交错的精神世界。

在生命的最后一年莫扎特疯狂地作曲，但《D小调安魂曲》(K. 626)的创作却一直被他搁置，莫扎特只是在其他作曲活动的间隙中才写上几段，就在去世前几天（1791年12月4日）他像是预感到了死亡的到来，强打精神又写了几段，并将创作的意图向助手苏斯迈尔作了交代，12月5日凌晨莫扎特去世。

在伟大的面前，自我已经空心，结尾越短越好。这真暗合了T. S. 艾略特《空心人》的名言：世界的结束，不是“砰”的一响，而是“噗”的一声。

贝多芬的英雄风格

有关贝多芬，两百多年来被谈论得实在太多了，其实还是抓紧在有生之年，把他不算太多的作品多听几遍。对于听众来说，他并不是被用来谈论的，而是被用来聆听和体验的。有几个关键点使得我们无需过多地谈论贝多芬，大致就可以把握他的英雄风格占主导地位的精神和音乐。

贝多芬的英雄主义

我们甚至还没有深入他的伟大艺术价值的时候，他的音乐就直接引发了我们对英雄、力量、意志、无尽动力的崇拜，对永恒精神境界的向往。让我们不时地相信：肉体虽然坚固和顽强，但英雄的精神还是能够控制甚至战胜它。虽然对大多数人而言，这只是一个幻觉。

贝多芬的英雄主义是他天性的呈现，是他自小经历对个性的孕育，也是他对身体变化的补偿性回应，更是他对自己时代精神的呼应，正是这个呼应使得他的英雄主义超越了个人意义，具有了历史的意义。贝多芬的人格和精神有许多方面，十分丰富，但英雄主义是他一生人格和精神的主流，只是有时是以意识的形态，有时是以潜意识的形态呈现出来的。它绝对不会无中生有，突然从 1800 年之后跳了出来，然后到 1815 年突然消失。

对贝多芬而言，他的英雄主义是心理学的，是发现自我、守护自我、战胜人格和精神的混乱、形成整一的状态。他的英雄主义也是一个复杂的过程，从绝望到斗争，从斗争到胜利，从胜利到平静，从平静到极乐。因此，他的英雄主义本质是拓展自己的精神空间，控制自己，做自己的主人，而不仅仅是短暂的外在胜利。这一英雄主义孕育于1800年之前，外化于1800—1815年，沉淀内化于1815年之后。

作品编号的英雄象征意义

从贝多芬开始，音乐家意识到音乐是来自内心的需求和冲动，是自由精神的体现。音乐发自于心，又归于心。从他开始，音乐家的生存方式发生了根本的变化。

巴赫直到暮年才彻底面对自己的内心创作，莫扎特一辈子都在贵族需求和自我需求的冲突中写作，海顿为了贵族的需求牺牲了丰富多彩的激情和冲动。贝多芬在一种更改了形式的赞助制度下发挥着自我的功能。他没有依附于特定的宫廷，维也纳贵族以不同的方式赞助他，且此类赞助在任何情况下都不能扭曲和间隔他的内心世界和作品的关系。同时，他也接受新生的中产阶级的援助，并受惠于音乐会演出和音乐出版业的发展。

古典主义巅峰时期和浪漫主义初期的革命力量，彻底解放了个人，也解放了音乐。作品的编号（opus）具有了真正的创造意义。音乐不再是一种应酬和任务，而是心的使命。只有从创作者的心流出的，才有可能流入他人的心中。这是19世纪艺术和音乐的意义所在。和接连不断的社会革命和变动不居的社会结构相呼应，19世纪是艺术自由解放的世界，是艺术家作为英雄反抗现实社会的世纪，贝多芬是代表人物之一。这个世纪和这些人的精神作为整体都一去不复返了。

音乐不再是娱乐，而是一件严肃的事情，尤其对英雄而言

自贝多芬开始，音乐家自觉到，音乐是一种神秘的语言，要

去表达人丰富和深刻的情感、思想、意志。它一方面与文学联姻，无所不包，以万物为主题；一方面，它是哲学的哲学，是一种神秘的、具有本质意义的语言。

就贝多芬个人而言，音乐的意义就更非同寻常。耳聋加强了音乐无所不包和神秘主义的功能。身体拒绝给他快乐，音乐给予他。音乐成了他身体和灵魂的庇护所，成了身体缺陷的补偿，成了灵魂的救赎、升华、超越。音乐是英雄的天路历程。

上述两个方面是19世纪音乐两个核心的趋向，它们主宰了19世纪的音乐思想和创作，并成了那个时代严肃艺术家的意识和集体潜意识。在他们之前，音乐家为贵族而写；在他们之后，音乐家为资本和权力而写。历史只有那么一个短暂的时刻，音乐几乎为心而写，并包罗万象。19世纪最后的音乐大师勃拉姆斯、布鲁克纳、瓦格纳、马勒、理查·施特劳斯穷尽也耗尽了这两个核心力量。

贝多芬的三期风格

W.德兰茨在1855年提出了贝多芬三期的风格，这种划分只要不走向极端，具有一定的解释力，大致可以接受。贝多芬的音乐风格是存在变化的，他始终在前行，在创新。但必须看到它在不同体裁中的变化是不同步的；同时它也是延续的，连续贯穿又不断进化的。

有关三期风格的清晰定义、不同体裁风格不同步的变化，以及三期相互渗透的论述实在太多。总体而言，贝多芬找到了通往古典主义最后境界的道路，把古典主义从美的境界（一期）带入了崇高的境界，创造了史无前例的英雄的战斗风格（二期）；又从崇高的境界带入了沉思的境界，创造了前无古人的英雄的哲理风格（三期）。

为了实现英雄的战斗风格，他对奏鸣曲式进行了庞大而全面的重构，并让交响性贯穿到他的钢琴奏鸣曲、协奏曲当中，动力十足，气势磅礴，使它们呈现出与18世纪完全不同的风貌；为了实现英雄的哲理风格，他使用了言简意赅的音乐语言，以及更为灵活复杂的曲式和结构，严格地剔除一切非本质的东西，这些语言远远超出他的时代，达到了以前音乐从未有过的高度。

在英雄风格的另一面，他的室内乐，尤其是英雄风格中期的室内乐保留了其人格当中抒情的一面，音调新颖，旋律单纯优美，使得英雄的风格明暗交错，更有层次。

总而言之，在贝多芬的英雄风格中，他内心的丰富是古典主义者不曾有过的，他具有真正浪漫主义者的灵魂，他是伟大的浪漫主义者；但他对丰富内心的意志驾驭和艺术控制是浪漫主义者不曾有过的，他具有真正古典主义者的灵魂，他是伟大的古典主义者。除了贝多芬，没有一个人能在一个极端（强烈感情）和另一个极端（意志力和艺术表现力）之间保持如此的张力平衡。**这是真正的英雄风格：结构和心环环相扣。结构没有冗余，再大也没有散架；心处处得到安放，即使汹涌也没有泛滥成灾。**

再说一次贝多芬的三期风格和英雄风格

理解事物和教学最有效的方式是分割，实现范畴化、逻辑化、理性化、结构化，这仅仅是一个循环和认知起点，但通常人们把它当作终点，固化下来，剥夺了人对具体事物的体验和分析。在这种理解和教学结构中，许多无所不知且考试成绩优异的人，人格并没有丰富和整合起来，知识在僵硬的形式上固化，想象力和创造力没有展开，怀疑和批判的精神远不可能养成。

W. 德兰兹在 1855 年提出了贝多芬的三期风格。虽然此种分法不断遭到来自专业的批评，但由于确实对理解贝多芬音乐风格的变化十分有用，依然被人广泛接受，并加以完善。现在人们更多地采用威廉·冯·伦茨以钢琴奏鸣曲为标杆的三期分法，基本上和德兰兹的分法重叠。只要去聆听，去体验，这种划分完全是可以接受的。

第一期是 1794—1802 年，代表作是 15 首钢琴奏鸣曲。贝多芬的内心世界和古典形式虽有紧张，但相处稳妥，是充满青春期各种鲜明特征的时期。

第二期是 1803—1814 年，代表作是 12 首钢琴奏鸣曲。贝多芬修正了古典形式，并和其内心世界拉扯得很紧，是充满战斗精神的时期。

第三期是 1815—1827 年，代表作是最后 5 首钢琴奏鸣曲，形式变得自由，和内心世界融为一体，是充满沉思、放弃、感恩、包容的时期。

这三个时期一旦确定下来，人们就可以把贝多芬的作品投入三个框架里面，确实有助于基本的体验和把握。三期里面延续的、贯串的、进化的灵魂就是英雄风格。这种英雄风格是贝多芬一生一以贯之的人格，它在不同时期以不同方式投射到他的音乐作品当中。

他的英雄风格也体现在作品编号（opus）上，作为第一位真正的个人主义者音乐家，他只为自己的灵魂创作，音乐是他灵魂的投射和补偿。在他之后，19 世纪的音乐家骄傲地知道自己为谁写作。为自己的灵魂而写作在 19 世纪的音乐领域达到了高峰，前无古人，后无来者。几乎整个 19 世纪的音乐家都屈从于贝多芬巨大的阴影之下，但有一点就是必须为自己的灵魂而写。

他的英雄风格也体现在音乐在他那里不再是娱乐，而是一件严肃的事情，是心灵自由的知识分子写给同类人的艺术品。 这赋予了古典音乐完全新的含义。 这赋予了古典音乐崇高的意义和使命。

必须强调的是：贝多芬室内乐抒情的一面只是英雄风格内在的一面，而非外在的对立和补充。 他的抒情是英雄的，没有一点油腻、甜腻、酸溜溜的味道。

另外他的田园（第六交响曲）是英雄的，结构宏大、视野广阔；他的酒神（第七交响曲）是英雄的，疯狂而节制，没有烂醉如泥；他的广场上的市民（第八交响曲）是英雄的，每个人都有自己的尊严，融合成高贵和辉煌。 他的作品无不透出英雄之风。

荣格相信人类雌雄同体，中国自古也相信阴阳同体。 但其关系在个体中呈现为涵盖、融合、对峙的形态。 贝多芬、瓦格纳、舒伯特、肖邦是涵盖，舒曼、李斯特是融合，巴赫、亨德尔、马勒是对峙。

英雄风格贯穿三期，只是呈现的方式不同。

人们通常认为贝多芬的英雄风格在一期孕育和潜藏，在二期凸显分明，到三期就没有了，贝多芬变成了一位纯粹的哲学家。这是对英雄风格、英雄主义的一种误解。 实际他的沉思、放弃、感恩、包容完全是彻底耳聋、自言自语、壮年的英雄才具有的。 三期的贝多芬要彻底思考一些问题、解决一些问题，思考和解决的背景是一以贯之的英雄风格。 这是一位坚韧、大气、大情怀的哲人。

本来贝多芬还有四期的创作计划，他要再次显示他英雄风格的又一面，只是他自己都不知道 1826 年冬季的一场突发急病终止了他的天路历程。

最后，也是最重要的，他的英雄风格始终体现在他对自我和艺术的控制力上。贝多芬的人格层次丰富，内在人格和外部人格表里基本一致，潜意识和意识的力量深浅互补，尽管不乏冲突，基本实现了古典人格丰富、整一、稳定的境界。他扼住的不是命运的喉咙，而是自我。世界对它来说是重要的，但始终是外在的；他始终生活在自己的精神世界中，生活在自己的内在性中，生活在英雄的自我认同之中。

肖邦：藏在音乐里的诗人

一

肖邦是一位隐秘的、藏在纯音乐里的诗人。 他从不以文学、文字和音乐互证。 他的一生和音乐都十分的抽象，具有无限解释的开放性。

肖邦是一位音乐的古典主义者，他和当时的浪漫主义宏大潮流没有关系。 他的抒情是个人的、自洽的、节制和均衡的，没有当时浪漫主义者的夸张、炫耀、怪异、泛滥。 他是 19 世纪的巴赫和莫扎特。

无论是柔情为主，还是激情为辅，肖邦有着纯粹的灵魂和精神。 在他的音乐里发现不了本能和本性的成分，社会性的成分也极少。 他的肉体病态而脆弱，只能勉强承载其灵魂和精神的功能，没有能力抵御乔治·桑感情征服的天罗地网，更没有能力发挥肉体自身的功能。 肖邦完全是表里如一、深浅如一、真实的人，有着丰富而孤独的精神，脆弱稀薄的本能、本性、社会性。

乔治·桑对肖邦真实的一面是狂热的、控制欲极强的恋人，她只是要俘获和占有，满足自己的虚荣心；自我想象的、面具的、浮夸的、空洞的一面是奉献的母亲，她常以这虚假的一面感动自己。 她最初不知对肖邦的母爱只是面具，最后脱下来时，连皮带肉，十分痛苦和愤怒。 她的肉体能够承载强烈的本能，十分女权主义，要许多男人才能满足她这方面的欲望。 肖邦的身体对她而言只是一具尸体。

我不理解肖邦和乔治·桑相处的动力，但知道两人在一起最初一定有精神的相互错觉。肖邦的精神一定越老越抑郁，而身体越来越痛苦；乔治·桑精神很幻觉，后来很愤怒，身体始终很不满意。这就是被人广泛传颂的爱情故事的真相：一段奇怪的相互折磨。肖邦不是给思乡病害死的，而是给19世纪最自命不凡的女人制造的一段吃不消的奇怪关系弄死的。我们之所以至今还记得乔治·桑，不是因为她的啰嗦、激情和才华，而是她对肖邦的控制和折磨。

在肖邦的夜曲里，我们可以隐约地捕捉到这段关系的心灵轨迹。

他于1839年11月完成的《G大调夜曲》（Op. 37，No. 2），从头至尾是一个短句不停的转调，是一首恬静淡雅的船歌，似乎隐约地意味着和乔治·桑漫长的痛苦关系的短暂甜美开始。在此之前，肖邦的夜曲总体是明亮的，尽管有着思乡的痛苦，但这个痛苦不是切骨的、粉碎内心的。从此之后，肖邦的夜曲沉入夜的黑暗之中。

1841年完成的《C小调夜曲》（Op. 48，No. 1）是一首情感内涵丰富的、充满呼唤的乐曲，这是和乔治·桑爱情最初的虚幻高潮。

呼唤之后就是迷惘。这首夜曲之后的五首夜曲都是和乔治·桑的情爱波折。可惜这些夜曲太抽象隐晦，难以直接八卦。

夜曲是肖邦的心灵笔记。人们都喜欢肖邦的夜曲，其实是喜欢肖邦1841年前创作的夜曲，是荣格的《红书》。1841年后的夜曲是他最隐秘的心灵笔记，是荣格的《黑书》。

《升F小调夜曲》（Op. 48，No. 2）创作于1841年，恍惚和模糊意味着和乔治·桑的感情一开始就是不情愿的迷途。肖邦似乎意识到和乔治·桑的感情是一条痛苦的、怪异隐秘的不归路。

《F小调夜曲》(Op. 55, No. 1)创作于1843年，情绪模糊而不稳定。

《降E大调夜曲》(Op. 55, No. 2)创作于1843年，除情绪模糊而不稳定之外，还有更多的纠结。

《B大调夜曲》(Op. 62, No. 1)创作于1845—1846年，十分迷茫的夜曲暗示感情即将终结。

《E大调夜曲》(Op. 62, No. 2)创作于1846—1847年，起初的缠绵悱恻戛然而止，大起大落，悲愤交加。

肖邦和乔治·桑的感情本质上是受虐和施虐的关系，但肖邦没有心甘情愿地接受这种关系，他用艺术反抗这种关系，最后他用虚弱的身体反抗这种关系。分离和死亡对他是彻底的解脱。他最后一首也是最优美的《C小调夜曲》(Op. posth, 1848)是这一解脱最好的解释。通过这首最后的夜曲，他回到了《升C小调夜曲》(Op. posth, 1830)20岁时的青春境界，最终回到了《E小调夜曲》(Op. posth. 72, No. 1)17岁时的梦幻境界。

二

肖邦各类钢琴曲——奏鸣曲、叙事曲、谐谑曲、练习曲、圆舞曲、波兰舞曲、玛祖卡、钢琴和乐队等——构成了他多彩的精神谱系，从沙龙诗人到情感絮语者到民乐采风人到爱国斗士，他有着各种各样的称谓，但一以贯之的是钢琴艺术的最高标准，对钢琴技艺的驾驭，以及对各类感情的控制。

肖邦的钢琴曲风格独特，识别度极高，似乎和19世纪所有的音乐家、风格、流派、体裁、题材都没有关系，它们是突然生长出来的，前无古人，后无来者。谈论 19 世纪的音乐、钢琴曲、钢琴家必然要谈论肖邦，但我个人认为谈论肖邦却可以把前者全部悬置。李斯特一语中的：肖邦的独创风格过于个性、亲昵，不能成为他那个时代的普遍风格。

肖邦的夜曲记录了他全部的心路历程。对肖邦而言，夜曲不是夜晚的歌，而是心里最深的情和思，是他灵魂历程的起点和终点，犹如贝多芬的 32 首钢琴奏鸣曲。

我们可以用最简单的方法把肖邦的 21 首夜曲分成四个部分去听，并把它们作为他其他作品的路标，或者背景，或者路灯，犹如我们用钢琴奏鸣曲作为路标把贝多芬划分成三段。最偷懒的方法就是听透肖邦的 21 首夜曲，把握四段的基本情绪，然后去听他的其他曲子，可以窥探出大概的情感轨迹。肖邦的情感是细腻的，似乎难以把握，实际上可以通过他的夜曲、他的心灵笔记来寻其踪迹。

(1) Op. 9 三首、Op. 15 三首、Op. 27 两首，一共八首一组 (1830—1835)，是年轻时代的青春和爱情的梦幻，虽是在巴黎创作并完成，但都是对波兰美好而伤感的回忆。Op. 27 第二首是梦的顶峰。

(2) Op. 32 两首、Op. 37 两首，一共四首一组 (1836—1839)，是异国他乡迷惘彷徨的情结和爱情迷梦的微澜。

(3) Op. 48 两首、Op. 55 两首、Op. 62 两首，一共六首一组 (1841—1847)，是男女情感的梦幻纠结，以及最终现实情变的生死情结，写得层次叠叠，深而隐秘，其中 Op. 48 两首继往开来。

(4) 第四组跨越 21 年，《E 小调夜曲》(Op. posth. 72,

No. 1）为肖邦作于 1827 年的第一首夜曲，17 岁作品的忧郁可与拉赫玛尼诺夫老成时的忧郁媲美；《升 C 小调夜曲》（Op. posth）为肖邦作于 1830 年的第二首夜曲，为青春的低吟，优美得人人皆知；《C 小调夜曲》（Op. posth）为肖邦作于 1848 年的最后一首夜曲，为人生的告别曲，是一首听不厌的曲子。第四组为阴阳世界的互歌。本人最喜欢的是这两首生死闭环的《升 C 小调夜曲》和《C 小调夜曲》。

舒曼：一位中产阶级知识分子音乐家

接受和处理音乐以及其他艺术门类的信息路径甚多，由内向外可以从艺术和文本出发，可以从心理分析出发，一直延伸到文化研究和阶级分析。所以发现人性和世界的、内涵层次丰富的艺术作品和艺术家，总是说不尽的《哈姆雷特》和莎士比亚、《第九“合唱”交响曲》和贝多芬。

19 世纪的音乐家与古典主义的关系是多样的。一种是完全改变了古典主义形式，比如马勒；一种是对古典主义形式的恪守和沉浸，比如勃拉姆斯；一种是对古典主义形式的温柔演进，比如舒曼；一种是对古典主义形式强大的张力平衡，比如贝多芬。

从音乐史的角度来看，贝多芬建立古典主义顶峰并开创浪漫主义新格局之后，西欧 19 世纪浪漫主义音乐是朝着两个方向发展的。一个是以舒伯特、门德尔松、肖邦、舒曼为代表，在室内乐和交响乐中他们依然和古典主义保持着密切的关系，但是在独奏曲、艺术歌曲中，他们把强烈的抒情、幻想融入一种新的、短小的曲式当中。但随着舒曼的故去，这种浪漫主义走到了尽头。

在同一个方向上行走的舒伯特、门德尔松、肖邦、舒曼，有着巨大的个性差异。舒伯特在钢琴奏鸣曲、室内乐、交响曲、艺术歌曲、钢琴独奏曲上十分高产，他的音乐气质是小布尔乔亚的，散发着乡村和城市闲荡者（flaneur）的气息；相比而言，门德尔松在室内乐、交响曲、宗教合唱曲、钢琴独奏曲方面产量中等，充满了对人生真正的欢乐，洋溢着富裕阶层对生活的满足，他的音乐虽然好听，但一直进入不了人的内心深处；肖邦主要的精力都放在钢琴独奏曲上，协奏曲屈指可数，钢琴独奏曲完全表达了他从沙龙诗人到情感絮语者到民乐采风人的多面性，特别是面对一位年长且跋扈的情人的精神迷惘，最后一点似乎许多人都在回避。

舒曼和门德尔松一样，在室内乐、交响曲、钢琴独奏曲、艺术歌曲方面也是产量中等，但他的气质属于中产阶级知识分子，特别是他的钢琴独奏曲：文艺和幻想、思考和抽象，是 19 世纪诗人和哲学家的结晶物。他比舒伯特更自觉地意识到自己是一位浪漫主义者，并且和浪漫主义思潮的关系更深刻而广泛。年轻时他就沉浸在浪漫主义文学和古典主义哲学当中，尤其是拜伦、让·保尔、霍夫曼的文学作品，以及康德和费希特的哲学当中。

舒曼的音乐抽象、内向、朦胧，甚至晦涩。他的内在精神层面一直存在着两重性，即他虚构的两个人物：内省的尤塞比乌斯和冲动的弗洛伦斯坦。他的音乐作品没有舒伯特的自然流泻、门德尔松的透明流畅，以及肖邦直接化开的诗意，始终处于精雕细刻的月光阴影之下，唯静心方可进入。

对舒曼而言，音乐是灵魂完美的表现。他拒绝流行艺术以及其元素，永远面对灵魂深处自吟自唱，不去理会众人的需求、接受、理解。他为艺术而艺术，完全为自我而写作。舒曼的音乐是内心世界纯粹的表露。这是典型的中产阶级知识分子的艺术选择，也是他音乐始终没有流行起来的原因。让-保罗·萨特认为他的音乐是 19 世纪最好的，也许就出于对其音乐的这种知识分子性的偏爱。

19 世纪 40 年代前是舒曼钢琴独奏作品季，他把自己未能成为钢琴家的遗憾全部用钢琴曲补偿起来，并将青春中的所有思绪用钢琴作品抒发出来，赋予了各类钢琴小品从未有过的活力和魅力。

1840年是他的歌曲年，他竟然写了100多首艺术歌曲来庆祝一场艰难困苦玉汝于成的婚姻，其抒情能力得到了火山爆发式的展示。这是整个音乐史中终成眷属创造的奇迹。

之后的几年，他的创作重点从钢琴音乐、艺术歌曲扩展到交响音乐、协奏曲、室内乐，企图去联结贝多芬古典主义的伟大传统和浪漫主义的宏大趋势。

在前后二十多年的创作中，舒曼的中产阶级知识分子的基本气质没有发生变化。音乐就是他的生命，他经常要通过“暴力”才能短暂地离开它。他以中产阶级知识分子的姿态全身心地推进了德国浪漫主义的浪潮。

舒曼的想象力由黄昏、黑夜和一切神秘、令人迷惑不解、鬼魂般的东西引发。他是乐坛的让·保尔和霍夫曼，是一位文学的、哲学的音乐家。他用最简练的语言表达内心的奥秘，想象空间广阔，激发深邃的审美体验，确实大多数人只能在门外窥视他。

身为书商的父亲和文艺的母亲给予舒曼童年以巨大的人格影响。学习法律完全是对早逝的父亲和孤独的母亲的一次错误安慰。他很快就放弃了这种社会性，回归他童年的精神性当中，并用一生去培育它。不过肉体持续不断的折磨——年轻放浪引发的梅毒的侵蚀——使他的精神性彻底崩溃。他的一生有着清晰的人格心理学轨迹，并且是对精神和意志无法战胜肉身崩溃的最好阐释。

李斯特："三面五地"的大师

李斯特是我好奇的音乐家，我一直觉得他人格层面复杂，内外和深浅交错，并有着大起大落的变化，令人难以把握。这些复杂、交错、变化是人格心理学很好的案例，这些状况可能来自童年、青年期、中年期的心理创伤，以及对这些心理创伤的修复和补偿。

李斯特的人格是甘泪卿、靡菲斯特、浮士德的糅合，是单纯的心灵、黑暗的诱惑、光明的渴望的糅合。甘泪卿是美的象征——单纯的孩子般的心灵、成熟的女性身体，是人健康茂盛的本能；靡菲斯特是诱惑的象征——金钱、权力、虚荣、嫉妒，是人的本性和社会性；浮士德是一位生性怀疑的天才、追寻永恒的艺术家、需要爱的思考者、宽厚的慈善家，是人的精神性。李斯特把这三个角色糅合到一起。

李斯特的人格丰富、分裂、不和谐、不稳定，直到将近60岁才慢慢水落石出。他天真简单，温柔多情，渴望不断有充满才华和热情的美女赞美他、围绕他，给他注入源源不断的创作活力和灵感，他和玛丽·达古、卡洛琳·冯·赛因-维特根斯坦的故事是他艺术和生命中重要且不可或缺的部分，他是同时代的柏辽兹、19世纪音乐界的毕加索；他自命不凡、傲慢夸张，躁动不安、精力无限，甚至矫揉造作，用超技的演奏获取国王般的荣耀，沉醉于世俗声誉的争夺、荣耀和愉悦当中，挖掘了钢琴音响的所有潜力和交响乐团匹敌，创造了钢琴演奏的不朽传奇，他是同时代钢琴界的帕格尼尼，但他最终也成了听众的奴隶，他们不拜倒他就纠结；他又渴望与世隔绝，远离尘嚣，平息婚姻的挫折、子女的早逝、爱女的婚变、众人诽谤的世俗困苦，他充满了皈依上帝的宗教热情，甚至把这种热情奉献给众多的年轻人和瓦格纳。这三面混杂在一起，浓淡不均地伴随了他的一生。

我们至今不太清楚这三面哪些是他的内在人格或面具人格；哪些是来自他的潜意识或意识。他的人格是一个斯芬克斯之谜。但一条螺旋线似乎分明，那就是对世俗荣耀的不舍不弃和对独立自由、孤独沉思的执着，它们都发自其内在人格和潜意识，纠缠其一生。他的演奏和创作总是在炫技和内心精神世界表达中摇摆、争斗。相对他大量的演奏和作品而言，两者的平衡是稀有的事情。只有在他演奏贝多芬的后期奏鸣曲的时候，只有在他写作自己最严肃的交响乐作品和钢琴作品的时候，如《浮士德交响曲》《但丁交响曲》《旅行岁月》《B 小调钢琴奏鸣曲》《匈牙利狂想曲》，他才彻底达到了这种平衡。

李斯特的五个生活空间也反映出他精神世界的复杂性。1823—1835 年的巴黎岁月是他和浪漫主义文学和美术结缘并融入其中的时代，是他浪漫主义革命精神塑造和艺术解构、建构的时代。他大部分的音乐素养，基本上全部的文学、哲学修养都来自巴黎。没有巴黎岁月这个时代，我们是无法理解他的音乐对文学、绘画的偏爱。他从那时就一直认为音乐家在真正开始从事艺术之前，首先要提高文化修养。演奏技术固然重要，但最终要在艺术中被文化所吸纳和融化，否则再好的技术也是生硬的。

1835—1848 年是他遨游四方的时代，其中的 1839—1847 年是他钢琴炫技的辉煌时期；1848 年时，他常住魏玛，担任公国的宫廷乐长和乐队指挥；1861 年，50 岁的李斯特来到了天主教的中心地意大利罗马，开始了他的退休生活，在这段时间里，他对宗教的倾向日益强烈；1869 年，58 岁的他以神父的身份和宽容一切的心态再度回到魏玛，人格的分裂和不和谐开始化解，他的宽厚仁慈和艺术才华给自己和魏玛再度带来了活力；1875 年，他接受了布达佩斯音乐学院院长一职，他把几乎全部的精力都投身到了教育工作中，且不收学费。从此，他不断地奔波于魏玛、罗马、布达佩斯三地。魏玛是他创作艺术多样性展开的地方，继柏辽兹之往，开瓦格纳之来，提倡既有戏剧性和交响性的标题音乐。罗马是他灵魂安居、皈依神性的地方。布达佩斯是解决他民族归属的地方。

不过，这位一生艳光四射的人最后却在瓦格纳的光芒下，黯然失色。一位极其自负只能容下自己的人，最后见证了另一位更自大的人的梦想实现。瓦格纳巨大的阴影彻底吞没了他。1886 年，在拜罗伊特朝圣和看望孀居的女儿柯西玛时，75 岁的李斯特在孤立和遗忘中离世，死前低语着“特里斯坦”的名字。这时刻，他人格中的对立完全化解，只剩下对上帝，也许那时就是对瓦格纳的皈依。

李斯特是一位彻底改变古典主义形式的浪漫主义大师，是市民习气、学院传统的坚决敌对者。他把音乐作为无所不包的艺术，和当时的浪漫主义文学相贯通。他是钢琴形式、音响、风格的独创者，他认为肖邦的独创风格过于个性、亲昵，不能成为那个时代的普遍风格。

他把钢琴的音响潜能全部挖掘出来，使其成为了“万能乐器”来匹配浪漫主义作曲技巧的发展。他带来了交响乐气场的钢琴曲，十九首《匈牙利狂想曲》是巅峰之作。

他的演奏生涯充满传奇故事，但在 1848 年戛然而止，从此专心创作；1875 年之后，他只免费培养天才琴手，传承其技法和神韵。他相信技术是必须跨越的，这样才能在艺术中被文化化为无形。

他创立了标题音乐，相应的产品是十三首交响诗和两首交响乐，作品气势宏大，通常用一个主题的复杂变化，表现爱情、紧张和斗争、田园景色、凯旋的赞歌四部曲。他是这种新音乐的坚定支持者，尤其是瓦格纳的音乐，甚至不惜牺牲自己的荣耀和生命。不过必须指出，在 19 世纪所有的标题音乐家中，他是唯一能体会到贝多芬在其第六交响曲前写的“情绪的表现多于描绘”这句话意思的人。李斯特明确地规定了标题音乐的标准：文学、绘画的题材必须融化到音乐之中。

他还是一位好写作的评论家，不过今天读来觉得情感过于泛滥、语言过于夸张，言肥意瘦，难以卒读。

李斯特的演奏、作曲、教学无一不是以天才自我展示的方式进行，他和瓦格纳、马勒一道创造了 19 世纪浪漫主义音乐家的传奇和音乐作品的奇迹。

你会永远爱着勃拉姆斯

从艺术理论的角度来看，艺术不仅是精神，也是精神的外在化，是一种有分量的物质。如此，我们都是不同程度的古典主义者，相信物质和形式的力量。

古典主义者由于内心世界的克制和平衡，与形式的相处是自然的，很少具有紧张和破坏的关系；而浪漫主义者强调内心的解放，他们与形式的关系往往是紧张的，甚至是破坏性的，需要对形式不断地解构和建构。

19 世纪的浪漫主义主要有三种形态：一是古典主义的浪漫主义；二是小型的浪漫主义。勃拉姆斯一方面继承了贝多芬古典主义的浪漫主义，一方面继承了舒伯特、舒曼开创的小型的浪漫主义。古典主义的浪漫主义对情感是克制的，同时把它放置到古典主义的形式中加以表述；小型的浪漫主义找到规模不大的自由形式，把情感充分地表达出来。

西欧 19 世纪浪漫主义音乐发展的另一个重要方向以柏辽兹、李斯特、瓦格纳为代表，然后延伸到布鲁克纳、马勒、理查·施特劳斯那里，这是浪漫主义的第三种形态——大型的浪漫主义。这是一些对室内乐、独奏曲（李斯特除外，但李斯特的钢琴曲是追求交响性的，除了《B 小调钢琴奏鸣曲》，都是非古典主义形式的）不感兴趣的作曲家开创的，他们致力于交响乐队的编制、音色和形式的发展。传统的室内乐和独奏曲对他们的局限太大，都不能满足他们的创作要求，交响乐团不断扩大的音响空间、不断丰富的音色是他们表现思想、情感的理想工具。

他们把音乐当成无所不包、发现人和宇宙本质的艺术。这样，音乐被扩展到文学、哲学、宗教领域，并不断在其中汲取灵感，成为一个包罗万象的综合艺术。然而在这股浪漫主义席卷一切的潮流中，有一个无动于衷的反大型浪漫主义潮流的人物——勃拉姆斯。

他的无动于衷并非因为他是艺术上的失意者、出言不逊的小作曲家、不成功的演奏家、顽固不化的批评家。他成功地延续了海顿、莫扎特、贝多芬、舒伯特、门德尔松，直到舒曼的德奥音乐传统。他创造了最后的、真正伟大的古典艺术。在他之后，这座大厦轰然坍塌。他是一位孤独的旅行者，执着地向着自我选定的目标前行，把古典主义的传统上升到新的诗意境界。

勃拉姆斯是一位严谨的传统主义者，他自认为是古典形式的保护者，相信新的事物依然可以用古典主义的形式加以表现。这一点使他和改革派柏辽兹、李斯特、瓦格纳大相径庭。他不欣赏他们的标题音乐、交响诗、乐剧，不相信在他们外在“混乱”的结构和音色中能产生什么新的艺术。

实际上，勃拉姆斯本人并不具有主动探索新形式的冲动，他只是尾随导师舒曼在钢琴曲、艺术歌曲方面做了纯粹浪漫主义的尝试；尤其他的浪漫主义情感具有内在的平衡性，在古典形式中就足以安放，他不需要自找麻烦去创立什么新的形式。勃拉姆斯古典主义形式的浪漫主义是纯粹发自内心世界的。

在所有的浪漫主义作曲家中，他最为出色地处理了浪漫主义的抒情性和古典主义曲式的矛盾。在他平静、均衡的古典主义背后隐藏着一种浪漫主义的悲剧哲学，一种悲观主义的和退隐忍让的世界观。在他的音乐里找不到真正的快乐。他以一种贵族式的精神，把这种哲学和世界观融入到让人缅怀的形式当中。

1862 年，29 岁的勃拉姆斯在维也纳定居，此后的 35 年他一直以维也纳为活动中心。 他的音乐既反映出德国北部的纯朴无华、严肃庄重，也体现了维也纳的妩媚动人、亲切温柔。 他把北方的忧郁苦涩和南方的优美绮丽融为一体，变得精美优雅，风韵独特，妥妥地安放在古典主义的形式当中。 他的音乐自始至终带有强烈的怀旧色彩、悲观忧郁的情绪，但一直保持着节制和优雅。

勃拉姆斯是一位精益求精的作曲家，他的全部作品都是经过精心和慎重计划的。 他现在遗留的作品都是自认为成熟的、可以出版的，至于那些他不满意的手稿都没有留存下来。 每当他看到自己的作品缺乏诚意或者创造性时，他就把它们无情销毁。当他估计到前人不可超越或者不可接近时，他就为自己的创造力另择他路。 因此，他较早地放弃了钢琴奏鸣曲和弦乐四重奏。

同贝多芬相比，勃拉姆斯强烈地受制于过去，热衷于依附古典的理想，因此他只能将古典形式进一步深化、成熟。 而贝多芬热心于征服，经历着从作品到作品、风格到风格的巨大转变。在贝多芬那里，古典主义的形式是一个过程，是一个完成和综合，他在不断地表现自我意志和情感活动中探索它、创造它，因而他永远向前，这是他英雄风格的一种体现方式。

对勃拉姆斯而言，古典主义的形式已经是一个完美的框架，他的创造过程就是抓住它、把握它，把他的思想和情感融注其中。 古典主义在他那里成为一个美丽的投影、一个美妙的回声。 勃拉姆斯对后世没有产生什么影响。 他的艺术是完美的，我们可以陶醉其中，却不能从他那里走向未来。

但是，勃拉姆斯把孤独、沉思、忧郁、服从命运的情绪以优雅、完美的古典主义形式包裹给我们，散发着温和迷人的魅力，我们永远会爱着勃拉姆斯。

附：有关勃拉姆斯的七个问题

1. 《凤凰·留声机》系列为何首选勃拉姆斯出版？

第一，音乐史一般是噪音—熟悉—接受—顺耳不断演进的历史，过往的对位、和声、配器、节奏、旋律、强弱方式被创新所替代，一开始耳朵不能接受，但不久成为习以为常的事情，后来又成为被替代的东西。音乐史一直是否定习以为常的好听的历史。

很多伟大音乐家的作品可能“不是很好听”，他的音乐要否定原来固定的模式，要有变化，它会变得一度或者一直不好听。它们会把过去好听的、听多了审美疲劳，甚至腻味的东西解构掉。

我们选择第一位音乐家要处于噪音—熟悉—接受—顺耳谱系的中间区域。中间地带的作曲家处于旋律为主向音色对比、调性变化为主的转移地带，前者容易被感觉把握，后者捉摸不定，似乎只是技术游戏。因此勃拉姆斯是最好的选择。

就历史而言，他处于近代和现代的交汇处，是浪漫主义和古典主义汇聚一身的最后一位音乐家。就个人而言，他有许多优美的作品和旋律，直接把听众带入；也有很晦涩的篇章和段落，需要相当的素养和修养方能把握。如果从古代或现代作曲家入手，是这一系列图书选择的风险。下一位作曲家是拉赫玛尼诺夫，也处于中间地带。

第二，音乐的空间展示是复杂的。独奏曲、奏鸣曲、室内乐、交响乐、合唱曲、歌剧本身空间的大小就不一样，同一种体裁在不同的作曲家那里拉伸的空间大小也不一样。听众会在不同空间里安置自己的感官和灵魂。

勃拉姆斯有优秀钢琴曲、室内乐作品，也有规模较大的交响乐作品。从书房、乡镇、城市、河流、森林、山川，各种空间尽揽其中。我们会以音乐空间的多样性作为这一系列书最初一些作曲家的选择标准。19世纪以前的作曲家的空间是单一的，无非城市和宫廷，20世纪后的音乐家的空间具有多样性，但是理解他们的音乐语言和空间的关系需要更多的适应力。所以首选勃拉姆斯，然后是拉赫玛尼诺夫，能够提高我们的适应力。

2. 我在《凤凰·留声机》总序中提到：我们没有办法直接去接触音乐，需要演绎家作为媒介。有人问我：你最喜欢的勃拉姆斯音乐的唱片演绎是什么？

你一开始接触的版本很重要，如果非常好，甚至非常经典，除非后来遇到特别打动你的，基本上会认为第一个最好，这是好运气加路径依赖。三十年前听CD唱片时候，我接触的都是当时优秀的，甚至已经是经典的版本。

最初我听到的勃拉姆斯的小提琴协奏曲和双协奏曲版本是艾萨克·斯特恩（Issac Stern）、李纳德·罗斯（Leonard Rose）、尤金·奥曼迪（Eugene Ormandy）和费城交响乐团的版本，这两首曲子的优秀版本比比皆是，几张较新的版本是瓦季姆·列宾（Vadim Rapin）、特鲁尔斯·蒙克（Truls Mork）、里卡多·夏伊（Riccardo Chailly）和莱比锡布商大厦管弦乐团的版本，丽莎·巴蒂雅施维莉（Lisa Batiashvili）、克里斯蒂安·蒂勒曼（Christian Thielemann）和德累斯顿歌剧院管弦乐团的版本，莱昂尼达斯·卡瓦科斯（Leonidas Kavakos）、里卡多·夏伊（Riccardo Chailly）和莱比锡布商大厦管弦乐团的版本。

最初我听到的勃拉姆斯两首钢琴协奏曲是埃米尔·吉列尔斯（Emil Gliels）、欧根·约胡姆（Eugen Jochum）和柏林爱乐的版本，虽然后来我收藏了许多勃拉姆斯的钢琴协奏曲版本，但一些和小提琴协奏曲一样我都没有时间听，时间实在是太奢侈、太稀缺的资源。后来听得比较多的是毛里奇奥·波利尼（Maurizio Pollini）、卡尔·伯姆（Karl Bohm）、克劳迪奥·阿巴多（Claudio Abbado）和维也纳爱乐的版本，毛里奇奥·波利尼（Maurizio Pollini）、克里斯蒂安·蒂勒曼（Christian Thielemann）和德累斯顿歌剧院管弦乐团的版本，海伦·格里莫（Helene Grimaud）、安德里斯·尼尔森斯（Andris Nelsons）和巴伐利亚广播交响乐团、维也纳爱乐的版本，以及克里斯蒂安·齐默尔曼（Kristian Zimerman）、西蒙·拉特尔（Simon Rattle）和柏林爱乐的第一钢琴协奏曲版本。一直想听格林·古尔德（Glenn Gould）、伯恩斯坦（Bernstein）和纽约爱乐那张离经叛道、极慢的版本。这个版本在我的古尔德全集里没有，是新发行的，很想拥有一张。

最初我听到的勃拉姆斯交响曲是奥托·克伦佩勒（Otto Klemperer）的版本，一听就爱上他古典主义指挥风格的持重、丰满和温馨。不过里卡多·夏伊（Riccardo Chailly）和皇家音乐会堂管弦乐队、莱比锡布商大厦管弦乐团的两套版本也很精彩，磅礴而流畅。克里斯蒂安·蒂勒曼（Christian Thielemann）和德累斯顿歌剧院管弦乐团的演奏是近来我听过的最好的版本。

最初我听到的《德文安魂曲》是卡拉扬和维也纳爱乐，以及和柏林爱乐的两个版本，大气、浑厚、悲凉、动人的第二乐章是我最喜欢的勃拉姆斯的篇章，甚至认为应该是每日晨曲。克劳迪奥·阿巴多（Claudio Abbado）和柏林爱乐的版本，以及约翰·埃利奥特·加德纳（John Eliot Gardiner）和革命与浪漫主义管弦乐团、蒙特威尔第合唱团的版本都是上乘之作。

唯一感到特别奇怪的版本是谢尔盖·切利比达奇（Sergiu

Celibidache）和慕尼黑爱乐，以及他和斯图加特广播交响乐团的两套版本。他的速度真慢，喜欢他的抒情，但是总是感到力量上不去。我是一个不挑食的人，名家演奏总有他的道理，除非实在糟糕。好像收藏的录音版本中我没有遇到糟糕的勃拉姆斯。勃拉姆斯如此严肃，演绎家们都有一点朝圣的心态。

3. 勃拉姆斯的作品类别很丰富，空间体量也很不同，是大编制或者室内乐都喜欢吗？请说说喜欢的勃拉姆斯作品带给自己的感受。

他的所有音乐作品基本上都喜欢，而且特别耐听。他精益求精，把不满意的作品都销毁了，他的作品全集并不庞大，46张CD，完全可以集中听完，几乎没有忽悠的作品。

他较早的时候放弃了钢琴奏鸣曲和弦乐四重奏，他可能发现自己在这两个体裁上难有作为。他的浪漫主义形态的独奏钢琴曲、艺术歌曲和古典主义形态的室内乐特别符合他的精神气质。勃拉姆斯最早打动我的是他的管乐室内乐，后来喜欢上他所有的室内乐，完全可以感到他是一位孤独的旅行者，执着地向着自我选定的目标前行，把古典主义的传统上升到新的诗意境界。越是喜欢勃拉姆斯，你越会喜欢他的独奏钢琴曲、艺术歌曲和室内乐，那是他最隐秘细腻动人的纯粹浪漫主义内心世界。

勃拉姆斯把**孤独、沉思、忧郁、服从命运的情绪以优雅、完美的古典主义形式包裹给我们，散发着温和迷人的魅力。当然在独奏钢琴曲和艺术歌曲、合唱曲里，他的浪漫主义是直截了当的，也是克制平衡的。**

4. 有人问我在《凤凰·留声机》总序中提到音乐“历时”和“共时”的概念到底是什么意思？

我这里假借了瑞士结构主义语言学家索绪尔的概念。结构主义语言学相信语言系统处于历史的演变中，但这并不重要，语言系统在当下的各种要素的关系才是重要的。

我们对音乐、绘画和文学的接受总是受到历时的影响，容易被一位音乐家的生平、流派之间的风格演变、时代的更迭占据，后来者总是高级的。其实对音乐、绘画、文学来说并非如此，在共时性上，它们比一般的文字语言更有说服力，它们更不是科学技术。它们是人性的审美体现，人性总体是共时的。要多听，把历史的音乐变成当下的音乐，把深变成广。对多数人而言，做一位敏锐、丰富的听者比音乐史学家更重要。我是主张什么都去听，去感受，不要历史感太强，要有当下感。我们并不要知道《伊利亚特》的历史背景，我们就能感受到阿基琉斯为何两次发怒，他3000多年前的愤怒也是我们的愤怒，他3000年多年前的怜悯就是我们的怜悯。文学如此，音乐自不待言。

5. 有人问我在《留声机》总部策划这本书的感受。

《留声机》的特点在于关注音乐的演绎家，他们是我们接受音乐必须的媒介。演奏家、指挥家、声乐家、乐评家、音乐理论家都在这里谈论对作品的理解，谈论演绎家们的个性表现，这是这个杂志的特点，并且它一直关注当下的演绎家，而非只是经典的演绎家，这为我了解和收集当下的版本提供了重要的路径。在总部那里我没有太多的感受，去过两次，和他们的主编、经理谈得很好，一拍即合，就像同事。几年来一直在读这本杂志的英文版本，让我十分关注当下最重要的各类音乐演绎家。

6. 有人问将音乐和文学两种艺术形式碰撞的感受。

在接受器乐作品的时候最好不要碰撞，文学是文学，音乐是音乐。阅读时有音乐的联想，听音乐时有文学的联想，这种通感可以增加审美的丰富度。但阅读和音乐同时享用是对文学和音乐的误会，伟大的文学和音乐都需要专注才能汲取。

器乐和文学在产生的时候需要碰撞，互相给予灵感和启迪。但应该是偶尔会会面，相互触发一下即可，然后各走各路，各自发挥自己的功能。

文学是想象和象征的世界，但它的含义即使再丰富和抽象，也不能和器乐相比。所以器乐是诡异和狡猾的艺术。所以文学经常被引用、谈论、绑架，最后容易堕落成电视剧、电影、其他产业的附庸。器乐似乎还有独立性。器乐和抽象绘画可以是艺术最后的堡垒。

声乐作品是音乐语言和文字语言碰撞的地方，通过较为具体的文字语言，人相对容易产生和把握音乐的含义，用音乐感染和照亮思想，用思想联想和理解音乐。因此声乐有时是危险的，破坏音乐的抽象性，但如果要维持这种抽象性，可以去听非母语的声乐作品。

7. 音乐经常有从噪声逆耳到顺耳的转变，有人问我音乐和文学有什么不同。

音乐史、美术史、文学史一直处于噪音和顺耳、变形和和谐、叙事语言—结构的创新和传承这些两元的对立和变化上。

文学都用文字语言表达，每个人都可以不同程度地接受文学、理解文学，这里没有音乐语言的门槛。人们不太能忍受文字语言的创新，因为大家天天在用。人们能忍受音乐语言的抽象和创新，因为大多数人不是使用者，只是接受者。现代主义文学在文字语言上创新并不成功，轨迹也不清晰，而音乐、绘画的创新非常成功，轨迹也清晰。记得英国作家巴恩斯在《另眼看艺术》中有类似阐述。

说不尽的古斯塔夫·马勒

20多年前编辑爱德华·谢克森（Edward Seckerson）的《马勒》传记的时候，马勒对我还是抽象的，我才接触到他的第一、第四、第五和第八交响曲，加上《大地之歌》，且觉得其音乐和习惯听到的声音完全不同，空间庞大散漫，配器嘈杂古怪，情绪变动无常，如泛滥的大江大河。最近此书再版时，他的音乐已经成为非常具体的、耳熟能详的、大多顺耳的世界。

这本传记集中于马勒的人格对其音乐的影响，以及其指挥生涯对其音乐的影响，而非直接论述其作品的特质。其中文版本腰封上的话是我对马勒的总结：要了解20世纪的古典音乐，马勒不可跨越；要成为世界著名的乐团，马勒不可跨越；要成为真正的古典音乐爱好者，马勒不可跨越。但似乎少了一句：一个现代人的灵魂，马勒不可或缺和跨越！这四句话，每一句都是我20多年来对他音乐的体验。我不愿激发读者去搞一场过时的也根本无法搞大的马勒崇拜。马勒只属于深刻体验和理解他的人，而崇拜无需这样的体验和理解。

马勒的音乐是大型的浪漫主义音乐的总结和极致。诚如1907年他和西贝柳斯所言：交响曲就是这个世界，它必须无所不包。浪漫主义的所有要素——大自然、神秘主义、民间文学、浪漫主义文学、唯心主义的哲学——得到了充分的运用。在他那里，复杂的配器、人声和乐队的组合、多变的音色、庞大的乐队，汪洋恣肆，波澜壮阔，大起大落，制造出属于大自然、世界和宇宙的音乐。这种音乐映衬了他的丰富、广大、充满内在矛盾的灵魂。

他的音乐是对知识分子三种复杂生存状态——对死亡的恐惧、对生命的留恋、对大自然的沉迷，现代生活引发的喜怒无常，灵魂的碎片化和自我嘲讽——的融合，这一复杂而破碎的前现代、现代和后现代三种精神状态的混合，都深深吸引了当代知识分子。他的音乐是对新的音乐形式——配器的变异效果、奇异色彩、特殊组合、大小调之间不息的互动、调性的含糊隐晦、不和谐音的运用和保留，等等——的预言，使他成为新一代更前卫的音乐家的偶像。

犹如贝多芬连接18世纪和19世纪一样，马勒在精神和艺术上独树一帜，承前启后，是连接19世纪和20世纪的桥梁。

一定要听的古典音乐就是各种重要版本的马勒交响曲，这对企业管理和经营充满启迪意义。它们都是一流指挥家和交响乐团在马勒的声音世界里的神奇漫游，非一般人和群体可以驾驭。这个世界广大、丰富，有重量和密度。掌握不了控制平衡关系的一般方法，掌握不了控制条块清晰的线性结构方法，特别是协调处理突发事件的混沌结构方法，指挥和乐团会在马勒音乐的演绎中迷失和散架。杰出的指挥家是一个杰出的总经理，杰出的乐队是杰出的公司，知道控制平衡关系，掌握线性结构和混沌结构。

在耳朵还通畅的时候，要抓紧完成这一工作，听力混浊时难免遗漏细节，我现在遗漏得越来越多了。

马勒的维也纳和他的时代

1875年9月，15岁的马勒进入维也纳音乐学院，1880年离开此地，四处游历，担任多地剧院的指挥，在莱比锡、布拉格、布达佩斯、汉堡声誉渐隆之后，于1897年再次回到维也纳，在与维也纳歌剧院十年的爱恨情仇中，他成为指挥史上第一位伟大的指挥家，并最终成为第一位出身伟大指挥家的作曲家。当时可以望其项背的是小他四岁的理查·施特劳斯。但就把作曲作为神圣事业执着不懈，作为发现自我和守卫自我的手段，在现实利益面前不让步的精神而言，施特劳斯不可与马勒同日而语。施特劳斯只要能赚钱，任何指挥邀约来者不拒；只要听众喜欢，浮夸不适的迎合也不会引发他内心的焦虑。

在欧洲，几乎没有一座城市像维也纳那样热衷于音乐生活，几个世纪以来，哈布斯堡家族统治的奥地利（1273—1918）既没有强烈的政治野心，也没有巨大的军事行动。在松散的神圣罗马帝国（962—1806）当中，奥地利特别是它的首都维也纳显得格外繁荣昌盛，到20世纪前后已经是一派歌舞升平的气象。居住在这座城市的国王大多是狂热的音乐爱好者。玛丽亚·特蕾莎女王（1740—1780年在位）曾让格鲁克指导她女儿们的音乐教育，莫扎特在她的宫廷里显示了音乐神童的才华。与母亲一度同掌朝政的约瑟夫二世（1765—1790年在位）作为一位行家和莫扎特一起讨论过这位古典大师的歌剧作品。利奥波德二世（1790—1792年在位）自己曾作过曲。这个城市在马勒之前出过八位目前还未朽的音乐大师——格鲁克、海顿、莫扎特、贝多芬、舒伯特、勃拉姆斯、约翰·施特劳斯和布鲁克纳。

欧洲文化的潮流都汇聚在这里。这座城市把德意志、斯拉夫、匈牙利、西班牙、意大利、法兰西、佛兰德斯的文化熔于一炉，使之成为独特的奥地利、维也纳文化。这座城市与大自然融为一体，居住在城市边缘的市民很难明显地感觉到葱郁的山林、绿色的田园是怎样变成城市的建筑、街道。维也纳在外表上成为每一位不懈于博采、热衷于创新、陶醉于生活的艺术家最温暖和舒适巢穴。但必须看到，它对原创性作曲家的爱恋难免有生前和身后之别，许多这样的作曲家生前在这里总是潦倒不堪或受到排斥，得不到青睐。

马勒生活在弗朗茨·约瑟夫一世（1848—1916年在位）统治下的奥地利帝国（1804—1867）和奥匈帝国（1867—1918），欧洲历史上很少有哪位皇帝像弗朗茨·约瑟夫一世那样统治过如此广阔的疆域。他治下的领土包括今天的奥地利、匈牙利、斯洛伐克、克罗地亚以及塞尔维亚、罗马尼亚、波兰、乌克兰和意大利的一大部分。在民族主义者眼里这位皇帝是罪恶的，他剥夺了这些民族的独立自由的权利，他给统治下的各民族制造了一个庞大的监狱。不过他犯下的罪行同数十年后第三帝国给这些民族制造的战争、种族灭绝、恐怖统治相比是小巫见大巫了。他对犹太人的宽厚、对奥地利人的仁慈给整个帝国带来了和平和经济繁荣。尽管他和前两位皇帝——弗朗茨二世（1792—1835年在位）、费迪南一世（1835—1848年在位）一样对艺术方面的事情不再感兴趣。他在位期间，除了阅览军队花名册以外从未读过一本书，甚至对音乐流露出反感，但他依然对文化艺术领域特别优待宽容。这样，维也纳继续保持着自格鲁克、海顿、莫扎特以来培育起来的音乐传统和氛围。不过在约瑟夫一世统治时期，贵族都放弃了传统的对音乐赞助的行为，例如埃斯特哈齐家族对海顿的资助，洛布科维茨、金斯基、华尔斯坦家族对贝多芬的支持，这样的黄金时代一去不复返了。贵族赞助传统的消失，一方面使作曲家失去了安心创作的条件，并使得他们开始关注生存和创作的关系；另一方面，他们也获得了更为广阔自由的创作空间。市民阶层，特别是犹太市民从贵族那里接过了支持音乐的接力棒，开始孕育起布鲁克纳、勃拉姆斯、约翰·施特劳斯、理查·施特劳斯、雨果·沃尔夫这样一些伟大的音乐家。这些市民知道只有保持对音乐的热爱，尤其是对维也纳音乐的热爱，才能算得上是真正的维也纳人，才具有维也纳人的灵魂，才无愧于生活在这个美丽的城市当中。没有音乐家，维也纳人似乎就消失了。但有了马勒，维也纳人的音乐水准又有了非同一般的提高。

马勒的生平

马勒1860年出生在奥匈帝国治下的波希米亚。尽管父亲只是一个小酒厂的老板，粗暴鄙俗，但他很早就发现了马勒非凡的音乐才能。马勒6岁就开始学习钢琴，15岁被送到维也纳音乐学院学习钢琴、和声和作曲，并成为当时被冷落在一边的布鲁克纳忠实友好的追随者。马勒作为乐队指挥开始自己的音乐生涯。这同莫扎特、贝多芬作为演奏家开始自己的音乐道路完全不同。这种差异形成了他对交响乐体裁的强烈偏爱。1880年，20岁的马勒离开学院，辗转于各地，就任哈尔、莱巴赫（今天的卢布尔雅那）、奥尔米茨、卡塞尔、布拉格、莱比锡等地的乐队指挥。从莱比锡开始，马勒的指挥名望建立了起来，有关他的指挥的传奇故事越来越多。马勒使得乐队指挥不再是打拍子的人，而是挖掘交响乐深层结构和涵义的人。

1888年，马勒任布达佩斯歌剧院的首席指挥，他的指挥才华和管理乐队的行政能力首次得到了全面发挥，但匈牙利狂热的民族主义者无视马勒的才华以及爱乐者对他的热爱。1889年，他的第一交响曲《巨人》由他亲自指挥在歌剧院上演，大胆的配器和奇特的音效使人耳茫然。批评家们倒是反应强烈，不过他们根本没有理会到这些管弦乐技法后面的精神世界。

1891 年，马勒去汉堡任歌剧院首席指挥，组建了一支出类拔萃的歌唱家队伍，并把他们训练成能歌善演的人才，借此传播了瓦格纳的《尼伯龙根的指环》《特里斯坦与伊索尔德》，以及贝多芬的歌剧《费岱里奥》。汉堡歌剧院完全是一个高速运转、以分红为分配机制的商业机构，高速运转的演出让马勒精疲力竭。1894 年他又完成了第二交响曲《复活》。此后，马勒始终坚持夏天开始作曲，冬天开始指挥，一直处于紧张的状态之中。

这种生存方式对现代许多艺术家来说都具有典型意义——一个艺术家经常首先是一个劳作者，先维持生计，后从事创作工作。特别是在其创作过于个性化和边缘化，一直缺乏经济效益时，去做一个辛勤的劳作者更为必要。但马勒心中的执念是：只要作曲不被淹没，什么都可以忍受。所幸的是，马勒把他的指挥劳作和他的作曲劳动部分贯通和重叠起来。更值得庆幸的是，马勒的指挥工作大都也是为心的劳动，而不是谋生的劳作。如果不是一位竭力完美表现交响乐的指挥，并投身到当时前卫交响乐和歌剧作品的阐释当中，马勒的交响乐作品的探索和成果难以想象。不过投入身心的指挥和创作对他的身体造成了巨大的伤害，这和莫扎特的经历何其相似。

1897 年，马勒舍弃犹太教，皈依天主教。采取这一步骤的动机首先是为他前往反犹太情绪日趋强烈的维也纳铺平道路；另外，马勒这一代知识分子已深深地扎入德奥文化之中，感到自己是这一文化的一部分。不过内心深处的异乡人无家可归的阴影挥之不去："奥地利人说我是波希米亚人，德国人说我是奥地利人，其他地方的人则说我是犹太人。"

也就是在这一年，他接受了维也纳歌剧院首席指挥和艺术总监这一具有绝对权力的职位。这是奥地利音乐界最重要的音乐职务。1897—1907年，马勒在这里干出了永垂青史的业绩。十年来他指挥了1000多场演出，四分之一是瓦格纳的歌剧。他以满腔的热情、毫不动摇的理想和献身精神、不屈不挠的意志置身于他力求完美的事业中。他使歌剧院不仅流光溢彩，而且充满着暴风雨的气氛。他大胆地改革了歌剧演出的手段、舞台、灯光设施。他所建立的现代交响乐指挥和演奏的标准至今依然无人超越。在他接受歌剧院指挥一职时，法国马斯奈的作品正红极一时，而当他离职时，他已经教会许多肤浅的维也纳听众尊敬起格鲁克、莫扎特、贝多芬、瓦格纳了。

“我对什么事情都可以让步，但在音乐方面绝不。其他歌剧院总监只顾自己把歌剧院拖垮，我只顾歌剧院把自己拖垮。”这种不妥协必然为他树立了许多敌手。在歌剧院的最后几年，他被一些反对者弄得精疲力竭。尽管他已经把维也纳歌剧院改造成欧洲首屈一指的表演团体，但反对他的阴谋并没有因此而减少和收敛。1907年，他心爱的长女年仅四岁夭折，他也发现自己患有心脏病。幼时就深藏的死亡阴影弥漫开来。他被迫辞职。

1908年1月，他接受了纽约大都会歌剧院的邀请，指挥瓦格纳的《特里斯坦与伊索尔德》，并接受歌剧院聘请担任指挥。他希望在50岁前以劳动挣足钱来安度晚年，可以以从未有过的安静心情来从事作曲工作。疲于奔命与指挥和作曲之间，不仅使他心力交瘁，且难免分心，1909年他又担任了纽约爱乐乐团的指挥，强烈的个性使他在纽约的三年生活一直处于动荡之中。这位连奥匈帝国皇帝都不敢干预的大师在那里依然受到人们的非议和排斥。

1911年，马勒在和纽约爱乐乐团共度过一个繁忙的演出季后，受链球菌的感染病倒了。他决定去巴黎去治疗。然而一切都是徒劳的。最后他黯然神伤地回到了让他爱恨交加的维也纳。5月18日临终前，他躺着用一个手指在被子上指挥，嘴里一直念叨着莫扎特的名字。不知是他已意识到死亡意味着再也听不到莫扎特的音乐，还是他希望快点去天国会晤这位先去的大师。

对歌剧院工作的一丝不苟和对作曲的眷恋，使得马勒两路同时开战，远远超出了自己的负荷。他生活在一切之中，一切生活在他之中。他是自我燃烧而死的人。他的一生抵过别人几辈子。

按照马勒的意愿，他和四年前夭折的女儿合葬。一个从来没有安静过的灵魂终于永远无声无息了。维也纳指责他的人也永远消停了，也很快把他忘记了。大家都不知道，一个马勒的时代在等了六十年后突然降临。但马勒知道，他说过：我的时代终将降临！

马勒的音乐世界和精神世界

作为作曲家，马勒生前人们对他毁誉参半。许多人认为他只是一位杰出的指挥家，他的音乐作品只是夏季假期的匆匆产物。为了获得指挥家的声誉和谋求生计，他两头用力，精疲力竭，难免顾此失彼。不少音乐专家进一步认为他的作品感情泛滥，结构松弛拖沓，甚至哗众取宠，至多是一个冒牌的、勉强算得上是作曲家的作曲家。

同时，他的极少数门生和仰慕者对他崇拜得五体投地，几乎到了狂热的地步。理查·施特劳斯、布鲁诺·瓦尔特、威尔伦·门盖尔贝格、奥托·克莱姆佩莱尔、阿尔班·贝尔格、安东·韦伯恩都对他的作品大力支持和鼓吹。

20 世纪 50 年代，马勒最忠诚的弟子布鲁诺·瓦尔特也对马勒在音乐史中的地位感到疑虑。到 20 世纪 70 年代，马勒的音乐出人意料，风潮突起，真的应验了他是我们时代精神和音乐气质的预言者。专场音乐会难以计数，全套唱片录音和优秀的录音版本层出不穷，皆出于大指挥家和大交响乐团之手。马勒的时代真的降临了。

最伟大的指挥家伯恩斯坦（他和马勒很像，是杰出的指挥家和才华横溢的作曲家，其作品的价值也许也远远没有被发掘）、布莱、海汀克、库布里克、索尔蒂、阿巴多、辛诺波尼对他的作品竭力诠释，捷杰耶夫、夏伊、尼尔森斯、杜达梅尔这些后起之秀，无不以指挥马勒作为自己能力的证明。他的音乐成了 20 世纪 60 年代之后指挥家展示指挥艺术的巨大试验场，成为交响乐团、演唱家的竞技场。

指挥马勒的交响曲不但要具有控制平衡美学的一般方法，还要有控制条块清晰的线性结构方法，还特别要有协调处理突发事件的混沌结构的方法。他的交响曲是应对当今不确定、难预测世界的启示录。

马勒交响乐有四个要素：空间宏大的结构、变幻无穷的配器、突如其来的情感变化和鲜明对比、复杂多端的精神内涵。当这些要素混合在一起的时候，就具有了被不断阐释的巨大潜力。他的交响乐已经被普遍认为是 19 世纪和 20 世纪传统维也纳古典音乐和新时代音乐的桥梁。勋伯格把他视作为一位传统的音乐家，同时又是一位拓荒者。

他的音乐目标是：展现丰富破碎而变化无常的心，包孕自然万象，从而传达灵魂和宇宙的全部奥秘。他的音乐是19世纪浪漫主义的最后高峰，耗尽了浪漫主义的所有精神内涵和艺术工具。他奇特新颖、标新立异的音乐语言，动荡不安、神经质般的精神世界越来越得到当代知识分子的共鸣。

马勒的音乐虽然成了古典音乐的时尚，但对许多爱好古典音乐的中国听众而言，依然是一种行走在声音和灵魂边缘的音乐。他的音乐本质上是彻底的小众知识分子文化，不可能被多数人理解和接受。大多数知识分子也会对这种音乐在心底里持有保留态度。去听马勒是因为他已经成了一个时尚符号，去听马勒是一个自我认同和被他人认同的过程和标志而已。

就音乐表现而言，马勒作品中让人窒息的绵长音乐线条、表现效果丰富的和声、眼花缭乱的音乐色彩，都使他跻身于最杰出的交响乐大师和配器法大师的行列；他经常采取室内乐的手法来处理大型交响乐的音色表现，使音乐织体清澈明亮，避免了因采用大块音响所造成的凝重效果，这种手法后来在肖斯塔科维奇的交响曲中表现得更为明显；在马勒的交响乐中，通俗的乐句和深奥的句子双管齐下，错综复杂的转调和明确的调性相辅相成，难以捉摸的复调手法和大胆革新的和声、配器相互交织，使得他的音乐表现毫无俗套，给人巨大的“陌生化”的刺激和震撼。

马勒扩大了贝多芬在第九交响曲中始创的声乐交响曲的概念，他的第二、第三、第四、第八交响曲以及《大地之歌》中都不同程度采用了人声。同时他的交响曲和他的艺术歌曲也有着不可分割的紧密联系。第一交响曲和声乐套曲《旅行者之歌》，第二、第三、第四交响曲和声乐套曲《少年魔角之歌》在主题上有直接的联系；第五、第六、第七交响曲又和声乐套曲《亡儿之歌》在内容上相互渗透。马勒的这三部声乐套曲是他交响乐的

"草稿"，他的交响曲则是这三部声乐套曲内涵的延伸和扩展。他的艺术歌曲精雕细琢，且用乐队伴奏，充满交响性，是舒伯特、舒曼、勃拉姆斯艺术歌曲之后的又一高峰，为阐释他的交响曲提供了最好的证据。他的声乐作品和舒伯特、舒曼、勃拉姆斯气质完全不同，器乐部分的交响化使艺术歌曲失去了钢琴和人声配合的亲切感和私密感。在交响乐的海洋中，声乐部分成了海上航行的船。

马勒的交响乐是集大成的熔炉，不仅有维也纳古典音乐优雅、甜美，也有维也纳人不曾有的自怨自艾、悲天悯人的悲观主义气质，更有德国人才有的神秘主义和哲学色彩。他把奥地利的音乐提高到前所未有的精神高度和水准。另外，他的音乐对奥地利田园的刻画和山林风光的描绘，辽阔壮美，无人可出其右。

他的精神世界是一个解忧杂货铺，除了浪漫主义的所有主题，死亡、命运、悲观主义、感伤主义、生命、大自然、神秘主义、民间传说、理想主义、人类博爱、上帝信仰全在他音乐的熔炉中。甚至奥地利的流行歌曲和维也纳的圆舞曲也融入其中，但都变得感伤起来。

童年时候兄弟的夭折、中年时候慢性病的纠缠、晚年时候女儿的夭折、自己的心脏疾病，都使马勒难以摆脱浓郁的悲观主义情结。尽管如此，他通过时而爆发无羁、时而隐忍不发的力量，生机勃勃地把死亡的情结提升到从未有过的精神高度。如果用一句话来概括他的音乐的话，那就是对死亡的体验，以及对死亡的各种处置方式——大自然、救赎、自我嘲讽、妥协、抗争。

最后以最浅显的方式来概括他的主要作品的内涵，可能是一条走进他气象万千世界的路径。《旅行者之歌》：失恋者的孤独之旅；第一交响曲：青春的生命之歌、反讽之歌；《少年魔角之歌》：对德国浪漫主义艺术家的世界的回应；第二交响曲：死亡的恐惧和救赎永生；第三交响曲：大自然奇迹的咏叹和沉浸；第四交响曲：清丽明澈下飘动的死亡阴影；《亡儿之歌》：充满感伤的回眸和预言；第五交响曲：死亡与光明的交织；第六交响曲：宿命的悲剧之歌；第七交响曲：音色缤纷世界中放松的歌；第八交响曲：生命、希望和救赎的咏唱；《大地之歌》：自然大美和生命最后时光的安然；第九交响曲：对死亡的恐惧和对生命不可舍弃的爱；第十交响曲（不残的残篇）：战胜死亡的决心和希望。

浪漫主义者和古典艺术的关系是多元的，马勒和勃拉姆斯正好站在对立的两个极端，贝多芬站在中间。马勒对古典艺术一直保持着无限的崇敬和依恋，这种心态一方面使他为自己的某些灵感而震惊，一方面几乎使他多次丧失能力。

马勒是彻头彻尾的浪漫主义者。同勃拉姆斯全心全意在爱好和创作上完全认同古典艺术不同，马勒具有敏锐的现代感受力和气质。同贝多芬充满激情和控制的巨大内在张力不同，他人格丰富而未被完全统合到整体当中，汪洋恣肆未被完全约束到形式当中。马勒的音乐特别需要指挥家、交响乐团的二次控制。一般的指挥家和交响乐团很容易在他的音乐世界里迷失和散架。

他的交响乐难免给人过于庞大、芜杂的感觉，但其中的绝大部分都出于他的亲身感受。每次听完他的音乐，都想穿过爱沙尼亚作曲家阿尔沃·帕特的《镜中镜》，把自己简化一下，平静下来。

马勒的第一交响曲

第一交响曲的缘起和变化

一般认为，这首交响曲创作开始于 1884 年，马勒当时 24 岁，刚刚完成他第一套重要的艺术歌曲集《旅行者之歌》（四首，1883—1885）。这首交响曲 1888 年完成于莱比锡。1884—1888 年，马勒辗转于卡塞尔、布拉格、莱比锡担任歌剧指挥。1889 年，布达佩斯爱乐乐团的一些成员邀请他为 1889—1890 年的演出季上演一部自己创作的交响曲，马勒就将这部分为两个部分（前三乐章、后两乐章）、五乐章的作品提交上去。现在我们听到的版本是没有原第二乐章的四乐章版本。

尽管法国研究马勒的权威德・拉・格朗日认为此曲第二乐章的谐谑曲可以追溯到 1876 年，它以钢琴二重奏的形式出现过；马勒于 1878 年创作的第一部合唱作品《悲叹之歌》为第一乐章提供了主题片段。但最明显不过的是 1884 年创作的《旅行者之歌》套曲为第一交响曲提供了主题素材：套曲的第二首《清晨我走过田野》成为第一乐章的主题；第四首《我爱人的蓝眼睛》一段优雅的旋律出现在第四乐章第二个插段中。马勒从此建立了他的交响曲和艺术歌曲之间的密切关系：前者对后者或直接引用，或间接改编，或原创植入，把歌曲的元素植入更大的有机体中；后者则采用交响乐队伴奏，把歌曲的船放在大海里航行。

第一交响曲起于一场失恋，但后来的内涵已经大大超越了最初的感情挫折。伟大作品诞生的逻辑往往是：艺术家在创作中，总是用更丰富的情感、理性、形式来约束、疏离、充实、提升，甚至超越直接来自生活的情绪、经验。

最初，马勒把这部交响曲称作交响诗。在第一、第二次公演时，节目单上都没有对乐章的解释或标题性的介绍。演奏人员的专心投入和观众的冷淡反应形成鲜明的对比。第一交响曲最初分为两个部分。1893年1月，马勒对它做了修改，并给每个乐章加了标题，以便理解和传播。同年10月在汉堡上演时还附加了详尽的解说。不少音乐家企图保持音乐的独立性和抽象性，但听众总是喜好将音乐性和文学、绘画、图像打通。19世纪的浪漫主义作曲家和听众一样，也有这样不同程度的偏好，以反对德国古典音乐的抽象理念。马勒置身于浪漫主义的潮流当中，自然多少也会顺应这一偏好。

第一部分当时被命名为《青春时代》：第一乐章“无涯的春天”、第二乐章“花”（Blumine，后被马勒删除，但由于配器精致、旋律优美，不断被单独拿出来演奏。1967年后，有人又恢复了五乐章的版本演奏）、第三乐章“满帆”（谐谑曲）。第二部分为《人间喜剧》：第四乐章“搁浅”、第五乐章“来自地狱”。马勒给这部交响曲冠以“巨人”（Titan）之名，但听众很难直接找到和古希腊众神之间的关系。也许是这部交响曲在当时已经是一个“巨人”了，五个乐章需要60多分钟的演奏时间。

标题音乐的问题

马勒对自己音乐标题化的处理，给后人的解释和理解带来很多难题：人们不知道是面对传统的绝对音乐，还是面对柏辽兹、李斯特开启的文学性、绘画性的标题音乐。面对纷至沓来的不同解释，他多次指出：他的音乐想法大多源起于文学和绘画，不过作曲中的个人感受远比最初的触发点和构思重要。归根到底，音乐是抽象的，最终超出文学和绘画含义的束缚；起码对抽象的解释是自由的。

有时，马勒对标题化处理的直率也十分不满，并且这种不满与日俱增，他后来反对一切对交响曲标题的说明。他要强迫听众在没有词语的引导下来接受一部作品。他认为标题和文字说明只能分散听众对音乐本身的注意力，害得天真的听众去搜寻文字说明中的每一个细节。过去他一度希望文字可以帮助听众更广泛地理解他的作品，但到了1896年，他对这种做法深恶痛绝：文字解释这种好心的处理，只能把听众引入歧途。事实上，马勒谈到第三乐章的“葬礼进行曲”时曾说：“我确实受到著名的儿童画《猎人的送葬队伍》的启发。但在这里，表现的内容是无足轻重的，重要的是应该表现那种氛围。最后一个乐章便是从这种氛围中突然一跃而出，仿佛乌云后的一道闪电。这只是受到严重创伤心灵，在经历了送葬行列阴风惨惨和愁云密布的压抑情绪之后，发出的一声呐喊。”由于这个缘故，马勒后来删去了“巨人”的标题以及各个乐章的标题。

我之所以花费时间谈论这个问题是企图表达一个关键问题：尽管马勒对第一交响曲和标题音乐的态度如此矛盾，但对绝对音乐和标题音乐不含偏见、偏爱的听众是不会非此即彼、此优彼劣的。他们相信音乐有其独立性、抽象性、自由性，也相信音乐和文学、绘画有着通感的联系，即使在绝对音乐中也在所难免。

具体的、描绘性的、超出绝对音乐的表现手法是标题音乐的精髓，作为对绝对音乐的突破，标题音乐丰富和拓展了音乐表现潜力。柏辽兹给他的《幻想交响曲》每个乐章加上了标题，表示他把交响曲看作是一部器乐的戏剧，只是“并不乞援于台词而已”。门德尔松在传统的曲式范围给他的《音乐会序曲》添加了不少描绘的成分。李斯特的交响诗更是大刀阔斧，他认为其中的音色、音响、节奏、旋律与题材、内容紧密相关，如果不给它们加上标题和序言，听众可能会错误地理解交响诗的内容。标题音乐“表现作曲家心灵的印象和经历，把它们转达给听众”，而绝对音乐“则按照一些规定的法则调度、聚合和连接一个个音，游戏般地克服难题，力求取得新颖、大胆、错综复杂、不同凡响的组合”。理查·施特劳斯也是标题音乐的大师，尤其是他1898年创作的《英雄生涯》、1903年创作的《家庭交响曲》，利用标题把交响乐的描绘功能发挥得淋漓尽致。一切音乐的成分都直接或间接地表现某一“标题”，这是一种对音乐认识的极端。另一个极端来自19世纪奥地利理论家汉斯利克，他在1854年出版的《论音乐的美》中对标题音乐进行了最严厉的批评。其实于听众而言，音乐无论是绝对的还是标题的，并不是最关键的问题，作品优劣高下最终取决于其内在的音乐性。

毋庸置疑，马勒音乐中的描绘性成分是显而易见的。在他的音乐中，标题音乐的内容、绝对音乐的内容贯通，共同构建了他的交响世界。

回到第一交响曲

1894年此曲在魏玛上演时，马勒删去了第二乐章“花”。无论在总谱、曲名、乐章名、乐章数量上，第一交响曲都经历了很大的变化和改动。这反映了当时马勒把它当作自己一生艺术创作里程碑的心态。他太需要乐队的接受、观众的接受；同时他也希望这部交响曲能够真实地表达自己的内心世界——大自然的朝气和明媚、人与大自然的交融、对爱情的幻想和对青春的赞美、对未来的渴望和对死亡的恐惧，这一切从不同侧面奠定了他后来交响曲的基调。

第一乐章是这部交响曲的精髓所在。引子一开始就十分开阔、清新、明朗，和神秘的气氛交融，充分展示了大自然闪光的早晨在一位浪漫主义者心中的魔力。第一主题是马勒最朗朗上口的旋律，来自他的《旅行者之歌》第二首《清晨我走过田野》，是这部交响曲精髓的精髓：第二乐章谐谑曲的前后两段主题，以及第四乐章英雄般的第一主题都萌芽于此。甚至被删去的原第二乐章“花”中的小号曲，以及第三乐章“雅各兄弟”的主题听上去也是为了适合这一主题。

第二主题掀起一个小高潮，初次显示出马勒心中的另一个大自然：伟大而庄严。

第一乐章充分展示了马勒音乐艺术的两个突出特点：一是他不喜欢用乐队的混合音色，而擅长表现个别乐器性格鲜明的音色，每件乐器特殊的表现力都得到了充分发挥。因此，虽然乐队建制庞大，但音乐织体的线条远大于混声，细致精密，透明清澈。这种配器处理和织体效果在肖斯塔科维奇的交响曲中也能听到。二是马勒在描绘大自然时，不仅表现了它的安详静谧、明媚怡人的一面，也表现了它狂暴惨淡、摄人心魄的一面。马勒不仅热爱自然的美景，也沉醉在它无尽的威力之中。

原第二乐章“花”是马勒最朴素单纯的诗篇之一。主题来自马勒少年时创作的作品，曾在24岁上演过一次，后来遗失了。这首感伤的小号曲旋律简洁，一听难忘。该乐章除旋律幽美以外，配器也是上乘：竖琴、定音鼓的微妙运用，增添了更多的神秘色彩。马勒为何删除这一乐章让人费解。

第二乐章谐谑曲的主题来自马勒早年创作的一首钢琴二重奏，并同第一乐章的第一主题有着显而易见的关联。主题的节奏具有巴伐利亚、奥地利民间舞曲——兰德勒舞曲的特点。与前后两段单纯、笨拙的兰德勒舞曲相比，中部柔和、温暖的维也纳圆舞曲就显得悠闲、散漫、松弛了。我喜欢马勒的第一交响曲，开始不是因为第一乐章，而是第二和第三乐章。

第三乐章风格特异，具有鲜明的对丑陋世界的嘲弄和讥讽。在低沉、均匀的葬礼进行曲节奏的背景下，加弱音器的低音提琴在通常不用的高音区演奏出“雅各兄弟”的主题，嘲讽意味十足。马勒的学生、著名指挥家布鲁诺·瓦尔特认为：“马勒在写这一乐章的时候，脑子里一定出现了巨人的形象。在巨人身上，马勒发现了绝望和蔑视以及可怕的不协和音，巨人还在天国和地狱之间游移、摇摆。这些很可能在一段时间内侵袭着马勒受创的灵魂。”

随后出现的两段插入音乐，中断了怪诞的葬礼进行曲。一段是特别感伤的，以致显得平庸陈腐、鄙俗的吉卜赛旋律，这是马勒在加强悲惨或讽刺情绪时的拿手好戏。一段是《旅行者之歌》第四首《我爱人的蓝眼睛》后半部的曲调，明朗舒缓，柔美的抒情基调和整个乐章对比鲜明。最后在一次比一次轻的对位处理中，葬礼队伍逐渐远去。全曲不间断地进入第四乐章——全曲的中心和顶点排山倒海地突然降临。

第四乐章的引子大开大合。从引子中生发的第一主题充满英雄气概，并与第一乐章的第一主题保持着明显的联系。第二主题是如歌的咏唱，犹如地狱转入天国，死亡转向永生。这两个主题连同第一乐章的第一主题、原第二乐章的小号曲、第三乐章“雅各兄弟”的主题在发展部得到不同程度的重复、扩展。最后，第一乐章清晨的引子产生了一个新的主题。为了加强清晨主题的效果，马勒特别要求圆号演奏者全部起立，让圆号的声响统御整个乐队，直到全曲结束。清晨的大自然战胜了一切。

第四乐章的第一主题比较繁复冗长，同时该乐章中对比的主题和动机较多，结构显得松散。对初涉马勒交响曲的人来说无疑极不适应，他们无疑会更喜欢各具鲜明特色、结构清晰、主题便于记忆的前三个乐章。

第四乐章是最马勒风格的，乐曲结构的方向难以预期和把握，是随时会出现黑天鹅式、具有多元可能性的混沌结构，需要指挥家的重构。这也是为何每一位大师级指挥家都要拿马勒的交响曲作为自己指挥的演习场。

复杂性的大门在第四乐章那里刚刚开启，它预示着一个有别于古典交响曲的新世界的诞生。

马勒的第二交响曲

新的出路和声音。在一个越来越简单、越直接的功利主义、物质主义社会，心理障碍的泛滥是必然的。个人和集体的强迫症、焦虑症、躁狂症、抑郁症、自恋症将成为普遍的精神现象和日常词汇。追逐名利不能解决精神问题，忙碌狂欢、自我麻痹和自恋不能填补精神空白。马勒在一百年前就用音乐反映了这些精神现象，并企图找到自我解放和拯救的出路。他的每一部交响曲都是一个解放和拯救的尝试。

马勒为我们提供了新的精神和崭新的声音世界。

通过听马勒，听众可以走进交响曲的新世界。进入马勒没有想象的难，难是因为听惯了勃拉姆斯之前的声音。习惯马勒的声音，常听即入。

1. 马勒是死亡意识和时间意识超强的人。谈论马勒的时候一定要记住他的年龄，记住他的工作时间、他的休假期间，记住他的生平大事，尤其他周围亲人和好友离世的时刻。我是传记批评（biographical criticism）的反对者，反对将作者的生平和作品互证，但马勒是一个例外。

第二交响曲第五乐章的独唱部分采用了德国诗人克鲁普斯托克的《复活》，因此得名。

11 岁时的西蒙·拉图（Simon Rattle）听了乔治·赫斯特（George Hurst）指挥的第二交响曲，泪流满面，立志成为伟大的指挥家。1987 年 32 岁时，他与伯明翰城市交响乐团合作的第二交响曲成为了此曲的经典录音之一。

2. 创作时间跨度长。第一乐章可能起于 1884 年或 1888 年，直到 1894 年整部交响曲才完成。第一乐章是 1891 年完成的、没有上演的音诗《葬礼》。第二、第三乐章是 1893 年 6 月—7 月创作的。1894 年 3 月 28 日，他参加了汉堡交响乐团指挥冯·彪罗的葬礼，为这部交响曲写一个凯旋结尾的念头，如闪电一般掠过。他花费了三个月，完成了最后两个乐章。整部交响曲是一副拼贴画，是马勒忙中偷闲的产物。马勒交响曲的庞杂和魅力在于具有两次结构化的过程，第一次来自于他本人，第二次来自于指挥家。

3. 作品过于宏大，需要演奏近 90 分钟，许多人第一次极其不适应。1895 年 5 月，理查·施特劳斯指挥柏林爱乐上演了前三个乐章。同年 12 月 3 日马勒指挥首演了全曲。此曲乐队建制宏大，配器复杂（最后一个乐章还加入了管风琴），戏剧性强，对比强烈，结构庞杂。如第四乐章加入女中音，第五乐章加入女高音、女中音和合唱队，开辟了马勒交响曲加入人声的先河（后来第三、第四、第八交响曲和《大地之歌》均有如此表现）。第一交响曲号称“巨人”，与之相比可谓小巫见大巫。第二交响曲气势恢宏，高低起伏，如大江大河，高山峻岭，人被投入死亡的极度恐惧，以及救赎永生的极乐至福之中。

4. 死亡幻象。在 1887 年创作第一交响曲期间，一些白日幻象时常折磨着马勒。他总是看到自己躺在棺柩里，四周堆满了花圈，他压抑不住内心对死亡的恐惧，创作了音诗《葬礼》。关于《葬礼》（后来的第一乐章）以及整部交响曲，马勒说过：“我所送葬的是我第一交响曲中的主人公。在这里，我能从一个更高的角度看到他整个一生仿佛在洁净无瑕的镜面中反映出来。第一乐章同时还提出一个至关重要的问题：生存的目的是什么？

受苦的目的是什么？ 这是否全都是一个可怖的、巨大的恶作剧？ 如果我们继续活下去的话，如果我们要继续向死亡行进的话，我们都要以某种方式来回答这些问题。 我的回答就在第五乐章当中。”

5. 作曲的挫败。 1891 年马勒将《葬礼》的总谱带给他的指挥恩师、汉堡交响乐团指挥冯・彪罗审阅，得到了“错综复杂、难以卒读”的评价。 马勒又把钢琴演奏谱给冯・彪罗，结论是：马勒是一个能力很强的指挥，但是一位毫无前途的作曲家。冯・彪罗对马勒《葬礼》的否认严重挫伤了马勒的创作，导致他停止交响曲创作有两年之久。

6. 第一乐章规模宏大，需要演奏近 25 分钟。 块头巨大的主题群、持续而缓慢的主题展示、强烈的音响反差，令一般人难以承受。 全曲始终保持严肃、沉重的情绪。 第二主题是小提琴激越向上、简单而耸立的抒情线条，它远远地暗示了第五乐章“复活”的主题，死亡和复活两个主题的对峙从一开始就显现出来。

7. 马勒的配器风格在第一乐章得到了充分展示。 乐队建制庞大，但个别乐器——比如小号、单簧管、小提琴、定音鼓——的使用特别突出，造成了音色透明，且明暗交织的效果；强烈的音响起伏对比使得第一乐章充满戏剧力量，有时音响依稀可闻，如远方轻风；有时力量毫不妥协，震裂人心。 马勒的内心世界就是如此变化多端，让人失去方向。

8. 一目了然的第二乐章。 马勒说过：“你一定有这样的经历。 参加了亲近的人的葬礼，也许就在归途，你的脑海里突然映现出一幅很久以前的快乐图景。 它像一线明媚阳光，没有任何云雾障碍。 于是你把刚才的葬礼忘了。 这就是第二乐章。”第二乐章是一首兰德勒风格的圆舞曲，古典主义的风格十足，旋律简朴，但配器处理得复杂而细腻。被第一乐章搅得晕头转向的人一下子缓过神来，怡然自得。

9. 马勒的艺术歌曲的歌词来源。在创作第二交响曲的同时，马勒也在创作一部声乐套曲《少年魔角之歌》(1888—1899)。马勒对文学非常博学，对当时德国浪漫派诗人十分了解。十分奇怪，他不像同时代的沃尔夫、理查·施特劳斯、勋伯格，以及更早的舒伯特、舒曼、勃拉姆斯广采博收当时的诗歌来谱写歌曲，而是集中两个诗歌源泉——弗里德里希·吕克特(如《吕克特诗歌的五首歌》，1901—1902；《亡儿之歌》，五首，1901—1904)，以及冯·阿尔尼姆和克莱门斯·布伦塔诺1805—1808年编辑出版的古代诗歌集《少年魔角之歌》(马勒的50首艺术歌曲有一半取材于此)。其他的歌词，如《旅行者之歌》(1883—1885)由马勒模仿《少年魔角之歌》风格自己创作；《大地之歌》则采用了汉斯·贝特格翻译的中国唐诗《中国之笛》。并不是马勒熟悉的其他德国诗歌缺乏文学价值，而是《少年魔角之歌》中具有没有被驯服的、难以控制的激情，具有敏感、悲哀、嘲讽、欢乐、忧郁的丰富气息，具有色彩阴暗的温柔，这些都吻合马勒的内心世界：孤独的忧伤、死亡的恐惧、无奈的退隐、生命的渴望。这些诗歌和马勒对它们的音乐转换，使我不自禁地想起了卡尔·奥尔夫对中世纪修道院诗歌集《博伊伦之歌》的音乐转换，它造就出20世纪最伟大的声乐作品。

10. 回到第三乐章。第三乐章改编自马勒的12首歌曲集《少年魔角之歌》第九首《圣安东尼对鱼的布道》。歌曲完成于1893年7月8日，第三乐章的草稿最初出现在7月16日。这首歌曲具有强烈的讽刺意味：帕图亚的圣安东尼在湖岸上长时间地向各种鱼儿说教，劝它们改变贪馋的本性。这些鱼儿无不聆听着这位道德家的教诲，把他的布道吹捧上天，但过后它们依然追逐着自己的猎物，回到尘世放纵的生活当中。

尽管第三乐章改编自这首反讽意味十足的歌曲，但它的意义却要扩展了许多。歌曲中描绘水和鱼流动的声音得到新的诠释。其中淡淡的幽默感越来越怪诞，旋律和和声越来越面目全非，最后达到的气氛完全是一副残忍、骇人听闻的漫画：没有信仰、虚无空洞的灵魂抓住了交响曲中死去的主人公，他的世界和生活变成了白日的梦魇。对现在和未来的拒绝驱使他在绝望中呼喊。这个乐章不仅描绘了一个没有信仰的人的痛苦，也再现了他的疯狂。

正如马勒所说："当你从第二乐章怀念的白日梦醒来，必须回到浑浑噩噩的现实生活时，无穷无尽的运动、无休止的日常活动、没有意义的喧嚣奔忙，可能会使得你不寒而栗，仿佛你在注视着灯火通明的舞厅中旋风般起舞的人群，而且是在外面的黑暗中注视着他们，离得那么远，以致听不到那里的声音，这时人生似乎没有什么意义，只是一个可怕的鬼蜮世界。你将对它发出一声憎恶的喊声而退避三舍。这就是第三乐章。"

11. 作为引子的第四乐章。无可奈何的死亡、稍纵即逝的快乐、没有信仰的生命和疯狂喧嚣的人群，一切都没有意义，一切都没有解决。人类的希望之路在什么地方？这部交响曲应该有一个终结和回答。但它在马勒心中久久没有成形。1893年夏季，为了这个最后的终结和回答，马勒的神经到了紧张的极点，以致她妹妹为他的健康状况深感担忧，希望他放弃痛苦的创作。

除了思想和逻辑的原因，马勒在构思上也有一个障碍：他想效法贝多芬的交响曲采用人声，但却难以找到合适的歌词。

或许他还有着不敢和贝多芬较量的恐惧心理。这种心理曾使勃拉姆斯前半生丧失了创作交响曲的能力。直到 1894 年马勒参加冯·彪罗的葬礼，他才找到了最后的解决方案。

“站在管风琴边上的合唱团唱起了克洛普斯托克的《复活》，它仿佛一道闪电击中了我，一切都清楚而生动地呈现在我心灵之前。”到 1894 年 6 月，最后两个乐章完成。

第四乐章是一段女中音（或女低音）的独唱，是第五乐章一段引子，歌词来自诗歌集《少年魔角之歌》中的《原始之光》。它是一首原创歌曲，与马勒的歌曲集《少年魔角之歌》没有关系。声乐部温暖深厚，铜管和木管乐器奏出圣咏的旋律，烘托出庄严、虔诚的气氛。整个乐章表现出痛苦的心灵渴望复活的热情呼唤。精妙的配器制造出一种飘然羽化的境界。

12. 第五乐章是整部交响曲的重心，是一个结构庞大的大胆篇章。在过去的整个交响曲的历史上，就没有如此规模和巨大的冲击力。这个乐章昭示了马勒音乐的本质：作曲不仅是一种艺术，也是一种宏大的世界观和价值观的表述。这个乐章表现了人类对灵魂拯救的渴望和对复活的信心。

乐章以全奏的一声狂野爆发开启，“狂野中喊出的人声”把整个乐队卷入一阵混乱的漩涡之中。恐怖的骚乱很快停息，一切归于沉寂。

遥远的圆号齐鸣，呼唤着亡者复活。亡者复活无尽头的行列以不断呈现的号声和管乐合奏的圣咏旋律来表现，其间穿插着他们的呼号和恐怖的战栗。整段音乐给人漫长无际的感觉和不断涌动而来的震撼。

在一段奇妙的间奏后，一切变得透明清新、开阔平静起来。女高音独唱和耳语般的无伴奏合唱混合一体，唱出克洛普斯托克的《复活》。徐缓、严肃、神秘，表现了无限的忏悔和虔诚。

马勒还附加了一些自己的诗句替代原诗最后的部分，以扩展内容。 他认为原诗只是涉及到肉体的复活，他要让自己的灵魂不朽。

第五乐章的结尾是整部交响曲的高潮。 管风琴和钟声最后一刻加入，使乐曲具有无可匹敌的宏伟和响亮。 马勒就这样用第五乐章完成了魂牵梦萦的第二交响曲，创造出他灵魂的复活和不朽。

我本以为第一交响曲的第四乐章是庞然大物了，其实后面还有这个更大的山峰破云而出，这个更大的巨浪压顶而来。

马勒的第三交响曲

1. 马勒的交响曲和艺术歌曲。除了一些不重要的室内乐乐章以及歌剧创作的片段，马勒一生的创作只专注于两种音乐体裁——交响曲和艺术歌曲。作为指挥家和作曲家的马勒，他没有涉及广泛的音乐领域，这种限制却创造了一个无限的艺术宝库：全新的情感世界和音乐世界。

具有强烈个人色彩的艺术歌曲和规模庞大的交响乐是矛盾的，但马勒把它们调和了。他的艺术歌曲是按照交响乐的形式构思的，他的交响曲作品中也直接、间接地包含了各种各样艺术歌曲的元素，第一到第四交响曲均无例外。在整个西方音乐历史中，没有哪位作曲家能够把艺术歌曲中的亲切、感伤、温柔同交响乐巨大力量、磅礴气势成功地联系在一起。

2. 作为“怪物”的第三交响曲。它的第一乐章比贝多芬的第五交响曲还要长，同时大起大落，充满强烈的变化和对比，令人耳目一新也难以承受。庞大的第二交响曲（90 分钟）和它（110 分钟）相比都变小了。

1907 年，马勒对西贝柳斯说，交响曲必须像世界一样，它囊括一切。12 年前他就这么做了。他说：“称它为交响曲确实不对，它没有遵循通常的形式。交响曲对我而言，意味着用所有可以得到的技术方法创造一个世界。”

此曲起笔于 1895 年夏，完成于 1896 年夏。1895 年夏，马勒认为第三交响曲是他最成熟、最有个性的作品。1896 年夏，他被这部交响曲所迷惑，它似乎成了自己的生命，以致深深地沉浸在其中，对外部世界已经茫然不知。

这是一部史无前例的作品，一部企图把整个世界都带入进去的作品，人在这里成为了一件乐器，宇宙在上面演奏出自己的声音。马勒有时感到这部交响曲不是他自己写出来的，是大自然的放歌。

马勒在都市忙碌于指挥，假期在湖光山色中集中所有的注意力写作。他的作品永远气场庞大，舞台是阿尔卑斯山，背景是天空。死亡、心灵的破碎永远挥之不去，但大自然、自然之声、人类、天使、信仰能够战胜它们。第一交响曲在自然之晨、第二交响曲在信仰中完成的任务，在第三交响曲以全部天地之力——从高山的岩石一直到永恒博大之爱——完成了。

这部作品太大了。1896 年 11 月，尼基什在柏林首演了第二乐章。直到 1902 年 6 月 9 日，马勒亲自指挥了全曲首次上演。这导致此曲成名甚慢，也没有像马勒其他几部交响曲经常得到上演。

3. 十分标题化的交响曲。对这部交响曲，马勒采取了文学化的阐释。全曲被命名为“夏日正午之梦”。第一部分为第一乐章，最初叫“夏日降临”，或者“牧神潘的苏醒”，后来改为“酒神的队列”。第二部分为第二乐章“草原的花儿告诉我”、第三乐章“森林的动物告诉我”、第四乐章“夜晚告诉我”（后来改为“人类告诉我”）、第五乐章“布谷鸟告诉我”（后来改为“晨钟告诉我”，后来又改为“天使告诉我”）、第六乐章“爱情告诉我”。本来他还要写第七乐章“孩子告诉我”，结果是放入了第四交响曲。

4. 纠结的马勒。马勒在后来的信件和谈话中，对这些标题予以进一步的解释。他说：这不再是什么音乐，而几乎完全是自然的音响。这部交响曲告诉我们生命是如何逃脱毫无灵感、僵硬的环境，从一个水平进化到更高的水平，最终进入高度发展的形式。第一乐章本来叫“群山告诉我”，然后到花儿、动物、人类、天使、精神世界，开始于无生命的自然，最终上升到无疆大爱。

同过去一样，马勒对这种标题性的解释一直犹豫不决，当他发现自己的文字说明被人误解，又开始斥责一切“标题”。他认为一位作曲家如果必须告诉听众作品中有什么、会有什么，那么作品将变得毫无价值。之后，他又会重新借助文字去解释不可言传的东西，帮助听众发现一条道路，在音乐的迷宫中行走。

浪漫主义音乐家对文学，尤其对诗歌的爱好，以及他们对音乐包容文学（诗歌）、哲学的信念，多少使得他们偏爱用文学对音乐语言进行阐释。但无论怎样，文学语言和音乐语言是不可能完全对应的。相对而言，音乐语言的意义抽象、解释含糊，向着天空开放。文学语言的意义具体、解释刚性，朝着大地闭合。

记得燕卜荪写过《含混的七种类型》来分析诗歌的多义性，音乐，尤其复杂的音乐更具有无限含混的可能性。马勒对音乐的标题性和抽象性的论述无论怎样翻来覆去，若想明确他音乐的含义是不可能的，同时要抹去他音乐中的标题因素也是不可能的。

5. 回到第三交响曲。第一乐章是最后完成的乐章，更是一个超长的诗篇，甚至马勒自己写着写着也吃惊起来：“可怕。这一乐章不断发展、扩大，超过我以前写过的任何东西。和它比起来，我的第二交响曲似乎只是一个婴儿。它比真人的尺码不知大多少倍，相形之下，人类都好像缩小到侏儒的尺寸。”好在我不知听了多少遍，曾经沧海难为水，已经规模疲劳。任何人初听一定会被其音乐空间吓到。这是一曲从大地仰视大自然的乐章，是阿尔卑斯交响乐。

对第一乐章作结构分析是枯燥的，只有进入森林、群山、峡谷、大河的情怀才能把第一乐章听完。没有必要再去关注传统的形式和规则，再去理会主题的呈现、发展和再现。在再现部，乐章开始的主题素材被处理得相当自由。这是作曲技巧的巨大发展：他以拼贴画的方式，将传统发展主题和动机的手法，以及对位的技巧，同松散的插曲嵌入融合起来。他的交响曲不再是之前古典主义—浪漫主义的交响曲，不再是一个辩证发展的线性结构，而是一个充满着突如其来、不可预测的无常、混沌结构。它包含了大量分离的、不延续的、不协调的、矛盾的、重叠的成分，这一切都和传统交响曲有机连贯的要求相违背。

理解第二乐章最简易的方式是把它想象为草地上点缀的花海在迎风摇曳。这些花儿环绕在阿特湖畔的创作小屋周围。这个乐章是这部庞大交响曲的发源地，是半部优雅的、洛可可风格的小步舞曲，半部带有嘲讽意味的谐谑曲。全曲优雅细腻，具有浓郁的室内乐韵味。真希望生活永远和这一乐章一样。

第三乐章的回旋主旋律引自根据古代诗歌集《少年魔角之歌》中的《夏末》一诗而作的歌曲，歌曲收录在马勒的《青春之歌》第二卷、第三卷中。歌词的意思和音乐的氛围似乎没有太多的关联。该乐章最迷人的片段是三段舞台外的邮号（posthorn）独奏。邮号是自然圆号的前身，音色明亮光辉。第一段由小号引出，邮号在遥远的森林、群山、峡谷、河流中漫游，后来又和长笛、单簧管、圆号糅合，充满了浪漫主义的神秘感，是马勒美妙的自然篇章之一。第三段诗意盎然，邮号在四个圆号的伴奏下，吹奏出美丽的诗篇。

第四乐章有一段女低音独唱，歌词选自尼采的《查拉图斯特拉如是说》，叙述了一位哲人在午夜对狂喜和永恒的追逐。在弦乐器喃喃细语的背景烘托下，两支圆号刻画的情调与其说是尼采式哲人的狂想曲，不如说是一首美感十足的夜曲。

第五乐章和第四乐章之间没有间隔，是一首合唱曲。歌词选自古代诗歌集《少年魔角之歌》中的《三位天使在唱快乐的歌》。这首歌曲是原创的，没有在马勒的12首《少年魔角之歌》歌曲集里出现过。乐章一开始是童声合唱，模仿叮当作响的铃声，欢乐清脆。随后女声合唱出朴素的歌谣。

第六乐章和第五乐章之间也没有间隔。它是马勒最抒情的一个篇章，表现了他没有边际的宁静安详的一面。音响色彩丰富，悠长的旋律线从一开始的极轻渐渐上升到一系列的高潮，弦乐和管乐交替，随着打击乐器的进入，一层比一层激越，犹如从远方涌动而来的云海。全曲结尾处气势磅礴。马勒要求乐队在演奏最后几小节时，要表现出“高贵的音色”。任何人初听就一定会沉迷于其音乐空间。这是一曲从天空俯瞰云海、大地的乐章。

在他新颖的交响曲中，我们依然依稀看到传统的奏鸣曲式、三段体曲式、回旋曲式、变奏曲式，但更能看到许多预示着未来音乐实践的新技巧。他是19世纪音乐传统中最后一位交响曲作曲家，也是新时代音乐的开拓者。20世纪最重要的音乐家——利盖蒂·捷尔吉·山多尔、卢西亚诺·贝里奥、沃尔夫冈·里姆——都在自己的作品中以不同的形式参照了马勒的作品。

尽管第三交响曲有以上种种特点，但由于规模太大，难以演奏和被人接受，没有很快扬名四海。说实话，如果耐心听上三遍（占据周五、六、日三个夜晚），其旋律会变得十分宏伟广阔、优美入耳。 它是自我拯救和修行的良药。 它从整个自然、人、天使、精神大爱诸多方面，给人提供了自我解放的路径。如果习惯了第三交响曲，多少有“会当凌绝顶，一览众山小”的感觉。

马勒的第四交响曲

我的马勒入门

1992年，我在日本建伍（kenwood）的音响上听的第一首马勒作品就是这首第四交响曲，是伯恩斯坦指挥纽约爱乐乐团演奏的版本。好奇怪的音乐：旋律、节奏、音色、配器、和声、织体似乎都是混乱、散架，缺乏聚合。在大调歌曲里养出的耳朵十分狭隘。

但将近三十年来，我却不知听了多少遍，听了多少版本，第四交响曲似乎成了生命的一部分。后来听的依然是伯恩斯坦的马勒第一交响曲，没有听第四交响曲那么一开始不习惯，很容易就进去了，也不知听了多少遍，听了多少版本。出于接触的偶然，也出于作品的规模，我一直把这两部作品作为马勒的入门作品。

在马勒充满戏剧性和悲剧感的交响曲系统中，第四交响曲是一支短小、缓和、内敛的“间奏曲”。它保持了古典交响曲的四乐章结构，与第二、第三交响曲相比，乐队编制显得小巧，结构清晰，音乐性格缓和，没有大幅度的激情表现和戏剧性的爆发，被称为新古典主义交响曲。

很久之后才认真听了他的第二、第三交响曲，一开始极其不适应，后来逐渐地习惯了，也欲罢不能了。回头再看第一、第四，简直就是精致的“小不点”。大小相对，顺耳和噪音相对，都取决于体验、见识、习惯。

写马勒音乐的意义

马勒的音乐是灵魂的拯救者，死亡的超越者。写作对我而言是精神的安慰剂，也是回归自我内心，实现自性化的路径。因此写马勒具有了双重意义。

超越干、硬、冷的文风，稍稍表现一点柔和。马勒给我的启示是：在大起大落、嘲讽绝望之中，一定来一段小步舞曲、兰德勒舞曲，一段柔板，那会让人感到特别的松软温和。

在马勒的音乐田野、群峰、大海、天空中遨游是最好的心理治疗。写一篇马勒的难处在于必须听上多年、多版本，也是经历了一次次免费的心理治疗，最后找到了免费的精神安慰剂。

第四交响曲作于1899—1900年，但最初的构思起始于1891年，那时第三交响曲尚未动笔。它精致小巧、赏心悦目，流传广泛。同第二、第三交响曲一样，第四交响曲灵感最有力的源泉之一也是德国古代诗歌集《少年魔角之歌》。像大多数德国浪漫派艺术家一样，马勒对民间艺术十分珍视，几乎到了崇拜的地步。这是在日益工业化和技术化（文明）挤压下，都市艺术家对往昔伊甸园（文化）的怀恋。这个伊甸园中的天真、清新、淳朴已经在现代都市消失殆尽。

第四交响曲犹如充满了浪漫主义精神气质的神话，是对童年美好生活和古典艺术的最后回忆，是对已经消失的田园生活的描绘。它的旋律典雅、明朗、抒情、闲逸，许多主题与维也纳歌唱性的舞曲有着密切的关联。听众在这里可以深深地体会到19世纪和20世纪之交维也纳的惆怅诗意、感伤，以及作曲家对死亡阴影的忧郁和恐慌，约翰·施特劳斯圆舞曲中暗含的气质在这里变得直白和透明，我们仿佛感受到了茨威格《昨日的世界》前几章的气息。

第一乐章以长笛断奏和清脆的铃声开启。这段短小的引子在乐章的发展部，以及第四乐章几个段落的过渡中都起着重要的作用。马勒的作曲总是采用了统一、延续和发展、增长结合的手法，既保持某一乐章的音乐片段在整部乐曲中的连接作用，也大胆地扩展，甚至加入新的乐思。在这部交响曲中，他较侧重于前者，在前三部交响曲中，他较多地侧重于后者。

在铃声未尽之时，第一小提琴奏出了安逸、愉悦，带着忧愁的旋律，然后由圆号、木管乐器和低音弦乐器承接过去。第二主题由大提琴进行轻声齐奏，宽广流畅，有着十足的莫扎特柔情。两个主题之间没有明显的对比，气质完全相近。呈示部在双簧管和大管短小的二重奏中结束。

发展部也是从乐章引子部分的长笛断奏和清脆铃声开始。但它绝对不是呈示部一般性的展开。马勒在这里不仅扩展了原先的主题，而且也添加了一个新的主题——一段由长笛吹奏的飘逸而简单的曲调，大提琴、低音提琴、单簧管则在它的深处做低沉的伴奏，犹如幽深的峡谷里吹出的一股清冷之风。再现部是全部乐章格外激越的高潮。最后经过精雕细琢和变化处理的引子再度出现，随后的尾声可以视作第二发展部，犹如贝多芬第三交响曲第一乐章的尾声。

对我而言，第一乐章是乍暖还寒的春天，迎风摇曳的一切都有点瑟瑟发抖。

第二乐章是一首有着两个三声中部的谐谑曲，用变奏曲的形式写出。主题很像是一首兰德勒舞曲，它几乎是以阴森森的情调得到发展。对马勒而言，他曾经说过："使我惊奇的是，我清楚地感到自己已经进入了全然不同的王国。好像在睡梦中，一个人想象自己在天堂百花芬芳的花园中漫步，突然发现自己处于恐怖的地狱当中。好梦一下变成了噩梦。像这样神秘而恐怖的世界的踪迹在我的作品中经常见到……这一谐谑曲阴森可怕，令人毛骨悚然；但是在接下来的第三乐章的柔板中，一切混乱纠纷都得到了解决，你又会觉得它原来没有那么可怕。”

对我而言，第二乐章是春天惆怅、阴冷、无限凄美的花之舞蹈。

第三乐章是一首双主题的变奏曲。开头显得格外平静，但情绪严肃。乐章开始只用弦乐器来表达，随后加入了少量的木管乐器。第一主题由大提琴缓慢深情地奏出，具有纯粹的歌唱性。它旋律宽广、调性稳定，是马勒作品中少有的现象。在第一主题的发展中，小提琴衍化出对比性的第二主题，使变奏的主题变得丰富起来。第一主题在经过第二次变奏后，我多次本能地以为乐章到此结束了。刚准备松弛下来，突然乐曲形成了一个“号角齐鸣”的高潮，这一壮丽的瞬间让人看到了碧蓝无垠的天空。随后，乐曲依然在延绵，由强至弱，全乐章慢慢沉入一片寂静，似乎看到了第四乐章欢乐的天堂景象。

布鲁诺·瓦尔特曾经询问马勒，第三乐章“深沉的宁静和晴朗的甜美”意味着什么。马勒说这是他看到一座教堂墓葬后而作的，那座坟墓上雕塑着亡人身体横卧的石像，双臂交叉在胸前，安详地永眠，这个场景转化为两个深情哀婉的主题。

对我而言，第三乐章是对初春景象无尽的眷恋，个人感觉比拉赫玛尼诺夫第二交响曲第三乐章还要柔美，带着绝望，气场庞大，层次复杂。

最后一个乐章是一首女高音加乐队伴奏的独唱曲。在交响曲中运用声乐是马勒艺术的重要特点之一。不过马勒更关注声乐所引用诗歌的情绪，而非情节和形象，用前者来主导音乐的发展。他认为音乐更多是诗情、哲理，而非形象的描绘。尽管他的音乐作品常常被贴上标题，并且创作冲动受到文学作品形象的激励，但其描绘的成分远远没有柏辽兹、李斯特、理查·施特劳斯作品中多。标题对他来说是间接的，只是一个提示或者暗示。他在标题音乐的道路上走得绝对不算太远。

女高音独唱曲的歌词来自于古代诗歌集《少年魔角之歌》中的一首诗《天堂生活》，歌曲取名此诗的首句“我们享受着天国的快乐”。这首歌曲是独立的，和马勒创作的12首歌曲集《少年魔角之歌》没有关系。它叙述了一群乡村的穷孩子梦幻中的图景。歌曲旋律淳朴，表现了儿童的天真幼稚。女高音悠然自得的歌唱，流泻出明净、开朗、安慰的情感。

关于这个乐章马勒说过：“我为最后一个乐章所设想的内容是难以言表的。你不妨试想一下，晴空万里，一片蔚蓝，它要比对比鲜明的色彩难以表达的多……但它有时也变得阴暗下来，阴森森的，令人不寒而栗。这并不是天空本身引起的；相反，它还是那么明媚，一片碧蓝无垠，只是我们对它的反应突然带上了一种恐怖的心情。犹如在晴朗的日子里，树林沐浴在阳光中，而我们却往往会感到一阵莫名的恐怖。”这是面对纯粹欢乐的恐怖。在清丽明澈之中，马勒在内心深处依然时刻感到命运的无常、人世的空无、生存的压力、死亡的阴影。

对我而言，第四乐章是春天的至乐。整个第四交响曲是独特的春天，它是我初春最爱听的音乐。

第四交响曲总体上是一首欢乐插曲。之后，马勒又彻底地投入心灵的阴影和死亡的深渊当中，他在等着第五、第六、第七交响曲的涌现。

马勒的第五交响曲

马勒音乐具象和抽象的双重性

第五交响曲创作于 1901—1902 年，是马勒第一部纯粹音乐的交响曲，它既没有前四部交响曲中作为提示或者暗示的标题，也没有第二、第三、第四交响曲中的人声声部。他这一次彻底拒绝了音乐中的标题。他认为音乐不应该是说明和解释标题，比如理查·施特劳斯的交响诗；相反，标题应该是出自于音乐，每个听众可以根据自己的经验创造标题去理解音乐。我在对第四交响曲的解读中走的就是这样的路径。

在第五交响曲中，马勒自己再也没有提供什么标题或者清晰的线索，帮助听众去理解这个庞然大物。在这里，音乐自己述说着一切，一切只能在音乐中得到解释。

马勒大部分的交响曲都是在音乐以外的文学、诗歌、哲学中获得灵感，他常常借助一些提示性的标题和解说来帮助听众去理解他的作品，而且他的音乐作品也不缺乏描绘的成分，在这两个意义上，他的音乐具有标题音乐的性质；同时他的“标题”音乐完全不同于柏辽兹、李斯特、理查·施特劳斯的作品，标题仅仅是提示而已。在第五交响曲中，“让一切标题通通消亡”“让音乐自己说话”的主张，使马勒摆出与标题音乐决裂的姿态。无论他对音乐的具象和抽象如何纠结，他的音乐具有鲜明的双重性。

不断修改的作品

此曲 1904 年在科隆上演，听众的反应十分困惑，但没有表现出公开的敌意。马勒的太太阿尔玛（有着众多著名情人的才女，也是一位作曲家，对其过多地使用打击乐器十分不满。在太太的巨大压力下，马勒开始了一发不可收拾的修改，一遍接着一遍，直到他去世。正如马勒自己所说："第五交响曲完成了，我被迫重写了全部的配器。我无法理解1902年我怎么竟然像乳臭未干的新手，搞得那么一团糟。显然，我在前四部交响曲中所学得的常规全都不管用了，仿佛崭新的音乐使命要求一种新的技巧。"这部作品成了马勒"配器至善"的代表之作。

出于精益求精的内在冲动和某种程度上的信心匮乏，以及创作时间太少太紧，需要进一步完善的地方太多，马勒的第一到第七交响曲都经过了大量而多次的修改。这些作品最初都介于完成和未完成之间，经历了马勒毫不留情的不断锤炼。

马勒的"英雄"交响曲

第五交响曲被分为三个部分、五个乐章。第一、第二乐章为第一部分；第三乐章为第二部分；第四、第五乐章为第三部分。第五交响曲被视为马勒的"英雄"交响曲。尽管它结构的复杂性远远超过贝多芬的"英雄"，但两者的内涵有着方向上的共同点：从最阴暗的绝望发展到最彻底的欢乐。

第一乐章是一首"葬礼进行曲"，自始至终处于压抑的、难以排遣的悲哀气氛中。一支孤独的小号宣布了巨大的、阴森的乐章主题。它最初是来自远方的庄严宣告，随后不祥的、无情的节奏汇聚成强大的高潮。这是我最喜欢的交响曲开篇之一，可以和理查·施特劳斯的《查拉图斯特拉如是说》、卡尔·奥尔夫《博伊伦的诗歌》的开篇媲美。随后是个性鲜明的三连音葬礼进行曲节奏。

不久，一段温柔、无助、凄楚的旋律打断了前面颤抖的三连音葬礼进行曲节奏。作为对比段，它显得安静寂寞和温文尔雅。

接下来的第二对比段则是震撼人心，突然狂烈急切的乐段打断了葬礼进行曲稳重的步伐。在低音提琴和大管的持续低音上，小号以尖利的音响表现出昏天暗地的悲伤，与弦乐器的哀诉相呼应。这一对比段所表现的绝望之情，前人的音乐中还未有可与之比肩者。

随着感情爆发的逐渐平静，最初小号的段落以非常轻柔的形式出现。音乐渐渐地消逝，三连音的段落在一支加弱音器小号暗淡色彩中流连不去。作为烘托，独奏的长笛以极轻的力度吹出残缺不全的回声。

第一乐章没有按照传统的奏鸣曲式写成，它可以看作是第二乐章巨大的引子。

对我而言，乐章主题犹如高山破云而出，突然耸立在面前；第一对比段是高山之湖，幽深平静；第二对比段是高山风暴，最后这一切都隐入黑暗之中。

暴风雨般的第二乐章采用严格的奏鸣曲式，在乐队发出急促轰鸣的引子之后，木管乐器吹奏出第一主题，其疯狂程度和包含的巨大悲情不亚于第一乐章的第二对比段。抒情的第二主题与第一乐章的第一对比段相呼应，并且马勒要求再次恢复“葬礼进行曲”的速度，进一步加强两个乐章的关联。在展开部和再现部中，人们还能听到第一乐章小号的主题。

不稳定的情绪穿越整个第二乐章的肌体，渗透到它的每根纤维当中。第一乐章中快速变化的和声、没有规则的节奏和乐句、折磨人心的跳跃音型再一次出现。在乐章的末尾，一个辉煌的赞美诗曲调突然再现，但转瞬即逝，此刻离它真正的出现还十分遥远，以致显得不太真实。这个乐章和第一乐章一样，在逐渐消逝的回声中告终，沉入无尽的黑暗当中。

对我而言，这个乐章是高山风暴和高山湖景的交替出现，阴森的高山作为背景若隐若现。阳光虽破云而出，但转瞬即逝。

第三乐章谐谑曲是这部交响曲中最令人惊奇的乐章，它占了整部交响曲四分之一的时间。在这里，我们再也找不到马勒通常谐谑曲中反讽和幽默的因素。圆舞曲特色的主题变化多端、发展丰富，节奏变化不定，速度不断地快慢交替。在热情、外向的旋转中，前两个乐章布下的巨大阴影一扫而尽，第一个三声中部是快乐、轻柔的维也纳圆舞曲，预示着弗兰兹·雷哈尔后来轻歌剧的旋律风格，它也作为第三个三声中部在后面再次出现。第二个三声中部（也是真正的三声中部）是一首缓慢悠长的抒情诗歌，一支助奏的圆号十分突出，在弦乐器变化多端的烘托下，富有幻想、沉思的色彩，给人悠远、深邃的印象。这段圆号段落和第三交响曲第三乐章的邮号段落都是马勒最优美的旋律篇章。

马勒曾经考虑到这部交响曲过于庞大和难以理解，打算将第四乐章柔板删去。第四乐章仅用弦乐器和竖琴演奏，是他最优美的乐章之一。这个乐章尽管比较短，但速度悠缓，气氛宁静，给人绵绵不尽的诗情画意。它仿佛把人放置在群山背景下广大、舒缓、宁静的绿地中，与第三乐章的勃勃生机形成鲜明的对比。这个乐章使人想起马勒《吕克特诗歌的五首歌》中的一首——《我已经和这个世界没有关系》。这首诗结尾两句“我生活在自己的天空中，生活在我的奉献、我的歌曲中”最能表达整个乐章的内在诗意。这一乐章经常在音乐会作为独立交响乐作品演奏，是马勒传播最广的作品之一。

在创作第四、第五交响曲之间，马勒对巴赫的音乐，特别是对位性极强的赋格艺术产生了浓厚的兴趣，结果是在第五乐章回旋曲中，他写出了具有真正赋格风格的主题，它坚定而充满活力，宽广而不算轻快。回旋主题最后一次变奏出现的后半部分把全曲带进了高潮，再现了第二乐章中转瞬即逝的赞美诗旋律，并且它越来越占有主导地位，变成一首庄严的凯旋颂歌。这个乐章的快乐和放纵，把整个交响曲从第一乐章小号的阴郁带入透彻的光明之中。

对我而言，高山风暴已经平息，高山之湖和巍峨的群峰都裸露在无云的蓝天和阳光之下。

同马勒许多的交响曲悲剧性的结尾不同，第五交响曲从悲情开始，以至乐结束，这在马勒的作品中算是独树一帜。它似乎是第一、第二、第三交响曲的悲观向第四交响曲的乐观过渡的一个缩影。但马勒摆脱不了命运无常、死亡的重锤：他在 1901—1904 年创作了吕克特《亡儿之歌》(五首)，1903—1904 年创作了充满命运悲剧感的第六交响曲，似乎都为爱女 1907 年的夭折和 1911 年他的离世做了预悼。他也摆脱不了以何种方式超越死亡的不断思考和选择，他将不断用音乐作品尝试去给出答案。

马勒的第六交响曲

死亡与第六交响曲

第六交响曲也许同马勒的内心世界联系得最为紧密。 马勒一生被死亡的恐惧所控制，在他孩提时代，有多个兄弟姐妹因病夭折。 1901 年，他本人患了几乎致命的出血症。 这种悲观的精神状态在第五交响曲第一、第二乐章有明显的反映。 1903 年，死亡的幻象再度袭来。 这一次第六交响曲没有像第五交响曲那样在欢乐中结束，而是在死亡彻底的胜利中、在黑暗和绝望中结束。

第六交响曲仿佛是从他内心深处抽离出来的一样。 在正式公演的排练中，马勒的神经显得十分紧张。 他不断踱来踱去，使劲绞着双手，无法控制自己。 1906 年 5 月 27 日在埃森公演的时候，他忧心忡忡。 由于过于激动和焦躁，他没有指挥好这部作品。 马勒曾为这部作品加上“悲剧”的总标题，后来又自己删去。 不过这个词从根本上概括了这部作品的基本特征和主要趋势。

这是一部演出相对较少，但是对我个人，对许多音乐家而言都是重要的交响曲作品。 表面上它所涉及的是个人的命运，实际上涉及的是 20 世纪之后人类的命运。 阿尔班・贝尔格和安东・韦伯恩十分喜爱这部交响曲。 贝尔格称这部交响曲是除了贝多芬的第六交响曲外唯一的“第六”，其深深的悲观色彩笼罩在贝尔格几乎所有的作品当中。 贝尔格的《三首管弦乐小品》(Op. 6) 进行曲的第三乐章是对马勒这部作品终乐章的直接回应，他甚至采用了马勒象征命运打击的著名锤击；同样这个终乐章也激发了贝尔格的歌剧《沃采克》诸多狂暴的高潮。

与标题音乐“彻底决裂”

第六交响曲作于1903—1904年，配器完成于1905年5月。它是马勒最具古典主义形式的交响曲，不仅有四个乐章，而且调性明确，除去第二乐章为降E大调，其余三个乐章都是A小调。此曲结构庞大，仅次于“怪物”第三交响曲。和第五交响曲一样，它也显示了与在其标题音乐决裂的姿态。作为浪漫主义的音乐创作，从创作动机到创作过程，再到作品内涵，音乐不与音乐以外的元素相联系是不可能的。马勒自己深信不疑地认为：从贝多芬开始，新时代的音乐作品无不具有内在的标题内容。但如果要求听众从中得到明确东西的话，这件作品就变得毫无价值可言。作品中总是有一些神秘莫测的东西，这些东西对作曲家本人来说也是如此。

因此在马勒的早期创作中，为了帮助听众理解他新奇脱俗、令人困惑的音乐作品，他添加了一些描述性的标题，甚至详细解释了自己作品的含义。尽管这些标题和他的作品内容是间接的、提示的或者暗示的关系，尽管他的解释完全不能穷尽作品的内在含义，尽管他的作品纯粹音乐的成分远远多于描绘的成分，但结果是标题和解释“成事不足、败事有余”。听众想得到明确的场面和含义，音乐想象力的空间就此坍塌，作品内涵的丰富性和再生能力就此萎缩。从第五交响曲开始，马勒越来越坚信一切只能从音乐本身开始。音乐和世界的联系复杂而微妙，不可能像标题的规定那样明确。

难以彻底决裂的标题

马勒是一个生性脆弱、感情丰富的作曲家，作品和他的生活经历、心理状态十分密切。古典主义向浪漫主义转化的突出标志就是：作品与作曲家个人的关系更为紧密，作品所蕴含的作曲家的人格内容更加丰富。标题的解释和提示固然不能穷尽这些作品的内涵，但也蕴含了这些作品的某些趋势或主要趋势。对古典主义音乐来说，标题几乎是多余的，但对企图包罗万象、表现人类的丰富精神和理念的浪漫主义音乐来说，标题成为一个自发的、不可回避的倾向，这一倾向一旦被错误理解，就会形成两个误区：一是把标题同音乐创作等同，标题成了音乐创作的指针，音乐创作成了解释创作的工具，消弭了音乐的想象力和创造力；二是把标题同作品的内涵相等同，破坏了音乐抽象性的特质和音乐作品意义的广阔空间。音乐作品自然不排除描绘的成分，不排除可以用标题解释的成分，但音乐作品，尤其是复杂的音乐作品远远超出标题的限制，它们包含了被无限解释的可能性，这就是音乐语言的魅力所在。

马勒在第六交响曲中公然弃绝标题，意味着他已经信心满满，不需要标题来引导创作以及传播他新的音乐了。看来音乐本身就足够了，但是命运的重击和悲剧作为标题似乎一直挥之不去。

标准四乐章的交响曲

第一乐章在定音鼓粗犷的节奏上，小提琴奏出冷峻的进行曲，此为第一主题，它来自于12首歌曲集《少年魔角之歌》中的第一首《晨号》（*Revelge*）。这一主题在简短的展开过程中，定音鼓打击出一个令人感到不祥的节奏，这就是命运的动机，它在

第四乐章也起着重要的作用。在木管乐器的简短过渡后，弦乐器演奏出第二主题，它是由第一主题演变出来的抒情变体，温暖而热情。马勒曾经和他夫人阿尔玛谈论过这个变体："我试图用一个主题来捕捉，或者说来刻画你。我不知道是否做到了……你得按照它的面貌去接受它。"这是这部交响曲最富有激情的乐段，以"阿尔玛"主题而著称。

发展部紧张而富有戏剧性。在达到高潮时它突然平静下来，在弦乐震音的伴奏下，远处传来了牛铃声，一幅清晰可见的山野景色跃然于目。这是不可思议的插曲，典型的马勒风格，他总是要穿插进突如其来的元素，混沌而无常，让人迷失方向。这也是他的交响曲的魅力所在。

随着第一乐章第一主题的回归，乐曲进入再现部，但是"阿尔玛"主题一直迟迟没有出现，直到全曲的末尾，它才以辉煌的色彩、昂扬的姿态结束第一乐章。在马勒悲剧的世界里，似乎只有大自然和阿尔玛是最后的知性之光，梦幻是最后的精神安慰剂。

第二乐章最初是谐谑曲，后来被马勒调到第三乐章，不过现在许多演出版本依然保持了最初的顺序。现在的第二乐章是神秘、忧郁、柔和的行板。马勒再次用非人间的梦幻来对冲命运的撞击。行板由小提琴的旋律开启，是第四交响曲第四乐章儿童天堂幻境的回响。这支旋律在小提琴、双簧管、低音单簧管、小号、长笛、圆号、大管之间漫游，竖琴和钢片琴糅为一体，交织出一段精致平和的音乐。调性不断变化，配器微妙细腻，形成了千回百转的效果，显示了马勒个性的另一个极端。

三声中部是一阵宽广雄浑的高潮发展。随后音乐又汇入平静、纤巧精细的流动之中，逐渐归入彻底的沉寂。这是一个超级梦幻的乐章，飘忽不定，醒来不知如何面对冰冷的命运。

第三乐章谐谑曲和第一乐章的关系十分明显，它的主题是对第一乐章第一主题笨拙嘲讽的模仿。主题在配器上大量采用了别具一格的色彩搭配，发出古怪的声响，形成了毫无仁慈、猛敲猛打的力量。较为温和的三声中部也带有无规则的节奏，预演了斯特拉文斯基二十年后的音乐实践。全曲再现了谐谑主题之后，色彩变得更加暗淡，为第四乐章做了很好的铺垫。

第四乐章是马勒所有交响曲中对听众最具挑战性的一个乐章，整个音乐方向迷乱。他用音乐透露出自我的混乱，似乎也隐喻着20世纪之后科技文明发达，但世界日益混沌的大灾难。

第一小提琴奏出舒广而富有朗诵感的乐句之后，接着就是第一乐章出现的命运动机。这个单纯的音型由两个定音鼓齐奏，并且在结尾处出现时就有了明显的标题内容。阿尔玛说过：最后一个乐章描写了马勒的没落，或者是他英雄生涯的没落。马勒私下也说过：这个“英雄”经历了三次打击，最后一次他像树一样被劈倒在地。

这三次锤击都以命运的动机出现。不过在此交响曲的修改中，马勒去掉了第三次锤击。也许是出于超验的恐惧，他感到大限将临，想借此逃避无情的命运。

在定音鼓的“电闪雷鸣”之后，音乐逐渐沉寂下来，乐队中最阴暗的乐器——低音单簧管、低音提琴、大管、低音长号——把音乐拉入一片黑暗当中。最后，在乐队齐奏突然迸发的极强力度中，两只定音鼓最后一次重复了不祥的命运节奏：命运在深渊中凝视着人们，瞬间把他们拖进黑暗之中。

马勒的第七交响曲

受到冷遇的交响曲

对于马勒的同时代人来说，马勒是一位会作曲的指挥家，而不是一位会指挥的作曲家。马勒的指挥工作确实限制了他的创作，特别是1897至1907年在维也纳皇家歌剧院指挥的那段时间，他只能在歌剧演出季外的几个月从事创作。第七交响曲也是在这种情况下写成的。1905年夏季，马勒在被称为“阿尔卑斯山与世隔绝的创作小屋”中，将上一年写作的第七交响曲的草稿修补完毕。不过这部交响曲的配器经过了很长时间才得以完成，直到1908年9月19日由马勒亲自指挥在布拉格上演时，他还忙于对配器的修改，他的朋友也来帮助他完成这一复杂的工作，誊抄分谱。像马勒过去的交响曲首演一样，年轻一代的、对这位大师仰慕不已的音乐粉丝济济一堂，助他一臂之力。这一次更是如此，其中就有后来伟大的指挥家奥托·克莱姆佩瑞尔、音乐家阿尔班·贝尔格。尽管为此曲的首演，马勒和他的朋友们忙得不亦乐乎，但结果却反应平平，听众简直无法理解这部交响曲，它受到了冷遇。

色彩丰富、调性多端的创新交响曲

马勒对配器的大胆革新已经彻底超越了交响曲的传统，这一点在第七交响曲中得到了充分的彰显。他不仅采用了曼陀铃、吉他、牛铃这些不同寻常的乐器，用它们来制造奇异的色彩，而且在传统乐器的范围内也创造了新的总体效果。在第一乐章的一开始，听众就能清楚地体会到这一点。

马勒的配器所带来的音色犹如克林姆特绘画，有着大胆的金色、色彩组合、拼贴和镶嵌。马勒特别喜欢制造奇特的效果，例如用铜管乐器演奏拨奏的音型，用木管乐器演奏富有个性的喇叭声等，造成了管弦乐队声响微妙的差异。另外，他也喜欢在乐器组合上不断进行变化，如弦乐器和木管乐器、木管乐器和铜管乐器、高音木管乐器和低音弦乐器、单簧管和中提琴等。除此之外，他还会把一直延续不断的旋律从一组乐器转移到另一组乐器上，或者在一组乐器尚未停止之前，加入另一组，形成重叠效果。以上种种配器的效果，都显示了马勒不再按传统的浪漫主义手法制造交响曲的效果，而是用自己独特的“调色板”去实验新音响的可能性。这种大胆的尝试预示了勋伯格所说的“音色旋律”和斯特拉文斯基管弦乐的效果。马勒是音乐传统的“分离主义分子”。马勒的音乐是向前的，是通往现代管弦乐、交响曲的桥梁，并且听多了会形成一种听觉沉迷，很难回到古典的音响世界。

从精神气质而言，马勒是一位浪漫主义者。但在音乐语言的表达上，他的交响曲是传统和现代的混合物，指明了现代主义的方向。除了音色，大小调之间不断的变动、调性的模棱两可都反映了典型的现代音乐特征：从一种调性向另一种调性转变时往往突如其来，令人猝不及防；对不和谐音也不加最终的解决，仿佛悬挂在半空中游荡；整个音乐篇章的调性也非常含混，不再有明确的和声框架。一切都处于无常、混沌之中，没有明确的方向。他在音乐上预示着勋伯格、贝尔格、韦伯恩更激进的调性风格，以及未来现代音乐的发展；在文化上预示着现代人的内心世界。马勒的魅力一方面来自于其音乐语言的变革，以及对音乐世界焕然一新的影响；一方面来自于他对内心世界的拓展，以及对他人之心的开拓。

马勒的配器、调性有多少是纯粹形式的探索？ 有多少是迫于对新的精神表现的需求？ 这是一个复杂的艺术分析问题。 但他确实创造了一个声响的新世界，这也是第七交响曲最为迷人的地方。 以这部音乐作品为背景，欣赏克林姆特的绘画真是美妙的体验。

结构依然工整的五乐章交响曲

第一、第五乐章气势磅礴，在性格和主题素材上相互关联。 第二、第四乐章是两首夜曲，用马勒自己的话来说：它们是浪漫主义诗人艾兴多尔夫的幻象——潺潺低语的泉水，具有十足的浪漫主义气息。 第三乐章是相对短小精悍的、“像一个阴影的”谐谑曲。

第一乐章开始的引子，情绪郁闷，低音弦乐器和木管乐器的轻奏混合成节奏低沉的葬礼进行曲。 随后一支高音圆号进入，天鹅绒般的音色和木管、弦乐棱角分明的旋律线形成对比。 第一主题坚韧不拔、刚劲有力，暴躁不安，如大自然的咆哮，一直延续到第二主题的最初一段，但随后被众多的延长音所遏制。 第二主题温柔甜美、开阔飘逸。 第一乐章就是在这两种情绪此消彼长的潮汐变化中进行，在不断向前的涌动和流连难舍的平和之间发展。 在这里，主题素材被大胆地混合，经历了不断的变奏，组合成一个富有想象力、戏剧性的音乐链。

在第二乐章夜曲中，马勒以中庸的快板速度和新颖的结构营造出高山夜晚的氛围。 第一小节的圆号呼唤出远处高山的景色，长笛的段落是近景的展示。 牛铃的采用更引人注目。 对马勒而言，牛铃具有神秘的意味。他多次说过：牛铃是人抵达山峰之前听到的最后的尘世之音。

尽管如此，这些因素同纯粹的交响音画没有关系，它没有像理查·施特劳斯的《阿尔卑斯山交响曲》去描绘广阔的高山景色。它更接近贝多芬的第六交响曲，描绘的成分远少于情绪的表达。它是一首回旋曲，将进行曲的主题和歌唱的段落、印象的描绘、大自然的声响融为一体。这种融合没有借助叙述性的、连环画的形式，而是用更为艺术的、拼贴画的形式实现。描绘和情感的成分都得到了充分的表现。

马勒自己认为第三乐章朦胧虚幻的情绪形成了一个“阴影”，你也可以说是一个“夜晚的鬼影”。前后两段不确定的谐谑色彩，不确定的嘲讽意味，加上有四个对比段落的三声中部飘忽不定，使得整个乐章十分怪诞，如鬼影不断变化着身姿舞动。从第一乐章、第二乐章、第三乐章大幅度的情感、色彩的变化中，我们可以窥见马勒灵魂的多面性和难以捉摸的特征。

第四乐章是马勒创作的旋律最缥缈、纤细，织体最单薄的一个乐章，如夜晚峡谷里飘荡的游魂。乐章一开始由小提琴拉出的音符具有庄严的高山田园风味。这个音型像主导动机一样在乐章中多次出现，但都被一段夜曲主题所打断。马勒很少如此小心翼翼地在室内乐透明的织体里穿梭。在这一乐章中，马勒用一把曼陀铃和一把吉他去制造特殊的音色效果，整个乐章的乐器配色层次细腻，十分轻柔，对人形成了巨大的诱惑力。

在第五乐章中，意识渐渐苏醒，自然豁然展现。一开场定音鼓雄壮的独奏和圆号、木管乐器光彩夺目的齐奏预示着马勒的大景观降临。随后云翻波涌的回旋主题进入。在这个乐章中，马勒把一切推向极致。他不仅用嘹亮的铜管乐、震耳欲聋的大鼓滚奏、清脆的钢板钟琴声，把交响曲的动力场域扩展到尽可能宽广的境地，而且要求每个演奏者用华美的风格来演奏这个乐章。主题最后一次回旋出现时，齐奏把整个乐章推向华丽壮观的高潮。从马勒个人的交响曲历史来看，这个乐章十分重要。在其中，马勒以包罗万象的气质，涵盖了音乐所有应该追求的宏大情感——凯旋、欢乐、极乐、狂喜。以后再也没有交响曲作曲家写过如此大欢喜的终乐章。它宣告了马勒从第五交响曲开始的悲哀气氛中走了出来，摆脱了成为负担的传统文化的压力，以及由此引发的焦虑，多愁善感的浪漫主义时期似乎结束了。虽然死亡依然是天边的一块乌云随时会飘荡过来，但马勒已经坦然多了，救赎、安然、眷恋代替了恐惧和绝望。

马勒的第八交响曲

两部分构成的神圣合唱交响曲

聆听马勒的交响曲就是在一座又一座山峰之间飞翔，不知何时才能看到坦荡无际的平原。无论向前还是回头，都是置身于群山之中，精神和意志都接受着前所未有的挑战。真不知拥有怎样的翅膀，才敢在这样的群山之间飞翔；也不知需要怎样的力量，才能抓住飞翔的灵魂。

第八交响曲完成于1906年8月，配器完成于1907年。1906年，马勒给朋友、荷兰著名指挥家门格尔贝格写了一封信，他以自信和自我陶醉的口吻谈论过这部交响曲："这是迄今为止我写得最为庞大的作品。它的内容和形式独具特色，我无法用文字来加以描述。你不妨设想整个宇宙都开始振动和回响。不再是人声在唱，而是星球和太阳在运行。"对马勒而言，这部作品是全新的，以致他的其他作品都是些序曲。

第八交响曲总结了马勒一生对人的崇高理想：通过智慧、宽恕、大爱，将人性从罪愆、绝望的深渊，提升到精神救赎的境界。人类（智人）是自然演化的偶然结果，这个结果就是动物性与人智的结合，若不对这个结合加以控制、提升和超越，必然毁灭自然和人类自身。第八交响曲是马勒舍弃对个人死亡的纠结，接受圣灵进入灵魂，接受自我超越，从而接受不朽的生命、希望和救赎的心路历程。

自然溢出和涌现的庞然大物

马勒为这部交响曲的声乐部分所选的歌词说明了他崇高的意图。第一部分采用了9世纪美因茨大主教赫拉巴努斯·毛鲁斯拉丁文赞美诗《降临吧！造物主的圣灵》。这首赞美诗后来被收入罗马天主教五旬节祷告的仪式当中。第一部分按奏鸣曲式展开，呈示部、发展部、再现部各两个唱段，虽宏大但结构清晰。

第二部分采用了歌德《浮士德》第二部分充满神秘色彩的最终场面。这一幕里有恍惚入神的神父（男中音）、在深渊里呼号的神父（男低音）、崇拜圣母玛利亚的博士（男高音）、罪孽深重的悔罪女（第一女高音）、悔罪女（原名甘泪卿、第二女高音）、撒马利亚妇人（第一女低音）、埃及的玛利亚（第二女低音），以及各种各样的天使、升天童子，他们表现了对神灵降福的渴望、对赐爱的期盼、对罪孽的忏悔、对荣光圣母（第三女高音）的赞美，以及对超越尘世的希望。第二部分是歌剧式的展开。

表面上看，第一和第二部分的选材相距甚远，但马勒强调的是：早期基督徒对圣灵的信仰和歌德通过大爱得到拯救的信仰之间存在着关系。马勒认为，圣灵的力量和大爱一致，前者本质上是“推动太阳和其他星辰运转的爱”。

在这部交响曲中，圣灵所赋予的创造力和爱得到了统一。在歌德心中，爱的突出特征也在于它的生长力和创造力。从创作第二交响曲开始，马勒就一直忧心忡忡，担心自己的创作灵感枯竭，这种心理障碍曾使得他在写作第二交响曲时困难重重。

第八交响曲是神来之笔，是马勒内心自然溢出和涌现的产物。本来马勒计划1906年夏季的假期修订第七交响曲的配器，没有任何作曲的念头。后来马勒回忆道：“在假期的第一个早晨，我回到迈尔尼希的音乐小屋准备懒散一下，积聚精力。在我进入熟悉的工作室时，造物主的神灵抓住了我，然后摇晃和折磨了我八周，直到主要部分完成。”

第一部分的赞美诗是一首渴望之歌，一首祈求创造精神、祈求圣灵推动天地万物之爱的、狂喜的、献身的歌。仿佛是对马勒祈求的报答，第八交响曲的创作速度令人惊讶。如此庞大的作品花费了八周完成只是传说。事实是：此曲花了他起码五个月的时间，1906年8月写好主要部分之后，1907年才完成配器。

即使如此，马勒也从来没有写得如此神速和顺畅，如此听命于内心的冲动和灵感，如此意气风发。马勒的自我怀疑、彷徨不定荡然无存。在创作第五、第六、第七交响曲时，马勒一直苦思冥想、踌躇不定、一改再改，但神奇的第八交响曲让他彻底建立了自信心。

气势宏大的首演

第八交响曲直到1910年9月才在慕尼黑展览中心上演，是马勒最后一次亲自指挥自己作品的首演，也是最后一次在欧洲指挥演出。八个月后他就去世了。

1907年3月，马勒辞去了维也纳歌剧院音乐总监的职务，从1908年开始担任纽约大都会歌剧院的指挥，1909年他兼任纽约爱乐乐团的指挥。他迫切希望挣到足够的钱，余生安静地从事他最热衷的作曲劳动。“我指挥是为了活着，我活着是为了作曲。”前者是劳作，后者是劳动。但命运的无常作弄了他，造物主也没有帮上忙。

最初的排演，包括选择歌手和训练合唱队，都由马勒的忠实信徒、大指挥家布鲁诺·瓦尔特（他的马勒第四交响曲依然是最好版本，弦乐部分无人企及）主持。首演的最后几次排演由马勒亲自指挥。音乐会的经办人对首演大肆营销，并给第八交响曲起了煽动性的标题——“千人交响曲”。这个名字没有得到作曲家本人的许可，甚至使他十分恼怒。不过首演确实动用了千余人的声乐队和器乐队，其中包括八位独唱演员、一个童声合唱团、两个大型合唱团、一个异常庞大的乐队。声势浩大居所有交响曲之首。

庞大的声乐队和器乐队军阵式的排列，使得此曲经常出现潮汐涌动、汹涌澎湃的力量。它不仅是巨大声响的混合，而且是音效的精确体现、音色微妙的展示、对声音混合和平衡的天才表露。充实的低音力量在高潮的瞬间成了音乐大厦有力的支撑。复杂性与力量感在庞大的交响配器、精细的对位结构中得到完美的呈现，简直就是丰富、强大而整一的三位一体。

1910年9月，马勒深知自己身体已经十分糟糕，但并不知道自己已经没有几个月可活。他一生都生活在他人和自我的死亡阴影下，一生和死亡较劲，一生宁可玉碎不求瓦全地在追求完美的工作和劳动中燃烧自己，不愿苟活一日，是19世纪、20世纪之交的莫扎特。首演盛况空前，极其成功。听众不仅包括皇室成员，也包括当时欧洲最著名的文化名人：理查·施特劳斯、布鲁诺·瓦尔特、里奥波德·斯托科维奇、阿诺德·勋伯格、威廉·门格尔伯格、安东·韦伯恩、马克斯·莱因哈特、圣-桑、托马斯·曼、斯蒂芬·茨威格，群星璀璨。首演结束时，掌声和欢呼声响彻整个展览中心。可惜夕阳无限好，只是近黄昏。

跨越第八交响曲

跨越就是不纠缠，不展开。为何要跨越马勒的第八交响曲？首先在于理解这部“千人交响曲”的歌词本身就是一个问题。第一部分是拉丁语，第二部分是德语，且整部交响曲歌词内涵充满奥义，还要熟悉歌德《浮士德》众多的抽象人物。

第二是音响的问题。第八交响曲的魅力必须在解析力较强的器材中才能展示。我拥有这部交响曲许多最好的版本，但在不同的音响系统上，人声部和器乐部层次展开的体验完全不同。在手机上去听这部交响曲就等于在云雾中窥视南迦巴瓦峰。

第八交响曲确实不存在普遍感受的基础，完全是属于个人的，没有办法用语言对其含义和艺术进行充分的展开。它是属于初听十分艰难，但越听越好听、越听越耐听的音乐。不过大多数人在初听几分钟后就退出和它说“永别”了。

建议初入门者听三段：第一部分第一段“降临吧！造物主的圣灵”，由管风琴开启，木管乐器和低音弦乐器引导出神圣宏大的赞美诗合唱。

第二部分第一段“合唱和回声”，它把听众带入已经熟悉的马勒的音乐风格和音乐世界。用一个漫长的管弦乐引子描绘了歌德《浮士德》最后的景象：山谷、森林、峭壁、荒漠；隐士们掩居在石缝当中。

第二部分最后一段“神秘的大合唱”，它犹如贝多芬的《欢乐颂》，是属于所有灵魂向上之人的：“转瞬即逝者，现已是寓言；不可企及者，此处已达成；不可名状者，此处已明示。永恒的女性，引领上天堂。”（此段翻译甚多，奥义重重，我根据英文和自己的理解翻译。）在这一段里，浪漫主义的艺术得到了最彻底的袒露，可以再次听到第一部分第一段的音乐主题，但音程变得更加宽大，同时强大而富有凯旋色彩的低音坚定了人们对大爱的信仰。从这部交响曲中，我们发现马勒是一位真诚的宗教音乐家，但他提供的不是教条的信仰，而是充满人性的信仰。

马勒的《大地之歌》

1907 年 3 月，迫于可怕的工作量、心脏的不适和反对派的压力，马勒辞去了维也纳歌剧院音乐总监的职务。马勒四岁大的大女儿同年 7 月夭折。仅数日之后，他又被诊断患有严重的心脏疾病。这些就是第六交响曲最后三个锤击（尽管他在修订版中删掉了最后一击）的应验。

他在 1909 年初给学生布鲁诺·瓦尔特谈论了之前一年半的危机："有时我毫不惊讶地在一个新的身体中发现了自我，像最后场景中的浮士德。我比以往更渴望生活，比以往更发现活着的甜美。"

马勒是夏季（指挥家的休假期）作曲家，是沉静在大自然中的作曲家。阿特湖畔的施坦因巴赫是他 1893—1896 年的第一处作曲场所，在湖边的作曲小屋诞生了第二、三交响曲。因弟弟奥托的自杀，他永远离开了这一伤心地。

维尔特湖的迈尔尼希是他 1902—1907 年的第二处作曲场所，在那里的湖畔别墅和林中的作曲小屋诞生了第四、第五、第六、第七、第八交响曲，《吕尔特诗歌的五首歌》，《亡儿之歌》。因为女儿的夭折，他永远地离开了这一伤心欲绝之地。

南蒂罗尔的多比亚克（那时叫托布拉赫）是他 1908—1910 年的第三处作曲场所，在那里林边简陋的作曲小屋，他 1908 年创作了《大地之歌》，1909 年创作了第九交响曲，1910 年创作了未完成的第十交响曲。

每次作曲场所的迁移都是因他者的死亡而起，这次这位作曲家或许感到要轮到自己与大地永别了。

和第八交响曲一样，《大地之歌》也是交响乐团和人声的作品。差别是第八交响曲放弃了个人，《大地之歌》又回到了个人死与生的体验。跨越马勒的《大地之歌》就是不展开它，其理由基本上和第八交响曲是一样：语言和音响。

由于马勒忌讳"九"这个数字（贝多芬、舒伯特、德沃夏克都是写完第九交响曲去世），作于1908年的《大地之歌》没有按顺序命名。1908年8月，马勒糟糕的身体已经濒临崩溃的边缘，它通过不适的心脏完全展示出来。糟糕的身体变得如此真实，它一点谎言也没有。只有创作还能使它苟延残喘，在心灵的慰藉中病痛暂时被遗忘。

作品采用了汉斯·贝特格《中国之笛》中七首中国唐诗的德文译本为歌词。这些唐诗的翻译多为译者借题抒发自己的情怀，和原诗大多有很大的差异，马勒其实也是借助译诗来抒发自己的情怀。唐诗、译诗、《大地之歌》三者的关系曲折微妙，但必须看到后两者关系更直接，同时《大地之歌》又自成一体。

第一乐章"尘世苦难的饮酒歌"，对应的是李白的《悲歌行》。原诗传达的是琴酒相伴，人生几何，怀才不遇，虽鄙视功名，但对其也难以割舍。音乐传达的是：琴酒相伴，人生几何，生也忧愁，死也忧愁。相较李白形而上和形而下交织的诗词，马勒的音乐所传达的人生悲情更为纯粹。

第二乐章"秋日的孤独者"，对应的可能是钱起的《效古秋夜长》。原诗传达的是寒女长夜织衣的情苦寂寞，与贵妇的生活和心态形成对比。也可能是张继的《枫桥夜泊》。从意译尺度极大的文字传达的含义来看，我更倾向于后者。音乐传达的是：在浓郁的秋天背景下，孤独者身心的疲惫，有振作的渴望，又充斥着某种相思。此乐章的展开犹如秋雾盘旋湖面，残荷在水上浮动。循环往复，百听不厌。

第三乐章“青春”，对应的是李白的《客中行》。原诗传达的是与友一醉方休、无问西东的豪情。音乐传达的含义基本相同，它是马勒难得彻底快乐的音乐。用酒解放自我十分短暂，但多数人都采取这种镜花水月、自我麻醉的方法。

第四乐章“美人”，对应的是李白的《采莲曲》。原诗传达的是采莲女的娇媚和挑逗，少年郎的渴望之情，以及对诗人对自身衰老、青春已逝的感叹。音乐传达的是青春男女相恋的场景。马勒在美人怀春无果中找到了短暂的平衡。和第一乐章一样，原诗的内涵比较曲折，音乐的内涵则比较纯粹。

第五乐章“春天的醉者”，原诗为李白的《春日醉起言志》。原诗传达的是人生如梦，春日醉酒，对月当歌，曲终忘我。音乐传达的意义基本相近。第三乐章是众醉，第五乐章是独醉。

第六乐章“告别”。马勒个人对死亡的恐惧和对生命的眷恋在第一乐章、第二乐章又顽固地回归，他没有通过第八交响曲拯救出自己。强大的求生本能再次在稀薄的精神面前印证了自己的力量。不过这次恐惧和眷恋毫不隐讳地穿过众饮美酒、美女怀春的幻想、自醉得到了短暂的释放，但最终维系在恋恋不舍的大地上。不过马勒似乎是放下了，妥协了。生命的最后时光变得安然，没有过往紧张的神经质。这一乐章是马勒表达最充分、内涵最丰富的诗篇。

乐章的上半部分对应孟浩然的《宿业师山房期丁大不至》，原诗传达的是：秋夜清丽幽美的景色使得等待友人变得充满诗意。音乐传达的是：在这样的景色中等待友人，和他告别。这里有更多人生的感伤、悲叹、感慨。

下半部分对应王维的《送别》。原诗传达的是送友归隐，心生羡慕。音乐传达的是归隐深山，回归故乡，最终眷恋于大地。大地会不断复春，大地每一个角落会永远和阳光、天空拥抱在一起，可惜人生道路的尽头最终会消失在生生不息的大地上，这真是不得不接受的“告别”。断肠哀歌大起大落，同时也变得从容不迫，无可奈何，坦然接受。

最后七个“永远”是大地永远的美，是和永远的美的永远告别；是融入大地，实现永恒。

马勒的第九交响曲

此曲于1909年6月开始创作，完成于1910年4月，是一部四乐章的交响曲。在完成实际上是“第九交响曲”的《大地之歌》之后，马勒必须面对宿命，把这部交响曲命名为第九交响曲。1911年5月，马勒在完成第十交响曲之前，因血液链球菌感染病逝，享年51岁，但他把许多人几辈子才能做完的事情都做完了。

1912年6月，马勒忠诚的弟子和拥趸布鲁诺·瓦尔特指挥维也纳爱乐乐团首演第九交响曲。1938年1月，维也纳爱乐乐团再度上演第九交响曲，许多演出者都参与过首演。这是马勒的作品在希特勒入侵前的最后一次上演。之后，瓦尔特和乐团的犹太人成员被迫逃亡。这场音乐会被录制下来，包括两年前录制的《大地之歌》，它们都是紧张和感人的现场体验。

1909年创作的第九交响曲和1908年创作的《大地之歌》可以视作一个整体，总体涉及对生命的眷恋、死亡的恐惧，以及最终平静而无奈的放弃和告别。这部交响曲被勒内·玛丽亚·里尔克看作“终无所怨的生命礼赞”。

第一乐章以断断续续的音型开启，似乎是失去规律、随时会停止跳动的脉搏。接下来是弱势的第二小提琴组奏出眷恋无比的第一主题。布鲁诺·瓦尔特将第一乐章和《大地之歌》直接关联起来，认为它衔接着《大地之歌》最后一个乐章。

阿尔班·贝尔格认为第一乐章是对大地前所未有的热爱，是对大地上平静生活的渴望，是对自然至深至远的享受，直到不可抗拒的死亡降临。 但整个乐章建立在呈现死亡的第二主题的基础上，第一主题与第二主题一开始对立，后来它和第二主题不断纠缠，扭曲变形，最终被第二主题洗礼成为透明的织体、纯净的音色，融入茫茫天际，通过心的放弃去获得生命的永恒。

第二乐章由三支兰德勒舞曲构成，第一首舞曲笨拙豪放，第二首舞曲疯狂粗野，第三首舞曲轻盈欢快。 三首舞曲最初独自展现，最终混合在一起。 其间穿插了不够严肃、不够深情表达出来的第一乐章第一主题。 这个乐章充满了反讽和自嘲的意味，构成了值得眷恋的生活的另一面。 就我个人而言，被马勒极度恐惧折磨的心脏，更需要接地气的、本能一点的生命来冲淡一下，这也是马勒的生命所恋。

第三乐章回旋曲是马勒的愤怒、犀利、辛辣、狂狷、鄙夷、疯狂的奔泻。 整个乐章桀骜不驯、张扬恣肆。 这是马勒对生命眷恋的另一种表达。 这个乐章的插入段特别迷人，是一段纯粹眷恋的旋律，它最后成为第四乐章气韵万千主题的源泉。

死亡不可用身体战胜，就用心灵超越它。 第四乐章是赞美诗般的曲调逐渐变成了扭曲、执着、绝望的旋律，自然和生活中太多的美好让马勒难以割舍，然后他在挣扎中精疲力竭、自我放弃，最终彻底超越生死。 生命像一片云彩消逝在蔚蓝色的天空中。 这个乐章结束三分钟后方能鼓掌。 假如指挥家、乐队、听众的思绪入情入境，那他们的思绪都要在空中飘荡一阵。

马勒第九交响曲意蕴复杂，非泛泛而听能够入神。 当你入神之后，生命中的许多问题都得到了解决。 一部伟大的交响曲和一部伟大的文学作品一样，是耗费时间和精神的，唯有大耗费，方有大所得：自我解放。

马勒于 1910 年夏季开始创作的第十交响曲是一个五乐章的

残篇，如断壁残垣屹立在夕照的荒原上。马勒基本上完成了第一乐章，第二乐章做了一点配器，第三乐章只配器了三十小节，剩下的都是未配器的缩编谱。鉴于马勒交响曲在情感、思想上的复杂，鉴于他配器的变化多端，再鉴于马勒在第一乐章似乎最终又猛回头想表达战胜死亡的决心和信心，我不再想和也没有精力和马勒在死神面前绕来绕去了。他已经完成的交响曲实际上已经实现了一个完整的循环。

但我还是听了里卡多·夏伊指挥的德里克·库克的补全版，以及大卫·津曼的指挥的克林顿·A. 卡彭特的补全版。除了第一乐章是马勒的，其他都是各自理解的、带有马勒元素与音乐风格的乐章。库克版确实是一部奇异的交响曲，尤其是美妙的第五乐章，马勒的灵魂已经迷散开来。大家都知道如何沿着马勒世纪之交悲凉的浪漫主义精神和奇异的艺术风格展开马勒风格的音乐语言了。

库克的版本 1960 年通过广播播出，布鲁诺·瓦尔特曾建议 80 岁的阿尔玛不要同意进一步的演出。但听过广播的录音后，她写信告诉库克她被深深地感动，并允许他在全球演出他的版本。1964 年阿尔玛去世后，她的女儿安娜许可库克看了更多的这部交响曲未曾出版的手稿。库克修订了他的版本。

马勒一辈子都在对死亡的阴影（集中体现在第六交响曲中）进行各种各样的体验，在对死亡的各种处置中翻来覆去。他从第一交响曲到《大地之歌》到第九交响曲，用尽了各种方法：浪漫的流浪和怪异的嘲讽（第一）、对神圣救赎的渴望（第二）、对宇宙万物的沉迷（第三）、对天堂生活的向往（第四）、对自我放弃的逐步认同（第五）、对光与影之美的细腻体验（第七）、对浮士德式的自我超越的认同（第八）、对永远融化进永远的自然的坦然（《大地之歌》）、对难以舍弃的生命留恋的最终放弃（第九）。他是马丁·海德格尔向死而生的完全践行者，是一位坚韧存在主义者，用永不停歇、从未松懈的指挥和创作印证了自己的选择和本质。

对我个人而言，第三、第五、第七、《大地之歌》、第九似乎是处置死亡的方便法门。以上的最后总结在库克版马勒第十交响曲第五乐章的反复播放中完成。

马勒的艺术歌曲套曲

马勒作于1878—1880年的《悲叹之歌》是一部大型合唱曲（康塔塔），显示了他今后所有作品的基本特性：死亡的恐惧、森林峡谷黑夜气质的浪漫主义、交响乐奇异的音色、富有变化的旋律和节奏。不过《悲叹之歌》不属于马勒艺术歌曲的范围。

马勒创作过四部艺术歌曲的套曲（《大地之歌》我把它纳入带有歌词的交响曲）：《旅行者之歌》(1883—1885)、《少年魔角之歌》(1888—1901)、《吕克特诗歌的五首歌》(1901—1902)、《亡儿之歌》(1901—1904)。艺术歌曲的一般特点是：歌词来源于诗作，具有文学性和思想层次；作品属于室内乐性质，多为钢琴伴奏；由古典音乐作家（相对于流行音乐作曲家）所作。

浪漫主义运动推动了艺术歌曲的繁荣。诗人层出不穷，和音乐家形成了良好的互动。像贝多芬、舒伯特、门德尔松、舒曼、勃拉姆斯都热衷于艺术歌曲的创作，并都创作了许多杰出的艺术歌曲套曲。马勒最有名的艺术歌曲套曲有以下四部：

《旅行者之歌》，它是对一段失意恋爱的回忆。套曲四首分别是《在我爱人结婚的日子》《清晨我走过田野》《我有一把闪亮的刀子》《我爱人的蓝眼睛》。基本主题为失恋和忧伤、在大自然寻找安慰、失恋和自戕的冲动、告别和遗忘。19世纪的浪漫主义趋于把失恋上升到一定的思想高度。如果听这些歌曲，要做一些抽象的转化和升华，把失恋行为变成人的存在状态，这种状态是文化对文明的抵制和背叛。这样才能理解伟大的富特文格勒为何对此部作品情有独钟，远超对马勒交响曲的兴趣。马勒自己的诠释也是如此："这套歌曲描述的是一位被命运戏弄的旅行者，在无常的世界永久漂泊的故事。"一次失恋被上升到存在主义的高度。舒伯特的《冬之旅》《美丽的磨坊女》中的失恋都不是普通的男女事件，而是世界对人的遗弃，以及人对这种遗弃自我放逐的选择，甚至自我抛弃的抉择。

《少年魔角之歌》套曲的歌词采自德国诗人冯·阿尔尼姆和克莱门斯·布伦塔诺 1805—1808 年编辑出版的诗歌集，诗歌集汇集了德国古老的民歌。马勒利用这部诗歌集写了 24 首歌，是他将近一半艺术歌曲歌词的来源。其中《青春之歌》的第二卷、第三卷 9 首；《少年魔角之歌》套曲 12 首；第二交响曲第四乐章的"原始之光"、第三交响曲第五乐章的"三位天使在唱欢乐的歌"、第四交响曲第四乐章的"天堂生活"（首句"我们享受着天国的快乐"也被人做过歌名）一共 3 首。对分别体现神秘、欢乐、天真的这三个乐章，我远比其他选材于《少年魔角之歌》诗歌集的 21 首歌曲熟悉。

在众多《少年魔角之歌》的唱片中，有 12 首的纯粹套曲；有将歌词来自《少年魔角之歌》诗歌集的歌曲重新组合，加上曲目数量和编排次序不一，对听众造成了一定的混乱。我好在有一套马勒的标准全集，可惜曲目是德文单语，只好不断比照，费了很大的功夫才弄清这 24 首的关系。

《青春之歌》的第二卷、第三卷的 9 首曲目：(1)《为了教化儿童》，(2)《我兴致勃勃穿过绿色的森林》，(3)《出去！出去！》，(4)《强大的想象力》，(5)《斯特拉斯堡要塞》，(6)《夏末》，(7)《分离和逃避》，(8)《不再见面！》，(9)《自我感觉》。

《少年魔角之歌》套曲的曲目（采用 EMI 马勒全集的顺

序)：(1)《晨号》，(2)《尘世生活》，(3)《徒劳》，(4)《莱茵河传说》，(5)《男孩鼓手》，(6)《哨兵小夜曲》，(7)《谁想出了这首歌曲?》，(8)《赞美崇高的智慧》，(9)《圣安东尼对鱼的布道》，(10)《塔中囚徒之歌》，(11)《悲伤中的安慰》，(12)《嘹亮的小号吹起的地方》。

在浪漫主义者眼里，德国的文化，尤其是民族传统文化是和以科学技术为代表的工业文明战斗的武器。传统文化的核心是体现质朴、高贵和神秘主义的神话、寓言、诗歌，阿尔尼姆和布伦塔诺编辑的诗歌集等于挖了一条回到过去的通道。

在德国人那里，工业文明并不是系统的文化，不是优秀的文化，不是一套规范的原则、价值和理想，只是发达的经济和技术。文化，特别是传统文化具有优先的价值，工业文明却要加以贬低。德国的传统文化是文化的杰出代表，是抵制工业文明的利器。德国浪漫主义的音乐和文学结成联合体，互为拥趸。在传统文化和工业文明对立的背景下，并从马勒独特的人格出发，我们再去理解马勒对布伦塔诺诗歌集的着迷就容易多了。

马勒对文学非常痴迷，对当时德国浪漫派诗人十分了解。但他不像同时代的沃尔夫、理查·施特劳斯、勋伯格，以及更早的舒伯特、舒曼、勃拉姆斯广采博收当时的诗歌来谱写歌曲，而是集中两个诗歌源泉——弗里德里希·吕克特，以及《少年魔角之歌》。并不是马勒不熟悉其他德国诗歌，或这些诗歌缺乏文学价值，而是吕克特的诗歌和《少年魔角之歌》诗歌集具有没有被驯服的、难以控制的激情，具有敏感、悲哀、嘲讽、欢乐、忧郁的丰富气息，具有色彩阴暗的温柔，这些都吻合马勒的内心世界：孤独的忧伤、对死亡的恐惧、无奈的退隐、对生命的渴望。

《吕克特诗歌的五首歌》：《假如你因为美人而爱》《我闻到

了淡淡的香气》《不要偷看我的诗歌》《在午夜》《我已经和这个世界没有关系》。这五首歌演唱的顺序通常不一致。其实按上面这个正常的顺序最好，架构十分清晰：给爱情定义，爱情的两个场景，午夜的孤独和无力，和世界告别。其中最好听的自然是《我已经和这个世界没有关系》，无论歌词和旋律都和第五交响曲第四乐章切合。EMI的马勒全集一张唱片里有八个演绎这首歌曲的版本，我常常在读思写中以此作为背景音乐，入神难出，直至午夜，犹如中毒。浪漫主义文化真是粗暴、粗糙文明的“解毒剂”。

《亡儿之歌》取自吕克特悼念自己儿子的诗歌。套曲一共五首：《太阳照样灿烂地升起》《现在我明白了你为何阴郁地看着我》《当你的妈妈走进门时》《我经常想他们只是出去了》《在这样糟糕的日子，我不应该让孩子出去》。架构十分清晰：只属于个人的丧子之痛，亡儿阴郁凝视的幻象，亡儿和妈妈一起进门的幻觉，亡儿只是外出的幻觉，亡儿在屋里躲避坏天气的幻觉。除了第一首有客观意识，其余均为幻觉，可见亡儿之痛的深切。马勒这套曲子，是自小潜入内心、一直伴随的死亡阴影的外溢和涌现。他确实不知道它竟然成了三年后大女儿夭折的预悼，成了他直至去世前都挥之不去的阴霾。

马勒的艺术歌曲最初可能都有钢琴伴奏版，后来有了交响乐伴奏。他的艺术歌曲和舒伯特、舒曼、勃拉姆斯气质完全不同，器乐部分的交响化使艺术歌曲失去了钢琴和人声配合的亲切感和私密感。在交响乐的海洋中，声乐部分成了大海上航行的孤帆。声乐感情强烈充沛，器乐部分结构宏大、层次丰富。他交响乐伴奏的艺术歌曲是其交响曲更直接的流泻。

也许听惯了他的交响曲，特别喜欢他交响乐伴奏的艺术歌曲的版本，尤其是在瑞士、奥地利湖光山色背景下的视频版本。

马勒艺术歌曲套曲中的一些旋律被其交响曲借用：第一交响曲的第一乐章借用了《旅行者之歌》中《清晨我走过田野》的旋律；第三乐章的第二个插段借用了《旅行者之歌》中《我爱人的蓝眼睛》后半部的旋律，阴柔舒展，让人难以自持。

第二交响曲的第三乐章借用了《少年魔角之歌》中《圣安东尼对鱼的布道》的旋律，有着阴郁的流畅。当代作曲家卢西亚诺·贝里奥在其《交响曲》第三乐章中也借用了这支旋律，他认为这是旋律犹如湍急的河流，两岸变换着不同的景色。

在第三交响曲的第三乐章回旋主旋律借用了《青春之歌》第三卷中《夏末》的旋律。

许多论述都强调了《少年魔角之歌》和马勒第二、第三、第四交响曲的关系，但没有理清《少年魔角之歌》是广义的艺术歌曲，还是狭义的套曲，还是诗歌集。这涉及令人焦虑和头痛的小学问题。

小学这个概念来自中国传统语文学，由文字学、音韵学、训诂学组成，用于阐释和解读先秦典籍，是经学的工具。其实小学在每个学科中都存在，所谓图书错误百出往往不是理论问题，而是小学问题。

最近写文章，一触及时间、地点、事件、版本的描述经常出错。确证、纠正极其浪费时间，其实思想大多和细节纠结并不紧密，思想甚至往往漠视细节。有时候确证、纠正的时间让人心灰意冷，抹杀了思想的热情。保持小学和经学的张力非常困难。

我写这篇文章的主要目的是便于去听马勒德文的艺术歌曲，通过英文梳理一下曲目，了解一下歌词，找到它们和德国浪漫主义文学的关系，以及和他内心的关联，供未来慢慢享用。

最终，人只为自己吟唱，或自言自语。我不会吟唱，借马勒为我而唱，然后自言自语。至此马勒全部写完，含总论一篇、交响曲九篇、《大地之歌》和艺术歌曲套曲两篇，共计十二篇，画出一条朝圣之路，一段心路历程。

德彪西的四面

他是瓦格纳最有力的挑战者

法国19世纪的音乐家最文青，他们和法国的诗歌、绘画艺术走得最近。但法国的文青们却不爱法国音乐，他们爱德国的瓦格纳。许多法国的音乐家也被笼罩在瓦格纳的阴影下，写了瓦格纳式样的歌剧，巴黎被称为小拜罗伊特。德彪西用音乐语言和音乐结构彻底的创新，恢复了法国的名望和尊严。柏辽兹、比才除外，如果没有德彪西（当然还有拉威尔），19世纪到20世纪初一大堆法国音乐家——奥芬巴赫、弗朗克、拉罗、弗莱、圣-桑、德利布、夏布里埃尔、马斯奈、丹第、夏庞蒂埃、杜卡、萨蒂、普朗克等，虽然各有特色，但在欧洲音乐中心他们依然黯然失色，而有了德彪西，他们在这个中心和他国的音乐家——尤其是德奥系的音乐家——交相辉映起来。我们难以想象如果没有柏辽兹、比才，没有德彪西、拉威尔，法国音乐的景观和影响力会是什么样子。

他是远离尘嚣的艺术家

德彪西对现实毫无兴趣，第三共和国一系列重大的事件对他当时的作品没有产生任何影响。甚至第一次世界大战虽然激发了他的仇德心理，但并没有刺激出什么作品。他最后的钢琴曲有《六首古代铭词》(1914)，是对自己享乐主义人生的告别；有《十二首钢琴练习曲》(1915) 和《黑键与白键》(1915)，是他对个人身体病痛和心理哀伤的回应，对法国敌人的抗议是微弱的。

他本质上是一位考究的感官享乐者。他给我们提供的是一个完全和现世独立的象征世界。他的内心深处是一位喜欢安静、孤独的人，厌倦公众的注意，闭门独处，不问世事，只生活在自己的内心和感官中，特别是他1905年后的作品都是远离尘嚣的极品。

他是精致细腻的艺术家

德彪西也是音乐家中最精雕细琢、一丝不苟、精益求精的一位，对他而言感官享乐必须是精致细腻的，犹如勃拉姆斯用这种态度来表现自己的伤感和隐忍一样。

1894年《牧神午后前奏曲》开始，德彪西呈现出真正自己的声音。他把声音变成调色板，色彩斑斓且曲径通幽，人们熟悉的管弦乐曲都出自这个时期。他的里程碑式的几大件《牧神午后前奏曲》（1892—1894）、《佩利亚斯和梅丽桑德》（1892—1902）、《夜曲》（1897—1899）、《大海》（1903—1905）、《意象》（第三集）（1908—1912）都是反复“磨洋工”的产物。尤其唯一的歌剧历时十年，到了吹毛求疵的地步。

1905年，第二次婚姻使得他彻底告别了波希米亚流浪艺术家的生活，他脱掉了波希米亚人的面具，进入了童年就热爱的安静封闭的生活当中。他繁华落尽，铅华洗尽，以更清晰简洁的风格，写作了大量的室内乐和钢琴独奏作品。他最杰出的钢琴曲《意象》（第一集）（1905）、《意象》（第二集）（1907）、《儿童乐园》（1908）、《二十四首前奏曲》（1910—1912），连同他后来几部著名的钢琴曲，都回归到法国作曲家库普兰的传统当中：质朴、高贵、敏感。

他是把音乐带入现代音乐新境界的革命者

德彪西一直认为他就是他自己，他的音乐就是他自己的音乐。他是无门无派的隐士。尽管人们一直在无休止地论述他是象征主义者还是印象主义者，他的音乐风格是受到法国南部色彩的影响，是受到法国印象主义绘画和英国前拉斐尔画派的影响，是受到法国象征主义诗人的影响，是受到俄罗斯、西班牙、东方音乐以及爵士乐的影响，等等，但可以明确的是：他是古典主义和浪漫主义整个音乐体系最彻底的反动者，在他之后欧洲的音乐进入了新的时代。他不是 19 世纪和 20 世纪的桥梁和过渡。他就是生活在 19 世纪的反动者，20 世纪的先锋者。

德彪西的音乐是最法国风的，色彩多变，飘忽不定，细腻短小，完全和德国风相对；也是最现代的，音乐语言在他之后彻底翻过一页。

西贝柳斯音乐的四个乐章

我准备用西贝柳斯第七交响曲最紧凑、清晰、简练的方式谈论一下西贝柳斯。我在西贝柳斯的音乐语言中找到了我喜欢的文字语言风格、哲学风格，尤其在他的七部交响曲中。他的七部交响曲，越写越短。他的音乐世界不是爆炸的，而是热寂的。

第一乐章：从边缘走向欧洲中心，又从欧洲中心走向世界的声音

音乐文化的历史除了噪音和顺耳互动演变关系之外，还有中心和边缘的关系。这种关系是主流文化和亚文化之间的碰撞、冲击、对抗，或交流、互鉴、交融。由于众多的原因，欧洲大陆的意大利、法国、奥地利、德国的音乐一直处在现代史中音乐文化的中心。从19世纪开始，来自北欧、东欧、伊比利亚半岛、俄罗斯的音乐开始和这个中心发生碰撞、冲击，由于没有发生对抗，最终融为一体，形成了一个更大的中心。

北欧古典音乐四位代表，第一位瑞典的弗兰兹·贝瓦尔德（1796—1868），他是由当年84岁的诺贝尔文学奖评委会前主席谢尔·埃斯普马赫2014年介绍给我的。他要向我证明瑞典也是有古典音乐的，回国后他邮寄给我两张贝瓦尔德的唱片。第二位是挪威的爱德华·格里格（1843—1907），他是中国最熟悉的北欧作曲家，大家都知道他的《培尔·金特》组曲。第三位是丹麦的卡尔·尼尔森（1865—1931），他的六部交响曲是进入他音乐世界的大门。第四位是芬兰的西贝柳斯（1865—1957），他

对欧洲音乐中心的冲击、融入以及对世界的影响超越前三者，使北欧的古典音乐轮廓变得清晰起来，精神格局得到了空前的拓展。他是北欧音乐界的安徒生、易卜生、斯特林堡。

第二乐章：民族传奇的声音

西贝柳斯在创作他的第一交响曲（Op. 39，1898—1899）之前，已经完成了他最重要的民族传奇音乐：《库勒沃交响曲》（Op. 7，1892）、《传奇》（Op. 9，1893）、《卡雷利亚组曲》（Op. 11，1893）、《四首传奇》（莱敏凯宁组曲，Op. 22，1895）、《芬兰颂》（Op. 26，1899）；其后还创作了《波希奥拉的女儿》（Op. 49，1906）、《塔皮奥拉》（Op. 112，1925）。西贝柳斯民族传奇声音的灵感大多来自于芬兰民族史诗《卡莱瓦拉》。《卡莱瓦拉》对他的重要性犹如《尼伯龙根之歌》和瓦格纳关系一样。虽然民族主义的支持者以民族史诗作为源头，但他从不引用民歌旋律，他的音乐主题都是自己创造的。

值得一提的是：译林最重要的出版活动之一是出版了世界重要的民族史诗，出版了古希腊悲喜剧，以及卡尔·古斯塔夫·荣格的白皮精选集。民族史诗和戏剧都是民族文化、心理的原型和集体潜意识，是培养个人超我的历史源泉。在弗洛伊德那里超我是文明的面具，最终还原为个人的童年经历以及个人的本我。在荣格那里，超我是可以通过培养、修订本我和自我真实建立起来的，而集体潜意识也提供了巨大的力量。西贝柳斯和瓦格纳的人格和艺术实践都是极好的佐证。

第三乐章：欧洲音乐语言的声音

西贝柳斯重要的交响曲、协奏曲、室内乐作品都是采用欧洲中心的音乐形式和基本语言创造的，这是他走入欧洲、走向世界的门票。 德沃夏克、柴可夫斯基、拉赫玛尼诺夫概莫能外。

对马勒而言，交响曲就是整个世界，它必须容纳一切事物，交响曲的魅力在于庞杂。 但对西贝柳斯而言，它是音乐动机之间相互联系的精密逻辑，交响曲的魅力在于简练。 在20世纪30年代，英国的许多作曲家认为他的交响曲是音乐界唯一值得学习的典范。

除了简练，西贝柳斯一直推崇交响曲语言的抽象性，交响曲决不能用文学做基础。 他认为除了勃拉姆斯，自贝多芬以来的交响曲或多或少都是交响诗。 作曲家多半会说明他写作交响曲的想法，或提供给听众一个理解、想像的方向。 在这里，他走的完全是和民族传奇的声音不同的道路。 不要把欧洲音乐语言的声音放到芬兰的风景中去听，他的许多交响曲的唱片封面都有这样的误导。

除了第一、第二交响曲还有明显华丽的浪漫主义风格，从第三交响曲开始他走上结构严密、动机扣连、曲式讲究的道路。 简练和抽象是西贝柳斯坚定不移的风格，他相信未来的音乐是古典主义的。

第四乐章：静默的、过去的、永远的声音

西贝柳斯十分长寿。 在第七交响曲（Op. 105，1926）、莎士比亚戏剧《暴风雨》配乐（Op. 109，1926）、《瓦维纳之歌》（Op. 110，1926）之后的30年，他的音乐之声完全静默。

有人认为：西贝柳斯活得太长，进入了20世纪下半叶。 他的音乐属于19世纪，他在20世纪30年代声誉达到顶峰，作品今天也在全世界广泛演奏，但中间似乎有一个巨大的空档期——不

再创作，无人理会。他最后的30年正好生活在这个空档期中。在音乐史的纪录上，他的声音无人理会，只能化为内在，给自己述说了。犹如爱德华·埃尔加（1857—1934）1920年后不再创作也因为音乐风格老派，滑进一个这样的空档期。其实不然，虽然他的音乐和勋伯格、斯特拉文斯基的先锋派相比确属过时，但一般大众依然喜欢他和爱德华·埃尔加的作品。空档期的真正的原因在于他们已经没有可以抒发的了。该说的都说了，那就彻底静默下来，看看外面发生了些什么，人们在怎样演绎他们过去的作品，使之永恒。山高月小，水落石出。

但无论西贝柳斯发出什么声音，都是属于他自己的声音。

拉赫玛尼诺夫：永远的新人

拉赫玛尼诺夫的交响曲、钢琴协奏曲最近成了大指挥家、乐团、钢琴家的练兵场，快成流行音乐了，这是20世纪30年代始料未及的。西方音乐，尤其是伟大的古典音乐总体上传达的含义足够丰富，表达的艺术方式足够复杂，提供了多种演绎的可能性，因此它总能生生不息，循环不断。

贝多芬建立古典主义顶峰并开创浪漫主义新局之后，19世纪西欧浪漫主义音乐是朝着两个方向发展的。一个是以舒伯特、门德尔松、肖邦、舒曼、勃拉姆斯为代表，在室内乐和交响曲中他们依然和古典主义保持着密切的关系，但是在独奏曲、艺术歌曲中，他们把强烈的抒情性、幻想性融入一种新的、短小的曲式当中。但随着舒曼的故去，这种小型的浪漫主义走到了尽头。

一个是以柏辽兹、李斯特、瓦格纳为代表，然后延伸到布鲁克纳、马勒、理查·施特劳斯那里，这是一些对室内乐、独奏曲（李斯特除外，但李斯特的钢琴曲是追求交响性的，除了《B小调奏鸣曲》，都是非古典主义形式的）不感兴趣的作曲家，他们致力于交响乐队的编制、音色和形式的发展。传统的室内乐和独奏曲对他们的局限太大，都不能满足他们的创作要求，交响乐团不断扩大的音响空间、不断丰富的音色是他们表现思想、情感的理想工具。他们把音乐当成无所不包、发现人和宇宙本质的艺术。这样，音乐被扩展到文学、哲学、宗教领域，并不断在其中汲取灵感，成为一个包罗万象的综合艺术。

第一个方向在西欧中心以外的边缘得到了发展。西方古典音乐的中心和边缘互动起来。柴可夫斯基、德沃夏克、格里格、西贝柳斯、拉赫玛尼诺夫都把本国的元素和古典主义的形式、浪漫主义的创新沿着这个方向延续下来。从音乐历史的角度来看，第一个方向是保守的，甚至是陈腐的，而第二个方向是激进的，在西欧的中心引发了现代主义的音乐革命，但保守的方向和各民族元素的结合却焕发了新的生命。从艺术的演进史来看这是正常的，边缘和中心的互动，往往是从中心的过去而非当下进行的。

拉赫玛尼诺夫是柴可夫斯基音乐的传人，也是 19 世纪浪漫主义在俄罗斯荒野上的总结。虽然他比柴可夫斯基国际化，但俄罗斯的气质是褪去不了的基因和幼时记忆，一生都以有意识和潜意识的方式散发出来。他是一个坚韧、内向、顽固、老派的俄罗斯人，一生充满挫折，但典型的俄罗斯的坚韧、内敛和悲情使他在作曲和演奏中坚持下来，并双双取得成功。

工业时代，拉赫玛尼诺夫因情感和艺术形式的过时老套而终结了。在他写作自己所有情感伟大而细腻的、听来顺耳的作品时，雅纳切克、德彪西、勋伯格、拉威尔、巴托克、斯特拉文斯基、普罗科菲耶夫、肖斯塔科维奇都在标新立异，创制新奇或刺耳的“噪音”。他是那个时代来自西方古典音乐边缘的勃拉姆斯。

但今天他又回来了，如同巴赫在 19 世纪初的“复活”，马勒在 20 世纪 70 年代的“复活”。由于现代社会，特别是后现代社会导致的文化多元和个人灵魂内在的多元，且过往历史的文化对当下而言都是陌生的，被抽象地压扁，成为共时的文化，都可能同时成为现代人精神世界的底色、营养。时尚固然存在，但是现代性的时尚是多元的，后现代性的时尚是碎片化的，过往的文化随时可能抽象地复活和存留下来。拉赫玛尼诺夫的音乐就是其中之一。谁还在乎他老套的音乐形式，在乎他喋喋不休的唠叨。“拉赫玛尼”在俄语中的意思是慷慨的，也是挥霍的。对我们而言，它们都是陌生而新鲜的东西。他丰富多变的情感和优美绵长的旋律就足以永远感人。正因为如此，他永远是新人。

拉赫玛尼诺夫是19世纪俄罗斯音乐大师中的最后一位。他的音乐完全安置在俄罗斯无边无际的巨大空间和精神气质——波涛汹涌、温柔妩媚、悲哀惆怅三种情绪的大起大落当中。他的四首钢琴协奏曲，尤其是大开大合的第二钢琴协奏曲、犹如挖矿耗费体能的第三钢琴协奏曲是浪漫派音乐的永存作品；虽然他的交响曲长期处于他的钢琴协奏曲的阴影之下，但现在已经为人所重视，尤其第二交响曲的第二乐章，简直就是俄罗斯茫茫雪原的生动写照，可以和马勒的慢板乐章匹敌；他的钢琴独奏曲是他最贴心、最直接的自我情感和技术的表达；他的艺术歌曲和宗教合唱曲被公认为是最具俄罗斯风味的艺术珍品。

拉赫玛尼诺夫是一位伟大的钢琴演奏家，巡演长达50年。他犹如马勒、伯恩斯坦是伟大的指挥家一样，一直忙碌于演出和作曲之间。他留下了众多的宝贵唱片录音，这些录音不仅包括他自己的协奏曲和其他大师的作品，还包括他和小提琴大师克莱斯勒合作的奏鸣曲，带有浓郁的传奇色彩。同时，他充满活力和细致入微的指挥也在唱片中保留下来。他的艺术生涯表明，他将以往全能型的音乐家传统带入20世纪，在垂直化、专业化无所不在的当代，保存了人们对全能型音乐巨人的记忆和仰慕。

序曲和随想曲：洗尽铅华的圣乐

第一部分　序曲

1. 格里高利圣咏

(1) 目前能听到的最早西方音乐是各种地域的基督教圣咏；

(2) 格里高利圣咏（*Gregorian chant*）是罗马教会圣咏和各种基督教圣咏（主要是高卢圣咏）的融合；

(3) 采用“格里高利圣咏”之名是因为这位教皇在七世纪对罗马教会圣咏进行了汇总，实际上这一圣咏是格里高利和其之后罗马教会圣咏的汇集，共计3000余首；

(4) 格里高利圣咏是西方音乐文献可追溯的源头；

(5) 格里高利圣咏是单声部的合唱，所以又称素歌（plainchant），有别于后来的复调合唱；

(6) 好不好听，自有耳朵和灵魂回答，格里高利圣咏网上资源很多；如果觉得传统的格里高利圣咏枯燥，自己也不是圣咏的原教旨主义者，可以选听英国当代格里高利合唱团的曲目，它们是传统格里高利音乐风格和现代创新的结合。

2. 中世纪世俗歌曲

游吟诗人（troubadour）的音乐是可以听到的最早的西方世俗音乐。12、13世纪的游吟诗人不同于19世纪的流浪歌手，大多出自名门贵族。高尚理想爱情、美女偶像崇拜是音乐和歌词的主题。将这些世俗歌曲与格里高利圣咏混听能让人体会到中世纪精神世界的二元性，以及任何时空的人都存在的身体和灵魂的二元性；也会部分修正瑞士历史学家雅各布·布克哈特《意大利文艺复兴时期的文化》开始的对中世纪世界单一的黑暗描述，这一描述对恩格斯影响甚大，并通过恩格斯对我们认知西方中世纪影响巨大。

3. 约翰·安德里亚斯·施梅勒（J. A. Schmeller）在 1847 年收集出版了中世纪拉丁语与德语的抒情诗集《博伊伦的诗歌》（*Camina Burana*），其中许多诗歌都在中世纪被吟唱。这些诗歌深藏在巴伐利亚本尼迪克特博依伦的一所修道院内，历经数世纪不为人知。它是目前所知保存最为完整也最具艺术价值的中世纪诗歌集。其中对 10 世纪末到 13 世纪初狂放生活的描绘，以及世俗感情的宣泄令人震惊，使人不得不对中世纪有新的观感和遐想。卡尔·奥尔夫把其中的 24 首诗配上音乐，成为 20 世纪最令人颠倒神魂的合唱与管弦作品——《博伊伦的诗歌》。

4. 来自德国宾根的希尔德加是 12 世纪最具有个性的、单声部圣咏的作曲家。不仅在中世纪独树一帜，而且她在整个西方音乐史中也是稀有的、十分重要的女作曲家。不过在中世纪出现这样一位杰出的女音乐家真是不可思议的奇迹。她的音乐是仙乐，和当地最好的雷司令葡萄酒匹配。

5. 复调音乐脱胎于单声部合唱音乐（主调音乐），从 9 世纪简单的奥尔加农开始，一路走来，进化的形式、众多的作曲家和曲目，只有行家才能列数，但它发展到 16 世纪的帕莱斯特里拉那里，可谓登峰造极，见到了自己的喜马拉雅山。帕莱斯特利拉是那个时代的贝多芬。他的《教皇马塞利弥撒曲》是珠穆朗玛峰，其中的《慈悲经》（*Kyrie*）是珠穆朗玛上的第一缕阳光。塔里斯学者合唱团（The Tallis Scholars）在演唱中世纪复调音乐上无人可及，为听众挖掘了大量复调音乐的宝藏，当然它演唱的此曲绝对是首选。

第二部分 随想曲

第一首：莫扎特《忏悔者的庄严晚祷》（*Vesperae Solennes de Confessore*， KV.339）的《赞美我主》（*Laudate Dominum*）。最柔美的线条表达无比的虔诚。莫扎特在其中展现了其歌剧优美的旋律，同时独唱与合唱交相辉映，并大胆地使用和声技法，这在他之前的亨德尔或巴赫的宗教合唱作品中是从来没有出现过的。三十年前第一次听见新西兰女高音卡拉娃演唱此曲，耳朵就被彻底征服了。

第二首：维瓦尔第《经文歌》（*Motet*）的《人间需要真正的和平》（*Nulla in Mundo Pax Sincera*）。它在众多的维瓦尔第的圣乐中属于旋律最美的，除织体和和声之外，旋律不亚于莫扎特的《赞美我主》，尽显巴洛克时期威尼斯的妩媚。常听此乐，贪婪、虚荣、恐惧、嫉妒之心可以有效抑制。

第三首：亨德尔《弥赛亚》的《他降临的日子谁能承受》，《哈利路亚》就不推介了。弥赛亚中的美妙旋律和优秀版本比比皆是。新教圣乐旋律充满市民气息，容易被普通民众接受，许多旋律容易上口，在传播上比天主教圣乐更能打动广大人心。

第四首：巴赫《圣诞清唱剧》的第一天第一首《欢乐吧！狂喜吧！让这些日子充满荣耀》。在巴赫大量的康塔塔（cantata，小型合唱曲）和几部大型宗教合唱曲（清唱剧、弥撒曲、受难曲）中，我们能感受到当时市民投入而虔诚的宗教生活，但巴赫写得那么多，宏伟或柔美的曲子比比皆是，完全是一位体现“辛劳在我、荣耀归主”精神的新教音乐家。目前巴赫圣乐版本最好的是艾略特·加迪纳的和卡尔·里赫特的。前者写的巴赫传《天堂城堡里的音乐》以及所拍的巴赫专题音乐片也非常有影响。传记中文版已经出版。

第五首：佩尔戈莱西《圣母悼歌》（*Stabat Mater*）的第一曲。18 世纪初的佩尔戈莱西在世 26 年，能写出如此不朽的名曲，可以想见当时意大利的音乐氛围和作曲家不凡的天分。

第六首：阿莱格里《求主怜悯》（*Miserere*）。复调音乐精华甚多，17 世纪的杰作是阿莱格里《求主怜悯》。九声部的织体让灵魂缓慢上升，无法坠落。莫扎特的《求主怜悯》(K. 85) 深受其影响，门德尔松认为此声应是天堂来。据说莫扎特幼时，进教堂两次听此乐，过耳不忘，回家就记下了总谱。一部伟大的作品就这样从封闭的教堂里泄漏出来。估计莫扎特入天堂第一所见，就是阿莱格里。似乎美国电影《变脸》最后复仇一段也引用此曲，成了替天行道的声乐背景。此曲优秀版本甚多，是复调音乐中的“流行音乐”(popular music)。阿莱格里作此曲时处于文艺复兴晚期和巴洛克初期，他属于作曲风格保守的罗马音乐学派，为保守阵营提供了不朽杰作。

第七首：莫扎特《C 小调弥撒曲》的《慈悲经》（*Kyrie*）。合唱和女声交相辉映，合唱部分雄浑有力，完全没有莫扎特的味道，两分四十五秒左右之后进入的女声的柔美唱段是典型的莫扎特歌剧咏叹调，到了五分钟左右，女声的线条发展到美崩的极限。

第八首：勃拉姆斯《德文安魂曲》第五乐章。合唱和女声交相辉映，合唱部分作为背景衬托，把女声从暗的背景突显出来，犹如伦勃朗的油画。《德文安魂曲》写了 11 年，此第五乐章是勃拉姆斯母亲去世后两年完成的，也是最后完成的乐章。死亡也可安详和美，只要有信仰。

第九首：勃拉姆斯《德文安魂曲》第二乐章。坦然向死而生的力量来自信仰。“凡有血气的，都如衰草，所有他的枯荣，都如草上之花。草会凋残，花会谢落。”最有超越生死说服力的合唱曲。

第十首：加布里埃尔·弗雷《安魂曲》的《仁慈的主》（*Pie Jesu*），此曲是最柔美的女高音圣乐，让人想不到死亡的恐惧。

确实庸俗，用十和十的倍数来选所谓的必读书籍和必听音乐。其实清单应该是没有限定的、自然的，它是一条长河。十首之后再加五首。

第十一首：根据塞缪尔·巴伯的《柔板》（*Adagio*）改编的《羔羊经》（*Angus Dei*）。巴伯是一曲成名和永垂的典范，此曲是20世纪最具有文艺复兴时期味道的极品。

第十二首：罗西尼《圣母悼歌》（*Stabat Mater*）。罗西尼到四十岁已经如日中天，似乎无事可做。这首曲子让他再上新峰。它与威尔第《安魂曲》是19世纪意大利宗教合唱的双峰。此曲第二乐章男高音咏叹调《她那颗哀伤的心》，是整部作品最著名的乐章。威武雄壮，富有戏剧性，让人仿佛聆听罗西尼歌剧男高音的演唱。

第十三首：巴赫《B小调弥撒》的《荣耀经》（*Gloria*）第一曲《荣耀归主》。五声部辉煌交织，动态十足，螺旋上升，只讲述一个信仰：辛劳在我、荣耀归主。

第十四首：莫扎特《安魂曲》的《末日经》（*Dies Irea*），又叫《震怒之日》。此曲力拔天地。一切在黑暗中挖空心思的、在凌晨时狂吠飞奔的、难眠于算计他人的、分裂于补偿自身残缺的、沉湎于伤天害理的人都终得恶报，不是此生，终归来生，接受末日审判。这里能一下听出莫扎特愤怒的呐喊声，他撕碎了他一生的温柔。

第十五首：莫扎特《安魂曲》的《降福经》（*Benedictus*），凡行善有为者、辛劳有功而荣耀不归己者、敢于罪己者都将得到赐福和安息。此乐章和前面一首推荐的《末日经》形成鲜明对比。

对我而言，圣乐并非坚定信仰的工具，而是洗尽心中铅华、求得内心安宁的药。

俄罗斯音乐会

只有在虚拟的场景中才能提供这样一场豪华的俄罗斯音乐会。

上半场

1. 斯特拉文斯基《春之祭》。

这首芭蕾音乐作于他而立之年，因其配器、和声、调性、节奏和旋律完全不被当时人接受，1913 年 5 月 29 日在巴黎首演引发了骚动。它是巨大的炸弹，把古典主义的音乐世界轰得稀巴烂。没有比在冬天听这首音乐更能打碎冬眠、送来能量的了。它传递着一种粗犷的生命力量，把我们送进一个又一个新生。特别喜欢斯特拉文斯基本人和哥伦比亚交响乐团的版本，有点粗糙，十分粗暴。特别反讽的是我才把蔡琴温柔至纯的《最后一夜》听完，就进入奔涌不羁的斯特拉文斯基的抽搐当中。

第一部分第二首《春天的预兆》(《少女之舞》)、第四首《春天的轮舞》、第八首《大地之舞》，第二部分第三首《赞美被选之人》、第六首《献祭之舞》简直是牺牲者、奉献者的专属之曲，越听越有归属感。全曲在一个干脆的定音鼓打击下戛然而止：疯狂一辈子，死亡一瞬间。

2. 柴可夫斯基第一交响曲《冬日之梦》。

这是一首充满冬天浓郁色彩的交响曲，是柴可夫斯基 26 岁的作品。我们熟知的第六交响曲是他生命最后一年 1893 年 53 岁的作品。第一乐章“冬日旅途梦幻”是他冬日从彼得堡到莫斯科长途旅行的音乐印象。第二乐章“阴郁潮湿的土地”是人人都会喜爱的篇章。第三乐章和第四乐章没有标题，听众完全可以通过自己的想象把自己的冬日场景、冬日回忆、冬日想象放置其中。音乐的意义总体是抽象的，但也无可回避：第一交响曲对冬天和俄罗斯冬天的代入感十分具体。

下半场

1. 拉赫玛尼诺夫第二交响曲。

这是俄罗斯浪漫主义交响曲中最浪漫的一首。和他的第二钢琴协奏曲一道，是他交响乐作品的两部首选。其中第三乐章是我听到的浪漫主义交响曲最好的慢板乐章，把冬日的旷野和旷野中的情感表现得淋漓尽致，用任何语言去描绘如此庞大的空间和情感都是苍白无力和徒劳。

2. 鲍罗廷《在中亚细亚草原上》。

作曲家对此曲的内涵有详尽的叙述，具体场景的带入感无可回避：在辽阔的空间，景象由远及近，由近及远。俄罗斯曲调和东方曲调融合出神秘的世界。

3. 穆索尔斯基歌剧《霍万斯基之乱》前奏曲《莫斯科河上的黎明》。

如果不是俄罗斯和穆索尔斯基的超级乐迷，是不会去触碰这部歌剧的。但歌剧的前奏曲十分有名，且动听无比，和这部歌剧阴谋斗争的故事、悲壮群焚的场景、黑暗阴森的基调毫无关联。面对人类千古如斯的争斗，优美的大自然无动于衷。

4. 穆索尔斯基《图画展览会》（拉威尔的管弦乐版）最后一首《基辅大门》。

此曲威风凛凛，气场宏伟，最能体现出新年的开启。

我把最喧嚣与躁动的《春之祭》放在前面，给人一个振奋，其余安静或入耳的都放在后面。俄罗斯音乐就像它的大草原（steppes），容纳了众多的世界一流作曲家和作品；风格跨度极大，包罗万象；且许多作品的空间感巨大。一旦深陷进整个俄罗斯音乐当中，就可能再也出不来了。

意大利音乐会

人们通常认为：第一，音乐不传达具体而明确的信息；第二，音乐只传达抽象的意义——绝对抽象的意义、相对抽象的意义、不那么抽象的意义，但绝对抽象的意义是主流；第三，音乐的意义是无清晰边际的，充满了光晕，给人无限的想象空间；第四，我们何时发现一部音乐对我们有意义，或者说我们何时发现了一部音乐的意义？ 答案非常经验性：听进去了，不陌生了，熟悉了，愉悦了，喜欢上了，意义涌现出来了。

以宗教音乐、歌剧、协奏曲，而非交响曲、室内乐为主体的意大利音乐属于不那么抽象的音乐，听众总能在里面感受到美丽的风景和世俗的元素，很容易感受和爱上意大利的音乐和意大利音乐相关的事物，和这些音乐形成具象的关联关系。 比如维瓦尔第的音乐总是在展示威尼斯小巷、河道的曲折空间以及柔美的感官享受。

古罗马共和国、古罗马帝国、中世纪、文艺复兴给意大利留下了太多的文化遗产。 从近代西方文化的流变来看，没有意大利，法国人可能就没有文艺复兴和启蒙文化；英国人、德国人、俄国人，以及其他欧洲人就是“野蛮人”。 19 世纪后，法国的文化、语言被欧洲人争相效仿，而法国文化的源流在意大利。 直到 19 世纪，意大利都是欧洲的艺术家、文学家、音乐家的旅行目的地，是他们艺术灵感的来源。 17 世纪伟大的莎士比亚除了用英国就是用意大利来展开他伟大的文学想象。 有人曾经想规避庞大的文学世界，梳理非意大利作曲家的意大利主题作品，结果越找越多，如小舟入海，不得不放弃回头。柏辽兹的《哈罗尔德在意大利》，李斯特的《旅游岁月（第二集）：意大利》，柴可夫斯基的《意大利随想曲》《佛罗伦萨的回忆》都是当时知识分子沉迷意大利风光、艺术、民风的杰作。有关意大利的音乐和意大利的音乐一样，感性而具象。意大利是西方文化生活的肉身。

上半场

意大利音乐长期处于欧洲的前列，但直到20世纪开始才有现代意义的交响乐或者管弦乐，其中最为突出的人物毫无疑问是雷斯庇基。雷斯庇基三部标志性的作品毫无疑问是描绘罗马的杰作。

1. 《罗马的喷泉》

第一乐章“黎明朱利亚山谷的喷泉”是晨雾消散、牛群慢行的牧歌景色；第二乐章“上午的特里顿喷泉”是水精的舞蹈和人鱼的呼叫；第三乐章“中午的特莱维喷泉”是海马、海军神、人鱼队列的行进；第四乐章“黄昏的美第奇庄园喷泉”是充满静谧、柔和的自然景象。此曲头尾两段是神秘的呼应，中间两段充满活力。这是罗马假日的第一天。

2. 《罗马的松树》

去过罗马的人都会对罗马松树奇特的形状留下深刻的印象。每次回想起罗马的街景和自然风光首先想到的就是它的松树，想到就是这首音乐作品。

第一乐章“波尔盖赛别墅的松树”是清风明日下摇曳光亮的松树；第二乐章“卡塔科姆巴墓地的松树”是格里高利圣咏风格笼罩下的庄严肃穆的松树；第三乐章“乔尼科洛山的松树”是清风明月下摇曳生姿的松树，伴随着夜莺的声音，此乐章实在是具象之作；第四乐章是“阿比亚街道的松树”是罗马共和国古道上的松树，深夜被浓雾笼罩，清晨彻底地沐浴着阳光，呈现出对遥远往昔的光荣幻想。这是罗马假日的第二天。

3.《罗马的节日》

第一乐章“竞技场”、第二乐章“大赦节”、第三乐章“十月节”、第四乐章“主显节”，是生命的狂野、宗教的神圣、夜晚的浪漫、狂乱的骚动的混合，这种混合就是永恒之都罗马，也是难以定型的罗马人。

下半场

1. 门德尔松第四交响曲《意大利》，表达了所有19世纪气质优雅的知识分子对意大利的热爱，充满了意大利的明媚、宁静、优雅、奔放，都是满满的感性生活。这是漫长的意大利假日的写照。本人尤其喜欢第二乐章致远的宁静。

2. 柴可夫斯基《意大利随想曲》，五段旋律可以表现五个景象：黄昏时分出操的军号——威尼斯船歌的低音行进——美丽姑娘民歌的弦乐和木管——柔美的乡村舞蹈——热烈的塔兰泰拉舞曲。此曲表达了这位俄罗斯忧郁的作曲家对意大利的怀古情感和他乡的精神寄托。这可以算作是意大利假日的浓缩版。

3. 柏辽兹《哈罗尔德在意大利》的第三乐章——“一位阿布鲁奇山民为他的情人唱的小夜曲”。《哈罗尔德在意大利》是最好的弦乐合奏曲和最好的中提琴协奏曲，把意大利的感性都倾吐出来。第三乐章小夜曲是木管和弦乐互唱的杰作，为此真想说，忘记德国音乐吧，去听听法国人和意大利人的音乐。怪不得我的一位朋友从来不演奏德国音乐。感性和具象太重要了。

4. 柏辽兹《罗马狂欢节》，是歌剧《本韦努托·切利尼》(1838) 第二幕的序曲，比歌剧晚六年诞生，但比歌剧和歌剧序曲都有名。狂放和温柔互织，最后绚丽的色彩交相辉映。法国人和意大利人的气质最相近。

法国音乐会

也许因为我们大多的音乐经验都来源于巴赫、亨德尔、莫扎特、海顿、贝多芬、舒伯特、门德尔松、舒曼、勃拉姆斯、布鲁克纳，我们的音乐路径大多偏爱走德奥古典音乐传统，且默认德奥的音乐原则就是音乐的原则：音乐语言是抽象的，并趋于绝对抽象；音乐结构是严谨的，展开是逻辑的；音乐内涵是严肃的，关乎哲学和思想；音乐文化是厚重的，色彩不宜浓烈，感情不宜过于猛烈。马勒、瓦格纳、施特劳斯对古典主义的音乐原则有着巨大突破，但依然坚守音乐是严肃的，关乎哲学和思想的伟大精神原则。也许莫扎特是一个例外，但他的小调作品和其中流露出来的精神依然是德奥系的。

在这一背景下，法国音乐听来就是另一个世界的奇异音乐。法国音乐和意大利音乐一样感性而具象，色彩多变，感情浓郁，旋律、和声优美。总体而言，法国音乐和意大利音乐感性充沛，难免“浅薄”，德奥音乐是抽象的灵魂之声，无疑“深奥”。德奥音乐的社会起点是并不富裕的宫廷，甚至是寒碜的小宫廷，缺乏大型管弦乐团的支撑，缺乏都市文化沙龙的氛围，人穷则难免无浮华和绚烂，偏内省和严肃。意法音乐的社会起点是繁华的城市和富裕的宫廷，其走向自然和德奥不会一样。

序曲

拉威尔《波莱罗舞曲》。此曲作于 1928 年，拉威尔 53 岁，属于他晚年的杰作。它是法国音乐最好的象征和代表。一首一个单一主题不断渐强、配器和织体不断丰富的曲子。一个西班牙女人越来越疯狂的舞蹈和越来越多的一并起舞的观众，法国音乐的展开逻辑和视觉感是德国音乐没有的。

上半场

柏辽兹《幻想交响曲》。此作无论从时间、名声、水准，都可以说是“第一号法国交响曲”(1830)。这部交响曲的创作冲动是一场习以为常的单相思爱情，但力比多被压抑升华为法国第一部伟大的交响曲，并成就了法国交响曲的风格：感情泛滥沉迷，音色变化多端、扑朔迷离。恋人在五个乐章以一个固定乐思反复出现，犹如贝多芬第五交响曲中所谓“命运敲门”的主题。五个乐章都是失恋的音乐家服用鸦片自杀未果的幻觉，其创制与同时代英国作家德昆西《一位英国鸦片服用者的自白》(1821)如出一辙。第一乐章“梦幻与热情”，第二乐章“舞会”，第三乐章“田野景象”，第四乐章“赴刑进行曲”，第五乐章“妖魔夜宴之梦”都毫无隐晦地直指描写和叙述，向文学的具象而非哲学的抽象靠拢。

1832年有情人终成眷属，爱情依然在开花结果：柏辽兹写了《哈罗尔德在意大利》《罗密欧与朱丽叶》《安魂弥撒曲》三部名著。随后的1841年，老的爱情走到了尽头，新的爱情取而代之，但没有创造出之前的艺术奇迹。现在没有人对柏辽兹个人的这段经历还有兴趣，但《幻想交响曲》作为失恋经验的伟大结果已经存续了近200年。由此可见：艺术家外化出的客体远比内在的经验和感受重要。

圣-桑《引子和随想回旋曲》。圣-桑寿命很长(1835—1921)，和西贝柳斯一样，在生命的最后岁月里都是音乐界的老古董。但对我们这些非当事人而言，过往音乐的历时感并不会太强，只要成为经典，基本上都是共时的。

圣-桑最好的作品都产自19世纪七八十年代，这首《引子和随想回旋曲》(1863) 在早期的作品中异常突出，充分体现了作曲家和法国音乐的风格：虽然是行板和快板，但旋律的线条柔顺、优美，洋溢出浅显的忧郁和抒情。这些忧郁和抒情在圣-桑的音乐中比比皆是，令人着迷，但听多了难免生腻。

福莱《西西里舞曲》。此曲是《佩利亚斯和梅丽桑德》组曲的第三首。该组曲首首入耳，以第三首更为著名。作为圣-桑的学生，他的风格和老师差不多，但更细腻优美，特别是其钢琴独奏曲、室内乐和声乐作品，都是精雕细琢的产物。他是最入耳、优雅的法国作曲家，其《夜曲》《小提琴奏鸣曲》《安魂曲》《帕凡舞曲》都是永垂不朽之作。福莱好听的曲子太多，《西西里舞曲》只能作为一个诱惑的引子。2013年5月，在法国里昂山坡上的一座教堂里，我听见一位老妇和她的儿子练习着长笛和管风琴二重奏，是《帕风舞曲》。老妇看到我猜中了曲子，有点惊讶，专门为我加演了《西西里舞曲》。声音在教堂里回荡的感觉实在美妙。

下半场

比才《C大调交响曲》。我认为它是“第二号法国交响曲”。从比才出生的时间 (1838) 来看，他和圣-桑是同时代人，但从他去世的年份 (1875) 来看，他们简直隔了两代。比才是法国最有才华的音乐家，可惜英年早逝，才能没有得到充分展示。优美的旋律、浓郁的色彩在他的歌剧作品、器乐作品中比比皆是。《C大调交响曲》是他唯一的交响曲，也是他十八岁的作品，展示了早熟的音乐才华，悠扬的旋律处处洋溢着明媚的光芒，把它和德国的交响曲比较，完全是明暗两种天空和两种气质。

德彪西《牧神的午后前奏曲》。从1894年完成的此曲开始，德彪西呈现出真正自己的声音。他把声音变成调色板，色彩斑斓且曲径通幽。他是第一个把音乐写得飘忽不定、模糊不清的人。他精雕细琢，十几分钟的曲子写了三年，是“磨洋工”、出精品的典范。从这部曲子开始，法国音乐的个性和地位在欧洲彻底地呈现出来。

拉威尔《高尚和感伤的圆舞曲》。此曲起于钢琴曲（1911），后改变为管弦乐曲，成为一个爱情故事的舞蹈配乐。此曲共有七段芭蕾和一个终曲构成，除第一段具有现代音乐风格，其余依然是细腻的古典风格，尤其慢板充满了暧昧难言的情绪。现在谁也不会对舞蹈的故事感兴趣了，而是被这首曲子里所透出的属于一战前欧洲文化的韵味所吸引。

拉威尔《圆舞曲》。这首曲子起于管弦乐（1920），后被改为钢琴曲。从管弦乐改编为钢琴曲的路径在拉威尔那里十分少见。当听众的耳朵能够接受此曲时，他就站在现代古典音乐的大门口了。流畅、怀旧、优雅的维也纳风格的圆舞曲不断被阴影切割、划伤、扭曲。它最终是被驱逐到大街和废墟上的，而不是在宫廷里旋转的圆舞曲了：阴郁、怪异，最后疯狂、失控，支离破碎，充满大战后的气息。如果说第一段是卷云中的圆舞曲，那这卷云是对过往优雅的扭曲。如果说第二段是大厅里的圆舞曲，那大厅的玻璃已经碎裂。如果说第三段是绚烂的圆舞曲，那它已经完全暴露在日光下，充满了新时代的粗野。

拉威尔的创作跨越古典和现代，是印象派技术和色彩的革命者，没有他，德彪西的印象派观念革命得不到升华。他跨越了一战，战前的慵懒细腻、战后的优雅内敛，以及贯穿始终的西班牙的神秘和狂野，使他为数不多的作品层次格外丰富，色彩斑斓。对我而言，他是法国最伟大的作曲家。

西班牙音乐会

在我眼里，西班牙音乐和法国音乐、意大利音乐属于一个谱系的，只是和人的本能释放、热情流露结合得更为紧密。除了感性而具象，色彩多变，感情浓郁之外，舞蹈感特别突出，充满生命力、野性、神秘。法雅（Falla）的《三角帽》《魔法师的爱情》两部舞剧充分体现了这些特性。

西班牙19世纪的音乐特别以独奏吉他曲、钢琴曲，以及吉他协奏曲、钢琴协奏曲见长。西班牙涌现了一批世界优秀的吉他演奏家，其中以安德列斯·塞戈维亚、那西索·叶佩斯、佩佩·罗梅罗最为著名。我们对西班牙音乐并不十分熟悉，它似乎处于西方音乐的边缘。不过，我们可以记住六位音乐家的名字，他们是萨拉萨蒂（Sarasate）、阿尔贝尼斯（Albeniz）、格拉纳多斯（Granados）、法雅、图里纳（Turina）、罗德里戈（Rodrigo），就可以进入西班牙音乐的世界。这里提供的音乐是最著名的西班牙管弦乐作品，或以西班牙为题的入门音乐。

上半场

法雅的《西班牙花园之夜》。此曲是钢琴协奏曲（有说创作于1907—1915年的，也有说创作于1906—1916年的，总之耗时多年，和德彪西一样“磨洋工”），是法雅结识德彪西和拉威尔之后，以印象主义手法精雕细琢的西班牙风情的交响音画。由于注重音色和其变化，意大利、法国、西班牙的管弦乐都有画面感和色彩感。法雅的早期创作深得西班牙最南部安达卢西亚的神韵，此曲就是采用那里的民间音乐而成，且三个乐章具有很鲜明的画面感和色彩感，把听众投入西班牙的花园夜景当中，如果对印象主义的各种绘画风格熟悉的听众，这首音乐相当催发通感。

第一乐章“海奈拉里菲”(Generalife)。展示了著名的格拉纳达阿尔罕布拉宫附近阿拉伯王和王妃这座避暑别墅。全曲飘飘忽忽、朦朦胧胧，弥漫着神秘的异国情调。西班牙近代吉他之父泰雷加（Tarrega）为摩尔人留下的这座伟大宫殿写过著名的吉他曲《阿尔罕布拉宫的回忆》，那西索·叶佩斯有精彩的演绎。

第二乐章“远处传来的舞曲”。东方神秘风格的舞蹈，是一首印象主义风格十足的夜曲。

第三乐章“科尔多巴山的花园”。豪华的上半段令人想起摩尔人建立的阿拉伯时代的繁华，后半段是在废弃花园里的沉思：一切欣欣向荣终归沉寂。我不想让听众沉迷在德国音乐的哲学倾向当中，西班牙音乐要简单些：满满的感官力和生命力。

该作所采用的节奏、调式、旋律、配器都具有浓郁的西班牙风格，被认为是法雅最具有代表性的作品，也是印象派作品的代表作，更是西班牙民族乐派进入成熟期的标志。

罗德里戈的《阿兰胡埃斯协奏曲》。此曲是吉他协奏曲，作于1939年，是西班牙民族乐派的顶峰之作。阿兰胡埃斯在马德里附近，是16世纪许多王室的行宫所在，作曲家本意是描绘18世纪西班牙的宫廷，它融合了贵族和平民的气质，笼罩在艺术大师戈雅的阴影下。但今人更多地从这位盲人音乐家和太太的爱情出发诠释此曲。三个乐章分别充满了西班牙式的热情、感伤、浪漫和奔放，尤其第二乐章的旋律优美得难以言喻，是盲人作曲家和其爱人的恋歌，以致有人干脆把此曲翻译成《阿兰胡埃斯之恋》。此曲已经成为西班牙民族音乐的标志，犹如捷克斯美塔那的《沃尔塔瓦河》。

下半场

夏布里埃的《西班牙狂想曲》。个人认为此曲是以西班牙为题的最流行的管弦乐曲，短小精悍、色彩斑斓，激情四射，充满了西班牙音乐和舞蹈的曲调。法国作曲家夏布里埃也因此在音乐会上经常出现而传世。"法国第一号圆舞曲"作曲家瓦尔德退费尔（Waldteufel）根据这首《西班牙狂想曲》的主题创作了《西班牙圆舞曲》，也十分流行。

里姆斯基-科萨科夫的《西班牙随想曲》。这位作曲家可以说是俄罗斯的拉威尔，以配器技巧和丰富的管弦乐色彩而著称，此曲是他的作曲风格的突出体现。不要在里姆斯基-科萨科夫那里去寻找穆索尔斯基的深沉，他那里只有精彩的配器、绚烂的色彩、西班牙—俄罗斯—阿拉伯民族旋律的艺术升华。

拉威尔的《西班牙狂想曲》。阿尔贝尼斯也写过一首极为开阔舒展的《西班牙狂想曲》（钢琴协奏曲），图里纳也写过一首《交响狂想曲》（钢琴协奏曲），都充满了西班牙的味道。但论名气倒是法国作曲家拉威尔（他的母亲是西班牙巴斯克人，他有一半西班牙血统）写的《西班牙狂想曲》最为有名。

听了意大利、法国、西班牙的音乐会后，我一直在想我们为何要用德奥音乐为音乐定义呢？音乐只要是想象力的产物，就难免有色彩、音画，以及文学—绘画—音乐的通感，就难免趋向标题音乐、交响诗、交响音画，只是音乐自由想象的空间更为宽广。为何一定要用德国的抽象、严谨、严肃、厚重来定义古典音乐呢?总体而言，音乐确实存在于抽象和自由的具象之间。 犹如西方是宽泛的词，至多是一个地理方位，美国不能为西方定义，欧洲任何一个国家都不能为西方定义一样。 东方也是如此。

英国音乐会

上半场　盛极而衰的轨迹

埃尔加《谜语变奏曲》第九变奏。此曲作于1899年，第九变奏（*Nimrod*）尽显维多利亚女王统治的最后时期英国人的安宁和优雅。那时中国人正进入历史的最低谷，戊戌变法失败，八国联军即将入侵。

埃尔加《威仪堂堂》（*Pomp and Circumstance*）第一乐章。作于1901年，英国进入权势财富鼎盛、繁华浮夸虚荣的爱德华七世时代。曲名取自莎士比亚《奥赛罗》中的台词，兼有威风凛凛和仪表堂堂的意思。此曲是大英帝国“亢龙无悔”的写照。此时英国如日中天，中国政府恰好签署《辛丑条约》。殊不知帝国不知“有悔”，正在开始走下坡路。

埃尔加第一交响曲第一乐章。作于1907—1908年。它是一个不祥的预兆，帝国宏大的叙事和不安的躁动在乐章中形成鲜明的对比，且不安的躁动渗透和扭曲了令人膨胀的帝国故事。第三、第四乐章是第一乐章矛盾的分别展开。第三乐章把宏大的叙事拉伸开来，充满了帝国的遐想，气派非凡，适合在无垠的大海上聆听。第四乐章基本上躁动不安，最后以宏大叙事的壮丽辉煌作为结尾，埃尔加那时对帝国的未来还是充满无限希望。此部交响曲可谓“英国第一交响曲”，也是“大英帝国交响曲”。

埃尔加第二交响曲第二乐章。作于1910—1911年。它是爱德华七世去世的挽歌，更是帝国的挽歌。帝国将沉于黑暗的余晖和未来昏暗的阴影交织，弥散开“无可奈何花落去”的哀愁。

埃尔加《大提琴协奏曲》第一乐章。作于1918—1919年。它是大英帝国衰落的悲歌。不过这首协奏曲更适宜和个人的悲剧命运联系在一起，尤其和它的权威演绎者杜普蕾的个人命运联系在一起，两者皆因此获得永生。

上半场选取了埃尔加的五段音乐，表现了大英帝国盛极而衰的轨迹。音乐的抽象，以及对它阐释的弹性，加上与埃尔加巧合的生活时空，虽然牵强附会，但也自成闭环逻辑。

下半场　英国的多元气质

埃尔加《安乐乡》（*Cockaigne*）。作于1901年，与《威仪堂堂》同年。不必拘泥于此曲的一个交响音画的解释。这首音乐整个布局是宁静和热闹交错，最能体现老伦敦区域大小公园和密集街道的融合，是一个文化多元的安乐乡。

弗里德里克·戴留斯《河上夏夜》（*Summer Night on the River*）。这位有德国父母的英国人把欧洲大陆当时创新的音乐语言——德彪西、理查·施特劳斯、古斯塔夫·马勒的音乐——用来描绘英国美丽的乡村景色，沉醉在安静、内敛、秀丽、充满英式乡绅风味的乡村之中，不可自拔。他美妙的风景音乐比比皆是，透明清澈，值得开一个专场音乐会；或者戴上耳机，开车在英国的田野穿梭。我最爱的是他的《佛罗里达组曲》，特别是第二首《河边》（*By the River*）。

沃恩·威廉姆斯《绿袖子幻想曲》。它是作于1925—1929年歌剧《约翰先生在恋爱》第三幕中的一支旋律。旋律取材于伊丽莎白一世时代淘金工创作的民歌。这位生于埃尔加、戴留斯之后，生于霍斯特之前的音乐家，写过九部交响曲，但让人熟悉和喜欢的却是最具有英国乡村画面感和风情的管弦乐作品，尤其是这首幻想曲，几乎成了听众进入英国音乐之门的音乐。

本杰明・布里顿《四首大海的间奏曲》(*Four Sea Interlude*) 的《黎明》(*Dawn*) 和《暴风雨》(*Storm*)。它们是作于 1944—1945 年的歌剧《彼得・格里姆斯》中的四首间奏曲中的两首。《黎明》的画面感极强，沉重和苍茫的大海、荒凉的海滩一并呈现出来。《暴风雨》不仅是自然的也是人内心的，定音鼓的冲击推动和控制着全曲的进行。我认为布里顿是英国最伟大的作曲家，也是 20 世纪最伟大的作曲家之一，紧随肖斯塔科维奇、普罗科菲耶夫、斯特拉文斯基之后。他的音乐棱角严峻分明，气场非凡，充满内在的冲突和对冲突的控制力，张力巨大，是值得去听全集的作曲家。

古斯塔夫・霍尔斯特《行星》中的《火星》《木星》。《行星》作于 1914—1916 年，第一首《火星》作于 1914 年 7 月第一次世界大战开战之前，战神马尔斯的名字和三个主题的稳步推进都预示了大战即将来临，音乐气势磅礴，具有毁灭一切的力量。第四首《木星》是组曲中的代表之作，众神之王朱庇特的名字和庞大的气概是大英帝国生动的写照，四个主题充满了昂扬宽阔的喜气，尤其第四主题可谓得意洋洋，昂首阔步。但战神马尔斯真的降临之后，英国走向下坡路，众神之王朱庇特将移步大西洋彼岸的另一个国家。

国土面积不大的英国竟然能包囊城市、乡村、大海、大国各种截然不同的气质。百年下来，前三个气质还在，最后一个气质已经荡然无存，真是“人间正道是沧桑”。

我介绍了俄国、法国、意大利、西班牙、英国的一点点音乐，感觉到我们过去接受的西方音乐大多被德国和奥地利覆盖了，就像西方文化被美国覆盖一样。

其实奥地利音乐和其他几个国家的音乐一样，画面感也不错，它的音乐本质上和德国是两个路数。英国音乐的画面感最好，德国音乐画面感最差，但后者对音乐观念的影响最大：音乐犹如哲学，绝对抽象，是绝对理念的感性显现而已。

古典音乐的伦敦记忆和联想

和德国、奥地利、意大利、法国相比，直到19世纪下半叶，英国都没有成群结队的著名音乐家。直到爱德华·埃尔加开始，英国的音乐创作才从荒芜中冒出群芽出来。与作曲家稀少相对应的，英国的音乐会市场和消费却十分繁荣，优秀的乐队比比皆是，以满足广大市民音乐消费的需求，这也许对19世纪下半叶英国音乐创作的繁荣起了推动作用。

当下光伦敦五支交响乐团——伦敦交响乐团（LSO，驻场巴比肯中心），1904年成立；BBC交响乐团（BBCSO，驻场巴比肯中心），1930年成立；伦敦爱乐乐团（LPO，驻场皇家节庆音乐厅），1932年成立；爱乐管弦乐团（PO，驻场皇家节庆音乐厅），1945年成立；皇家爱乐乐团（RPO，驻场卡多根音乐厅），1946年成立——就可以傲视全球，加上启蒙时代管弦乐团、皇家歌剧院管弦乐团、圣马丁室内乐团，伦敦可以夜夜笙歌，音乐会此起彼伏，提供的优质音乐服务远超于任何一个国际大都市。

克伦威尔的清教徒极端统治在1660年结束，亨利·普赛尔那时才几个月大。查理二世时代开始复活被克伦威尔消灭的英国音乐，到1680年，伦敦的音乐生活完全恢复正常，在这样的背景下，英国的第一位现代音乐巨人普赛尔成了骄子。可惜普赛尔英年早逝（1659—1695），直到定居伦敦的德国人亨德尔出现，才填补了普赛尔缺席的空白，伦敦的音乐生活再度名列前茅。亨德尔在伦敦一直干到老死（1759），几乎覆盖了两位乔治国王的46年（乔治一世，1714—1727，乔治二世1727—1760）。

亨德尔以其独步一世、一骑绝尘的才华，独霸英国乐坛四十余年。英国人缺少音乐家，在他们眼里亨德尔就是一位英国作曲家，他们理所当然地认为，没有伦敦的大众音乐环境，他伟大的歌剧、清唱剧、管弦乐作品连消费市场都没有，没有消费市场哪来如此巨大的创作动力；但全球都把他作为一位英籍德国作曲家来看待，认为他是一位具有国际视野、定居伦敦的德国作曲家。他的音乐融合德国的严肃、英国的清秀、意大利的优美和法国的华丽等元素，简洁、透明、动听、雄浑。巴赫也是一位具有国际视野的作曲家，可惜音乐实践的舞台太小，基本上局限在德国诸侯小宫廷和城市教堂、音乐学校之中，而且没有条件涉足场面宏大的歌剧题材。

伦敦音乐生活的丰富和演艺水平的高超，在乔治时代已经奠定，一直延续至今。这绝对不仅仅是书本知识，也是自身的经验所得。

2002 年我第一次去伦敦，英国伟大的历史学家霍克斯鲍姆的女弟子乔安娜·伯克请我去泰晤士河南岸中心的皇家节庆音乐厅观看库特·马祖尔指挥伦敦爱乐乐团演奏柴可夫斯基第一钢琴协奏曲和第六交响曲。当时我编辑了霍克斯鲍姆横跨三个世纪的年代四部曲《革命的年代》《资本的年代》《帝国的年代》《极端的年代》，这套书现在成了北京一家出版社的重点产品。伯克本人也将自己《面对面的杀戮》以及其好友、著名批判法学家科斯塔斯·杜齐纳《人权的终结》授权我当时我所在的出版社出版，记得我为《人权的终结》还写了一篇很好的书评。

这是我第一次现场听世界著名的交响乐团、指挥家、独奏家演奏。上半场是柴可夫斯基的第一钢琴协奏曲，乐团是伦敦爱乐，指挥家是波兰的库特·马祖尔，演奏者是格鲁吉亚的莱昂斯卡娅（Elisabeth Leonskaja）。如果不是这次缘分，我这一辈子也听不到两位的现场演奏。库特·马祖尔当时已经75岁，莱昂斯卡娅当时57岁。那时的演奏家都不靠脸蛋吃饭，基本是朴实无华、淡泊平凡，用技巧直抵内心的。她和现在两位出了大名的格鲁吉亚演奏家——钢琴家布尼亚蒂什维利（Khatia Buniatishvili）和小提琴家巴蒂亚什维利（Lisa Batiashvili）——相比就默默无闻了。我已经记不太清上半场演出的情形细节了，只记得我没有太过激动，也许是听了太多优秀的版本，觉得现场的声音有点闷；也许是钢琴和乐队似乎在上半场都不太投入，觉得有点沉闷；也许是我还在倒时差，有点犯困，一切都是自己的迷糊。

中场休息期间，我被休息大厅巨大的唱片店所吸引。这是我第一次见到这么大的唱片店。我买了西蒙·拉图指挥维也纳爱乐演奏的贝多芬交响曲全集，后来他成了我的偶像之一，他指挥的贝多芬交响曲充满了市民气息，像是在市政厅广场演奏一般。我也买了阿什肯纳奇指挥爱乐管弦乐团演奏的西贝柳斯交响曲全集。

下半场，许多观众休息期间喝了冷饮，也许是咽喉受到了刺激，不少人在不断地咳嗽。大概演奏了第一乐章三四分钟，马祖尔做了一个小手势，乐队的演奏整齐地戛然而止。他说了几句客套的幽默话，让大家尽情地咳嗽，然后重新开始演奏。第六交响曲演奏得很完美的，尤其是第二、第三乐章，把我从时差的困倦中唤醒。为了纪念这场音乐会，我后来专门买了马祖尔指挥的柴可夫斯基交响乐的大套盒，里面竟然有莱昂斯卡娅演奏的柴可夫斯基三部钢琴协奏曲和《音乐会幻想曲》（除了第一，都是稀有演绎的协奏曲）。

音乐会后，伯克女士请我在泰晤士河边的西餐厅吃了海鲜西餐，酒精下肚，精力恢复，但音乐会已经不能再来一遍了。这让我有了一个经验：疲惫的时候去听音乐会有风险。

由于和英国的文化机构有着常年的合作，我后来多次前往伦敦和伯明翰。留下的最大遗憾是我四次去伯明翰，都因为种种原因没有听到伯明翰市立交响乐团的演奏。最可惜的是我本来决定去听俄罗斯小提琴家马克西姆·文格洛夫的协奏曲演出，当天赶到很现代的伯明翰艺术中心时，剧场已经是中场休息，看门老先生让我在演出大厅门口看了一眼内部场地，我总认为还有机会再来，也就认个购票处和入口，谁知竟然就是永别。在伯明翰没有留下古典音乐的现场记忆。不过在音乐厅的商店里买了不少西蒙·拉图指挥伯明翰市立交响乐团的唱片，其中他指挥的斯特拉文斯基和席曼诺夫斯基（Karol Szymanowski）的作品极为稀有，算是弥补了一些遗憾。2020年伯明翰大学校长戴维·伊斯特伍德先生邀请我去伯明翰大学洽谈事务，并事先安排了去听蒂娜（Mirge Grazinyte Tina）指挥的演出，那是一位小个子、活力十足的立陶宛女指挥家和女高音歌唱家，我是在《留声机》杂志上知道她的。拉脱维亚近来出的大指挥家安德烈斯·尼尔森斯也在伯明翰市立交响乐团当过指挥。波罗的海三国出的名指挥家不少，最有名的是爱沙尼亚的贾维（Jarvi）家族，尼姆·贾维盛名一时（我在巴黎听过他一场和巴黎交响乐团合作的马勒第一交响曲），帕沃·贾维如日中天，克里斯蒂安·贾维蒸蒸日上。然而这一愿望也没有实现，只能在录音中体验这支乐队的演出。最近买了一张蒂娜指挥伯明翰市立交响乐团演奏俄籍波兰作家魏因贝格（Mieczyslaw Weinberg）交响曲的唱片，算是最直接的补偿。

2012年伦敦书展中国主宾国活动上，我听了一场主宾国招待的音乐会，因为摄影师需要我后排的位置，把他前排的位置调换给我，弄得许多人以为我成了贵宾。音乐会的曲目很丰富，吹拉弹唱，亮点很多，以致没有太深的印象，但对剧场的狭小入口空间和陡峭的楼梯印象深刻。这就是低调的卡多根音乐厅，据说音乐家们都喜欢这里。2019年，我在那里听了一场瑞士苏黎世音乐厅交响乐团的演出，演奏的是海顿和爱德华·埃尔加的作品。上半场海顿的音乐我没有印象了，下半场演奏《威仪堂堂》和《谜语变奏曲》时，掀起了强烈的怀旧感，满场英国观众非常激动。爱德华·埃尔加的音乐对英国人和对我而言的意义大相径庭。对英国人是帝国最后的辉煌；对我而言更多的是个人的心情和境遇，很难和维多利亚时代、爱德华七世时代繁华的自得和不祥的预感联系起来。

2015年去伦敦，正巧碰上瓦西里·捷杰耶夫告别伦敦交响乐团，他在巴比肯中心连演三场告别音乐会，第一场是巴托克的第一、第二钢琴协奏曲，全场爆棚。与前一天同样地方BBC交响乐团的演出形成鲜明对比。BBC上演的海顿交响曲和贝多芬的几首交响乐作品似乎已经很难让我兴奋。也许白天过于忙碌，神经需要更大的刺激才会有所反应。这也让我有了一个经验：疲惫的时候千万不要去听熟悉而文雅的曲目。

第二场是斯特拉文斯基的《火鸟》《春之祭》。指挥、乐团、观众的投入难以言表，从来没有听过那么饱满的铜管乐和打击乐，全场似乎要爆炸了，屋顶都要被掀掉了，但一切都又在掌控之中。小提琴首席在演奏《春之祭》的最后一段时竟然把弓毛都拉断了几根，几次差点从椅子上弹出来，弄得最后大家都有点疯狂。第三场没有时间去听，算是遗憾，曲目也忘了。不过后来捷杰耶夫两次带队马林斯基歌剧院、一次带队慕尼黑爱乐乐团到南京演出，剧目满满，基本每场去看，“报复性”地补偿了伦敦的缺憾。

在巴比肯中心，除了音乐会的体验，它的文创店也不错，有大量伦敦交响乐团、BBC交响乐团的录音唱片，其中科林·戴维斯、捷杰耶夫的唱片十分珍贵。每次中场休息，我都去采购他们两位以及其他一些著名指挥家的录音。不知不觉收藏了大量捷杰耶夫指挥马林斯基交响乐团、伦敦交响乐团的版本。2019年在南京请他签名时，我只选了封面有他人像的唱片。他告诉我他的这些唱片他多数都不知道，并且说唱片多了一点，手都签酸了。这时我发现粗犷的他确实有一双非常柔绵细腻的手。

2017年我去皇家阿尔伯特音乐厅听了马尔克·明科夫斯基指挥BBC交响乐团的演出。他在BBC逍遥音乐会上演奏了斯特拉文斯基的新古典主义作品——《三乐章交响曲》和《普尔钦奈拉》交响组曲。大师就是大师，反叛古典就玩现代，现代玩腻了，再玩古典，古典腻了再回现代，都能玩出了特色、风格、水准。斯特拉文斯基确实是风格多样的大才子，可可·香奈儿确实也不同凡响，但和他在一起确实不幸，成了杂货店的小老板。法国人明科夫斯基和他的卢浮宫音乐家合唱团一直以演绎巴洛克时代的歌剧和清唱剧著称，能现场听他指挥斯特拉文基新古典风格的音乐，我想此生也就一次。

2019年去伦敦，在巴比肯中心听了王羽佳的独奏音乐会，全是超难度的现代派音乐。全场爆棚。她加演了八首作品，我差点以为音乐会分上中下三个半场，差点认为音乐会不会结束了，差点认为这是一场摇滚音乐会，全场的热情有点失控。她确实是演技大师和控场大师。我收集了她的许多唱片，一直觉得她精力旺盛、很前卫和亢奋。 2008年我购买她的唱片时，完全没有想到今天她会这样有名。 就如我更早的时候，购买了海伦·格里莫演奏的勃拉姆斯和拉赫玛尼诺夫唱片的时候，也不知她后来的盛名。

还是在巴比肯中心听了芬兰奥拉莫（Sakari Oromo）指挥BBC交响乐团演奏的马勒第七交响曲。 指挥得确实漂亮，把马勒对音色的偏好，对声部层次感的偏好都打开了。 我知道目前芬兰成了盛产指挥家的地方，也有幸在南京听过萨洛宁（Esa-Pekka Salonen）指挥爱乐乐团演奏穆索尔斯基《图画展览会》和拉威尔的《鹅妈妈》。 芬兰和赫尔辛基音乐学院真是神奇的地方：人少天寒，安静优美，适合大批优秀指挥家的诞生。 这是戏说。 实际上一流的音乐教育、深厚的音乐文化、完备的基础设施、缺乏功利主义的劳动形成了完美的音乐生态。 芬兰大批优秀的指挥家活跃在全球著名的乐团，BBC和爱乐乐团都被芬兰人统帅。

最重要的经验是：在伦敦听音乐会不要预订，只要你愿意付出四五十英镑就可以买到最好的位置。 这个价格只是中国同样座位、同样等级音乐会的五分之一或六分之一。 白天公务忙完了，可以毫不犹豫地去听一场当地“昂贵的”音乐会，性价比一流，几乎都是高水平，听众的耳朵被“惯坏了”。 据说汉堡的水上音乐厅是为伦敦准备的。 艺术家要去伦敦演出必须先过汉堡这一关。 也不知道是戏说还是真的。

去伦敦最大的收获就是能买到唱片的地方很多，总能收藏到一些心仪的唱片，尤其是当下演奏的新品。 书店的音乐专柜新书也很多，每次去都是收获满满。 这也表明整个伦敦的古典音乐消费十分旺盛。 音乐图书和唱片都化作了和英国各类人士的交流话题，否则和外国人在一起谈完了工作就会发呆，吃饭变成了折磨。更重要的是化作和《留声机》杂志深入的洽谈和成功的合作。《留声机》杂志主编卡林福德（Martin Cullingford）一直以为我来自一家音乐出版社，是一位专业的音乐编辑，要求我和他为合作的项目一人写一篇序言。我的序言又长又深，像一首布鲁克纳的交响曲，他的序言很短，像一首门德尔松的无词歌。现在每期《留声机》杂志成了我了解当下古典音乐演绎状况的纽带。

伦敦给我的音乐体验都是一过性的、稀有的。人生无常，没有想到伦敦的音乐记忆就这样到此为止，所以匆忙记上一些，以免不久完全遗失到潜意识中。不过每当我整理唱片和图书时，会发现其中不少和英国、伦敦紧密相关，我会在这些记忆浮现时不断“添油加醋”，直到它们成为想象和象征的世界。

音乐的首尔记忆和联想

由于和韩国出版界长期和广泛的联系，我从 2011 年到 2018 年先后去了首尔六次。 夜晚除了和出版界的朋友把酒言欢，就是逛书店。 看演出的机会很少，首尔的剧场没有伦敦多，但观众甚多，票不好买。

首尔被汉江分为江南和江北，一个以商业为主，一个以文化和政治为主；一个是面向未来的现在，一是连接过去的现在。

我五次都住在江北，因为出版人在那里，并且前往三八线附近的坡州（出版中心）方便。 最初去首尔的时候以为首尔没有吃的，没有文化，去了多次才知道都是误会。 吃的不少，设计时尚，文学、艺术、出版都很活跃，流行音乐文化和影视文化一流，古典音乐文化也不差，是一个文化形态十分多元的国际大都市。 据说音乐教育在韩国的教育中占据重要地位，也难怪它的音乐产业特别发达。

古典音乐

江北在李舜臣和世宗大王雕像东边有一个巨大的教保文库书店。 清溪川最宽敞的那一段的附近也有一家较大的书店，书店的名字我忘掉了。 每次去首尔，晚上有空都在那两个地方转悠。 韩语我只会念，不知道什么意思，除非它是用外文音拼写的。 我只好去看看唱片和英文书籍。（这些在越南、马来西亚、柬埔寨同样经历过。）书店的唱片区很大，起初目标是去看看熟悉的古典音乐。 郑京和的唱片是首选。 果然有不少，买了她在华纳唱片出版的CD，都是晚近的录制。她在迪卡（Decca）公司出版的唱片全集（出道40周年纪念版）我在台北的诚品书店已经下手。

郑京和的小提琴演绎呼吸感极好，正如她所说："西方的声音显然是丰富的，但它集中于外表，而我的演奏是微妙和克制的，其声体现了东方的含蓄。"她的乐句与乐句之间常常留白，充满中国山水画之美。

郑京和是东方的骄傲。她出道的时代，没有一位世界级的女性小提琴家，那时小提琴界是海菲兹、奥伊斯特拉赫、斯特恩、梅纽因的世界；何况她来自贫瘠的韩国（许多西方人到20世纪70年代都不知道韩国，以为它是中国的一个省）。她与克莱默、朱克曼是同年生人（1948），帕尔曼比她早三年出生。她在男性的小提琴世界绝对是当时唯一的"她者"。

郑京和当年去美国拜谒海菲兹，希望他收她为徒，海菲兹傲慢地说从来不收女徒；她又请求他听她拉两下，他傲慢地说他从来不听女人拉琴。

她奇迹般地成为了第一位世界级的女性小提琴家，而且是对乐队和指挥有控制力的小提琴家。我们熟悉的穆洛娃、穆特都是比她出道晚上十多年的人。

郑京和1970年22岁进入国际舞台。也许她最好的录音都是20世纪70年代的。音色孤寂、冷峻、清晰，同时不失生动、优雅、含蓄；节奏轮廓鲜明。她善于用直觉把握乐曲的特性，同时体现东方的神秘，像来自另一个世界：东方女性的世界。她20世纪70年代演奏的西贝柳斯、柴可夫斯基、布鲁赫、门德尔松、普罗科菲耶夫、巴托克的录音是宝贵的世界音乐遗产。1975年圣-桑的第三协奏曲是登峰造极的演绎。

迪卡公司传奇（Legend）系列里出版了她的门德尔松和布鲁赫的小提琴协奏曲 CD 唱片，是我最爱的珍藏。青涩、土气的东方面孔，坚定、朴实的眼神，给予我们东方人以满满信心。后来我请出版界联系她是否有个人传记，她说还没有，有了希望能在中国出版。

也许是对海菲兹针对郑京和以及女人误判的报复，近来优秀的韩国女性小提琴家层出不穷（此为戏说）：康珠美、申娴淑、金本索里、萨拉·张。她们技法、相貌和韩恩、菲舍尔、杨森都有一拼。音乐的商业化必然导致对相貌的偏爱，现在出道越来越难，不仅拼技术，拼对音乐的阐释能力，还要拼长相和气质。但是我印象最深的韩国女性小提琴家是形貌平平、才华出众的金敏珍，她是海菲兹学会颁发的"海菲兹奖"的第一位获奖者，这也是对海菲兹拒绝郑京和错误的纠正（也是戏说）。她的传记作品 *Gone* 感人至深，记录她的生命的全部—— 45 万英镑购得的一把斯特拉迪瓦里小提琴——被盗后，对她的心理、生活、职业产生的毁灭性影响。在这里，任何虚构都不如真实的记录。在首尔我购得了以上女性小提琴家的一些唱片。如果不去韩国，如果晚上不经常到书店转上一两个小时，我是不会知道韩国有一大堆有名的小提琴家的。

韩国老一辈著名的古典音乐家，除了郑京和，还有她的弟弟、指挥家郑明勋，钢琴家白建宇。几次去首尔，我收集了不少他们的唱片。郑明勋是小泽征尔之后，东亚又一位世界级指挥大师。他擅长指挥色彩绚丽的意大利、法国的交响乐和歌剧作品，并把汉城爱乐乐团提高到亚洲一流的水平。

如果没有多次去首尔，我估计我是不会十年前就知道韩国有一位白建宇的，他在韩国是钢琴教父级的人物。就像如果我没有去过越南，我不会那么早知道越南有一位世界级钢琴家邓泰山。我第一次买了白建宇演奏的加布里埃尔·弗莱的钢琴曲、肖邦的钢琴协奏曲、勃拉姆斯的钢琴曲和钢琴协奏曲的CD，当时他对我来说只是一位韩国钢琴演奏家。第二次我就把他的贝多芬奏鸣曲全集尽收囊中，与第一次的一并成为我CD唱片收集中最为宝贵的财富。

在首尔意外的收获是发现了赵成珍的唱片，2015年他获得第17届肖邦国际钢琴比赛金奖。最近整理唱片发现，我竟然拥有他最初的四张德意志唱片公司的唱片：两张“大黄花”和两张“小黄花”。

最后说说我和曹秀美的邂逅。最初我是从索尔蒂那张最为经典的《魔笛》版本中知道她的。她演唱的夜后咏叹调《复仇的火焰在我心中燃烧》击败了我过去听的所有夜后，更不幸的是让我后来听的所有夜后黯然失色，是真正意义上的空前绝后。她的嗓音高低变化稳定、润滑，声线似乎可以无限舒展开去，纤细的身材是一台动力十足的发音机器，属于无可挑剔的女高音。我自估我是中国收藏她唱片最多的人之一。

韩国的夜晚赐给了我一位夜后，她是命运最好的诠释，命中注定天赋一副完美的嗓音。运是机会、勤奋、做人的结果：在意大利圣塞西利亚音乐学院，师从大师贝尔贡齐；第一次担纲《弄臣》中的吉尔达就被卡拉扬赏识，不久被卡拉扬选为《假面舞会》的女主角，和多明戈同台；加上从小开始的异常勤奋的音乐学习和语言学习，使她戏路宽广，吐字准确，可以全面驾驭意、德、法的歌剧；再加上个性的包容和坚定，她上演了一出丑小鸭顺利变为白天鹅的完美人生戏剧。

流行音乐

首尔的书店不仅为我连接了韩国的古典音乐界，也为我打开了了解韩国流行音乐的窗口。

韩国的电视连续剧最能体现其大众文化絮絮叨叨的一面，电影最能体现其大众文化爱走偏锋极端的一面，流行音乐最被大众追捧的是其酷炫的风格，多如牛毛的流行组合是其极端的表现。

我对韩国流行音乐的爱好属于传统抒情口味。在我眼里，韩国流行音乐的精品集中在其充满半岛特有感伤、宿命的抒情歌曲当中。虽然每次去首尔买了不少流行唱片，听了不少歌曲，但十年后沉淀下来的就这么几位唱功深厚的抒情歌手。每次去首尔都买他们最新的专辑，可惜2020年后我再也没有他们的新专辑。我基本不在手机上听音乐，手机上的音乐不是音乐，是音乐的轮廓，声音而已。就此和我喜欢的韩国歌手失去了联系。

1. 白智英。她是韩国影视剧配乐（OST）老一代的第一号歌手，她的配乐歌曲基本上没有难听的。由于我是她的超级粉丝，韩国出版界的朋友为我要来两张她专门为我签名的唱片，写了一堆韩语，看不懂。这两张唱片汇集了她最好听的OST。如果只能保存两张韩国流行音乐唱片，这两张精选集一定留在抽屉里了。

2. 李承哲。他的《再也没有那样的人》在韩国家喻户晓。纪念自杀的总统卢武铉九周年的聚会上，李承哲也演唱了这首歌。他的第九到第十二张专辑可以作为永久的收藏。

3. 金范秀。我最初知道他唱的歌曲是《一天》（*Once Upon a Day*）。通过这首歌我才知道这首歌曲摄制精美、耗费巨资的音乐短片（MV），才知道宋慧乔和宋承宪。他最初的三张专辑都是感伤主义歌曲的汇集，可以作为永久的收藏。

4. 李仙姬。她是最有文化的韩国歌手，集作曲、制作、演唱于一体的教授风格的歌手。个头矮小，温文尔雅，气场极大，唱功一流。她的30周年实况录音版可以作为永久的收藏。

我也因为单曲买过*I Believe*，买过申升勋的唱片；因为单曲《荆棘树》，买过曹诚模的唱片。特别值得收藏的是前者的20周年的精选集和后者的精选集，前者的温文尔雅和后者的感伤忧郁已经深陷在潜意识当中。

音乐会

几次去首尔，都不凑巧，没有首尔爱乐乐团的演奏，以及大场面的流行音乐演唱会，像金泰妍的小剧场演唱是一票难求，都要提前很长时间预定。三次去剧场看戏都是碰运气的结果。

第一次是2011年深秋，随团翻译告诉我们，韩国著名的音乐剧《英雄》（故事就是安重根刺杀伊藤博文）的导演邀请我们去看此剧最后一场演出。剧场里座无虚席，当时留下三个很深的印象：(1) 舞台背景的变化十分流畅，没有丝毫人为的痕迹；(2) 伊藤博文作为个人形象的塑造是正面的，这反而更突出了刺杀行为是出于民族和国家的正义；(3) 观众的爱国主义热情最后被推向高潮，全剧结束时，掌声雷动，十分火爆。

第二次看的还是音乐剧——《玛塔·哈丽》。如果不看此剧，我可能一辈子都不知道：玛塔·哈丽是一战时期被法国人处死的德法双料美女间谍。法国人处死她是因为她真有间谍之罪，还是把她当作战场失利的替罪羊，其实是一个历史之谜。再迷人的个人在巨大的历史漩涡中只是沙砾。

第三次看的依然是音乐剧——韩文版的《妈妈咪呀》。久闻此剧大名，看后才弄清楚瑞典的ABBA乐队和这部音乐剧的关系。当年ABBA如日中天，为音乐剧的传播助力，今天如果没有《妈妈咪呀》，ABBA 老套的旋律和节奏早就被人遗忘。就此在剧场的文创店买了此剧韩文版和英文版的 CD，以及 ABBA 的唱片精选集，确实好听。后来在台北买了一套小尺寸的快转胶木唱片的 ABBA 全集，视为珍宝。就是听起来麻烦，一张唱片正反共两首歌。要用这种唱片听大型交响曲，不知翻来覆去要换多少张唱片。几年来经常听听这些唱片，把流行音乐也听成了经典。后来又在江苏大剧院听过一场中文版，对故事的细节有了更好的把握。一场戏竟然引发了不少后续。

这部韩文版《妈妈咪呀》苏菲的角色由少女时代组合的徐贤扮演，嗓音甜美，表演生动，让我在场体验了少女时代主唱之一的唱功，弥补了没有现场听过泰妍演唱的遗憾。

本来 2020 年 4 月再去首尔洽谈版权合作，但一切都戛然而止了。首尔也变得陌生起来。偶尔听点唱片，发现它从现实逐渐变成了梦和幻觉。

金泰妍的著名歌曲《如果》中有一句歌词：如果你走了，如果你离开的话，我如何和你告别。

我的答案是：用音乐。

博伊伦的诗歌

春天降临，听什么音乐？ 贝多芬的《春天》小提琴奏鸣曲、小约翰·施特劳斯的《春之声圆舞曲》、马勒的第四交响曲、斯特拉文斯基《春之祭》、肖斯塔科维奇的第六交响曲、挪威作曲家克里斯蒂安·奥古斯特·辛丁的《春天的沙沙声》，它们各有千秋。 但我的首选是卡尔·奥尔夫的《博伊伦的诗歌》（又称为《尘世的诗歌》）。

“黑暗的”中世纪，抽象吞噬具体，普遍覆盖个别，精神压制身体，灵魂钳制欲望，天国笼罩尘世。 事实和研究表明：基督教和基督教会内部对教育的留存、知识分子的留存、理性和逻辑的留存、书籍的留存、信仰的留存、艺术的留存（格里高利圣咏，教堂的建筑、雕塑、绘画和玻璃画）起到了巨大的作用，甚至为文艺复兴奠定了一定的知识和精神基础，但并不能从根本上改变中世纪主流意识形态和文化的根本特征。

我所注意的是人的强大的本能携带二十万年的力量，依然在中世纪的诗歌、音乐诗歌中或明或暗地骚动、溢出和涌现。

《博伊伦的诗歌》的文本、它古老的吟唱、卡尔·奥尔夫现代声乐版本给予的冲击力难以抵御。 并且，卡尔·奥尔夫的《博伊伦的诗歌》更具有原始的力量和野性，把中世纪的野性之光进一步放大。

《博伊伦的诗歌》是中世纪 11 世纪到 13 世纪最为著名的诗歌集（共 250 首），它是用拉丁文、古代德语、古代法语书写的手抄本，由解除圣职或离经叛道的流浪修道士所写。 1803 年，这一手抄本在巴伐利亚的本尼迪克特博伊伦的一所修建于八世纪初的本笃会修道院里发现。它深藏不露，历经数世纪不为人知，是目前所知的保存最为完整的也最具艺术价值的中世纪诗歌集。

这些世俗诗歌，内容完全与中世纪的主流文化和意识形态相抵触，和中世纪主流鄙夷、压制的人的本能紧密相连。命运、哀怨、躁动；狂饮、暴食、赌博；爱情、情欲、纵欲；讽刺、浪游、乐天，等等，充斥其中。大多诗歌配以简单的伴奏，都在中世纪被吟唱，暗流涌动出对中世纪宗教、道德戒律的本能反叛。与汉乐府的五言诗和汉古诗的内敛含蓄相比，《博伊伦的诗歌》显得无礼狂野，直率随性，有汉乐府杂言诗的风范。

1847 年，约翰·安德里亚斯·施梅勒编辑整理出版了这些世俗诗歌，将其称为卡尔米纳·布拉那（*Carmina Burana*，拉丁文），即《博伊伦的诗歌》。1936—1937 年，德国作曲家卡尔·奥尔夫（Carl Orff）把其中的 23 首诗配上音乐，成为 20 世纪最让人颠倒神魂的合唱、童声合唱、女高音、男高音、男中音、管弦乐、打击乐浑然一体的作品。

作品分为开头部分《命运女神，世界的女皇》，第一部分《春天》，过渡部分《绿地上》，第二部分《酒馆里》，第三部分《求爱》，过渡部分《白花和海伦》，结尾部分《啊！命运女神》（是开头部分第一首歌的重复）。全曲共 25 首，24 首为演唱，其中一首为重复；一首为纯舞曲。

开头部分第一首合唱《啊！命运女神》，命运女神有着无常、凶险、无可战胜的力量，此曲气势恢宏，大开大合，大家早就耳熟能详；第二首合唱《我恸哭命运女神的创伤》，可以看作是第一首的自然延续，节奏急促，一切财富和权力的无常变化都在她命运转轮的控制中。

第一部分第三首小合唱《春天的笑脸》，有草木葱茏，花海无边，随风摇摆之感，是春天听乐的首选；第四首男中音独唱《太阳温暖万物》，是春天的宣言；第五首合唱《看，喜悦的春天》，处处是春天带来的快乐。 第一部分三首听完，已经被阳光暖身，清风吹酥，自然生命复苏，人生也按捺不住去尽情享乐。

过渡部分第六首为舞曲，迸发出生命再生的力量；第七首合唱和小合唱《高贵的树林正在抽芽》，大自然的绿色带动本能的复活；第八首合唱和小合唱《掌柜的，给我胭脂》，千娇百媚，把女人的大胆暴露无遗；第九首轮舞加合唱《她们在跳轮舞》加小合唱《过来，过来，我的爱人》，女人的快乐和女人的欲望之歌，欢喜和舒展到了极点；第十首合唱《假如世界是我的》，一首豪爽大胆短促的歌，野性十足。

第二部分第十一首男中音《怒火中烧》，狂野无忌、蔑视一切、享受人生的歌曲；第十二首男高音和男声合唱《烤鹅之歌》，美丽天鹅凄厉悲叹命运多舛的歌；第十三首男中音和男声合唱《我是安乐乡的修道院长》，酒徒和赌徒领班的疯狂发声，野劲十足；第十四首男声合唱《当我们在酒馆里》，各类酒徒的大聚会。 整个第二部分冲击力十足，浩浩荡荡，痛快无比。

第三部分第十五首女高音和童声合唱《爱神四处飞翔》，无爱女人的愁苦命运；第十六首男中音《白天、黑夜、一切》，无爱男人的悲切哀叹；第十七首女高音《女郎亭亭玉立》，玉树临风的歌，犹如从高原传来；第十八首男中音和合唱《在我心中》，动态感十足的欲望之歌；第十九首男中音和男声合唱《假如一个男孩和一个女孩》，突破禁忌的歌；第二十首合唱《过来，过来，过来》，赞美女人的歌；第二十一首女高音《我的感情起伏不定》，其名气仅次于第一首的歌曲，展露女人之心最著名的歌曲；第二十二首女高音、男中音、合唱、童声合唱《这是快乐的时光》，得意忘形的歌；第二十三首女高音《最心爱的人》，仅两句诗，女人的奉献之歌。

过渡部分第二十四首《白花和海伦》，歌咏美女和生命的歌，把春天、生命的复活、狂野、爱情的气氛推送到高点。

结尾部分第二十五首《啊！ 命运女神》，和开头部分遥相呼应，再次把人抛入命运的转轮，命运无情，及时行乐，但最终一切行乐都将烟消云散。

卡尔·奥尔夫的音乐犹如我喜爱的文风，整体干硬冷，音乐表现简朴而单纯，音乐效果直接而强烈，即使抒情也收放自如，点到即止，绝不拖沓；强烈而明快的节奏、简约的和声干净利落，激荡人心，主导着音乐一奔到底的展开；旋律丰富多彩，但短小精悍，收放自如；音乐结构采用独唱、对唱、合唱、重复，没有复调；配器简单，善于使用打击乐，以至整个乐队都有点像打击乐演奏。 整部作品没有任何拖泥带水的渲染，完全是本能、原始力量一气呵成的敞开。 奥尔夫在 20 世纪无调性、泛调性的音乐新潮中独树一帜，依靠一部作品扬名立万，是 20 世纪最好听、最过瘾、最来劲的合唱作品。 如果文章也能写到他这个境界，真是大福。

拉丁文歌词反正听不懂，声乐当器乐来听。 有很好的英文翻译，可以加深理解。 网上有西蒙·拉图 2004 年指挥柏林爱乐乐团极好的视频版本，指挥和演唱的视频进一步传达了音乐的内涵，60 分钟下来似乎只有半小时。 我有十多个 CD 和黑胶版本，实在是宝贵的收藏。《博伊伦的诗歌》固然是中世纪反叛的歌，也是无常命运的歌、生命春天的歌。

《美丽的磨坊女》和“消极的”浪漫主义

从思想倾向看，19 世纪的浪漫主义分为两支，一支有着强烈的回到中世纪、回到田园和大自然、回到童年、回到暗夜、回到孤独的内心世界的冲动和欲望，我们称之为“消极的”浪漫主义，与另一支“积极的”浪漫主义相对。消极的浪漫主义一词是我大学一年级在高尔基的《俄国文学史》中看到的，后来在我们的文学批评界被广泛使用。高尔基批评了一大批当时不为人知的诗人和作家——阿尔尼姆、施莱格尔兄弟、诺瓦尼斯、蒂克、霍夫曼、艾兴多夫。他和我们那时都不懂得现代社会、现代性、资本、技术、文明的消极和危害，都以简单的方式拥抱它们为己任。这种浪漫主义本质上是用前现代社会反现代社会，用文化反工业文明，体现了一批知识分子对现代性、资本、技术的恐惧和厌倦。在 19 世纪之后，这种浪漫主义的精神以各种面孔在哲学、文学、音乐、艺术等领域中出现，成为从未断流过的反潮流力量。在现代城市的钢筋混凝土中阅读这样的浪漫主义文学、听这样的浪漫主义音乐是一件很反讽的事情。

在 19 世纪初期的音乐中，这种浪漫主义倾向在舒伯特那里最具代表性。在他的音乐作品中，艺术歌曲、钢琴即兴曲又最具代表性，其中 1823 年的声乐套曲《美丽的磨坊女》（五段 20 首）把消极浪漫主义最重要的一些要素突显出来。

第一段（第一至四首）的叙事含义：自然、文化可以抵抗技术、文明。小溪、磨坊、旅行、流浪、波希米亚人的生活方式、回归大自然是文化的象征，是诗人的归宿。

第二段（第五至九首）的叙事含义：诗人对美丽的磨坊女的求爱具有高度的象征含义。那时的诗人都得不到他所爱的女人，这种爱情是不会有结果的。美丽少女代表着家庭及社会地位，相对而言，诗人代表着被疏远的人，是富裕家庭、社会的局外人。这不仅是19世纪的现实，也是19世纪的叙事，诗人更是常借用这样的象征来表达他们的宿命。舒伯特1827年创作的《冬之旅》就以诗人被美丽少女所拒作为他孤独流浪的开篇。

第三段（第十至十二首）的叙事含义：对诗人而言，美丽少女的爱情虽然转瞬即逝，但她代表着肉体和灵魂完美的结合，代表着艺术家灵感的来源和追求的境界。美丽少女在第二段和第三段体现的双重意义是19世纪浪漫主义艺术的主题之一。在消极浪漫主义者那里，美丽女性是人格自我的一部分，是现实原则的象征，她们不断使诗人屈辱，引发他们的绝望；在所有浪漫主义者那里，也是人格超我的一部分，是精神原则的象征，正如歌德所言“永恒的女性，引领上天堂”。她们在人格的本我里是不存在的，不是快乐原则的一部分。

第四段（第十三至十七首）的叙事含义：猎人代表现代社会的财富和权力，在他的面前，诗人愤怒和绝望是难免的。

第五段（第十七至二十首）的叙事含义：诗人最终都将走上自我毁灭之路，最美的毁灭是在自然中融化；而年轻时候的毁灭是一件更优雅的事情，可以保全自己不成为被自己唾弃的庸俗市侩。死亡完全被美化了。

舒伯特一生写过600多首艺术歌曲。在艺术歌曲中，他认识到诗人和音乐家的新型关系。在舒伯特之前，莫扎特、贝多芬等人也写过一些艺术歌曲，但都不是他们的创作重心，直到舒伯特才把诗与歌的创作推向了前所未有的高度，在这个领域，舒曼、勃拉姆斯也做了不少探索，但是没有把舒伯特开创的境界进一步拓展。在他的艺术歌曲中，钢琴伴奏始终同人声处于同等的地位，形成了钢琴和人声奇妙的二重奏世界。他的歌曲始终是音乐的诗，不是诗的音乐。诗只是诱因，好的音乐是结果。即使没有诗歌文字上的暗示，他的歌曲依然在纯粹音乐上自成意境，伴奏和人声已经完美无缺、光彩照人，优美歌词只能是锦上添花。他提供了一片温馨的器乐土壤，人声在其中生根开花结果。没有比隐居在他的艺术歌曲中更惬意的了。

在成功地掌握了艺术歌曲的创作技巧后，舒伯特开始尝试声乐套曲的创作。声乐套曲是一组有关联、多半有故事情节的歌曲组合。舒伯特在声乐套曲方面的成就可以说是前无古人，后无来者。之前只有贝多芬尝试过《致远方的爱人》，之后则是舒曼《诗人之恋》，但这两组作品都不及舒伯特。《美丽的磨坊女》《冬之旅》两个套曲的魅力在于：钢琴部分始终营造总体的音乐意境，人声部分展示不同的景象和情绪。其中的美妙听五遍以上，没有任何音乐知识的普通听众（沿用弗吉尼亚·伍尔芙“普通读者”的含义）都能完全感觉到。

舒伯特对诗人的依靠总是相对的，他不是用音乐来诠释诗歌，而是用音乐来创造“新的”诗歌。他对诗歌的选择几乎没有挑剔，凡是能触发他音乐灵感和想象力的东西他都信手拈来，在他笔下平庸的诗歌也斐然成章，不亚于好诗谱写的歌曲，获得了歌德、海涅的诗歌一样的生命力。今天我们还知道威廉·穆勒都仰仗舒伯特最有名的两部声乐套曲而备受瞩目，今天还知道一大批名不见经传的诗人都仰仗舒伯特的艺术歌曲，扩大自身的影响力。正是蝇附骥尾，而致千里。

《美丽的磨坊女》集叙事和描写的细腻、抒情的优雅、展开的平和、旋律的自然亲切为一体，淳朴而清新，是舒伯特最优美的歌曲集锦，是消极浪漫派的艺术极品，是反对资本主义、自由市场经济粗野低俗的利器，历久弥新。

三个音乐片段

最好的小提琴的声音

“由于意识层面事务的繁杂，以及潜意识中繁杂下沉、弥漫开来的阴影，种种意识到的和意识不到的压力，使长年耳鸣的症状愈发严重，结果是对声音的要求越来越高，深感些微的噪音都能杀人。小提琴变成了很刺耳的声音。”

现在，小提琴演奏唯二能欣然接受的是韩国的郑京和，还有得过小儿麻痹症的以色列的帕尔曼。他们两人能把小提琴拉得一点毛杂也没有，犹如神在控制琴弦。帕尔曼对连绵不断的掌握力无人可比，和其硕大无比的手相匹，他是小提琴界20世纪70年代之后的教父。其演奏温文尔雅，气势磅礴，可谓大江大河大海的安静。

郑京和的演绎呼吸感极好，正如她所说：“西方的声音显然是丰富的，但它集中于外表，而我的演奏是微妙和克制的，其声体现了东方的含蓄。”她的乐句与乐句之间常常留白，充满中国山水画之美。两人都把技巧渗透到音乐中，大气而不炫技，一直贴着音乐的本质行走：发自心，回归心。

小号世界

在男性统治的小号世界中，高手比比皆是，流行如克里斯·波提（Chris Botti），跨界如温顿·马萨利斯（Wynton Marsalis），爵士如迈尔斯·戴维斯（Miles Davis）、查特·贝克（Chet Baker），古典如莫里斯·安德烈（Maurice Andre）、哈肯·哈登伯格（Hakan Hardenberger），英格兰的高颜值女性小号手艾丽森·巴尔松（Alison Balsom）可谓杀出群雄之围。也许是因为她长得漂亮，演奏水平高，显示了巨大的商业价值，唱片出版得特别多。她的每一张唱片都是一次与惊艳的相遇。

耳朵通透时，她的小号声是振奋、炫耀、夸张的霞光；耳鸣不已时，是冲破一切阻碍的颤抖；耳朵堵塞、轰鸣时，是暮色苍茫中对嘹亮的回忆。三种感觉我都体验过。

古斯塔夫·马勒的第五交响曲第一乐章开创了先河，在一个乐章中三次使用小号，并用一个音乐动机来表现三种不同的情感，这在小号演奏史上是第一次，同时也在演奏技术上对小号提出了新的挑战。第一次是葬礼的行进，悲伤而绝望；第二次是对死亡的预感，恐惧而无奈；第三次是对往事的回忆，孤寂而苍凉。三次似乎都是在阿尔卑斯山雪峰群里展开，有苍茫无际的大空间。

至今这段音乐依然是世界各大交响乐团显示小号和交响实力的必奏段落之一。

把炫耀凯旋、直率嘹亮的小号用于歌唱来担纲一个乐章的主角，可以说是一个巨大的挑战。马勒在第三交响曲第三乐章三次使用小号（最初用邮号，邮号由短号发展而来，短号和小号是同属一个家族的亲兄弟）细腻地演奏歌唱的乐段，表现出森林、山川、河流神秘幽深的气氛，成为了浪漫主义大地之游的向导。

马勒对小号的使用前无古人、后无来者，他把它放入复杂的情感之中，放入大千世界之中，再也不是一个炫耀、炫技的小王子，而是心和宇宙的一部分。

其实马勒对木管、铜管功能的探索是他交响配器探索的一部分，它不是纯粹技术性的，他一直在寻找各种各样的声效，来接触其他乐器进入不了的世界，来表达内心深处捉摸不定的宁静和躁狂。

永远的古尔德和《哥德堡变奏曲》

对音乐的接受需要演奏家、指挥家作为媒介，进行二次的创作。他们犹如吉卜赛的通灵者。20世纪至今的音乐界是众多伟大的通灵者的舞台。

在钢琴界，最奇特的通灵者是格林·古尔德。他从1956年到1984年在哥伦比亚广播公司录制的78张音乐唱片，以及他对音乐作品和演奏的两卷本论述，无疑是最重要的钢琴音乐文献和音乐文化遗产。他告诉我们如何最大限度地发挥演奏者的理解和个性，同时又不动声色，甚至冷漠地演奏，这是维护音乐家和个人强大内在自我的最好路径。

在他所有的演奏中，无疑巴赫钢琴作品的演奏处于中心地位，而其中的巅峰是《哥德堡变奏曲》这部世界第一钢琴曲：永恒不变和多端变化的统一，钢琴家一代又一代永远弹不尽的曲子，也是这位钢琴大师演奏的起点和终点。

《哥德堡变奏曲》融合了意大利、法国、德国的键盘乐传统，创造了一部风格变化巨大的作品。这部变奏曲也是迄今为止键盘乐难度最高的作品之一。很少有键盘乐作品要求在清晰的结构感、辉煌的技巧和表现的力量三个方面达到如此突出的平衡。

古尔德留下了最著名的1955年、1981年两个版本。1955年的版本是他的第一张录音，38分36秒。1981年的版本是他的倒数第四张录音，55分23秒。前后有速度上的区别，还有就是心态上的差别，前者凌厉迅捷如初冬之风，后者有秋色的老成，更客观和超然物外。

古尔德教我们从另一个角度去阐释巴赫的钢琴曲。不要戏剧性、不要热烈感情，要不动声色地、冷静克制地用短小的音乐动机、旋律的对位和叠加，蔓延出一个巨大的世界和宇宙。这是独立自由的内心中流露出的巴赫。对巴赫的钢琴曲和其他音乐作品的阐释难免会投入过度的热情，古尔德告诫我们要克制再克制。丰满而内敛，才是虔诚的力量。

埃瑞克·萨蒂的两部钢琴曲

许多图书、文章、思考、写作是思维混乱、同语反复、循环论证、喋喋不休的产物。语言简洁、结构紧凑、逻辑清晰、感觉细腻、判断准确、直觉敏锐、思维透彻，这是人类脑力的极致。法国作曲家埃瑞克·萨蒂的早期钢琴独奏作品——《三首古希腊裸体舞蹈》（*Gymnopedies*）、《六首玄秘曲》（*Gnossiennes*）是这一极致的象征，可以把人带入这样的境界。每次阅读、思考、写作前，可以听听这两套曲子。

1. 《三首古希腊裸体舞蹈》是1888年萨蒂22岁时的一部作品。三首曲子简约的风格隐约地暗示了一种未来新古典主义音乐的风尚。德国人太啰嗦，瓦格纳太浮夸，用最简单、单纯的旋律和和声来表达内心世界的千言万语。“不是出自真诚的音符，我一个也不写！”萨蒂让法国音乐从瓦格纳的音乐阴影中走了出来。

Gymnopedie是古希腊斯巴达对太阳神阿波罗的祭奠，年轻男子在圣殿前献上庄重和缓慢的神圣舞蹈。据说，萨蒂看到一只希腊古瓶，瓶上有关Gymnopedie祭奠的图样触发了他的灵感。记得英国诗人约翰·济慈的《希腊古瓮颂》的灵感来源也是如此。音乐语言和文字语言的差异、语言的简洁和华丽两种风格的差异，都使我更能接受《三首古希腊裸体舞蹈》。

另一个传说：该部作品的灵感来源是萨蒂最爱的、福楼拜的历史小说《萨朗波》。这差点引发许多麻烦，让我再次去读我最钟爱的法国小说家的作品：《包法利夫人》《萨朗波》《情感教育》

《圣安东的诱惑》《三故事》。这是典型的联想延伸拓展的事件，必须刹车，还是回到作品的本身。

三首曲子旋律单纯，构成重复的乐段，犹如精致、精确、清晰的塑形。低声部支持着旋律，仅为一些简单的节奏和单一的和弦。这些和弦从传统的和声进行中解放出来。旋律和和弦的特征和关系让我想到可可·香奈儿经典的黑白风格。

三首曲子风格冷漠简练，没有多余和延展。展现了秋季最明净的山水天空。德彪西对第一和第三首进行了管弦乐的改编，在明净中不断溢出和涌现出克制而微妙的情绪。

三首曲子似乎没有什么差别，微妙的区别在于围绕着一尊雕像走动，从三个角度观察着中心物体。

2.《六首玄秘曲》的名字“诺斯替”来自于希腊晚期的哲学。“诺斯替”是玄秘的、直观的、启示的、拯救自我的智慧，是和希腊主流的理性主流相对立的、不可言说的智慧。

不太清楚萨蒂对希腊的诺斯替哲学、后来罗马帝国的诺斯替主义哲学有什么深入了解。听这部作品也无需去透析这些思想。但诺斯替的精神世界和神秘哲学的气息强烈地影响了作曲家敏锐的感觉。六首曲子作于1889—1893年，顺序是第五、第一、第二、第三、第四、第六首。

六首曲子没有《三首古希腊裸体舞蹈》圆舞曲的节奏，没有小节线，像一句句咒语，加上和声时不时传递的东方风味，弥漫着神秘的仪式感。

六首曲子和《三首古希腊裸体舞蹈》一样，没有正规的和声进行，只有精确而精雕细作、平衡对称的旋律逻辑。所有的音符都是精心放置的碎片，在寂静中漂浮，在远空处回响。

3. 1950年，在萨蒂去世25年之后，他的钢琴作品才被第一次录音。演奏者是他最老的朋友之一弗朗西斯·普朗克。从那以后，许多钢琴家开始面对这位奇怪的作曲家。萨蒂的钢琴音乐不是技巧问题，是心境问题。它们不是众人聚集在一起而是独自一人聆听的音乐。录音的产品是最好的媒介，聚集在一起听萨蒂的音乐是很怪诞的行为。

萨蒂是一个不起眼的破坏分子，在这两部小规模的作品中，他有意将不相关联的旋律和和声元素并列、合成，没有目标、没有进程、没有高潮、没有终结，犹如波德莱尔现代都市的闲逛者（le flaneur）。

萨蒂不是“情感泛滥的”浪漫主义，也不是“华丽繁复的”印象主义。他非常厌恶姿态夸张，非常不会雕琢过度。他的钢琴作品是独处最好的音乐，是读思写最好的背景音乐——萨蒂称之为“家具音乐”，是告诉你控制好自我去思维、写作的音乐，其中本文这两部自然、简朴、平静的作品堪称典范。

萨蒂的生平奇形怪状，其音乐风格和现代主义、法国音乐紧密相关，但对我而言，这些都没有意义，《三首古希腊裸体舞蹈》《六首玄秘曲》是两只素朴的青花瓷，一左一右放在我的书桌边上，告诫思考、语言、结构的基本特征。

从钟爱的马勒到偏爱的萨蒂，跨度是大了一点。其实目前还不可能长久地待在一个世界。三重世界、五相世界各有魅力，游走或闲逛其中，让人沉醉，但最终都会戛然而止。

能和布鲁克纳走多远

我对布鲁克纳一直心存疑虑。听他、写他几乎完全是一种个人行为，几乎没有年轻人会对他庞大、延绵为一体的交响曲感兴趣。尤其是当下碎片化、且终日忙碌于琐碎的时代。听他、写他是完成音乐史学习的任务？是精神上故弄玄虚？是内心深处生活的一部分？其实兼而有之，老年将至，听他、写他将会成为生活的一部分，初现端倪，逐渐弥散。他的交响曲和巴赫的《无伴奏大提琴组曲》《赋格的艺术》《音乐的奉献》、贝多芬晚年的五部钢琴奏鸣曲和六部弦乐四重奏、肖斯塔科维奇的15首弦乐四重奏、德彪西晚年的钢琴曲、卡夫卡的小说、赫尔曼·黑塞的小说混在一起，可能也许大概会占据逐步静寂的生活。

我一直没有深入接触过安东·布鲁克纳（1824—1896）。他的照片一直是一些沉闷的、毫无魅力的老头像，在商业时代几乎不会带动人的任何兴趣。他待了18年（1837—1855）的圣弗洛里安教堂周围是迷人的。他1868年后一直居住在维也纳。我在他1855—1868年居住的林茨住过一个晚上。1999年10月的一个凌晨，我沿着林茨的河岸走了几公里，没有发现任何有趣的东西。林茨在我的印象中只有三样东西：莫扎特的《林茨交响曲》、希特勒的林茨写生和他设计的不可能落成的林茨火车站，还有就是布鲁克纳。

我知道我的马勒聆听计划结束以后，要倒回来攀越另一座大山，那就是布鲁克纳，之后就是瓦格纳（翻越他的路径还没有找到）。他们是19世纪末音乐的三座精神和艺术大山（马勒跨越了世纪之交)。贝多芬之后最伟大的交响曲作曲家是谁呢?从古典主义的角度来看是勃拉姆斯,从浪漫主义的角度来看是马勒,从夹缝中看就是布鲁克纳。

布鲁克纳给人的印象永远是一位天生的、枯燥无味的老人。他完成第一交响曲最初版本(1865—1866)的时候已经42岁,莫扎特、舒伯特、门德尔松在这个年龄都已经离开了人世。他一直到42岁才形成他作为作曲家的个性。之前,他只是一位勤奋的音乐学生,写了一些教堂礼拜的作品,一些门德尔松风格的钢琴曲和合唱,一堆作曲练习和对位练习;要不是日后成名,两部未编号的交响曲和一部《D小调弥撒曲》也不会有人问津。我们很难在这些42岁前的作品中联想到他是一位创作天才。但依靠数十年的研究、模仿,布鲁克纳最终写出九部令人惊讶、无与伦比的原创交响曲,这真是奇异的神迹。

布鲁克纳在圣弗洛里安教堂孕育着他的音乐;在林茨通过三部弥撒曲(D小调,1864;E小调,1866;F小调,1868)和三部交响曲(最后一部编号为第一交响曲)使他的音乐慢慢溢出;1868至1896年在维也纳剩余的28年,他的音乐艰难而缓慢地浮现出来。

第二交响曲第一版(1871—1873),在音乐语言和技法、表现力、精神深度方面都已经相当成熟,但长期无人问津。

1877年,他指挥第三交响曲(第一版为1872—1875)第二版(1876—1877)的第一次演出,惨遭滑铁卢。终场只剩下包括他的学生马勒在内的十几位听众,这样惨败的演出,在世界音乐史上也属罕见。

第四交响曲(第一版为1874)是他最著名的也是唯一自己命名为“浪漫”的交响曲,光线清澈明亮灿烂,但当时依然锁在灰色云雾中。

第五交响曲（1875—1876）是非常复杂且非常自然和谐的交响典范，它不是赋格作曲技巧的展示，而是暗示着世界的复杂性，以及这个世界完全可以得到很好的处置；但如此的杰作竟然在布鲁克纳生前没有正儿八经地上演过。

第六交响曲（1879—1881）在曲式和和声上都有大胆的创新，弥漫着逆来顺受的心情，被称为“哲学”交响曲，但依然没有得到关注。那时他已经57岁了。

直到被称为“英雄”的第七交响曲涌现（1881—1883），经过1884年（阿图尔·尼基什指挥）、1885年（赫尔曼·勒韦指挥）两次伟大的演出，这部第二乐章作为瓦格纳悼歌的交响曲使他时来运转。

第八交响曲（第一版为1884—1887）是“宇宙末日的启示”，被称为“启示”交响曲。

可惜的是大器晚成并不能使他延年益寿。1896年，他没有完成第九交响曲（1891年开始创作，献给上帝的交响曲）的最后一个乐章。1892—1896年，他虔诚的精神已经无法驾驭他每况愈下的身体，并且心智从1893年初开始也变得和身体一样糟糕。但在生命的最后一天，他放弃了惯常的十五分钟散步，从容地从办公桌爬上床，喝了三口茶，深深地叹息了两口气，告别了这个世界。他的遗体被安放在圣弗洛里安教堂的管风琴下方，那里是他的潜意识、信仰、音乐生发的地方。

马勒交响曲的主题是围绕着死亡展开的，布鲁克纳交响曲的主题是围绕着崇高启示展开的。布鲁克纳的音乐魅力不是直接夺人心魄，而是漫长地、延绵不断地展开，雄浑厚实，一波接着一波上扬，逐步达到顶峰。他的音乐不是宗教的简单宣言，是群山冷静、沉稳、克制、崇高地展开，然后是对人生危机和绝望的超越，然后是永恒，最终隐约看见他的宗教和上帝，没有虚无缥缈的东西。

他的九部交响曲可以看作是一部鸿篇巨制。它们没有马勒的纠结、辗转，它们沉稳地上下起伏，连绵形成九座山峰。只有走在自性化道路上的老人，或者完成自性化的老人才能真正喜欢上布鲁克纳的交响曲，无论这种自性化是积极的还原，还是谨慎的进化，还是两者并举。布鲁克纳的音乐是老人面对自己的音乐。它抵制焦虑、忙碌，淡然接受挫折，坦然面对无常和死亡。

大概率而言，年轻人的音乐热闹，总体上是宣泄。老年人的音乐内涵和层次丰富，总体上是安静、修炼。就和布鲁克纳走上几步，安静地修炼一会儿。每一位年龄不小、一事无成、生活枯燥无味、从不想入非非，但雄心不已、勤奋用功的人，都可以自喻为布鲁克纳。他给每一个还希望有所作为的老人，点燃了一根希望的蜡烛。他功成名就时已经六十有余，而且我们比他多活十年的概率大大地提高了。

布鲁克纳的交响曲是摆脱信息化、数字化、快节奏生活的音乐，是最好的陪伴阅读、思考、写作的音乐。能和布鲁克纳走多久，取决于内心的平静、虔诚，取决于自己的寿命。

布鲁克纳的第七交响曲

如果没有听完瓦格纳、布鲁克纳、马勒，就不能算是完成了古典交响曲之旅的最后几站。这几个站台气势宏伟，规模巨大，都坐落在阿尔卑斯的崇山峻岭、湖光天色之中。

我没有按照创作时间的顺序来写布鲁克纳的交响曲，而是从他人生转折点的第七交响曲开始，仔细聆听他的作品，然后记录一点感受和想法。

布鲁克纳在完成第六交响曲之后，于1881年9月开始创作这部交响曲，1883年9月完成，当年59岁。创作期间，他为了参加瓦格纳《帕西法尔》的首演，访问了拜罗伊特。这是布鲁克纳最后一次见到瓦格纳。据说瓦格纳宣布布鲁克纳是唯一一位可以和贝多芬并驾齐驱的交响曲作家。瓦格纳答应将指挥布鲁克纳所有的交响曲，但是即使他打算如此也不可能实现了。1883年2月瓦格纳去世。当时布鲁克纳正在创作第七交响曲第二乐章柔板——一首内省、深远、信仰的赞歌。闻此噩耗，他添加了庄严的结尾，以纪念他永远挚爱的、永离尘世的大师。对瓦格纳的热爱仅次于他的信仰。

这部交响曲于1884年12月在莱比锡布商大厦首演，阿图尔·尼基什指挥。尽管勃拉姆斯的拥戴者、音乐作品的生死判官汉斯利克把这部交响曲描绘为“灵感的闪电之间，出现的是无边无际的黑暗、沉闷的无聊、狂热的过度兴奋”，但观众的反应依然热烈，全曲结束后全体起立，给予了15分钟的掌声。1885

年3月在慕尼黑第二次演出，赫尔曼·勒韦指挥，同样获得了巨大的成功。不懈的努力和两次伟大的演出使他时来运转，伟大作曲家的声望终于得到了公认。时年60有余。

第一乐章

这是要听上数遍才会逐步喜欢且欲罢不能的音乐。面纱慢慢滑落依然半遮脸面，晨雾渐渐散开依然不显全部峥嵘。含义一层层含蓄地展开，然后又一层层地闭合，使得我脑海中浮现出很久以前自己写下的以下几段话。

能指越抽象，所指含义越丰富，文本的内在逻辑会变得越隐晦和多意，越难以解释和理解。神秘主义的哲学、象征主义的诗歌、抽象主义的绘画均是如此。音乐在这方面排序第一。

能指和所指的关系并非直接，能指和所指的关系越复杂，文本可能的意义越复杂，并不断生成新的意义。音乐在这方面排序第一。

不同的语境、不同的阐释者、不同的接受者，能指和所指的关系不同。有时我们觉得一切都结构化和逻辑清晰了，当语境、阐释者、接受者变化的时候，一切又被解构和模糊了。音乐在这方面排序第一。以上的苦恼就此产生了阐释学。

布鲁克纳的第七交响曲自身生成的意义太多，给人的联想太多，是能指和所指的迷宫，也是心灵的避风港和城堡。

第一乐章逐渐打开，逐渐上升；又逐渐关闭，逐渐下落；最后完全打开，上升到峰顶。它是一支陪伴在云缠雾绕的山岭中攀越的音乐。它也是可以在漫长的飞行旅途中反复聆听的音乐，尤其当飞机漂浮在黄昏金色的云海之上的时候。

第二乐章

表面上看，它是一首向瓦格纳和贝多芬致敬的音乐，尾声又增添了对瓦格纳的悼念，乐章的前后都第一次在布鲁克纳的交响曲中使用了瓦格纳大号（它综合了圆号和长号的特性）；深层次看，它是一首虔敬永恒、向死而生的音乐。莫扎特《第二十七钢琴协奏曲》第二乐章向死而生，空灵而羽化登仙；马勒的音乐大部分都是向死而生的，太多的倾泻和往复纠缠；拉赫玛尼诺夫《第二钢琴协奏曲》第一乐章向死而生，茫茫的空旷和大开大合的悲怆；拉威尔《钢琴协奏曲》第二乐章向死而生，人生光影交织的平静旅行；布鲁克纳也独树一帜——庄严、高贵、孤独、从容。乐章的结尾十分谦逊细腻，如果你要向心中的大师或自我致敬时，此段可作为首选。

第三乐章

布鲁克纳交响曲中的谐谑曲都是我最爱听的音乐，它们使他的音乐变得丰富起来，从教堂走进城市的街道，从精神走向世俗。前后两段生动有力，中段妩媚轻柔，都和他严肃的面容、超常的韧性、坚定的信仰形成鲜明的对比。从这些方面来看，他似乎不会写出生动的谐谑曲，但出人意料地写得如此之好。严肃的人也有疯狂和柔弱的两面，也有酒后快慢变化的夜之舞蹈。

第四乐章

一位孤独者对自我的总结。冲动、悲怆、庄严雄伟、高贵圣洁此起彼伏，最后通过乐章最初的冲动，升华到至高的宏大境界，一切都被超越了。

布鲁克纳交响曲的重要意义

第一，它们传递了坚定信仰的重要意义。布鲁克纳完成第一交响曲已经42岁，后来的30年他完成了恢弘的八部交响曲，其中不少在世时都没有得到重视，经常遭到激烈批评——他的交响曲被勃拉姆斯认为是“数年后就会被遗忘的诈骗”，是“交响曲的巨蟒”；第二交响曲最初被维也纳爱乐乐团认为是“彻底的胡扯”，第三交响曲被认为是“无法演奏”；第八交响曲被赫尔曼·勒韦认为同样无法演奏。但他信仰不变——他是音乐的选民，天赋乐才，如不跟随，而随众意，有何脸面面对天选。他不懈的创作只是纯粹信仰的感性显现而已。

第二，他的音乐动力空间巨大，从最微弱的弦乐颤音絮语到有力的铜管爆破喷涌，从壮丽的音乐景观到轻柔愉悦的漫步到排山倒海的超强音，气象万千。无论时长和表现规模都和瓦格纳、马勒融为一体，构成19世纪末浪漫主义音乐的苍茫景观。营营在城市逼仄的空间当中，汲汲于分数—工资—房产—利润的“现代文明”之人，要么彻底茫然于他的音乐，要么可以把他的音乐作为自我暂时解放的路径。

布鲁克纳的第三交响曲之前

我知道我的马勒聆听计划结束以后，要倒回来攀越另一座大山，那就是布鲁克纳，之后就是瓦格纳（翻越他的时间还没有到）。他们是19世纪下半叶隆起的三座思想和艺术大山。贝多芬之后最伟大的交响曲作曲家是谁呢？从古典主义的角度来看是勃拉姆斯，从浪漫主义的角度来看是马勒，从他们两山对峙的夹缝中看就是布鲁克纳。

在今天聆听布鲁克纳的意义何在？在不确定的三重社会中，锻造安定、沉静、虔诚、谦卑的人格，游走在五相世界当中；或更直接地在大自然中寻找感觉和直觉，以及人生的归属；或更直接地完成一些任务：你总是要接触一些应该接触的不同凡响的东西，否则还有什么趣味和想象力呢？

再说一下布鲁克纳

20世纪90年代初，我得到的布鲁克纳的五张唱片是：尤金·奥曼迪指挥费城交响乐团的第四、第五交响曲，祖宾·梅塔指挥以色列爱乐乐团的第零、第八交响曲，弗朗茨·莫斯特指挥伦敦爱乐乐团的第七交响曲。这些需要相当耐心甚至要远离尘嚣才能听完的音乐，当时对我而言是遥远未来的事情，没有想到这一未来瞬间就滑到了面前。

有一个很奇怪的现象：我过一段时间就会心痒痒地想到布鲁克纳，和他一起走上一段庄严无际的崇山峻岭。他的世界也许有点“无趣”，但却是摆脱更无趣的“无趣”，是反复聆听发现有趣无比的“无趣”。

布鲁克纳（1824—1896）是上奥地利安斯费尔登村庄一位教师和管风琴手的儿子。父亲在他13岁的时候过世，同年（1837）他成为林茨附近的圣弗洛里安奥古斯丁派修道院儿童合唱队的成员。在那里他知道了莫扎特和海顿的教堂音乐，并爱上了舒伯特的音乐。最初，他继承家庭传统，在圣弗洛里安当教师。在那里，他开始写作合唱作品，也获得了管风琴手的名声。1855年，他被任命为林茨大教堂的管风琴手，这样他就能够放弃教学而成为全职的音乐家。他对成为作曲家缺乏信心，因此在维也纳学习和声、对位，以及卡农和赋格严谨的形式。但他依然感到不满足，又在林茨进一步学习配器和曲式。交响乐是对音乐思维的全方位调动，除了最为复杂的技术，还需要耐心、勇气、灵感。

特别喜欢修改作品的音乐家

布鲁克纳是一位腼腆、自卑、胆怯、疑惑的人，他经受不了批评（其中勃拉姆斯的捍卫者、瓦格纳的反对者汉斯立克最为猛烈）、指责、嘲讽、怀疑，以致第零、第一（尤其）、第二、第三（尤其）、第四（尤其）、第五、第八（尤其），他都进行了不同程度的修改。他的这些交响曲何时完成创作，何时完成修订，用哪个人（罗伯特·哈斯，还是利奥波德·诺瓦克）的编订版本演出，成了指挥家的功课。对布鲁克纳而言，所有这些心身之苦，不是负累，而是对他自我的成全。

我在《能和布鲁克纳走多远》一文中提到的交响曲写作时间有的是精确的，有的无法十分精确。布鲁克纳是一个让人犯强迫症的作曲家，让人情不自禁做一件十分不浪漫的事情，在谈论他的交响曲之前，把其版本梳理一下，以便弄清所听的唱片是哪年的版本，是哪位的编订版本。其实对普通听众而言，布鲁克纳版本细节上的差异是意义不大的问题。

布鲁克纳为什么老是在修改？是批判、胆怯交织引发的焦虑症、强迫症，是追求完美的内在需求，还是两者兼而有之。勃拉姆斯只有后者。结果一样：他们两人的作品件件精品。差异是：勃拉姆斯的作品大大小小、风景各异、错落有致。但如果把布鲁克纳的作品连接起来就是延绵不断的群山，以及它们和风、云、乡镇、城市的交织，是一部庞大的阿尔卑斯交响作品，到处弥漫着崇高、神圣的气息。你可以从第零交响曲不间断地一直听到第九交响曲，其中错落着风格和气场一致的宗教合唱曲。

第三交响曲之前

布鲁克纳的交响曲编号 9 部，实际写了 11 部交响曲，在第三交响曲之前写了四部交响曲；连同不同修改的版本，一共有 18 部交响曲。

1. 《F 小调交响曲》作于 1863 年，也被称为“00 号交响曲”。对于一位 1863 年前只创作过宗教合唱曲和管风琴曲的作曲家而言，交响曲创作是一个挑战。瓦格纳的《汤豪塞》和《罗恩格林》1861 年在林茨的首演激发了布鲁克纳创作世俗交响乐的兴趣，他创作了一些交响乐习作和《G 小调序曲》作为《F 小调交响曲》创作的铺垫。

布鲁克纳在创作交响曲时必须面对贝多芬、舒伯特、门德尔松、舒曼、勃拉姆斯的巨大影响，并承受“影响的焦虑”，但他在第一部作品中就形成了个人的风格。

《F小调交响曲》是一部长期生活在阴影中的作品。布鲁克纳本人看不上这部作品，没有给它编号，并在手稿上标明是“作业”。那时，他正在林茨学配器和曲式的功课。对于这位没有交响曲作曲经验的音乐家来说，这些功课至关重要的目的就是让他逐渐熟悉奏鸣曲式。布鲁克纳的《C小调弦乐四重奏》也是他接近交响曲作曲的一部分工作。这两部阴影中的作品我都有CD收藏，可以一睹真容。

《F小调交响曲》用了三个半月（1863年1月至5月）的时间完成。布鲁克纳精确地记录了第一部交响曲的缘起，以及整个作曲过程。同年7月，39岁的他完成学业，放飞自我。他尝试公演这部作品。同年秋季，他将《F小调交响曲》和其他作品展示给慕尼黑音乐节总监弗朗茨·拉舍尔。拉舍尔做的却是绝对不让这部作品首演。从此，布鲁克纳走上了21年交响曲首演难产的艰难历程。这位虔诚、充满韧性、土头土脑的乡下人开始为我们上演了一出愈挫愈勇的人生戏剧。一位伟大的音乐家竟然在60岁（我的退休年龄）才成名，真是对一个人一无所成的无用安慰。

人一旦无名，所做的一切湮没于尘埃；一旦成名，一切都成了须知的轨迹。《F小调交响曲》直到1913年才部分上演，1924年才得到柏林布鲁克纳协会的首演。尽管它不能和第一交响曲的个性鲜明和成熟相并列，存在着风格不明确、呆板僵化、剽窃借用的成分，但布鲁克纳已经建立的个人名望和角色模型产生了晕轮效应，这部作品依然被认为具有独创性，且曲谱手稿规整，具有典型的布鲁克纳的严谨特征。它已经不是今天意义上的，或者作曲家本人自我评判的“作业”。

我是布鲁克纳的精神同行者，因此对他的交响曲是不会遗漏的；普通听众可以从第零交响曲开始和他同行。

2. 第零交响曲作于1863—1864年，1869年修改，由诺瓦克编订。有人认为这部交响曲晚于第一交响曲最初版本（1865—1866）。其实第一交响曲经历了1868年、1877年、1884年三次修改，和1866年完成的版本一道被称为林茨版；1890—1891年又进行了修改，被称为维也纳版。也就是说布鲁克纳在临死前五年，依然在精雕细琢这部作品。1934年，哈斯编订了林茨版和维也纳版。1953年，诺瓦克编订了林茨版。

第零交响曲是音乐史上独一无二的。这个标题引发了许多误解，并且音乐会上二等待遇的上演也负有一定的责任。实际上，交响曲的签名是“零”上画了一个斜杠，德文是“不能列入的”(nullte) 的意思，第零交响曲是英语的叫法；它不是排在第一交响曲之前的意思——尽管它确实作于第一交响曲之前，并且出版商在第一交响曲上加了括号（No. 2），表明之前还有一部交响曲——而是“无效”“腐烂”“毫无价值”的意思。原因在于维也纳爱乐乐团的指挥奥托·德索夫问了一句话：主题在哪里？自卑的布鲁克纳无地自容，但又不忍作品被自己舍弃，只好不列入交响曲编号留存下来。

即使布鲁克纳“取消了”这部作品的编号，并在1924年才得到首演，但是它真正地延绵起了布鲁克纳交响曲山脉，他的风格就此开始形成。交响语言音色丰富，对位技巧多样，主题和动机的结合运作自如。

第一乐章第一主题是一个自我延展、向外旋转的拉伸，千里江山图的画卷就此展开；第二主题是一条美妙的、向上攀升的旋律，由小提琴的切分音展开，最后演变成弦乐和木管齐奏的众赞歌。在这里他第一次引入了教堂音乐，后来这成为了他作品个性化的一个重要方面。大山大河、崇高神圣的基本形态业已形成。

第二乐章的开端就让人想到教堂音乐，这是一首向崇高升华的歌咏，织体丰满浑厚。在乐章最后的再现部，低沉的拨弦伴奏之上木管乐器实际上演奏的是一首众赞歌。伟大的巴赫从来没有也没有条件用交响曲表达过众赞歌，布鲁克纳开始实施这一辉煌崇高的行为。

第三乐章的齐奏之后是整个乐队暂停，随后进入了切分音丰富、带有浓郁乡村舞蹈记忆的谐谑曲。谐谑曲前后两部分个性鲜明、动力十足，三声中部则形态温柔。布鲁克纳交响曲所有的谐谑曲都个性鲜明，和布鲁克纳的老成面容不相吻合。

第四乐章是大师对位才华的展露。第一主题是赋格风格，韵味老成；第二主题轻盈欢快，老当益壮，意气风发；在再现部变得汪洋恣肆，收发自如。这一乐章与巴赫老辣的前奏曲和赋格的顺序正好颠倒。

第零交响曲是布鲁克纳已经具有自己风格的交响曲。不要被第零交响曲的名称所欺骗。布鲁克纳是在许多人歇手的时候开始动手的，是在熟谙多声部教堂音乐基础上动手的，是在内心满满的状态中动手的。从此人们开始和他同行，走上寻找自我、找到自我、坚定自我的山路。

3. 伟大的转折发生在1865年。布鲁克纳在慕尼黑参加了瓦格纳《特里斯坦和伊索尔德》的首演，在那里他见到了一生的偶像瓦格纳。这是一次非同一般的经历，就此他写下了《C小调第一交响曲》(1865年1月—1866年4月)。最终，在41岁的时候，他开始找到了创作交响曲的信心。在这个年龄，留下许多交响曲作品的舒伯特、莫扎特、门德尔松都去世了。因此我一直认为布鲁克纳的交响曲是老人交响曲，他音乐中的激情总是节制的、温柔总是至深的、信仰总是坚定的。

创作交响曲的信心并没有让布鲁克纳放弃不断修改作品的习惯，也没有给他带来好运。他在临死前五年，依然在精雕细琢这部第一交响曲；他还要在上演并成名的路程上走上18年。只有一个坚韧不拔、甘于寂寞的信仰者才能做到这些。

1868年，布鲁克纳移居维也纳，在维也纳音乐学院教授对位和和声。他一直试图建立自己作曲家的地位，但挫败连连。直到1884年60岁的高龄，第七交响曲在莱比锡犹如辉煌凯旋的首演（继后是在慕尼黑和维也纳的演出）才使得他获得了真正的成功。这也是我为何首先从第七交响曲开始和布鲁克纳行走的原因。

布鲁克纳自称第一交响曲为“任性的流浪儿”：“我从来不像这一次大胆而任性，简直就是一个被恋爱搞昏头的人，只知道执着地作曲。”这部作品1868年5月9日出于他在林茨当地的名声，在林茨首演。尽管演出场地不大，但观众依然寥寥无几。几天前多瑙河上的一个事故导致河上木桥的部分坍塌，当地观众对音乐的注意力被抽走了不少。要聚集一支乐队领会如此富有挑战性的乐谱也是十分困难。当地的音乐协会和热情的业余爱好者强迫林茨剧场乐团首演。这支乐团花费了九牛二虎之力，甚至在排演期间，演奏人员一再要求布鲁克纳改变无法演奏的部分。

这次演出让布鲁克纳更加坚定前往维也纳的决心，那里才是在交响曲领域建立丰功伟绩的地方。再次前往维也纳是布鲁克纳的追求，也是担惊受怕的冒险，那里到处是尖锐的批评和职业发展的困难。后来的事实也是如此：维也纳是唯一能够让布鲁克纳建立交响曲作曲家国际地位的地方，也是让他经受磨难方能成功的地方。在没有互联网的时代，大都市是唯一扬名立万的地方。

虽然这部作品首演水平一般，且不乏批评意见，但还是得到了大家的接受，特别是第一和第三乐章。这和我的聆听经验也基本吻合。这部交响曲和第零交响曲一样，长期处于阴影当中。作为布鲁克纳的学生和朋友，约瑟夫·沙尔克和斐迪南·罗维一直不知疲倦地支持他的事业，一致认为第一交响曲具有非同凡响的特质，在一些规模较小的音乐专业团体上演了单独的乐章。瓦格纳《帕西法尔》首演（1882）的指挥赫尔曼·勒韦在1889年知道了这部作品，他立刻让布鲁克纳知道他对此超级喜爱："第一交响曲美妙绝伦。它必须得到印刷和上演。不要改动太多。包括配器，它已经很好了。不要再触动它太多了。"之前，布鲁克纳对它的第一交响曲已经实施了不少焦虑症与强迫症互动的处理，当然其中也不乏对完美的追求。

除了赫尔曼·勒韦，同时代瓦格纳作品最牛的指挥家汉斯·里希特也对这部交响曲着迷。1889年11月1日，布鲁克纳告诉别人："宫廷指挥家里希特对我的第一交响曲充满了热情。他满含热泪和我吻别，并肯定我将永恒不朽（言中），他带走了乐谱，并且在爱乐乐团演奏前复制了它。"但是，布鲁克纳的焦虑症、强迫症为里希特设置了障碍。和以往经常的行事一样，他被顾虑和自疑、批评和胆怯所控制，对乐谱又进行了修订。

1890年，布鲁克纳花费了大量的时间再次精雕细刻。作品的基本特质得到了保留，主要的变化在配器的细节效果上。1890年的维也纳版并没有提升之前的林茨版，林茨版是生猛的、清新的、自由自在的。**艺术不是完美**，**而是对完美的超越**；是语言的表达力和结构的表达力。不断追求完美，一旦到了极致，会使得艺术的力量疲软。当一切似乎都完美的时候，力量也被耗尽了。我收藏的第一交响曲除了阿巴多和鲁塞恩节日交响乐团的演出是维也纳版，其余都是林茨版本。

1891年秋天，布鲁克纳成名的七年后，他接受了他一生最高的荣誉——维也纳大学授予他荣誉博士。在11月7日的仪式上，大学副校长阿道夫·艾克斯勒在致辞的最后说：在科学止步的地方，在给科学设置不可跨越的边际的地方，艺术的王国出现了。在这里，艺术能够表达所有向知识关闭的东西。我向一位来自温德哈格（圣弗洛里安修道院所在地）业余的教师深深地鞠躬。

布鲁克纳深受感动，将第一交响曲献给了大学。1891年12月13日，汉斯·里希特指挥维也纳爱乐乐团演奏了维也纳版，这是自它1868年在林茨诞生后第一次以全貌与听众见面。

布鲁克纳大器晚成，在常人躺平的四十岁起步，在非常人偃旗息鼓的六十岁成名，成名之后一如既往地把余生的十二年奉献殆尽。荣誉从来不拒绝成功者，荣誉也灌醉不了内心强大的人。

在第一交响曲中，布鲁克纳已经形成了自己交响曲鲜明的音乐个性：第一乐章通过一系列波浪般的插曲达到音乐的高潮——整个乐团狂暴地爆发。第二乐章是翱翔的旋律线，充满了对神圣的奉献之感。第三乐章的节奏动感十足，开门见山，戛然而止，是贝多芬交响曲谐谑曲的真正传人；三声中部以抒情段作对比。

第四乐章是辉煌灿烂的高潮。它没有以悲剧性质的C小调开启，而是变为C大调；结尾在定音鼓的打击下，依然用C大调把全曲带入宽广和凯旋的境界。 当然在第四乐章我们还没有发现布鲁克纳后来形成的习惯：在第四乐章采用第一乐章的主题。直到第二交响曲开始，他开始采用这种方法把四个乐章框成一个统一的整体。

4. 第二交响曲作于 1871—1872 年，1873 年就进行了修改，形成了第一版，布鲁克纳在 1873 年 10 月 26 日指挥了这部交响曲的首版首演，这也是他唯一一次指挥维也纳爱乐乐团。 出于一贯的内外原因，1876—1877 年他又做了删节和改动，形成了第二版。

1938 年，哈斯增补了 1876—1877 年删节的部分。 他表示要尊重布鲁克纳真实的希望，声称他打算把曲谱从外部的影响中解放出来。 但是，他犯了一个错误，把第一版和第二版根据他所希望的最佳状态杂交出一个新的版本。

1965 年，诺瓦克编订了第二版，演出一般都采用这个版本。

2005 年，布鲁克纳的第一版和第二版以真实的书写方式出版，给布鲁克纳的专家们去倾听每个细节的差异。

如果人成功，不同的版本、文献、记录都成为研究用的宝贵材料，可以当职业的饭吃；反之，一切都是废纸。 布鲁克纳的一生魔幻十足地证明了这一点。

1873 年，维也纳爱乐乐团倾向于在常规的音乐会演奏此曲，但是布鲁克纳的朋友约翰·赫贝克打算找一个赞助人支持一场专门的演出。 约翰·里希特施坦因亲王慷慨解囊相助。 布鲁克纳不得不自己排练这部作品。 阿图尔·尼基什当时是一位普通的弦乐手，后来成为布鲁克纳第七交响曲的全球首演指挥。 他风趣地回忆道："我依然能记得布鲁克纳走上指挥台说，我们想排演多少时间就多少时间，因为我带了一位付钱的人过来。"当排演进行的时候，赫贝克相信支持布鲁克纳是正确的，并且不断以赞美鼓励他："我不是恭维你，但如果是勃拉姆斯写了这部作品，音乐厅一定会被掌声掀翻。"声望、地位和权力可以为普通的话语带来魔力，可以给确实不凡的话语带来神性。但如果历史印证和留存了话语，话语就不同程度地被体系化，成为了经典。这就是布鲁克纳交响曲的话语命运。

10月26日的首演确实赢得了相当多的掌声。布鲁克纳特别满意的是：最初对他持有保留态度的爱乐乐团给予他热烈的掌声。评论家路德维希·斯佩德尔对这部作品给予充分的褒奖，称之为杰作："这不是普通人用音乐对我们说话。这部交响曲风格具有巨大的冲击力。它试图获得最近、的确也是最新的音乐成就，并且把它们和古典传统的成就编织在一起。总之，我们在这部交响曲里遇见一个人，他众多的对手都没有资格弯下腰来，解开他的鞋带。"甚至后来成为布鲁克纳最强烈的批评者爱德华德·汉斯立克，也做出了调和的评论。他抱怨这部作品带有"贪得无厌的修辞"，"它的音乐形式经常完全分崩离析"；不过同时认为"这部作品沿着最为宏伟的旋律线展开，体现了不可否认的情感力量，以及许多美妙和鲜明的细节"，这些都引发了观众"积极的、充满热情的回应"。当然，随后的时光证明布鲁克纳并没有获得伟大的突破，他悲惨的命运要到11年后第七交响曲上演之后才能得到改变。

这部交响曲献给了李斯特（1811—1886）。李斯特最早出名，瓦格纳（1813—1883）后来居上，弄得好出风头的李斯特孤苦伶仃、黯然神伤；布鲁克纳大器晚成，避过了他所仰慕的两位大师的风头。布鲁克纳成名时，瓦格纳去世不久，李斯特已经日薄西山。当时他强劲的对手是勃拉姆斯（1833—1897），而自己的拥趸马勒（1860—1911）还初出茅庐。他正好避开了瓦格纳、李斯特的锋芒，处于勃拉姆斯和马勒的夹缝中，成名虽晚，也恰逢其时。

第二交响曲采用了长休止符来区分主要乐句，并在作品中还使用了各种休止方法，被人称为“休止”交响曲。在第二版中，他删节了一些长休止。

在第一乐章中，第一主题一出现就是庄严气象，在一个长休止之后，流泻出舒展开阔、深情流畅的第二主题，布鲁克纳本人也对此深爱不已，称之为“歌唱的段落”。仅仅两个主题的气场就告诉我们，第二交响曲不仅仅是后期交响曲的准备，也是作曲家创造性生涯的重要部分。在这里他背弃了维也纳古典主义主题简明突出的传统，呈现出复杂的结构、宽广的旋律线、主题和动机群。展开部两个主题的对话不断让音乐颤动、飞翔起来，最后在再现部将抒情和力量送达顶峰。

第二乐章庄严而有规律地、以回旋的方式涌现出满满的抒情和虔诚的安静。布鲁克纳最早的传记作家麦克斯・奥尔把这个乐章的氛围描绘成“神秘的月光之夜”。这个乐章在极为宽广的旋律线展开。第一主题是弦乐声部的歌唱，一个长休止后是第二主题，它的表达方式非常独创，在众赞歌一样的拨弦和弦上是梦幻般的圆号。圆号是布鲁克纳最热爱的、表现浪漫主义魅力的乐器。

中间穿插的部分是布鲁克纳《F小调弥撒曲》中《降福经》的旋律，表达他对重新获得创造能力的感激之情。在1867年写完第一交响曲之后，他精疲力尽，进入了创作的危机阶段。

这个乐章过于迷人，只有在拉赫玛尼诺夫第二交响曲第三乐章中我才会有同样的感觉。半天过去了，不知听了多少遍，在它的背景下，把年底许多必须写的东西都写完了。

第三乐章谐谑曲是村民的欢歌狂舞；三声中部是温柔感人的兰德勒舞，它是乡村生活在交响曲中的回响。在维也纳生活了多年，布鲁克纳要为自己的上奥地利故乡树碑立传。和以往的第零、第一交响曲不同，这个三声中部写得特别妩媚，比前后两段个性更加鲜明。因此，有人把第二交响曲命名为“上奥地利”交响曲。

大多数布鲁克纳的终乐章不仅是对他自身，也是对听众的挑战。它要求听众集中注意力去辨别这部交响曲第一主题群怪异双重的性格。第一主题展开漫长曲折，由快至慢，最后逐步达到铜管的高潮。沉思的第二主题不断出现休止，似乎布鲁克纳在演奏管风琴时不时暂停的祈祷。在第四乐章的末尾处，第一乐章第一主题像游魂一样飘过，最后全曲进入太空俯瞰的高潮。

第二交响曲已经具有典型的布鲁克纳晚期风格，尤其在第一和第四乐章：从微弱、神秘的弦乐低语，到铜管气势庞大、排山倒海力量的爆发，交响曲语言和结构的表达力得到了充分的体现。他也不时地在引人入胜的音乐支流边漫步，改变对音乐发展的预期，但始终控制着结构和方向，精微而不紊乱。

本来想草草收兵的事情，却成了沉迷其中而不可自拔的事情。本来只想写短短一篇，却延伸出了上中下三段长长的山路。

既然人和人之间无法真正理解，既然长期沉浸在信息、视频、网络平台上会使人焦躁、无定、愚蠢，还不如将大部分能量用于认真而深入地看待自己，发现自己的阴影，回归真实自我，升华出宽容、坚定的自我：在衰败时看重生，在兴盛时看幻灭。

如果你有以上的想法，可以经常听听这部交响曲，尤其是它的第二乐章，然后步入其他的乐章，从最深的内心走上云上的山峰。

布鲁克纳的第三交响曲

我有关布鲁克纳的文章一般要用掉我一周所有的晚上，但我还是坚持把它们写完，往内心里走，往大自然走，把内心和自然安放妥妥的人是布鲁克纳。在混沌、不确定的时代，布鲁克纳告诉了人最重要的东西：平淡、安静、耐心、虔诚、坚定。这些是我们这个时代最需要的人格要素。

1. 最后的古典主义者勃拉姆斯是一座大山，最后的浪漫主义者马勒是一座大山，两山夹缝中还有一座隐隐约约的大山，它就是布鲁克纳。它平时锁在云雾之中，云开之时才会逐渐显出峥嵘。他的作品本身也是连绵不断、崇高神圣的群山，但没有勃拉姆斯的大小错落，也没有马勒的色彩斑斓。

布鲁克纳的交响曲以温柔敦厚的方式把音乐奉献给了大自然、献给他内心的主人。在他的音乐中可以深切地感受到这一点。在这个意义上，他的交响曲也是一首宏大的管风琴曲。他虽然是农民长相，但音乐是完全精神性和形而上的。和他一道走在崇山峻岭当中，不是旅游，而是朝圣，可以长久地和自己的灵魂待在一起。

2. 在第三交响曲之前，布鲁克纳已经写了四部交响曲（不包括他修订的版本）。到了第三交响曲，他的音乐风格已经成熟，但这并不意味着他世俗的成功，他还要经历更大的职业生涯的失败。

第三交响曲也是被布鲁克纳反复“蹂躏”的作品。1872—1875 年为第一版，没有演出过，直到 1877 年才得以出版。第一版中，他引用了瓦格纳《女武神》《特里斯坦和伊索尔德》《纽伦堡的名歌手》，还有《唐豪瑟》中的主题。对他作为作曲家的发展而言，最后一部作品起到了决定性的作用。

1876—1877 年做了通篇的修改，形成第二版。布鲁克纳去除了对瓦格纳歌剧主题的引用。在他学生们的建议下，他还缩短了这部交响曲，尤其是最后一个乐章。同时弗兰茨·沙尔克对它还进行了删节，且并非所有的删节都得到作曲家的认可。维也纳爱乐乐团已经拒绝演奏这部作品的第一版。1877 年 9 月它打算演奏已经完成修订的第二版，并要求约翰·赫贝克保证这部被拒绝过的作品上演时能够被观众接受。不幸的是，赫贝克在 10 月 28 日意外去世，作曲家本人不得不接过指挥棒，计划在 11 月上演。

布鲁克纳作为指挥家毫无经验，同时对立的乐团也是一个麻烦，加上这部漫长和难度极大的作品被放在节目单的最后，这些都决定这部作品 1877 年 12 月 16 日的首演从一开始就十分倒霉。它遭遇世界音乐史上罕见的惨败，终场只剩下包括他的学生马勒在内的十几位听众。布鲁克纳早期的传记作家麦克斯·奥尔记录道："当最后一个音符结束，作曲家站在巨大舞台中央的时候，他恨不得马上飞出去找一个避难所。他一把抓起乐谱，忧伤地看了一眼空荡荡的音乐厅，急急忙忙离开了他彻底失败的地方。"维也纳的批评家们一致拒绝这部后来变得伟大的作品。

"毒舌"批评家爱德华德·汉斯立克毫无疑问发出了最后的嘲讽：这部庞大的作品在马失前蹄之前，像一个幻象——让贝多芬的第九和瓦格纳的《女武神》交上了朋友。后来成为布鲁克纳热情拥趸的西奥多·海姆甚至怀疑作曲家能否创作出"真正具有生命力的”东西。

1888—1889年为第三版，诺瓦克1969年编订，现在的演出一般都使用这个版本。 它由汉斯·里希特在1890年首演，那时距布鲁克纳的第七交响曲功成名就的上演已经有六年了。 掌声雷动演绎了人间的冷暖沧桑，风雅的听众永远不拒绝名人名作。

3. 在一张蓝色纸条上，上面是布鲁克纳有点笨拙而潦草的签字：“D小调交响曲，小号开启了主题。”下面是瓦格纳优雅而带弧线的签字：“是的，就是这部作品。 热诚的问候。”这是一个有名的双签文献。 布鲁克纳企图说服瓦格纳接受他的一部交响曲的题献。 拜罗伊特的大师瓦格纳同意他的名字可以这样使用一下，但布鲁克纳十分困扰：他给瓦格纳看了两部作品（第二和第三），用哪一部呢？ 这张纸条明确了，是第三交响曲。 因此这部作品也以“瓦格纳”交响曲闻名于世。

布鲁克纳没有放弃任何机会告诉瓦格纳，他对大师心怀欣羡和无条件的尊重。 但是瓦格纳很少谈论布鲁克纳，这位谦卑的崇拜者在他的脑海里依然微不足道。 在林茨的学生时代，布鲁克纳就知道瓦格纳的音乐。 1862年，他向比他小十岁的指挥家奥托·基泽勒学习曲式和配器，这位年轻的老师热衷在课程中加入最当代的音乐。 这样，布鲁克纳接触到了瓦格纳《汤豪塞》的曲谱，这部作品让这位高龄学生大开眼界，遭遇到从未听过的声音和最大胆的半音写作。 一个全新的世界出现在布鲁克纳的外部，而内部依然是统治他思维的清规戒律。 维也纳音乐老师西蒙·塞赫特这位权威之外又多了一位权威瓦格纳，他让所有被禁止的东西合法化，让它们充满魅力。 创新的、革命的、颠覆的艺术一开始都在课本、教条、学院之外。

布鲁克纳可能是一位瓦格纳分子，但他只体现了瓦格纳音乐的一面，他对瓦格纳复杂的思想大厦、乐剧的理论、民族主义的倾向、文化和政治革命性的理论绝对没有兴趣。对他而言，瓦格纳只是他同时代著名的音乐家。无论何时出席偶像的作品在维也纳皇家歌剧院的演出，他都坐在第四层，从那里可以看见整个舞台。

1873年8月，布鲁克纳在拜罗伊特拜访了瓦格纳。瓦格纳选择了第三交响曲作为布鲁克纳的题献，并反复说他要指挥这部交响曲，但是食言了。不过题献对布鲁克纳还是有意义的。维也纳瓦格纳协会同意支持布鲁克纳的所有作品，可惜协会的立场反而把他拉进了反瓦格纳的泥潭当中，让他在主要媒体中无处藏身。他的第一版被拒绝上演，第二版首演遭遇了滑铁卢。

4. 从第三交响曲开始，布鲁克纳大胆地走进了交响曲创作的新世界。无论遇到怎样的麻烦，它都是其作曲方法的宏伟蓝图，从中可以看见他最后二十多年的伟大创作旅程。气场宏大的史诗语言已清晰可辨。没有第三交响曲开辟的上行山路，过去的四部交响曲就变得无足轻重，只是在山坡上打了一个转。有了第三交响曲以及以后的几部交响曲，前四部就成了天路历程的轨迹。布鲁克纳给每位有才华的艺术家上了三堂课：一是意志，二是机遇，三是两者的综合——命运。

开启第一乐章的小号动机，充满个性，深受瓦格纳的喜爱，他称之为“小号的布鲁克纳”。第一主题：雾蒙蒙的固定音型是布鲁克纳的典型标记之一，在固定音型上是小号发出哀怨的动机，随后它如狂烈之火焰，从远方的神秘之声一次次变为铜管声部充满力度的呐喊，空间巨大，只有第五交响曲的开端超过了它。在进入第二主题之前，小提琴和中提琴在圆号、长笛舒缓的引导下曲折地叠加，对小号的动机作了呼应。

第二主题是复合型的，也可以视作两个主题。第一个是中提琴和圆号问答，流畅如水与风的交织，紧接着第二个是一首昂扬的众赞歌，然后在平和、安静中结束。

整个呈示部的规模富有挑战性和个性，充分而饱满，是马勒交响曲的先驱。浪漫主义晚期的交响曲至此进入了崇山峻岭、大江大河。

发展部以极弱的变调开启，然后是结构的意义大于情感的意义的拨奏段，最终用管乐把呈示部带入壮阔、明亮的高度，并把听众的注意力紧紧铆在第一乐章第一主题开头小号的动机上。

再现部的尾声依然是这一无休无止的动机甜美而温柔的介入，使得整个乐章异常饱满。

第二乐章情绪丰富，第一段以一首众赞歌开启，这是我听到的最崇高的旋律之一，可惜太短，还没有展开就变为滔滔不绝的情感表达；第二段是布鲁克纳由中提琴演奏的早期最细腻的慢乐章主题，但有点散落；第三段是小提琴含蓄谨慎的主题，但有点结巴；然后是对一段的回归，全乐章的重点。众赞歌在这里得到充分的展示，在强弱大块的并列中，最终强有力的高潮降临；最后以宁静的尾声结束。整体而言，这个乐章没有后来的交响曲柔板乐章的崇高氛围，也没有主导动机给出一个整一的架构和变化。

第三乐章前后两段是动力十足的谐谑曲。三声中部的兰德勒舞曲预示了马勒的音乐世界，也预示了第四乐章的第二主题，马勒似乎也在其第一交响曲同样的地方借用了它。

第四乐章第一主题是快速而诡异的主题，第二主题是类似波尔卡舞曲的主题，第三主题是庄严的众赞歌。这种马勒式对立场景的并列来源于布鲁克纳：传来舞乐的大厅正对着一个棺材，里面躺着最近才离世的教会建筑设计师。布鲁克纳自己也说过：听，那里在跳舞，同时大师躺在棺椁里。这就是生活。这就是我试图在第三交响曲中表现的东西。波尔卡表示世界的快乐和喜悦，众赞歌唤起了它的悲伤和痛苦。

但无论悲喜，交响曲的结尾铜管突然发送出忘我、无我的荣耀，第一乐章的小号动机在这里再度出现，首尾呼应，登峰造极。这就是生活，痛苦和快乐只属于自己，别人也有自己的痛苦和快乐，悲喜混杂共存，且不可替代，难以分享。这就是生活，在不同的人身上讲述着不同的故事。这就是生活，最终在压抑中哀叹，在哀叹中呐喊，在呐喊中平静安定，最终归于自然。

布鲁克纳的第四交响曲

荷尔德林说："如果人群使你却步，不妨请教大自然。"还是他说："思想最深刻者，热爱生机盎然。"

1. 瓦格纳、布鲁克纳、勃拉姆斯、马勒是19世纪下半段浪漫主义音乐旅程四个巨大的站台，站在上面才会知道何谓音乐的崇山峻岭、大江大河。瓦格纳歌剧（乐剧）甚至是海洋，至今我没有去触碰过，因为我连在里面泡脚的时间都没有。

我曾经说过横过来看，布鲁克纳是夹在勃拉姆斯和马勒之间的大山；侧过来看，他的作品雄浑如一座延绵大山，没有勃拉姆斯大小错落，也没有马勒色彩斑斓，就像是一件作品。他的作品平淡、安静、耐心、虔诚、坚定，就像一首宏大的管风琴曲。德国管风琴家、指挥家汉斯约格·阿尔布雷希特为纪念布鲁克纳200周年诞辰，把他的所有交响曲用管风琴演奏了。布鲁克纳的同时代人汉斯·菲策勒说过："布鲁克纳把一部交响曲写了九遍。"不可否认，布鲁克纳一直忠诚他的交响曲风格，他的交响曲之间具有巨大的共性和相似度。

但是，一旦我们一部部深入去聆听，这些家族成员的个性就显现出来了。

其中，第四交响曲长久以来是布鲁克纳最有名也最受人喜爱的作品。像第三交响曲一样，他打算以更大的规模再创作一部高度个性化的交响曲。这种交响曲的雏形在第二交响曲中已经形成。

2. 第四交响曲的第一个版本创作于1874年1—11月，1875

年交给维也纳爱乐乐团试排。只有第一乐章差强人意，这样乐谱被退了回去。维也纳首演失败，布鲁克纳又一门心思地筹划在柏林 1876 年 10 月 1 日的首演，希望能达到更多的冲击，但梦想的演出再度化为泡影。

1877—1878 年布鲁克纳对它进行了大改动。特别是 1877 年年底第三交响曲上演遭遇滑铁卢之后，他全身心投入到第四交响曲的修订上，将之刀砍斧削，缩短为全新的作品。

第一乐章和第二乐章在配器和细节上做了大量的修改，他承认第二乐章小提琴音型太难，无法演奏；且配器过重，无休无止。第三乐章谐谑曲完全重写。第四乐章更加复杂：比较 1874 年和 1878 年的版本，他给第四乐章做了第一、二乐章同样的外科手术，1874 年的版本在节奏上极为复杂，布鲁克纳删除了许多笨拙的切分音和五连音，并给这个乐章起了通俗易懂的名字——“人民的节日”。

布鲁克纳似乎依然不满。1879—1880 年他又做了修改，写了新的第四乐章。1881 年 2 月 20 日，全新的四个乐章在维也纳上演。上演十分成功，但结果是一天的欢喜，数年的沉寂。1886 年他又对此进行了小的修改，这才形成了真正的第二版。哈斯 1936 年和 1944 年编订了第二版；诺瓦克 1953 年编订了第二版，现在普遍使用这个版本。两者区别在于：哈斯没有采纳 1886 年布鲁克纳计划在纽约演出的修改。

那么复杂、漫长的修改和上演的过程还原得益于作曲家 1884 年的成功，否则它们早就沉没于无迹。历史不断地证明：凯旋总会跟随成功，且一旦作品被体制化、经典化，凯旋和成功会被嵌入历史，更多的细节被人挖掘、细读、品味。

1887—1888 年，布鲁克纳的学生和朋友斐迪南·罗维对它进行了大的删节和改动，形成第三版——“修订的修订版”，这个版本基本上属于罗维自己的作品。

3. 布鲁克纳交响曲的标题大多是乐评家根据交响曲的由来、作曲方式、使用的乐器、内在气质等命名，比如《F小调交响曲》叫“学习”、第二交响曲叫“休止”、第三交响曲叫“瓦格纳”，第五交响曲叫“幻想”（布鲁克纳曾经这样自称）“悲剧”“教堂”，第六交响曲叫“哲学”，第七交响曲叫“英雄”，第八交响曲叫“启示”。唯有第四交响曲是布鲁克纳自己以标题命名的交响曲，而且竟然以“浪漫”命名。看着他所有发布的老头像相片，浪漫对他而言确实是有点反讽的意味。

布鲁克纳选择“浪漫”一词来描述他的第四交响曲，很有可能是回应19世纪哲学、文学、音乐、艺术的浪漫主义传统。到他那个时候，“浪漫”的概念已经聚焦于一组概念：激情、幻想、传奇、奇妙。

许多人参照骑士气概、狩猎、鸟鸣等使“浪漫”的标题具体化，其实这部作品只是以更为丰富和暗示的方式传递了相似的意象。当讨论到他的第四交响曲的时候，布鲁克纳比以往更乐于提供一些意象和标题提示，但这部音乐作品并非是通过音乐提供叙述和图解意义上的标题音乐。布鲁克纳强调了音乐在他心中的联想，对交响曲的意义而言这些提示简要但并非一贯。“浪漫”只是在最一般的意义上赋予了这部作品的特点：浪漫的、神圣的、神秘的、超凡脱俗的，像瓦格纳的《罗恩格林》。

第一乐章圆号梦幻的声音扩展变成了号角齐鸣、众赞歌混合的浪漫世界。第三乐章谐谑曲著名的圆号齐奏带有明显的狩猎景象。尤其迷人的是作品主题的抒情风格、色彩丰富的配器、不同类型的赞美诗和复调的总谱，都让人想起巴洛克和浪漫主义的交响乐。这里有古典主义音乐原则的皮肉，也有引人入胜的浪漫骨魂。

奥地利当地的风光色彩弥漫在第四交响曲的每个角落，它经常被解释为自然世界的音乐图像，以及我们对它的体验。尽管它的氛围在布鲁克纳的交响曲中独树一帜，具有难得的色彩感，但是它依然遵循着贝多芬的传统。瓦格纳和马勒皮、肉、骨、魂都是浪漫主义的，布鲁克纳和勃拉姆斯骨、魂是浪漫主义的，皮、肉总体还是古典主义的。艺术创新一是建设性的，以独特的、个人的方式运用了传统，二是颠覆性、解构性的。在处理传统与个人天才的关系上，多数人选择第一种方式，第二种方式需要超凡的意志和能力，且风险极大，会导致自我毁灭。布鲁克纳和勃拉姆斯属于前一种。

布鲁克纳根据传统的思路设计他的交响曲乐章，当然乐章的规模比前辈要扩展得多。一个鲜明的特征是他采用了主题群，而非单一的主题来展开奏鸣曲式；并且这些主题以最为微妙的方式交织在一起，听惯之前交响曲的人一开始会有坠进云里雾里的感觉。

4. 四个乐章整体上是传统形式，第一和第四乐章是奏鸣曲式，第二乐章是变奏曲，第三乐章是谐谑曲；但无论是音乐语言和结构表达都具有了明显的布鲁克纳的转向，确定他交响曲的个人景观。

第一乐章的第一主题由两个部分组成：一是弦乐颤音之上的圆号旋律，圆号是所有乐器中最具有“浪漫”色彩的乐器，它传递出山岭森林中的神秘氛围，这个主题弥漫在整部作品当中；二是典型的“布鲁克纳节奏”的二连音和三连音节奏。当时的评论家把两个主题描绘成“黎明”和“日出”也是难怪，布鲁克纳的音乐确实和这两个意象十分吻合。如果但丁的《神曲》一开头（蒙蒙晓雾初开，皓皓旭日方升的意境）需要配乐的话，这两个主题再恰当不过了。第二主题悠闲、如歌，是中提琴的“歌唱主题”和小提琴“山雀”鸣叫节奏主题的叠加。最终第一主题和第二主题交织出长度得到巨大扩展的呈示部。

发展部把以上主题以精雕细作的方式再制，将它们缠结起来，以致听众一开始很难认出它们就是呈示部中的原料。再现部和尾声依然采用一连串呈示部的主题，在此基础上创造出更大规模的高潮：远方的呼唤。

和第三交响曲第一乐章一样，虽然是奏鸣曲式，但它们都是大块头，都有主题群和它们之间的纠缠，古典主义的皮和肉中，都是浪漫主义的骨和魂。在它们那里可以看到马勒的第一乐章的雏形：一个庞然大物从层层云雾中渐渐显现出来。

第二乐章的变奏主题是大提琴的悲歌，是一首失恋的歌。布鲁克纳自己说过：“在第二乐章中，痴迷的恋人试图爬进女友卧室的窗子，但是她拒绝他进入。”不过从布鲁克纳的音乐语言出发，显而易见没有什么好玩有趣的联想。孤独的情感、落空的希望、深远的严肃、悲伤的退却在类似众赞歌的段落中展开。无疑我们可以在音乐中听到深层的个人表达：作曲家和女人的关系一辈子都是绝望的渴望和失望。整个类似快板的行板以进行曲的节奏展开，真是不慌不忙的一生孤独无情的写照。

第三乐章的谐谑曲快乐而世俗。按照布鲁克纳自己的说法，音乐这里描绘的是狩猎，用典型的“布鲁克纳节奏”（二连音和三连音）和圆号之声生动而直接地来对应这一场景。三声中部的兰德勒舞曲描绘的是猎人们聚餐的场景。现在我们非常能够接受甚至喜欢布鲁克纳的第三乐章，但在当时这些段落遭到新古典主义的、学院的批评家们的断然拒绝。我们的听力经过一百多年古典音乐（最宽泛的）和流行音乐的熏染，早就有宽广的接受度和多元的承受力。

当有人希望布鲁克纳去解释第四乐章的时候，他反应迅疾："在最后一个乐章当中，甚至我都不能说我在想什么。"在最初的版本中，这个乐章的标题是"人民的节日"，但这样一个联想与最终的版本没有关系。最终的版本是自然更黑暗、更恐怖的一面。乐章一开场就是行将到来的风暴，第一主题群是戏剧性的、充满威胁的世界。第二主题是歌唱性的、充满田园诗意的主题群。乐章尾声凯旋般、众赞歌似的高潮从远至近，缓缓涌现，比斯克里亚宾《狂喜之诗》的尾声还摄人心魄，几乎让人窒息，最终回响了第一乐章的第一主题，把开始和末尾环绕成一个整体。真是大漠孤烟直，长河落日圆。

乐章的开始是人间真相，然后给人以温柔的假相，然后在展开部是真相和假相混合成本相世界，然后在再现部呈现出应然之相，最后的尾声进入人间无相。如果说前三个乐章是诗歌、文学、艺术的浪漫，那么第四乐章是哲学的浪漫。我现在只听音乐，且一般是宏大的音乐，它不仅抽象，还能包含许许多多无限的东西。

布鲁克纳的浪漫主义，从思想形态上看，是中性的，明暗交错；从艺术形态上看，是规模宏大的；从音乐语言和结构表现形态上看，是张力控制的。规模宏大和张力控制的正关联非常重要，精细小巧和自然流露也是正关联的，否则前者将洪水滔天，一发不可收；后者将木讷呆滞，僵化无趣。前一种浪漫主义更需要力量，后一种浪漫主义更需要灵动。

布鲁克纳的第五交响曲

罗马尼亚最伟大的指挥家切利比达克说："音乐不是美，美只是通向音乐的诱饵，音乐是真！"在布鲁克纳的乐曲里始终能感受到这份真，第五交响曲将真诚的信仰凸显出来。

1. 有人向我抱怨，布鲁克纳交响曲在音乐语言和音乐结构的表现上似乎都差不多，且都是庞然大物，音色也没有马勒那么丰富，听上去冗长无趣，且缺乏感官的刺激、享受。真是说得"太到位了"。他的交响曲如黑格尔的著作，外表似乎都是色彩感不够的大家伙。在现代社会听他的交响曲是训练谦逊、专注、沉静、内敛的方便法门，也是培养高级音乐感的艰难路径。也只有这样，才能发现他每一部交响曲的差异和独特魅力所在。

如果说之前六部交响曲还能一步两步三步入耳。第五交响曲就是真正崎岖的山路，皮肉离古典主义的原则远了一点，在给后来的马勒引路。它是黑格尔的《精神现象学》。

布鲁克纳在绝望的时候创作了这部交响曲，它是他的天路历程。1868年他是满怀成为作曲家的希望来到维也纳，但是一点可能成功的迹象都没有。他负债累累，最终要进监狱去享受他的劳作成果。他对自己去维也纳的愚蠢懊悔不已。就是在这样的背景下，这部交响曲以信仰去抗争命运的力量更为明显。在这部交响曲中没有轻而易举的、顺滑的东西，似乎一直遭遇到不断的障碍。结果就是一些人认为它是一部跌宕起伏、巍峨雄浑的杰作，一些人认为它过于复杂，缺乏一致性，行走在主题和动机的迷宫之中，难以理会其奥义。

2. 第五交响曲紧接着第四交响曲，作于1875年2月到1876年3月，后来在1877—1878年进行了一反常态的微小修订，1887年的修订几乎可以忽略不计。第五交响曲是布鲁克纳第一部庞大的交响曲，只有后来的第八交响曲超过了它。他认为自己写了一部“对位的交响曲”，而非和声的交响曲。他知道这部交响曲对演奏者和指挥的要求极高，因此他没有努力让它上演。

布鲁克纳的同时代人意识到这部作品独一无二的特性，尤其令人惊叹、宏大的第四乐章可以说是19世纪，甚至可以说是自巴赫以来对位作品的最高成就。

布鲁克纳没有听过这部交响曲的交响乐演奏。1887年4月在维也纳进行了一次双钢琴的演奏，1894年在格拉茨才有交响乐的首演，指挥是他的学生弗兰茨·沙尔克。那时，布鲁克纳的身体每况愈下，病得无法旅行。沙尔克做了不少删节和重新配器，这个版本在1896年出版。布鲁克纳本人没有插手这些修订。现在他自己1878年的版本被人接受和上演，这也是他的希望。1936年哈斯对它进行了编订，1951年诺瓦克对它进行了编订，两个编订基本一致。

第五交响曲有许多非正式的名号，布鲁克纳曾经自称为“幻想”，有的评论家称之为“悲剧”，有的评论家因为第一乐章和第四乐章使用了众赞歌而称之为“教堂”。其实这些名字只是说明了它一部分的特点。整体而言，第五交响曲最贴近他的宗教作品，有充分的理由称之为“信仰”交响曲。

3. 第一乐章是由一个柔板引子导入，这是布鲁克纳唯一一次在交响曲中使用这一方法。引子的第一主题个性十足，大提琴和低音提琴的拨弦之上是巴赫式的众赞歌前奏曲的旋律，一下把人带入庄严肃穆之中；一个暂停之后接上的第二主题是弦乐和木管极强的向上冲击，它和长号、大号的众赞歌两次交替，辉煌如两座巍峨的哥特式教堂对峙；第三主题的速度加快，小提琴、大提琴声部与众赞歌的低音线形成新的对位，一个渐强之后，柔板的速度再次回归，众赞歌的低音旋律清晰可见，然后辉煌的色彩突然如游丝一般消退。三个主题挤压在一个柔板引子里，乐思如潮，实属罕见，只能多讲几句，否则让人一下迷失了头绪。

柔板引子无缝地滑进第一乐章的主要部分快板。快板又是三个主题：安静启动，然后渐强至满血的第一主题，这个主题是整个乐章（也是第四乐章）的发动机；拨弦作为底部的、严肃的、高低起伏的、难以自持的第二主题；下沉的、管乐的、迷幻的第三主题。这里依然乐思如潮，实属罕见，完全背离了古典主义交响曲的传统，或者说在第五交响曲中，古典主义的皮、肉流失得更多，它们的音乐语言的局部表达、音乐结构的整体布局已经包容不了浪漫主义的骨和魂了。

三个主题纠缠了一番，在突然的安静之后，第一主题把乐曲引入发展部。发展部是一口大熔炉，把引子和呈示部里的主题织出一张复杂的网。初听这个部分几乎失去方向，可以说是纷杂的姹紫嫣红，是我们生活的世界。好在再现部把快板的三个主题梳理了一遍，并且不断将第一主题作为牵动身体的神经，重新给人应该有的世界秩序。

第二乐章的第一主题也以安静的拨弦开启，其上的双簧管旋律是一首迷人的夜曲，然后在弦乐和木管声部舒展开来，但很快就难以控制地低落下来；第二主题信心饱满，是弦乐齐奏的赞美诗般的旋律，通过对位细腻地引导，最终在小号齐奏里达到了高潮，然后戛然而止地进入再现部。两个优美主题的结尾都是内敛和自我约束的，是对生活深切的体验性思考和实践性启示。

在再现部也是如此，第一主题烈火般的强音一下变成空谷回音；第二主题没有走到终点，就低落下来。再现部在呐喊和絮语的交错中，最终化解为拨弦，上面是第一主题的碎片飘过。高潮始终建立不起来，强音总是短暂的，迷人和动人的假相总是被有气无力的真相牵扯。

第三乐章是快速的三拍子的谐谑曲，但非同寻常，他解构了传统的谐谑曲。前后两段谐谑曲的长度被拉长，中间的三声中部被缩短；在前后的谐谑曲中多次插入了兰德勒舞曲，使得整个第三乐章重新变化多端。这种在节奏和结构上的突破，为马勒进一步的突破开了先河。

整个第四乐章是前几个乐章主题的回忆、拼接，以及新主题的插入。第一主题由第一乐章引子的第一主题、第一乐章主部快板的第一主题、第二乐章的开头变异组合而来，犹如贝多芬第九交响曲第四乐章开头对之前主题的回顾；第二主题由三个主题群组成，其中穿插了第三乐章的兰德勒舞曲；通过发展部、再现部无休止的赋格铺陈，在反复的进退、盘旋之后，将纠缠于整部交响曲中的漫长抗争，将第一乐章和第四乐章中的柔板众赞歌首尾呼应，最终变为尾声中众赞歌的巨大火焰，升腾到哥特教堂的顶部。维也纳黄金时期伟大的指挥家威尔海姆·富特万格勒说：“它是世界音乐文献中最具有纪念碑意义的终乐章。”

4. 有时我在想，用手机和蓝牙音箱去听交响乐就是一个反讽的行为，如果以此方式去听瓦格纳、马勒、布鲁克纳，去听布鲁克纳的第五交响曲以及其第四乐章，就是在模糊的画册上欣赏波提切尼的《春》和《维纳斯的诞生》，许多细节被彻底地丢失了。

第五交响曲最具有个性的技巧一是以类似发展部的方式处理

主题，主题没有精确的重复，对主题进一步地展开似乎是布鲁克纳的信条，这个信条贯穿在四个乐章当中；二是主题之间有着强烈的内在关联，这样尽管交响曲对比鲜明、形体庞大，但依然保持着整体感；三是对位以及它的极致赋格是这部作品的基础，它在作品音乐语言的细节和总体表现的结构上发挥着关键作用；四是变奏技巧的运用和主题的混合在第四乐章登峰造极，它的赋格是之前每个乐章对位不断强化的结果。

第五交响曲是一个庞然大物，是交响曲这一体裁中的大神。它对听众而言是困难的——对位技法和赋格熔铸出的交响曲，但一个人没有进入对位和赋格，怎么说进入了音乐世界；也是奢侈的——七十五分钟左右，需要五六遍的聆听，但我们浪费在无意义行为的时间太多了；甚至是不可企及的——万物归心而非心随万物的气概，最终心归自然而非心沉于世的境界，但触及一次也功德无量。

伟大的艺术超越美，它是对语言表现力和结构表现力的挑战和突破，是对思想力量的提升和超越。布鲁克纳的第五交响曲在三个点上牢牢地站住了，他就此封神。

布鲁克纳的第六交响曲

1. 在1879年夏季，在完成他的唯一一部弦乐五重奏之后，布鲁克纳就开始创作这部交响曲，于1881年9月完成。哈斯于1936年编订，诺瓦克于1952年编订，两个版本有细微的差别。它是完全没有经历过修改折腾的一部交响曲。作曲家生前只有第二乐章和第三乐章为人所知，1883年由维也纳爱乐乐团演奏了这两个乐章，并赢得了相当的赞誉。

1899年2月，马勒在维也纳指挥了这部作品的整体首演，但是在一些主题群中作了删节，同时对配器作了一些修改。马勒一直希望将布鲁克纳的一部交响曲展示给爱乐乐团的听众，他的这个选择在当时可以算是一件具有事业心、激励人心的工作。我们很想知道马勒在演出中是如何处理这部作品的。

那时马勒已经创作了可以与第六交响曲第二乐章相媲美的慢乐章（1899年之前马勒已经写了三部交响曲）。马勒的谐谑曲和布鲁克纳的完全不同，前者感伤、嘲讽、交响方法复杂；后者是将古典的谐谑曲再度风行，易于欣赏，尤其是其中的三声中部，是一个遥远森林传来的迷人之声，是一个小微精品。至于第一和第四乐章，他们两人就更加大不相同：马勒海潮般的大起大落，经常让人迷失方向，配器大胆妄为；布鲁克纳是面向天空的辉煌，结构设计宽广，运行方向清晰，音乐展开流畅，织体上没有多余的成分，服从管弦乐的处置原则。马勒是全套浪漫主义的皮肉骨魂，布鲁克纳是古典主义的皮肉，浪漫主义的骨魂，这一点在马勒那时已经创作的交响曲和布鲁克纳第六交响曲的对比中显得特别突出。

总之，马勒和布鲁克纳的区别在于：前者的音乐基本生存在不确定之中，后者的总体上根植于确定性之中。马勒可能在布鲁克纳那里看见了他没有的坚定、隐忍、信仰。他们两人的交响曲无论在音乐语言、结构表达、思想内涵上都相辅相成。尤其在思想内涵上，对我而言，马勒的主体是建新局，布鲁克纳的主体是破旧局。

2. 在更大的背景上来看，瓦格纳的音乐是回到过去的伟大音乐，是以民族主义、中世纪文化反工业文明、反世界主义的德国浪漫主义音乐，是德国人自恋、妄想泛滥出来的海洋；布鲁克纳的音乐是平和的、向天空延伸的伟大音乐，是浪漫主义者自我成长、天路历程的音乐，是当下的出路；马勒的音乐是走进当代世界的伟大音乐，是通过过度的自我纠结和折磨走向自然、自我超脱的音乐，是当下的心境。只要人类和个人陷入经济、技术、资本、工业、城市文明的困境，布鲁克纳、马勒的音乐就会具有长久的当下意义，具有拯救或宣泄的功力。不像瓦格纳牢牢地和民族主义紧扣在一道，布鲁克纳、马勒的音乐是个人的体验性思考和实践性启示，前者指向天空，后者指向未来。他们的音乐在身前太超前，身后要跨越数十年，甚至上百年才会被世界越来越多有这样思考和启示的人们所接受。

3. 第六交响曲是布鲁克纳最个人化、写给自己的作品，十分自性化，因此相对较少受到人们的关注；因此也没有经历不断改动的自我折磨。它的创作方式节俭而紧凑，与第五交响曲相比显得非常克制，基本回到了古典主义的结构当中。它是一部十分需要心心相印方能进入、沉迷、难以自拔的“哲学”作品。

第六交响曲不像第五交响曲一直在寻找动能，一开始就十分自信。第一乐章由大提琴和低音提琴宣言了大胆的第一主题，铜管的全部加入，使它的态度更为明朗而坚定，它是第一乐章向前推进的燃料。戛然而止后，是减速进入的第二主题，它是第一主题千回百转的抒情缓冲。第三主题由铜管开启，依然动力十足，然后在长笛温柔地低吟中进入发展部。第一主题一直统帅着发展部和再现部的进程，波澜起伏，最终给第一乐章一个闪光大海的终结。第一乐章是一种坚定的生活态度。坚定使人发现自我，回归自我，丰富自我，看见天光。

第二乐章一直游移不定，音乐的调性不稳，直到安定结尾的出现。它依然是三个主题的奏鸣曲，暗明交织的第一主题、百依百顺的第二主题、葬礼进行曲风格的第三主题都别具一格。发展部是管乐细腻入微的表演，再现部色彩更加浓郁、丰富，声部的叠加更具有立体感。第二乐章是一种逆来顺受的生存态度，一幅越抹越浓的隐忍油画。隐忍使人能量内敛、集中而不弥散。

第三乐章前后段的谐谑曲是布鲁克纳最具有幻想风格的作品。其中三声中部被三支圆号主导，弦乐和管乐的处理细腻而优美，尤其是木管和圆号的互答让我们想起他的第四交响曲。它是一幅小型的浪漫主义森林风景画。

第四乐章精神状态变化多端：逃避现实，英雄气概；激动不安，宁静致远；坚定。三个主题交替出现，但这里没有绝望。第四乐章要告诉我们：直到正视完失败的一切可能性，英雄才开始思考胜利；唯有出自怀疑和矛盾，信仰方能诞生。信仰使人成就自我、解放自我。

第六交响曲告诉我们的是：坚定、隐忍、信仰必然通往自性化的道路，可能也通往世俗成功的道路。

附录

人具有成为一个完整而独特的个体的内在需要，成为真正的自己的这一过程就是自性化。

自性化的三个方面：完整的人格、个人的独特性、接受与集体的关系，其中第一个方面最重要。自性化让人回到了内在的自我，回到了内在深处的自我，最终去实现强大、丰富、整一的人格。

自性化过程的四个阶段：发展面具，适应社会；面对阴影，认识内心；整合异质，实现完整；遇见自性，成为自己。前面三个阶段不一定循序渐进，有可能叠加和融合。

自性化的结果就是顺应潮流，发现自我，回归自我，丰富自我，成就自我，解放自我。

自性化的重要手段：坚定；隐忍，能量内敛、集中而不弥散；怀疑和矛盾磨练出的信仰。

自性化的最佳媒介：布鲁克纳的交响曲，首选第六交响曲。

布鲁克纳的第八交响曲

1. 已经和布鲁克纳一道走了够远的山路。一共十一座山峰，还有最后两座——第八和第九交响曲。我对布鲁克纳每一部交响曲的心得，都出自比较深入的聆听，没有固定的写作框架，也没有预设的结果，能写成什么样就什么样。选择春节长假聆听这两部交响曲是正确的选择。第八交响曲大约 80 分钟，起码需要四遍；第九交响曲大约 60 分钟，也起码需要四遍。绝对是奢侈的选择和享受。

到了第八交响曲，我们就登上了布鲁克纳交响曲的勃朗峰（突然想起：我们给勃朗峰 mont blanc 的品牌起了一个非常庸俗的名字——万宝龙）。在这个庞然大物面前，文字语言的登山杖确实有点软弱无力。

此曲作于 1884—1887 年，形成第一版。1887—1890 年作了通篇的修改，形成第二版。哈斯在 1935 年编订了第二版，恢复了一些删减的地方；诺瓦克于 1955 年也编订了第二版。第四乐章布鲁克纳作了如下题记——宇宙末日的启示，因此也被人称之为“启示”交响曲。

1884 年，布鲁克纳 60 岁，他取得了梦寐以求的音乐声望。1884 年 12 月第七交响曲在莱比锡首演，对它所产生的影响力，众多报道相互矛盾；1885 年 3 月在慕尼黑的演出是无与伦比的成功，赢得了众口一词的赞誉。后一场的指挥是赫尔曼·勒韦，他三年前在拜罗伊特指挥了瓦格纳《帕西法尔》的首演。从 1885 年开始，布鲁克纳认为勒韦是音乐事务的超级权威，是他的艺术教父，其音乐判断力毋庸置疑。1887 年 9 月 4 日，他写信给勒韦宣布自己完成了一部新的作品，希望它能加固自己作曲家的名声。勒韦研究了这部作品的总谱，他发现它和自己的期望相距甚远。但出于宽厚和仁爱，他没有直接告诉作曲家自己的反应，这会对作曲家产生毁灭性的打击。他通过作曲家的弟子和拥趸约瑟夫·沙尔克传递了这个坏消息："我没有能发现第八交响曲的入口。我没有勇气上演它，并且可以确定，乐队和听众都会做出顽固的抵制。"沙尔克和勒韦的观点一致："我认为我是一个残酷的人，但没有什么办法帮助他，只能让他一个人发闷火。"

这个消息使布鲁克纳陷入最深的绝望当中。数个星期他情绪低迷，无人可慰藉。致命宣判不是来自他的敌人，而是来自曾高度地抬举他，并大力推广过他音乐的艺术教父。布鲁克纳从来没有想过：可能勒韦没有能力理解这部新的作品，而非这部作品本身有何缺陷。

从第三交响曲在 1873 年题献给瓦格纳之后，布鲁克纳等于公开宣布他是拜罗伊特大师的追随者，他作为作曲家在维也纳的境地越来越麻烦。他发现自己陷入激烈的音乐—政治的党派争斗中，一边是围绕在勃拉姆斯周围的保守主义分子，一边是瓦格纳的徒子徒孙。1883 年瓦格纳去世后，布鲁克纳成为了勃拉姆斯分子和他们的代言人爱德华德·汉斯立克猛烈进攻的靶子。但第七交响曲和《感恩赞》的成功总算使他的自我感觉良好起来。

尽管他知道会遭到保守主义的批评，但来自朋友圈的压力使他受伤，强化了一直存在于心的自我怀疑，他开始全面修订这部交响曲。有证据证实，在接到勒韦的拒绝后，布鲁克纳在 1887

年10月就着手全面修订这部交响曲，1890年3月完成，献给奥匈帝国的弗朗茨·约瑟夫皇帝。其间，他的工作被阅读第四交响曲的出版校样，以及第三交响曲更为复杂的修改所打断。1888年他写信给勒韦：“我有充足的理由对第八交响曲感到羞耻。我是一个蠢货。目前它已经大不相同了。”

1892年12月18日，汉斯·里希特指挥维也纳爱乐乐团首演了这部作品1890年的版本。因为这部作品的长度，节目单上没有加塞其他作品，这在那时不同寻常。尽管乐队在排演时表达了保留意见，但这场演出后来证明它是一个伟大的音乐事件、一次凯旋的成功。约瑟夫·沙尔克在首演的节目单上做了一个详尽的标题解说，它是好心的推广，但也把布鲁克纳的这部作品变成了僵硬的图像木刻、死板的标题音乐，给保守主义大肆攻击提供了把柄。

2. 第八交响曲是布鲁克纳规模最宏大、表现最有力量的交响作品。他希望这部交响曲不仅在每个乐章的规模，而且在表现的力度上，能够超越他先前创作的同一体裁的所有作品。

众所周知，无论口头上还是书面上，布鲁克纳把他的一些作品与标题内容相参照，这给绝对主义的拥护者以攻击的口实。因此，后人试图将布鲁克纳描绘为绝对音乐毫不妥协的拥护者，以抬高他的音乐地位。其实标题、图像、提示并非是对绝对音乐的伤害，只要不机械僵化死板，音乐的自主、想象的空间依然巨大，音乐通感会自然而然流动而变化地浮现，并无定式；音乐的抽象绝对性依然能够得到很大程度的保留。布鲁克纳自己的标题评述对恰当地理解他的作品意图不可或缺，同样对更深地理解他的音乐也是如此。他最重要的标题评述出现在1891年1月27日给指挥家菲利克斯·冯·魏因加德勒的信件中。这些评述清楚地说明了这部交响曲底层戏剧性的概念，以及影响作曲进程出现的诸多意象。

第一乐章由三个主题演化而成。 第一主题沉重而黑暗，无论温暖、抒情的第二主题，还是轻巧的、拨弦的第三主题，在整个乐章中都没有驱散第一主题的不祥基调。 真相的力量过于强大，在虚相或假相的对冲下没有实现平衡。 发展部阴冷浑厚，显示出地狱深渊的景象。 布鲁克纳认为再现部支离破碎的高潮是“死亡的预告”，尾声是对“命运的顺从”，或者是“死亡的丧钟”。 第一乐章在极弱中结束（取代了第一版热烈如火的尾声），这在其交响曲第一乐章中独一无二。 布鲁克纳在安静地等待第四乐章的出现：人的希望存在于末日审判和复活之中。

第二乐章谐谑曲，和贝多芬第九交响曲一样，布鲁克纳将通常第三乐章的谐谑曲提前为第二乐章。 布鲁克纳作了如下题记：德国的土包子。 这个土包子是德国人 19 世纪喜欢的文学形象或者人物漫画，是德国人天性的人格化。 前后两段的谐谑曲是土包子率性的舞蹈，动力十足，浮夸自恋；三声中部是土包子乡村慵懒幸福的梦幻生活，无精打采。 在这里，德国传统文化在反对当代资本主义所谓的经济和技术文明，充满了自信。 **我个人认为这是布鲁克纳含义最为丰富、形象最为生动的谐谑曲：无论人生的真相、假相如何，真假混合的本相生活是常态。 无论经济、技术在资本的推进下如何成为文明的核心，传统文化依然是一种保护自性、民族性的强大力量。**

第三乐章舒展宽广，弥漫着精神和神秘的气质，和第二乐章的世俗气息形成鲜明对比，是一个庄严的应然之相。 它由两个主题发展而来：第一主题在一声叹息之后吐露出坚定和隐忍的虔诚，高光时刻由竖琴演奏，第一主题的旋律取自于作者的《感恩赞》；第二主题在大提琴陈述之后吟唱出一首众赞歌，丰富而神秘，人在其中可以获得宁静中的净化。全曲在螺旋上升达到高潮之后以极弱的众赞歌絮语结束。就这个乐章布鲁克纳没有给出任何具体的评述，但坚定、隐忍、虔诚的情绪与他众多的慢板乐章一样，深沉而饱满。漫长的第三乐章可以看作是布鲁克纳最美妙的乐章。

在 1891 年 1 月 27 日给指挥家菲利克斯·冯·魏因加德勒（他打算在曼海姆上演此曲）的信中，布鲁克纳说：请根据提示缩短一下第四乐章，让它紧凑一点，它太长了，只对未来有效，只对朋友和专家有效。第八交响曲第四乐章和第五交响曲第四乐章一样，都是布鲁克纳交响曲中最重要的篇章，它打开了一个和前三乐章完全不同的世界：大光明的世界。唯有经历过黑暗的真相和幻灭的假相，见过真情真性的本相，见过孤独中的自我看见的应然之相，方能见到这一无相光明。

第一主题，热情洋溢，犹如世俗权力的汇聚。随后众赞歌的第二、第三主题出现，超越了世俗的荣耀。对前三个乐章的回忆穿过整个第四乐章的音乐结构。最后，四个乐章中的主要动机叠加成令人生畏的巅峰，在尾声处，虔诚者在世界末日看到天堂闪耀出来的万丈光芒。

没有比这部交响曲更能写照自性化人生的最终结果——发现自我、回归自我、丰富自我、成就自我、解放自我，光明完全彻底战胜黑暗。这部第八交响曲是从贝多芬到西贝柳斯浪漫—古典交响曲历史中的一座超级里程碑。四个乐章贯通人生的五相世界，整个音乐语言和结构的表现力量都直接指向超越音乐本身的启示。

布鲁克纳的第九交响曲

1. 从贝多芬的晚期开始，古典音乐总体上成了文化精英享用的艺术，人们不仅可以从阅读，也可以从音乐接受的层次判断人的社会文化层次。文化精英对古典音乐的偏爱来自他们的文化传统，包括音乐欣赏习惯的养成、人文学养的积累；最终还有丰富的社会阅历。三者混合才有可能进入抽象的（有时是极其抽象的）古典音乐世界、交响曲世界，以及布鲁克纳的音乐世界。

人们普遍认为贝多芬之后“第九”在交响曲中扮演了一个神秘的角色。到了布鲁克纳的时代，贝多芬交响曲的总量已经成了古典信条中不可或缺的一部分，19 世纪下半叶的作曲家都不得不与贝多芬相比照。布鲁克纳没有写完第九交响曲就去世了，实际上他写了十一部交响曲，第七交响曲是他的第九部交响曲，是他成功的转折点。马勒恐惧第九这个数字，在第八交响曲和第九交响曲之间插入了《大地之歌》，第十交响曲是一个残篇，这样他实际上写了十部完整的交响曲。

另外，布鲁克纳为他的第九交响曲选择了 D 小调，和贝多芬的第九交响曲一个调性。我们必须注意到这个选择，并且布鲁克纳本人坦承他自己十分懊恼：他的音乐主题竟然以同样的调性出现。以上两个有点名人轶事的说法实际上和布鲁克纳的第九交响曲的基本性质没有任何关系。我们往往热衷于外部的类比、生硬的关联、巧合的关系，而忽视事实、真相、逻辑等真实的关系。

布鲁克纳的第九交响曲是规模宏大的作品，是专门涉及信仰的作品，是宏大景观性质的作品、一部艰深的作品。布鲁克纳最终没有能力完成它。舒伯特写《未完成的交响曲》，是有意让它在乐章上未完成，因为要说的都说完了。布鲁克纳是按四乐章来设计的。他年老多病，为此写了三年，一直写到生命的最后一天，但只有前三个乐章是完整的。

此曲的前三个乐章作于1891—1894年，最后一个乐章的草稿作于1894—1896年。奥雷尔1934年编订，诺瓦克1951年编订，两个版本几乎相同。

2. 在和布鲁克纳同行即将结束的时候，最后总结一下他11部交响曲的版本问题。什么是最初的交响曲版本？就他友善的朋友而言，哪些外部干预是作曲家可以忍受甚至是希望的？其实，没有哪一位作曲家像他一样处于不确定和确定的紧张关系之中。第一、第二、第四、第八交响曲每个至少有两个版本。他"伤心的孩子"第三交响曲不会少于六个版本，不算上它的学生弗兰茨·沙尔克和斐迪南·罗维印刷的"干预"版本，11部交响曲就有20个版本；而且一些版本明显不同。指挥家丹尼尔·巴伦博依姆指挥芝加哥交响乐团上演了布鲁克纳的10部交响曲（没有《F小调交响曲》），在演奏说明中认为布鲁克纳写了18部交响曲。

当今时代对音乐理解的重要标志是：希望尽可能的真实。因此，大家首先毫不掩饰地怀疑弗兰茨·沙尔克对布鲁克纳交响曲强烈的干预。但是，这忽略了一个事实：就他友善的朋友而言，"干预"当时是一种不知疲倦的奉献，对传播布鲁克纳的影响极为有益，毕竟那个时代还没有意识到布鲁克纳的重要性。布鲁克纳和马勒都是他们时代未来的音乐家，前者是未来的出路，后者是未来的心境。

布鲁克纳在 1896 年 10 月 11 日去世，直到最后一刻他还在创作第九交响曲第四乐章。尽管整个维也纳的音乐界都参加了他的葬礼，这位长期被误解和嘲笑的人的重要性也被认可，但第九交响曲多年都无人敢驾驭上演。几十年来，斐迪南·罗维是布鲁克纳的支持者和维护者，也是少数认为第九交响曲是伟大的音乐遗产的音乐家；但是他也犹豫以最初的版本上演这部作品。在他看来，这部作品有许多方面，尤其是配器方面需要调整、修饰和完善。因此，他以完全新的配器给这部交响曲换上了新装。

1932 年 4 月 2 日，西格蒙德·冯·豪斯格尔指挥了第九交响曲最初版本的首演，之前上演的都是斐迪南·罗维 1903 年编订的版本。那时作曲家已经去世 36 年。这场辉煌的音乐会和凯旋般的成功开创了布鲁克纳的新时代，人们开始接受他的最初版本，直接体验他对声音和形式的理解。

3. 第九交响曲是绝对音乐的典范。在布鲁克纳之前的交响曲中，他经常追赶 19 世纪“诗意的理想”，但他偶尔的标题提示更像是权宜让步，而不是结构的概念。总体而言，他是一位绝对音乐坚定的拥护者，只是作为瓦格纳的拥趸，他的一些作品被标题音乐化了。

作为一位作曲家，布鲁克纳一生都把自己坚定不移地固守在信仰上。他的第九交响曲的献词是：“我之前的交响曲都献给了高贵的艺术——我的爱人。但是我的第九、也是最终的一部交响曲应该献给我亲爱的上帝——假如他能接受的话。”这是理解这部交响曲唯一的路径。

和之前的交响曲一样，布鲁克纳没有让第一乐章的主题直接陈述出来，而是让它在听众内心的耳朵前浮现出来。静谧的弦乐颤音打开一个神秘的空间，圆号犹豫地开启了第一主题，然后主题逐渐打开，最后变成整个乐队的强音陈述。由于音乐层次展开得过于细腻，这一十分接近贝多芬第九交响曲、瓦格纳的手法，估计从手机、蓝牙音响、互联网音乐资源那里是感受不到。第二主题乐段十分宽阔，是两支优美的抒情旋律的对位，在后来的发展部和再现部变得如胶似漆，反复起落，如两只蘑菇在梦幻中翻滚，分不清谁是主声部，谁是副声部。第三主题庄严肃穆，和第一主题相勾连。

第一乐章的结构令人困惑，三个主题藤蔓般地缠绕延展，似乎让人感到有许多主题不断在发展部、再现部生成、累积，音乐发展的方向也经常突然发生变化，很难勾勒出19世纪令人舒适的奏鸣曲框架；除此之外，调性的基础也不再稳定，都让我们感受到了马勒后期的风格。古典主义的皮和肉在这里已经包裹不了浪漫主义的骨与魂了。有人一定会问第一乐章大概想表达什么。我个人认为是世界强大的真相、虚幻的假相、变化无常的本相的纷繁呈现。

和第八交响曲一样，布鲁克纳依然把谐谑曲提前为第二乐章。谐谑曲开端于神秘的和弦和拨弦，紧接着是凶猛的锤击上演死神的舞蹈。三声中部开始于迷人的圆号，接着是长笛和单簧管，但轻松的浪漫情绪并没有持续多久，死神再度归来。这首谐谑曲严格遵守古典主义简洁的形式，但我们可以清楚地看到20世纪巴托克、普罗科菲耶夫、肖斯塔科维奇的音乐风格和气质。我个人认为这一乐章是面对死亡或看见地狱的景象。

听众从第三乐章弦乐齐奏的开始就能感受到渴望、疑问，以及内心斗争，它们不断地被绝望的爆发所打断。这里我们面对着一位忍受死亡痛苦的人。 在许多痛苦的渐强和漫长寒冷的旋律中，有许多由信仰带来的闪光瞬间。 最后一个高潮是整个交响曲文献中最悲伤的音乐，达到顶点的不和谐没有得到解决，悬浮在空中；但随后的尾声最终带来了平和和调性的稳定，似乎是和生活的安详告别。 我个人认为这一乐章是隐约看见天堂的炼狱景象。

第三乐章也是布鲁克纳最后的音乐作品，充分体现了他内心的高贵，尤其是乐章的第一个高潮之后，四支瓦格纳大号（更像圆号）齐奏的赞美诗般的悲歌。

第四乐章应该是信仰者看见天堂的景象，应该以凯旋般的赞美诗结束这部交响曲，但一切都戛然而止，把一切都给了第三乐章回味无穷的尾声当中，如同马勒《大地之歌》的尾声。

4. 能和布鲁克纳走多远？ 表面上看是单调乏味、吃力不讨好的漫长路途，其实十一部交响曲（更远更深的还有五部弥撒曲、《感恩赞》、经文歌、赞美诗）一路走下来，内心深处已经不知不觉地满溢出坚定、隐忍、信仰。 马勒给我们的道路始终是迂回纠结的，布鲁克纳给我们的道路最终是向上舒展的。

布鲁克纳60岁时，第七交响曲让他成为伟大的交响曲作曲家，跻身贝多芬到西贝柳斯古典—浪漫的作曲家行列。 我正好60，只有年龄这一点与大师相同。 因此，和他走一遭，耗时半年，形成第二点：我和布鲁克纳走过一段，并可能走到人生尽头。

物质形态的独处和精神状态的孤独是人真实的命运，自性化是独处和孤独的积极道路。 人性无论是审慎的进化——培育超我和道德原则，还是积极的还原——生发和弘扬本能、本性中的积极成分，都是脆弱和艰难的，在这条道路上最好有布鲁克纳音乐的陪伴。

2024 年是布鲁克纳诞生 200 周年，全球都会有很多重大的演出纪念活动。 中国著名小提琴家、也是我遇到的最具有哲思的音乐家杨晓宇，将指挥布鲁克纳的第三或第四交响曲。 他很想去深入了解布鲁克纳的宗教性，我个人觉得我更愿意从荣格的自性化思想、从五相世界转化的东方哲学来理解布鲁克纳，就像去理解巴赫合唱作品的路径一样。 文化的跨文化传播都会面临一个抽象化的迁移现象，抽象的音乐更适合这种抽象的迁移，更适合创造性转化、创新性发展。

长期聆听古琴后留下的四个片段

长期以来，我主要听中国古代的乐器之王和文人音乐的承载物件，也是最古老的拨弦乐器——古琴——的演奏曲，通过它们来感悟中国古典音乐的精髓，通过它来理解留存下来的古乐的稀有、宝贵、魅力。古琴音乐最能体现古代音乐语言和音乐作品的表现力、想象力和创造力的核心和边际，以及古代文人和艺术家的人格风貌、他们对人生和自然的认知和智慧，是古代最具音乐性的音乐门类。它们是古代文人和艺术家的有关生态、文化、政治的集体意识和潜意识。

1. 音乐语言表达工具的演变从身体到物件，物件的制作从简到繁，世界总体大同小异：声乐、打击乐、拨弦乐、吹奏乐、拉弦乐、键盘乐、电子乐。

但音乐语言的记录却完全不同。从乐器的考古发现、文字语言的文献记载、绘画语言的描绘来看，中国从上古开始，古典音乐作品以及作曲家应该众多。但是，留存到今天的作品不算太多，特别是能够供于演奏的，也很少有对作曲家的详尽记载。

我阅读一些中国音乐史的著作，讲音乐传说、故事、乐器多，讲音乐作品少，不能和文学史、书法史、美术史中的作品相提并论。我也到处搜集中国古典音乐的唱片，作品真的不多，且唱片中的曲目大多重复；也询问了一些音乐学院的学生和老师。他们似乎没有十分关心过这样的问题。我只能揣摩其中原因。

有关古琴的上古记载和传奇不胜枚举，但我认为没有留存下来的音乐。古琴曲大多为明清刻本，一千余首琴谱，同名异曲一并三千余首。目前通过整理、打谱可以演奏几百首。那么好的东西，那么源远流长的传统，为何就留下这点东西，可以演奏的作品数量抵不上一个巴赫全集。

2. 大概一是基本上依赖师徒而非群体的、非学院的口授手传，心领神会；加上古代社会相对封闭，饥荒和战乱频仍，没有现代的信息保存和传播能力，时间久远就难免变形、中断、流失。

大概二是没有普适、规范、系统、简约、普及、传承有序的记谱方式。最初是文字谱，后来完全是唐代曹柔发明的减字谱，记录了演奏的指法、弦位、音位，无音强尤其是明确的节奏、速度，不能直接视唱演奏，也不宜广为传播，只能通过打谱去演奏。所谓的琴谱只是口授手传，心领神会的辅助、提示工具。师传在，打谱相对容易；一旦脱离师传，琴师就必须熟悉琴曲的一般规律和演奏技法，揣摩曲意，进行再创作打谱。

这一点，五线谱在普适、规范、系统、简约、普及、传承有序等诸多方面确实有自己的优势。当然你可以说中国古琴乐谱是中国文化和智慧自信的体现，并给打谱、演奏足够的自由和即兴发挥的空间。理论上同一个减字谱可能打谱出无数个版本，事实上同名异曲的情况普遍存在，比如《梅花三弄》《酒狂》《醉渔唱晚》《平沙落雁》《洞庭秋思》等，不胜枚举。比较同名曲子的不同的曲谱、不同的打谱和演奏是非常有意思的事情。

其他乐器的演奏通过自己的乐器谱、工尺谱、俗字谱等方式相传，但依然没有普适性和普及性，不同地区、不同乐种、不同时代的写法也不相同，许多乐谱都成了无解的密码，比如敦煌琵琶谱。

以上两个原因导致中国古琴音乐传承的自由度和难度较大。古琴的口授手传、记谱、打谱都充满了心性的领会和自由发挥，一部古琴的作品史就是不断流失、发现，不同程度再创、创作的历史。

最早的古琴谱是七世纪唐代的手抄文字谱《碣石调·幽兰》，保存在日本京都西贺茂神光院。有多少古琴谱（减字谱）是记录更古老的音乐，很难确认。但根据口授手传、易于流失的传统状态，它们一些应该是古琴谱产生（唐代）不久之前年代（但基本是唐代以后）的作品；一些应该是再造（删节和增加）的作品；一些是原创的作品，其中一些假借古人之名。因此，我也许是错误地坚信：我们现在能听到的古代音乐、上古极品大都是唐代以后的作品，楚汉之声只是想象。唐之前的音乐大多口授手传，没有记谱，中断、流失在所难免。

缺乏音乐作品的音乐史是乐器史，缺乏出版物的出版史是印刷史。尽管打谱的主观性非常强，但打谱的二次创造依然能让中国古典音乐的光辉显现出来。打谱成了展现古琴昔日荣光的首要手段、艰苦劳作。

3. 六首和唐以前的传说有关的古琴名曲

《神人畅》仅见于《西麓堂琴谱》(1549)，文献记载是远古遗响，西汉的桓谭、南朝宋王朝的谢庄称此曲为唐尧所著。这几乎是不可能的。此曲突兀跌宕、古朴苍劲，如醉者行路。

《流水》内容来自《列子·汤问》《吕氏春秋·本味篇》，相传为战国时期俞伯牙所作。曲谱最早见于《神奇秘谱》(1425)。《高山流水》本为一曲；至唐分为两曲，不分段；至宋，《高山》四段，《流水》八段。唐宋以及之前是否有更古老的曲谱，还是完全口授手传，不得而知；但它不大可能是上古的音乐作品延绵而来。此曲可谓古琴第一曲。涓涓细流汇成江湖大海的意境有无限的励志之感。

但对我而言，它是境随心转：流水向上兼容，向下包容。心如流水，即允许一切发生，柔软、放松，无得失心和占有欲，不和任何较劲，也就不伤身伤心。

《大胡笳》。与蔡文姬别子归汉相关的作品有四。《胡笳十八拍》相传是东汉蔡文姬所作的琴歌，但直到宋才见有《胡笳十八拍》的诗作和琴曲，可能是假古人之名的作品。六朝有合奏曲《胡笳曲》；唐开元、天宝琴师董庭兰善弹《胡笳曲》。明《神奇秘谱》(1425) 收有董庭兰的《大胡笳》和《小胡笳》传谱，但它们和蔡文姬的所谓《胡笳十八拍》、六朝的合奏曲有什么乐谱上关系不得而知。像《大胡笳》这样悲情四溢、凄凉哀怨、波折起伏的古琴曲并不多见。

《梅花三弄》最早见于《神奇秘谱》(1425)。相传是东晋桓伊所作的笛曲，后移植为琴曲，但论据不足。此曲十分动听，梅花风中摇曳，姿态万千，流行程度甚至在《流水》之上。

《酒狂》相传三国时代阮籍所作，最早见于《神奇秘谱》(1425)。我相信此曲一定是假借古人之名所作。身态摇晃和醉眼蒙眬中是对尘世的否定和冷眼相对，因此它被历代文人在情感上高度认同。

《广陵散》(《广陵止息》) 最早见于《神奇秘谱》(1425)。此曲汉晋时已经有相和歌，内容与战国聂政刺杀韩王有关。嵇康坦然赴死前的弹奏增添了此曲传奇色彩。像这样悲愤、紧张、磅礴的古琴大曲极为少见。此曲早已经一度绝响。1949 年才有琴家把它打谱演奏，其中管平湖的打谱最为有名。

以上六首曲子都有相对唐宋明而言古老的故事和琴史作支

撑，但我相信我们听到的所有曲子都是唐之前不久的。 没有曲谱佐证的音乐都是想象。 因此，“中国音乐（或古琴）作品史”应该从《碣石调·幽兰》开始，此曲传自公元6世纪梁代琴家丘明，还算靠谱。 此曲传达了情绪复杂的内心世界，如兰花迎风摇曳的身姿。

4. 除以上六曲外，还有一些值得聆听的古琴经典曲目

《醉渔唱晚》最早见于《西麓堂琴谱》(1549)。 相传唐代皮日休、陆龟蒙所作，不得而知。 此曲为渔夫在山水中微醺至醉之歌。 结构短小精悍、简练严谨，与醉态保持着张力关系。

《渔樵问答》最早见于《杏庄太音续谱》(1560)。 此曲虽然透露出自然之美，但最终超然物外的人心是古代文人最终的归属之地。

《洞庭秋思》最早见于《西麓堂琴谱》(1549)。 有范仲淹《岳阳楼记》最后一境、最后一心的味道。 自《西麓堂琴谱》到今人查阜西版本，共计23个版本，可见文人对它的喜欢程度。

《平沙落雁》(《落雁平沙》《平沙》)最早见于《古音正宗》(1634)，流传极广，有五十余种（一说七十余种）琴谱收录，一百多个不同的版本。《琴谱谐声》(1820）就收录了十首不同的《平沙落雁》。 此曲充溢秋日景色、逸士情怀、山水诗意。 过生活、写文章，经常听此曲会有感悟。 最早见于《神奇秘谱》(1425）的《离骚》可以和此曲一起听，一景一人，相得益彰。

《山居吟》最早见于《神秘曲谱》(1425)，与《渔樵问答》《泛沧浪》一样，都是寄情山水的散板，弹奏时要做到张弛有度，呼吸有律，远比规整的节拍难度大。

《欸乃》最早见于《西麓堂琴谱》(1549)，是一首旋律极为优美、识别度高的琴曲，“烟销日出不见人，欸乃一声山水绿”，

是第一首直接让我着迷的琴曲。此曲可以和同样最早见于《西麓堂琴谱》(1549)、南宋琴师毛敏仲的《渔歌》一并聆听。《渔歌》属于古琴大曲，规模超过了《大胡笳》《潇湘水云》《渔樵问答》《忆故人》。

《潇湘水云》作者为南宋琴家郭沔，曲谱最早见于《神奇秘谱》(1425)，共十段；后经历代琴家发展成十八段加一个尾声。上半部分是潇湘二水之上，九嶷山云缠雾绕，些许凄美悲凉；下半部分变化多端而激越难平，山河固然美，但已经破碎飘零。

《泛沧浪》作者为南宋琴家郭沔，曲谱最初见于《神奇秘谱》(1425)，后收入在《浙音释字琴谱》(1491)、《西麓堂琴谱》(1549)。此曲均被三大琴谱所录，可见它在明朝的地位。全曲闲散通透，是繁杂公务之后的解药。

《阳关三叠》最早见于《浙音释字琴谱》(1491)，是唐代一首根据王维诗歌谱写的琴歌。古琴谱最早见于《发明琴谱》(1530)，后琴谱又被改编载于《琴学入门》(1864)。因为起源于琴歌，旋律和节奏的轮廓分明，是古典琴曲中最容易识别的一曲。

《忆故人》最早见于《荻灰馆琴谱》(1853)。此曲思绪往复缠绕，恬然从容，哀而不伤。

《乌夜啼》最早见于《神奇秘谱》(1425)。今天听的《流水》《梅花三弄》《潇湘水云》等名曲都经过了历代琴师的删节和增添，已经不是原谱。此曲是未经后代琴师删节和增添，保留了古朴的原貌。女人思夫或思父之情委婉、温柔，是一首不可多得的琴曲。

《湘江怨》(《湘妃怨》)最早见于《琴书大全》(1590)。内容取自娥皇、女英二妃思念舜帝的传说。一枝千滴泪而得名的斑竹、二妃投江而得名的湘妃竹都源于此传说。此曲比《忆故人》《乌夜啼》更有伤痛之情，但发乎情止乎礼，克制力更强，是古人表达情感的上品之作。

《良宵引》最早见于《五知斋琴谱》(1614)。曲小而结构完整，意味深长。如果节日长假的夜晚准备听几首大曲，情不自禁会以此曲为引子。

《关山月》最早见于《龙吟馆琴谱》(明末清初)。此曲苍凉雄浑，古朴精悍，气质和《广陵散》《大胡笳》，以及最早见于《太古遗音》(1609)的《汉节操》(《苏武思君》)同属一类。

从以上那么多名曲的来源来看，必须知道《神奇秘谱》(1425)、《浙音释字琴谱》(1491)、《西麓堂琴谱》(1549)三个谱集的重要性。《神奇秘谱》是最早的谱集，收集的是编者朱权自认为500年前唐朝的“太古”神品。《浙音释字琴谱》和前者可以对比、互参，研究价值极高。《西麓堂琴谱》独具慧眼，收入的琴曲艺术价值极高。

5. 也从以上那么多名曲来看，总体而言，古琴曲是文人养性、沉思的精神投射。基于地区、师承、传谱的不同，前后形成了十余个(其中明末虞山派和清初广陵派最为有名)古琴演奏流派。虽然风格有异，但都是文人音乐。古琴曲的文学性，规定了古琴主体的气质、气场和想象的空间，它是标题音乐、音画。听惯古琴，对音乐的理解难免从文学和图像入手，不会玩抽象。

除了其文学性，古琴曲的主题内容集中在寄情山水、超然物外。听惯古琴难免热爱山水，保护生态，更重要的是山水、生态是发现自我、回归自我、自我拯救、自我圆满的重要路径。

现代乐队(管弦乐或民乐)的伴奏版暂且不论配器的粗放，

就刻意的渲染和夸大的抒情而言，都和古琴的精神世界背道而驰。

现代改编版比较好的是琴瑟二重奏（瑟自唐后失传，丁承运教授对古瑟的复制以及弹法的深研，加上傅丽娜的演奏，使琴瑟和鸣成为可能）、琴箫二重奏，更符合古琴的音乐气质。

本文基本涵盖了中国古代古琴曲的精品，每个精品打谱演奏都不相同，有时你会感到自己在听两首曲子。要恢复中国音乐的风貌，古琴是基地。要恢复这个基地，打谱演奏是基础。音乐史必须以作品为支撑，不能以乐器、故事、传说作为主体。

第四乐章　零碎而结构的思考和写作

要"命"还是要分数

难以改变的现实

难以改变的现实当中一定有着顽固和深层的逻辑和意义。很久以来，以及很久的将来，大多数家长们都会出于自身已经付出的成本和对收益的预期，特别是对稀缺资源执着的需求，越来越多地在成为"教育学家"和"教育家"，发表自己对教育的"专业"观点，每个人似乎都成了教育领域的专家，形成了教育圈子里持续的群体言论和行为博弈。其中充满了焦虑、躁狂、抑郁，或兴奋、自信、解脱，这些心态实际上都取决于子女考试和入学的结果。

无论他们对教育发表什么意见，家庭的和社会的基础教育基本上是以考试为本，以高分和上一流小、中、大学，获得好的工作和高薪为目的。考试和它的结果（分数）都没有错，错就错在把考试和它的结果作为唯一的标准规定了所有人的路径：不惜伤害和异化一切，必须能考，必须高分。绝大多数人不知道：不是所有人都适合考试，并且所有考试和分数对每个人都有限度。

在这种功利主义和物质主义为本的强大集体意识的驱动下，以考试教育和分数结果为核心的家庭教育和社会教育互为因果，相互绑架，结成一体，在考试的道路上狂奔。很少有个人强大到能抵抗这一狂奔的洪流。学科和课程、素质、创新等全面教育都难以重要；德智体美劳只剩下碎片化的智力、考试刷题的智力、快速联想关系的智力，连知识树和探究的智力都很难保全。

何况每个家庭都是一滴水，不融入洪流即刻干涸。

碎片化知识有两种：一种是随机的，有活力的；一种是制度化的，僵硬的。现在的学生最惨，吃的还是后一种，我叫它快速联想性知识：看到这个，迅速想到那个，这个和那个的逻辑不重要，这个和那个与知识体系的关系不重要。

万般皆下品，唯有分数高，已经形成了坚不可破的堡垒群。谁反对，谁被怼，教育成了考试机器；谁掉队，谁下台，学校成了分数企业，分数不好，老板下台。

每每看到培训班门口车水马龙，看到家长学生焦虑、躁狂、抑郁的眼神，就会想到一条无奈且痛苦的生态链；就会想到自由市场经济成为市场经济的全部，成为经济的全部，成为社会的全部，会是多么可怕的事情。企业经济绩效第一，不惜破坏环境、违背政治、玷污文化、分化社会、戕害人心；同样，分数要高，不惜伤害童心和人格、漠视素质，系统性地摧毁感觉、直觉、判断、思维能力、想象力、创造力。

家庭、学校对此状态无能为力。这是集体性的人心所向，扭曲的是集体问题，不是个人问题，大多数人都会有一种彻底的无力感。谁都会庆幸有一个能考的、战无不胜的考神孩子。我是不能考，所以至今常常潜意识里泛起对考试的恐惧，做起考试失败的噩梦。我不是考试时代成长的人都有如此恐惧，因此我相信考试的恐惧会伴随当下许多儿童一辈子。

可以批评家长和校长，但他们不应该受到谴责。一切为了功利结果的剧场效应已经形成，只要看戏，就必须站起来，爬上去，恨不得像蝙蝠一样倒挂在剧场顶上看戏。考试变成了畸形的刷题竞赛，变成了没有知识肌理的快速联想，知识的逻辑都被扭曲，更何况教育丰富的内涵，它们也快荡然无存。

必须看到的问题

虽然现实难以改变，但必须看到问题所在，否则一点可能和希望都不会存在。

教育是文化的结晶，是文明的镜子。当我们开始真正认真、理性、客观地关注儿童、儿童发展和儿童教育的议题，并融入20世纪后半期这些全球性的议题时，我们才对自身开始重新的审视、理解与探索，承载起中国的未来之梦。

必须充分认识到：在急速发展的社会当中，童年之心正处于急速下坠的危险之中。物质的发展如过度地超过精神的发展，两者之间的平衡就会被破坏。文化、人的精神和物质紧密相关，但它们的本质并不是物质的直接结果和成就。如果不能把握好物质的方向，物质成就甚至会给文化、人的精神带来普遍的危机。在当下现实生活中，由于物质生活条件的改善，以及随后而来的物质压力和对物质的追逐，童年过早地从自由进入不自由的状态，孩子进行自然游戏、主动游戏、象征性游戏的天赋能力在不断减弱，对世界的感觉接受和直觉处理能力在湮灭，以致感官僵硬退化。当功利主义、物质主义弥漫整个社会，并以考试教育主导家庭和社会基础教育的时候，儿童的心灵、精神生命自然面临危机，出现迷失。

儿童是谁？儿童是存在于他自身，还是仅仅作为一种等待成长、完全被外部所规定而无视其本位的存在？

对于大多数的成年人来说，很难理解儿童是谁，儿童是什么。这些对于他们而言没有太多意义。儿童必须按照他们功利主义、物质主义的成败标准去规定，来塑造。

一位荣格分析学派的分析师对我说："我经常会在儿童身上投射不确定性的恐惧，以及自身面向未来的恐惧。儿童会有怎样的生命皆不可知。这是我们对自身未来的不确定性的一种恐惧。”敬畏儿童，就是敬畏自身的未来。我们的现在以及未来大都来自于我们的童年。

由成人社会所假设的儿童——成人本位的指向——往往使儿童成为自身失败（大多数成人最终都是考试失败者）的补偿对象，儿童成为成人社会集体意识和集体潜意识的一部分。成人自动地按照他们的标准——现在就是粗糙、粗俗、粗野、粗暴的考试标准——来规定和确定孩子将来成人的状态。童年就这样越来越早地驶入一个成人兴风作浪、危机四伏的大海。成人集体意识和集体潜意识对考试和分数的焦虑和崇拜，让整个童年沉没下去，并可能成为未来数代人的集体意识和集体潜意识，成为他们精致利己主义的根，成为他们个体与集体的共同阴影。

由此可见，教育必须以人为本，以儿童为本，才能有教育的方向、教育的未来、儿童的未来、社会的未来。考试和分数重要，但不适合所有的儿童，更不能拿儿童的“命”去换考试成绩，去换名校、金钱、地位。

儿童的“命”是什么？

1. 强大、丰富、整一的健康人格。让儿童的本能、本性释放出来，并建立起社会性和精神性，最终让精神性贯穿其中，形成精神的内驱力和意志力。人格的层次在儿童时期一旦完整，内在人格、深层结构一旦建立，将成为支撑一生的堡垒。

2. 感觉和直觉。感官和身体是孩子与他者连接的基础，是儿童最原生、最原始的能量所在。年龄越小，身体对感知的需求越大。儿童通过身体感知获得关于世界和生活的体验和认知。这些体验和认知对其世界观、人生观、价值观具有决定性的意义。不能预先在感觉、直觉中存在的东西，就无法存于自我的理性判断和思维中。只有在童年时代，通过感觉和直觉，我们才能把身体生活、精神生活和自我生存联系在一起。游戏、自然、文学、绘画、音乐在其中发挥着重要的功能。没有丰富感觉和直觉的童年，是没有神圣感的童年，也可能一生都难有神圣。

3. 判断和思维，种植知识树。任何信息、数据、知识都要有知识树的结构支撑才有价值，才有生命，知识和知识树很重要，但只有它们，人也仅仅拥有工具理性，还没有价值理性和智慧，知识树必须和健康的人格相辅相成。因此，一个人要约束知识、财富、劳作，留给道德、信仰、劳动更多的空间。自我要多在灵魂中充盈。

4. 想象力、创造力。它们是丰富、坚实的感觉、直觉、判断、思维能力的结果，是所有伟大的艺术、科学、技术、行为的基础。想象力和创造力的童年将留在记忆里，直到生命终结。

总之，童年形成的内在人格，连同感觉、直觉、判断、思维能力、想象力、创造力都是人一辈子的潜意识底层结构和根，是他思想、生活、工作生发的结构和根，最终是他整个精神世界形成的结构和根。内在人格处于核心地位，精神性处于内在人格的核心。儿童不是用考试和分数，而是用自己的“命”来面对、应对一辈子都不能确定的未来。残缺的童年可能意味着残缺的一生。

可能做出的抉择

家庭教育是教育的第一步，主要功能是服务于以上四者，形成深厚的潜意识底层结构和根。

社会教育（学科和课程、考试、素质、创新等教育）是教育的第二步。第一步没有做好，第二步举步维艰，第二步只能起到光大和培育的作用。

这两步要协同走起来，必须要有一场观念的革命：占有（对学生而言占有就是分数）不是成功，能拥有健康的身体和心的存在才是成功。

相对于人的无限欲望，优质教育资源永远是稀缺的，占有优质资源必须付出代价，只有少数人支付得起这个客观成本，并有主观能力获得成功。对大多数人而言，要“命”还要分数，现在已经是必须做出的选择。

现在似乎没有什么外部的办法可以改变洪流的方向，唯有从内部改变观念，从围城中走出来，才能拯救教育，拯救儿童的身体和心灵。无产者首先解放全人类，然后才能解放自己。在当今的教育世界，似乎只有首先解放自己，才能解放儿童，解放教育。

人生很长，分数的起跑线没有那么重要，强大的心才能管一辈子；人生很短，斤斤计较于分数就会斤斤计较于功利，把一生过得很狭窄。道理大家都懂，但知易行难，也许只有极少数人才能摆脱心魔，解放自己。

一场最残酷的人生抉择和斗争

1. 许多人不见儿童“命”之所在，眼睛被分数塞满，不要孩子内涵丰富的“命”。他们承认我说的都对，他们也全懂，其实在心底里没有儿童本位的思想，没有对人格、感觉、直觉、判断、思维、知识树、想象力、创造力清晰的概念，没有人格、文化、知识、思想、生活、工作、精神世界逐步结构化的逻辑，都说现在唯一的出路就是拼命读书，获取高分，他们重视一切外部的利害因果关系，就是不重视自己孩子的“命”和真正属于他们的未来。不知道“命”最重要，“命”才是儿童的未来所在，而不是分数。

2. 许多人不见自己的心已是囚徒。教育问题的一切原因都是外部的，必须拿出好的外在办法来解决问题，办法和自己的心没有关系。他们都寄希望于通过政治、政府的力量来改变现实，而不是通过改变自己的心来改变现实，谁也不愿意做傻子先动起来，都情愿陷入施虐—受虐这一习得性无助的陷阱中，接受这种关系。

伟大的王阳明心学在当下教育领域似乎失效了。在教育的剧场里谁也不想先坐下来。读书的物质主义、功利主义是我们集体潜意识最顽固的一部分（这类名言无需在本文中引用），并成为巨大的阴影——儿童的“命”不重要，物质和功利压倒一切。

3. 心魔难除。政府行为有着延迟效应和边际效应递减，补习班会有碎片化渗透的应对策略，优质教育资源、自身的能力和心魔需求相比永远不会匹配。心魔不除，可能会一时减弱，但还会东山再起，余灰复燃。培训班易除，但心魔不除，培训班会以其他形式复活。

4. 真正的出路似乎只能是解放自己的心。

中国教育的现状是一度的教育产业化、长期的物质主义和功利主义、培训班的经济利益交互渗透的结果。教育的解放当然需要政治的干预，但也需要家长的心同时解放。政治能够改变社会教育大环境，但家长要努力改变自己的小环境，降低物质主义、功利主义的欲望值。拯救他们的“命”也是拯救自己的心，拯救共同的未来。中国梦不是由焦虑的人、人格不健全的人来打造的。身心健康的儿童就是绿水青山，就是金山银山。造就一个身心正常、健康的人比什么都重要。

面对集体潜意识和巨大的阴影，写到这里时我觉得语言完全失去了说服力。没有比解放心更难的事情，心的大部分是海平面下的冰山。解放心是一场最残酷的人生抉择和斗争。外在于心的、粗野的、狭隘的、短期的物质主义和功利主义的心魔不除，人世难变。

如何获得想象力和创造力

想象力和创造力是最稀缺的资源，它们的来源虽然多点，但每一点都来之不易。

想象力和创造力的来源绝不仅仅是知识，甚至知识如得不到有效的控制，成为不健康的知识，还会伤害想象力和创造力的形成。

1. 构成健康的知识状态：种植十多棵知识树，而不是一棵知识树，形成一片小树林，形成生长、融合、迁移的状态。这里不是知识的简单累加和堆积，而是从各个角度构建出世界的基本框架和系统，同时形成逻辑力量和理性力量，也就是方法，想象力和创造力的果实都蕴含在那里。结果是：当这一框架和系统建立之后，任何碎片化的知识都会被结构化，并可能触发解构—重构的效应。

2. 培养丰富、敏锐的接受信息的感觉能力，以及处理信息的直觉能力。没有这两个能力，知识是枯燥、封闭、僵化的，最多只能完成建构，而不能形成解构和重构过程，想象和创造的本质是解构和重构。对艺术、审美、自然、环境的经验，对感觉、直觉能力起着关键的启迪、发酵的作用。我们太爱考试的、制式的知识，忘记了任何知识都应该有一个美丽的光晕。

3. 潜意识层面的积累和涌现。在一定时空，我们在意识层面上展开的知识边际是清晰的。但其基础是边际不清的潜意识世界。要让理想的知识状态、丰富和敏锐的感觉、直觉更多地沉淀在潜意识当中。潜意识世界越广阔深厚，意识世界越坚实挺拔；而且当意识世界不够用的时候，潜意识世界能够不断涌现出来。安静、孤独地面对自己的潜意识，激发、发现、审视它们，是想象力和创造力不竭的源泉。大多数人都迟早会遭遇到枯井困境，这和从业前的学习和从业后的终生学习密切相关，和这些学习带来多少潜意识的沉积相关。

4. 强大、丰富、整一的人格能够使人专注于知识林的种植，专注于感觉和知觉的培育，专注于潜意识世界的积累，专注于知识向想象力和创造力的转化。外在性消失了，人回到了内在的自我，回到了内在深处的自我，学习东西不如了解自己的需要重要。知识不仅是无趣的训练叠加或者奢侈的教育积累，它还关乎人的核心利益，它必须受到控制，它必须有一个方向——以人全面发展为本，而不是以外在的、短期的物质主义、功利主义为本。

5. 知识不仅是力量，而且是权力，但知识不能得到简单的膜拜。必须控制好知识的结构—系统，控制住知识的无序、杂乱、臃肿的叠加、堆积、增长，给人格、道德、信仰、想象力和创造力的培养更多的空间，让知识在其中成长和转化。人的精神空间一旦被知识占满，被忙碌占满，被不相干的任务和事务的转化占满，就不能形成注意力集中、深度观照，不断的分心难以形成想象力和创造力，更重要的是会失去道德、信仰的方向。

总之，教育不是简单的知识传授，是系统知识的传授，系统的核心是世界观、价值观、方法论；并必须通过感觉和知觉，通过潜意识，通过向内专注的人格力量，转化为想象力和创造力，实现个人启智增慧。

教育的这一使命，加上为国家培根铸魂的使命，使得教育存在的诸多问题不仅是家庭、学校、培训班的问题，更是社会问题、政治问题、哲学问题、人格心理学问题、知识学的问题，否则教育很可能就会被狭隘的功利主义、物质主义的教育培训和刷题知识打败，魂飞魄散，一地鸡毛。

职业教育必须高、上、通

我越来越深地感觉到仅从家庭、学校、培训的“标”，以及哲学、人格心理学、知识学的“本”都是无法根本解决基础教育的问题，这些问题还需要政治力量和社会力量方能解决。生态、文化问题的解决最终靠的是政治力量和社会力量，基础教育的问题也是如此。

基础教育是一个充满竞争性内卷，以及各类心理障碍的入海口，职业教育不能作为它分流的下水道，它本身就要是一个面向现代化、面向世界、面向未来的入海口，否则基础教育的内卷会越发厉害，心理障碍会层出不穷地叠加起来。尤其在经济、技术、生态、文化高质量发展对高质量技能人才的要求下，尤其在民众对高质量产品和服务的需求下，尤其在广大家长和学生对高层次职业教育的需求下，职业教育是社会和人彻底提高劳动生产水平的必由之路，是新时代高质量发展的必由之路。

因此，第一，职业教育必须全面提高学业起点，在发达省份——我们许多省的实力都在世界国家排名的前列——全面废除中职教育，全面推进五年制高职。第二，推广职业技术大学，并打通向普通高等教育的上行通道。职业教育以技能为主，但需要有知识的技能，有人文的技能，有想象力和创造力的技能。要提倡高雅匠人、高贵技工的理念。第三，根据职业和产业的人才需求，实现职业教育和普通高等教育的融通。总统也可以做木匠。首相也可以做园丁。

职业教育必须讲好自己的故事，看清自己的社会地位，讲清自己的社会贡献。低质量劳心者太多的社会，高质量劳力者太少的社会，不会有高质量的政府和企业的服务供给，不会有高质量的发展。

职业教育必须高、上、通，获得全面提升，这样它就成为了一种积极社会力量，可以解决一大部分基础教育的问题。

要喜欢动手，喜欢劳动，喜欢高雅和高贵的技能劳动、技术劳动、临床劳动。高质量的劳动需要规模化复制，越多越好。

教育也需要绿水青山、金山银山

现有的高考是漫长的基础教育的终点站，是教育和学习的指挥棒、方向盘、灯塔，也是不可回避的、创伤性的权宜之计：对健康的人格、人的感知能力、人的知识结构、人的想象力和创造力多少都形成了伤害，其整个过程和教育目的、课程标准多少都有相悖之处，其巨大的阴影从幼儿园一直横亘到高三。我们不用回避，现在的教育主体和主旋律是“为高考的教育”，它可以扭曲、走形、损害、消除我们对教育的良善希冀。现有的高考对考生一生心理和精神生活的负能量远没有得到充分的评估。

到现在为止，我经常做高考失败的噩梦，冷汗直冒，好在能在梦里安慰自己已经读完研究生，机构一定是搞错人了。到现在为止，不想学和考卷相关的知识，好在还没有发展到终生厌倦学习的地步，因为考试的题目在我的年代还没有发展到“刷刷刷”恶心的程度；考试的知识还没有发展到根深蒂固的地步，在大学解构它们相对容易。

高考对教育最大的内部伤害是针对职业教育的。基础教育的内卷和全社会对职业教育的厌弃，充分体现在以命一搏的高考和中考（高考的入门券）当中。似乎除了中考、高考的成功，中国年轻一代没有出路了。对一代一代人而言，生活似乎越来越逼仄和无趣。大家都在强化高考、中考，都在厌恶高职，哪怕是职业大学也难逃厄运。

职业教育必须高、上、通，让民众能接受；高考必须有系统的改革，变成微创手术。在教育的政治哲学（立德树人、培根铸魂、启智增慧）问题清晰的前提下，教育还需要政治科学。我突然领会了小时候常听的毛主席说过的话：学制要缩短，教育要革命。如果从中班开始就围绕现有状态的高考学习，学制是要缩短，用“刑”时间过长，身心吃不消；如果说教育需要一场革命的话，首先在高考改革上下功夫，在职业教育水平提高上下功夫。教育也需要绿水青山、金山银山，国家需要新一代人明亮的眼睛、清澈的心。

关于语文“多余的”几点想法

语文话题很多，能对语文评头论足的人也很多。大家都懂点现代汉语，都懂点文言文，都懂点文学。在绘画语言、建筑语言、设计语言、音乐语言、舞蹈语言、数学语言、外国语言面前，大多数人欲言嗫嚅，欲行趑趄。

1. 关于“语文”这个名字，从诞生开始就被人关注与争议。中国人很关注取名，名不正，言不顺。“语文”是语言与文学，还是语言与文字？还是现代汉语和文言文？还是语言和文化？甚至一个“语”字，是语言还是语用，也有诸多发挥空间，似乎无一通吃的解说，这也就苦了教语文和学语文的人。

个人认为，取语言与文学之意视野不宽，语言不是文学的专利品，更不是狭隘的文学趣味（19世纪欧洲现实主义的叙述描写腔，19世纪欧洲浪漫主义的抒情泛滥腔，汉赋的宏大排比腔，南北朝骈文的绮丽对仗腔）的专利品。取语言与文字之意，把语文的功能完全排除在文化和思想之外，解释力不强；取最后两意——现代汉语和古汉语（语言与文字的具体体现）、语言和文化——的综合，用后意包含前意比较具有说服力。文字语言是文化传承和传播最重要的载体，在中国就是现代汉语和古汉语（演变中的古汉语承载了3300多年文化）。

2. 与名字有相同境遇的，还有它的功能和定性，也有多种解读。有说工具性应该是特征，语言本来就是工具，语文教学应该侧重语言教学；有说人文性应该是本色，文学涵养人的精神，同时汉语是我们的母语，肩负着文化的传承，语文教学应该侧重文学、侧重文化。各执一端，难免意气用事，为门派打斗。最后权威课标定性，语文学科是工具性与人文性的统一。花开两朵，各表一枝，表得好有时要看说书人的水平。语文课能否体现语文的性质，这需要艺术。单纯注重文字，会被批人文性不足；单纯注重精神情感熏陶，可能被指责上成政治道德课，失去了语文味。一堂课下来，如果有人评课，语文老师内心总是惴惴不安，不知评委选择哪朵花一表。

其实语文的技能是有重量的，必须拥有它；技能是有难度的，必须克服它，之后用它来敏锐地、深入地感受和把握文本的内在世界，自如地、合适地表达内心世界的时候，技能似乎就消失了。内心世界变得重要起来，它融解了技能，让人感受不到技能的重量和难度。就这一点而言，对任何语言（比如音乐语言、绘画语言等）的掌握、理解和表达都是相同的。

3. 我们教学所使用的课本，在编写与使用上也有分歧，课程、课标、教材三路神仙打架。确定课程与确定课标，确定课标与编写教材，编写教材与研究教法等都不完全是一路人马，三路神仙或多路神仙基于各自的学术背景，有时各有想法。有的漂浮在天空，有的则专注大地。有的仰视西方，有的执着东方，就有了相互矛盾的地方。特别在课标上，语文课标也不具体，多为抽象概念，不如其他学科具体明确。也不像过去叶圣陶先生与夏丏尊先生编书，两人志趣相投，品味一致，更主要的是对基础教育的理解一致，对语文性质把握都很接近，于是所编《国文百八课》很符合教育规律与孩子成长规律，他们用或别人用都很顺手。现在三路神仙没有这种默契，传统与现代、东方与西方不易整合，于是出现了理解与使用的差异。

4. 阅读的低效与学习的浅层。语文教学经常被以为“少、慢、差、费”来批评它的低效，许多人一辈子连基本的应用文都应付不了，不是废话连篇，就是佶屈聱牙。语文学科在家教领域里被选择较少，原因是辅导也很难提高分数。它需要一个精神结构的支撑：需要感觉和直觉，涉及形象思维和直觉思维；需要判断和思维，涉及抽象思维和逻辑思维；需要世界观和价值观；涉及需要大量的有意识，特别是潜意识的文化—知识—思想的积累。这些文化、知识、思想等精神要素决定了一个人的精神结构，制约了对文本的感受、理解和深度解析，制约了写作。语文难学，在于太综合。一般的教学传授思维与方法就行了，语文则不同，思维与方法如果没有精神结构的支撑，就会浮在表面，深入不到文章的内部，就理解不了文本，更不用说超越文本，自己动手了。

作为汉语语言，不仅有外在符号，更有符号背后的内涵，文化、知识、思想等精神要素都在其中，需要的是更多的内化。但实际在语文课堂教学上，血气不足。以初中为例，一册语文课本是30篇文章左右，正常的课时大约是100节，加上其他专题知识的学习，平均每篇文章大约用时两节课，90分钟左右。其间要完成的是字词、背景、内容、写法、主题、情感的理解与掌握。语文老师的任务就是带领学生完成这样的任务。

这样的任务完成，又被称为“解剖学训练”，语文老师在进行这样技术性的处理，大多成了解剖医生，在这解剖过程中，学生确实是得到了知识，但都是碎片化的知识；确实是在学习，但基本处在浅层次的学习，至于我们所希望的从认知到建构，就很难进行了。

以柳宗元《小石潭记》最后一段为例：“同游者：吴武陵，龚古，余弟宗玄。隶而从者，崔氏二小生：曰恕己，曰奉壹。”教师的处理方式就是告知学生，这是游记的一种写作形式，介绍同游之人。很少有老师让学生去思考为什么这篇有，有的游记却没有，也没有认真分析这里人物与作者的关系，更没有感受这样写所隐藏的情感。你一旦深入文字背后，发现这里面有他的亲人，有他的学生，有同命相怜的人。这样的人群陪伴他，却不能让他解忧忘怀，可见他痛苦之深。就此我们也就更能体会到“寂寥无人，凄神寒骨”的含义了。

知识需要在意识和潜意识的精神结构中内化，尤其人文学科，只传授知识，没有内化，学习就是浅层面的学习。但语文评价的导向无法去求全，毕竟还有更重要的东西要讲，那就是语文考试。

5. 说起语文考试，可说的更多，爱恨交加。在中考与高考的考试安排上，语文学科肯定排在第一，一种解读是高度重视语文学科，其实更重要的，是语文感觉的模糊性，每张卷子都会写满，一般不会是空白卷。不像数学等理科考试，会就是会，不会就是不会，泾渭分明。语文则不同，因为是母语，从技术角度出发，人人都会说话，不至于什么都不会，所以考出来后都感受还可以，都还不错，因此放在第一门，对后续考试情绪影响不大。

这其实带来的一个思考，就是对语文的评价，人文性的东西没有特别标准的答案，或者没有截然的对错，只有理解的深浅。从这个意义上讲，语文成绩是由综合因素组成的。你的语文水平、评分标准、你所遇到的阅卷老师，等等，都会决定你的成绩。有人认为语文成绩是考出来的，也是改出来的，特别是作文，怎么改，怎么变通，平常的作文教学是否符合阅卷要求，都不可一把尺子而论。所以为什么一有样板试卷或样板区，大家都会一窝蜂模仿。

有人曾批评我们一些教育者把命题者当作傻子，其实命题人不是傻子，应考者也不是傻子。这是一场聪明的出题者和聪明的利益主体的博弈。以前都是根据考纲课标来迎考的，现在没有考纲，只提一个抽象的素养，这让应考者确实为难。所以只能借参考卷与风向标来模拟，虽然是有点傻，但没有办法，没有人敢冒未来的风险，毕竟是中考和高考，从众最安全。

6. 但无论怎样，也不要忘记语文的本质：从文字到文学再到文化，最终到知识和思想。

语文有边际，没有那么复杂：训练和把握字、词、句、节、章；感受和理解他人的文本；书写自己的文本。

语文无边际，阅读和写作较复杂，涉及的思维模型太多，涉及到的文学和人文领域太多，文化、知识、思想越丰富、越多层、越坚实的结构支撑越好。

语文考试是群体博弈，变量太多，功夫和运气都很重要。

学好语文很困难，要用一辈子的努力。到现在为止，我觉得语文都没有学好，文字的组合、句子的搭建、篇章结构的组织、文化—知识—思想的表达、情感的注入、想象力—创造力的升华，需要语言表达的技法，更需要精神内涵，缺一项都不行。

语文不是玄学

我在上一篇文章中谈论了一些语文的问题，忍不住还想补充几句，用更简洁（concise）、紧凑（compact）、清晰（clear），或用萨默塞特·毛姆的话来说是更清晰（lucidity）、简洁（simplicity）、悦耳（euphony）来表达我的观点。我个人认为所有真实的问题都是理论和实践结合（当然结合度有基础理论、应用理论、应用技术三个层面之别）、知行合一的问题，是事实和逻辑、结构和系统的问题。否则问题就会很容易变成自我繁殖的、越来越神秘空洞的玄学。

玄学的产生有多种原因：(1) 知识生产主体和实践脱节，知识生产不断内卷。(2) 知识生产主体或丧失知识生产的能力，固执己见，或限于门派观点，闭目塞听，目的都是竭力维护既有的知识权威和利益。结果是：(1) 自说自话，同语反复，循环论证，热衷演绎，真实的归纳能力消失。(2) 极端状态就是玄学——长篇大论、不知所云的立论论证，同语反复，循环论证，类比罗列，绕来绕去，就是不接实际世界和它的变化。

古人没有那么多学习语文的高论，语文都不错。都知道先过语言基础关，过字、词、句、章关，然后熟读基本典籍，然后用文字语言表达叙事、抒情、想象、象征、论理等五大基本语义。

1. 字、词、句、章是硬功夫，是语文和母语的功底。如果能在此基础上把各类基础应用文写得简洁、紧凑、清晰，要言不烦，结构清晰，有条有理，重点突出，对一生已经是功德无量。

每每看到周围许多出自高等学府的人各类基础应用文写不好，甚至出现写作的心理障碍，就感到语文教育和学习似乎不太为稻粱谋，有点好高骛远。我是坚定的字词章句派和基础应用文写作派。

2. 然后通过各种口语的训练，实现坦诚平等礼貌、清晰简洁逻辑地说话、表达、交流、演讲。不注重倾听和表达也许是语文教育的一大缺陷，这个缺陷部分导致了众多公共场合的话语乏味、无趣。语文教育和学习似乎都是读写训练，甚至仅仅是纸面的文学功夫，听说的涵养和能力有所欠缺，没耐心听别人说的，没能力总结、概括别人说的；脱了稿子就不知该怎么说话。这种状况还出现了恶性互动：上面念稿子，下面玩手机。我是坚定的公共话语派和聆听派。

3. 同时再多一点基础写作，用比较严格的逻辑、坚实的叙述和描写讲清事实。说明文、记叙文的功底很重要。事实—逻辑、结构—系统的表达能力和习惯可以影响一生。语文要培养科学精神，而不仅仅是人文素养，更不仅仅是文学素养。我是坚定的说明文写作派和记叙文写作派。

4. 然后多一点文学、人文、科普的阅读，培养阅读的感觉和直觉，习惯广阔的文化视野、风格多样的语言，见多识广；让学生培养健康人格；种植多样的知识树，有助于知识后来的跨界生长、融合、迁移；种下想象力、创造力的种子。在此基础上加上一定程度的细读（scrutiny）和剖析（anatomy），淬炼阅读的感悟和领悟能力，最后指向思想和跨文化的交融。千万不要让他们认为无休止、泛滥的抒情，细腻绵长、无节制和无留白的叙述和描写，言肥意瘦甚至空洞无物的对仗、排比、成语就是文学，就是文章。在文学、文章的教育和学习上，一部分人喜欢在 19

世纪写实和抒情的花园中漫步，一部分人偏爱在汉赋和南北朝修辞风格的广场中徜徉，一部分人苏联式的报告情结顽固，偏好宏大而无意义的词汇和句子。语文的阅读风气要疏朗、开阔，否则会是“大家”面具下的小家之气。我是坚定的博览群书派。

以上四点是学好语文的基石。

5. 然后可以进入文学、议论文的写作尝试。

文学和议论文的阅读十分重要，但写作对每个人并非重要。诗歌、散文、小说属于艺术创作，并非每个人都要走上这条道路。

议论文属于思想的结构化产物，思想力不充分的时候，最好不要白费功夫；思想力充分的时候，有语文基础，自然水到渠成。议论文只有少数高中生和老师方能驾驭。我主张是写好读书笔记、生活随想，写出真切的想法，培养爱思考的习惯，而非去写那些好高骛远的议论文。现在的议论文大多数是议论的结构加幼稚的议论，为本本主义和党八股培养习惯。一篇好的议论文是脚力、眼力、脑力、笔力综合的结晶，要谨慎进入。我是有限的文学写作派和议论文写作派。

如果实在手痒，确实想写文学作品和议论文，我觉得要做到三个切忌。

切忌文学叙述和描写被铺陈、没有想象的时空绑架，19 世纪满满的叙述和描写的写实风格是可怕的。文学不仅仅只有一种写实风格，文学也不仅仅是写实。

切忌散文和诗歌写得太抒情，没有那么多抒情要去沉溺，否则抒情会变成刻意、造作、伪装、虚假、肉麻，浅薄。19 世纪满满流露和宣泄的浪漫主义是可怕的。真实、节制、饱满、含蓄更重要。

切忌议论文陷入无限度的、深刻得自己也把握不住的道理。控制好议论的边际，进入自我都感到不知所云、思维失控的世界十分可怕。

总之，切忌十足的文学腔调和师爷腔，其实很土很笨。

以上五点有序地构建了语文世界，对每个人终生有益。 语文学习是终生的事情，大学之前对大多数人而言只是打下坚实的基础。 文学作品和议论文的写作最终属于少数人，可以尝试，不要沉迷，徒费精力。 对年轻人而言，在文学和议论文面前，有时做一个好奇、勤奋的阅读者、欣赏者、思考者、记录者更好。

语文是一棵树，不是一头骡子

语文似乎是大多数人都有能力展开的话题。文字语言是人从小自然生长的交流工具，且文盲已经彻底消失，古代汉语多少知道一点，文学多少知道一点，文章和图书多少读了一些。除了语文，其他学科和课程不是专家就难以置喙了。也正因为此，语文最容易成为什么学科和课程都可以背一点的骡子，功能界线不够清晰，责任义务叠床架屋。教语文和学语文有时变得很累。尽管语文无处不在，但我始终把它作为一门学科，一棵有根、主干、分支，结构分明有序的树。

我一辈子都在用语文、学语文，深感语文的重要，对语文有诸多实践上的真实需求和想法，难免会不时地思考语文到底是什么的问题，形成了自己不一定正确的理解。今天觉得有必要将自己有关语文的想法要点化地总结一下：

1. 语文不是语言和文学，虽然我很喜欢文学。文学阅读只能作为语文主干的一部分，文学创作更是语文延伸出来的分支；而且我非常担心狭隘和保守的文学趣味垄断了这个主干和分支。另外，我遇到一些舞文弄墨的文学青年，他们语文没有学好，不能满足自身工作的需求，甚至惧怕基础的、非文学的文字工作，忧心忡忡，生活在非文学写作的焦虑中。

2. 语文不是语言和文字。语言和文字只是语文的根，但文字语言的功能丰富，有叙事、抒情、想象、象征、论理，文字语言的能指和所指必然对其他所有学科消极而言有依附作用，积极而言有渗透作用。

3. 语文是语言和文字、现代汉语和古代汉语（语言和文字的具体体现）、语言和文化的综合。这不是简单的折中，而是因为在语文实际运用中的深切感受，是因为这个定义的解释力更高一些。

4. 语文涉及语言的硬，也涉及文化中非人文的硬，更涉及人文的软，但在实际操作中，硬软的关系和搭配莫衷一是。加上语文的课程、课程标准、教材编写、教材教法并非一套人马实施，在具体的衔接上难免有断裂和矛盾；在实践中，难免有不同的偏好、取舍，有不休的争论。这些都十分正常，无需大惊小怪。

5. 语文的根是语言和文字，长出各类写作和阅读的干。语文是一个很长的谱系。延长需要更多的文化，特别是人文。许多人实际上很早就放弃了阅读和写作，语文能力不健全，且不断萎缩。

6. 语文虽然涉及人文的软，但也不是玄学。语文的根是字、词、句、章的硬功夫。这个功夫是所有文本的基础。由于编辑的缘故，《现代汉语词典》我用烂了三本，真正的韦编三绝，但是错别字、病句依然难以避免；许多字读不准，不会写，不知其意。

现在出版产品的编校质量是个难以攻克的难关。为何？

（1）写作者的语言质量不高，错字、病句改不胜改；

（2）重版书比例不高，对新书依赖大，新书太多，语言较水，编校者精力不济；

（3）产品门类庞杂，编辑专业水平难以驾驭；

（4）编辑水平欠缺、态度不够认真，尤其在语言驾驭方面；

(5) 合作产品太多，语言质量难以把控；

(6) 编校机制不够科学；

(7) 编校人员不足，语言专业培训不够。

每一条都涉及作者或编辑的语言硬功夫。从出版的现状来看，这个硬功夫也在退化。

7. 语文的根长出语文的主干。各类基础应用文的写作应该是主干之一，通知、借条、书信等都是未来一切契约文本的起点，切莫小视。

主干之二是说话、朗读和演讲。文字语言功能的实现依靠书面语，也依赖口语。现代社会生存的重要能力就是公共场合的交流能力。

主干三是基础写作。好的说明文和记叙文是影响一辈子的事情，里面有科学精神也有人文素养。说明文、记叙文写好其实很难，对己对人都是一辈子的无量功德。每每看到重点不清、花里胡哨、事实—逻辑和结构—系统混乱的报告、总结、讲话、请示时，就发昏抓狂；每每看到一些人为此类写作得了焦虑症，就痛心疾首。总感到说明文和记叙文的功底不扎实。

主干四是阅读和做笔记。有关阅读和阅读的方法我已经谈论了一些，包括阅读的功能、精读和泛读、分级阅读和跨级阅读等。今天我觉得要强调多读些最新科学的普及图书，多读些有关1500年以后、19世纪以后，尤其是有关20世纪以后的世界和中国的图书，立足当下、面向未来去博览群书。

做好读书笔记才能避免学而不思，才能避免囫囵吞枣，才能养成用思考将阅读结构化、用写作将思维结构化的习惯，才能积累出语文延伸出分支的能量。

根和主干是语文的核心素养。语文延伸出来的分支，以及和其他学科适度的交叉重叠构成了语文的光环。

交叉重叠就是通过语文学科传播基本的世界观、价值观、人生观和方法论，但一定要认识到语文传递的逻辑和其他学科有本质区别，它主要通过大众阅读来实现；一定要认识到这样的传播不能替代和削弱其他学科的自主独立和主体功能。

语文的根和主干属于大家，是一辈子的事情；延伸出来的分支属于少数人，是否能干一辈子，取决于个人的天分和努力；重叠的部分很自然，但要控制好限度。

我爱语文，但可能都说错了！ 我爱语文，它是一门学科，一棵树，不是一头骡子。

普通人的语文

普通人的语文

教育有自己的核心素养，基础教育有自己的核心素养，每个课程有自己的核心素养，每个课程都想拥有一套实现自己核心素养的教学任务，甚至任务群，将学习目的、场景、内容、资源、方法围绕任务展开，每位学生就是完成各种各样任务的战士，每位老师就是指导各种各样任务的连长。从单一的教育层次和课程角度来看，核心素养不难理解和把握，任务目标和任务群不是难度大的创新。如何把不同层次的核心素养逻辑一贯，各守其边际；如何对不同课程的教学任务、任务群进行总体设计，控制其泛滥，以致学生和老师不会在群山丛林中迷失，就是一件非常系统一结构的事情。

正因为如此，家庭教育和自我教育都要给自己留点想法和自留地，规避社会教育工程设计上可能有的负面效应。总体设计实际上非常专业：从学科设定到课程设计到课标制定到课本编写到学习—教育实践到出卷测评，还有课程的整体叠加，其中参与者众多，要素和变量多元，必须给自己一些独立性，否则难免随波逐流、迷失方向。

对语文也是如此。我对语文教育中的基础训练一直有自己的看法：默写背诵要对不能有错，为何不抄写和朗读；写字笔画要对不能有错，和后来的写字行为完全背道而驰；写字笔锋要有不能有错，难道都要成为古代的楷书家。这一切的反复、过度、事倍功半，甚至劳而无功的训练，还有随后的惩罚告诉我，为何我们长大后都会有不同程度的强迫症和焦虑症，起码会做噩梦；为何长大后我们只会重复、固定联想，没有创造力和想象力。书念完了，心理疾病来了。书没读好没事，可别得心理疾病，它们很难治愈。

我从事公共出版和编辑工作30余年，个人的阅读、思考、写作、翻译没有中断过，对语文没有高大上的想法，一直以普通人的需求去理解和运用语文，把语文当作完成工作任务、个人任务的重要手段。

普通人在这里不是阶层概念，而是文化概念。他终生对自己理解的语文有兴趣、敏感、讲究、爱好。如果对语文的兴趣、敏感、讲究、爱好到了一定的程度，语文这个终身大事就变成了终生事业。普通人的语文质朴无华、循序渐进，注重语文的日常运用。

理解语文

语文内涵丰富，是一个综合概念，包含语言和文字、现代汉语和古代汉语（语言和文字的具体体现）、语言和文化。

语文的使用是一种树状概念，语文的根是语言和文字，其言语形态是字、词、句、段、节、章，由此长出其他各类言语形态的主干和分支：交流、朗读、演讲、写作、阅读，实现文字语言的描写和叙述（合称叙事）、抒情、想象、象征、论理等多重文化功能。

语文是硬的工具，也是软的文化。工具的重量首先必须承受起来，然后去实现文字语言的诸多功能。特别需要注意的是：

1. 语文中有文化，并且我们通过语文接触了许多文化。但即使一辈子通过文字语言、语文来吸收和理解文化，我们依然要记得自己只是触摸到部分文化。 许多文化需要数学语言、音乐语言、绘画语言等各种语言才能理解。

2. 文学只是文字语言的一小部分，古今汉语的一小部分，文化的一小部分。 普通人认为语文不要太文学，它不是文学的专利，更不是某种风格的文学的体现。

字词句段节章是根

普通人能比较熟练地掌握3000个左右的汉字，通过它们遣词造句。 不刻意使用成语、冷僻字词，慎用排比、对仗。 在普通人眼里，用成语和冷僻字，排比、对仗的堆砌来显示语文根系的发达，是没有太大意义的事情。

普通人喜欢使用短句子，而非西式的粘连句。 字词句之间、句子和句子之间、段落和段落之间逻辑清晰，架构成简洁、紧凑的章节。 字词句段节章可以有隐晦，可以有明暗，可以有曲折，但也暗中贯连，明里没有多余，没有废话，开门见山，戛然而止。

字词句段节章的展开是硬功夫，功夫好受用一辈子，有助于文字语言文化功能的充分体现。 到现在为止，我觉得语文都没有且很难学好，文字的组合、句子的搭建、段落和章节的组织都是用进废退的功夫；同时，思想的表达、情感的注入、想象力和创造力的升华，不仅需要语言和文字的锤炼，更需要文化、知识的涵养，需要一辈子的读思写和实践的互动。

交流—朗读—演讲是主干

普通人十分重视各种场合、不同形式的口头表达，建成坦诚互信、平等礼貌、逻辑清晰、结构简洁紧凑的公共话语交流空间。不注重倾听和表达的训练也许是语文教育的一大缺陷。这个缺陷部分导致了众多公共空间的话语无趣、无序。语文教育和学习似乎都是低头的读写训练，抬头听说的涵养和能力有所欠缺：没耐心听别人说的，没能力总结、概括别人说的；脱了稿就不知该怎么说话，七拉八扯、乱七八糟。不会聆听和表达的会议越来越长，越来越多，有时让人怀疑职场和人生的意义。

写作有主干、有分支

普通人十分重视各类基础、日常的应用文，把它们视为主干，为今后职场良好的写作风格奠定技术基础、文化氛围。

普通人十分重视记叙文和说明文的写作，把它们视为主干，这是大到社会科学、人文学科、自然科学，小到报告、请示、总结、各类社会契约文本的写作基础。语文不仅培养人文精神，也培养科学精神。记叙文和说明文让人清楚地意识到认识世界需要事实—逻辑，需要结构—系统。

普通人十分重视阅读笔记的写作，把它们视为主干。议论文和文学是语文的分支。年轻时候不要沉迷于议论文和文学写作，议论文最好的状态依然是言肥意瘦，思想力是最后长出的东西，只要坚持阅读、思考、笔记、实践，好的议论文迟早会来；文学对语言的形式和风格、文字语言的结构表达、感觉—直觉和判断—思维的认知能力三个方面的综合要求太高，可以尝试，但不要太当回事。很多人写了一辈子低劣的文学，实在是浪费生命。掌握文字语言并非像掌握音乐语言、绘画语言一样，一定要去走艺术的路。文字语言的文化功能远比其他语言丰富，掌握其叙事功能最为基础。

我最担心的事情是：周围都是些议论大师和文学青年，他们的应用文、记叙文、说明文，以及相对应的思维能力让人抓狂。

阅读是主干

普通人经常回头关照自己的阅读状态。阅读是对课程的深入，也是对课程的突破。阅读的入口可能是文学，但阅读的大厅不仅仅是文学，在大厅里文学只是一扇窗子，阅读的大厅有许多扇看得见不同风景——自然科学、社会科学、人文学科——的窗子。除了阅读的速度、理解力、广泛性之外，普通人一直希望自己的阅读是一个不断建构，部分解构、重构的建筑，一棵可以不断生长、杂交、迁移的知识树。阅读的底层是哲学、逻辑和数学，中层是每个学科的元理论和基本框架，上层是丰富的精神现象。有了这样的架构，按语言和理解能力划分的分级阅读，以及对分级阅读的跨越或突破才有文化、知识、思想结构化的意义。

现代汉语和古代汉语互补

普通人首先知道要发挥好现代汉语的优势。它是认知性语言，逻辑严谨，适宜用判断去接受信息，用思维去处理信息。现代汉语要发挥好认知性语言的特性——叙事的理性和逻辑，千万不要沉溺于老套的排比对仗、文学抒怀、同语反复、循环论证的说理当中，蹉跎了许多人现代汉语的学习时光。

普通人也会发挥好古代汉语的优势。它是典型的感知性语言，言简意赅，点到即止，直抵人心，适宜用感觉去接收信息，用直觉处理信息。就文章而言，本人最喜欢先秦两汉唐宋文章；就诗歌而言，最喜欢诗经之风、古诗、五律和五绝。它们简洁、紧凑、清晰，留有洞察力、想象力、创造力延展的空间。虽不能至，心向往之。

完美的现代汉语不失文言文的优点，首先给认知性语言以简洁、干净、克制的力量，使现代汉语在逻辑的基础上更加简洁明快；其次给认知性语言以诗性的力量，现代汉语在理性的基础上具有温润和光环。普通人努力把古今汉语做成两种葡萄美妙的混酿。

我们遗漏的教育

教育是育人还是划分阶层，是一个严酷的价值观、世界观、方法论的选择。

本文不谈论和身心互动相关的劳动教育和体育教育。 在劳动教育需要和科技、其他教育融合的今天，许多人依然认为这种教育是浪费时间，手工劳动数千年来被集体潜意识和有意识鄙夷着，这在许多人对职业教育的价值评判中得到充分的体现。

劳动关系到我们的手，关系到我们心智和实践，关系到我们存在的意义。 有时想到，没有劳动带来的快乐的多巴胺和先苦后甜的内啡肽，人生要缺失不少乐趣，尤其会缺失自我组织化和生存的能力。

涉及心智教育的门类很多，从大众偏好和熟悉程度来看，依次是：考试教育、课程教育、通识教育、创新教育、艺术教育、家庭教育。

教育满足人、限制人、提升人、超越人，涉及塑造人格、感觉和直觉、判断和思维、想象力和创造力。 上面那个次序个人认为不对，后四种教育被不同程度地忽视了。 它不符合素质教育的趋势，不符合文明社会塑造人的原则，也不符合未来社会不确定的、更具挑战性的生态，不能满足人对未来社会的顺应和同化。 一个人一生的教育资源如果只来自于单一、强迫、偏执、完全功利的考试教育和残缺不全的课程教育，是对人最大的扭曲、压迫、限制、一次性定义，所以，我不得不把第三段的次序颠倒过来：家庭教育、艺术教育、创新教育、通识教育、课程教育、考试教育。没有前四种教育，教育最好的结果就是培养了一批专业的单向度人，更多的是培养了一批就业后不再自我教育的打工仔。

1. 塑造本能、本性、社会性、精神性构成的人格最难，人和人最终的差异在这里。年老的时候，感觉和直觉会迟钝，判断和思维会衰退，想象力和创造力会殆尽，唯有人格凸显出来，支撑我们一生的精神力量凸显出来。大多数人都脱掉了面具，消极地回归了本能和本性；少部分人也脱掉了面具，积极地回归了本能和本性；更少一部分人，脱掉了面具，面对内心深处的阴影，吸纳集体异质，审慎进化，形成丰富、强大、完整的自我。无论人是积极回归，还是审慎进化，教育都发挥着巨大作用。

我们无法决定自己的遗传基因和集体潜意识，但童年的经历和经验对塑造人格至关重要，家庭教育至关重要。多数人包括我几乎不了解家庭教育，它被忽视了。除了疲于奔命于兴趣班层面的教育，尤其是衔接小学课程的教育，超前传授一些基本的算数、识字、思维（越学越早，恨不能怀孕的第一天就开始智力教育）之外，多数人基本上是家庭教育的失败者，只好把塑造人格交给小学、中学、大学，岂不知道到了小学，人格尤其是其潜意识的人格底层已经形成。

2. 塑造接收信息的感觉和处理信息的直觉也很难。它们通常通过有意识的艺术教育和潜移默化的潜意识艺术氛围实现。我们的艺术教育在完成技术训练之后，在发现它缺乏未来功利主义价值之后就普遍匮乏了，最后艺术教育就成了少数人的谋生之道，或极少数人的艺术之道。至于美术馆、画廊、音乐厅潜移默化的氛围就更为缺乏。我们缺少有分布美术馆、画廊、音乐厅、图书馆、博物馆、标本馆的伟大街区。我们缺乏热爱艺术、浸染其中的艺术教育。但我们的感觉、直觉，以及想象力和创造力的审美表达特别需要艺术教育，我们对人的生存状态、对世界的理解和把握也需要艺术教育。艺术教育重要性远远没有得到足够的重视。通过艺术教育，一个人能感觉和直觉到美，感觉和直觉到审美的表达力，感觉和直觉到思想的理性、非理性、潜意识的洞察力。

3. 培养塑造个人、社群、社会、国家最需要的想象力和创造力也很难。除了艺术教育，它通常通过科学（Science）、技术（Technology）、工程（Engineering）、艺术（Art）、数学（Mathematic）的交叉、融合的STEAM课程实现。在考试教育（尤其是单一、强迫、偏执、完全功利的考试教育）的重压下，在课程教育和通识教育尚不能充分实现的环境下，创新教育几乎是一个昂贵的奢侈品。

创新教育不同于课程教育、通识教育，它是以科学技术引领，打通和融合科学、技术、工程、艺术、数学课程，旨在以科技创新改变未来、创造未来，提高国家各个领域和层面科技竞争力的教育。

创新教育在现有的教育体系中拓展非常困难，要突破现有对考试教育的偏爱，对课程教育的偏科，对通识教育低层次的滥用，尤其是对创新教育自身定位的认知和其实践的建构，包括：课程理念的不断更新，与其他课程尤其是理工科课程核心部分的融合和延展，与创新科技企业的合作，对自身课程的评估和推广。它真是内外都超级艰难的课程。

总而言之，家庭教育、艺术教育、创新教育是文明社会的升级教育。升级的路径一方面要靠自然而然的溢出和涌现，一方面更需要依靠人为的组织化、系统化的推进。“双减”提供了必要条件，但并非充分条件。

4. 塑造接收信息的判断和处理信息的思维。我们虽然缺乏形式逻辑课程和完备的学科通识教育（general education），但有比较系统的课程教育基础，只要落实到位，实现通识教育是完全可能的。

从涉及心智的课程教育来说，它们服务于文化、知识、思想为主体的精神体系的培养，以社会服从、合作、共同理念、信仰、方法、专业的系统建立为基本原则。

如果前面提及的前三种教育残缺不全还情有可原，如果为了考试教育，放弃了第四种通识教育，尤其残缺了第五种课程教育，不得不说我们走上了一条终生逼仄的道路。第四、第五种教育是文明社会的基本教育。

如果不知出于什么原因，在课程教育中又放弃了形式逻辑课程，会使得思维能力、写作能力、演讲能力、交流能力、谈判能力得不到提升，通识教育和课程教育都会大打折扣。

5. 我们最强、最得到重视的是掌握和测评知识点的考试教育。教育成了社会对人的筛选网，而不是育人的公器。教育行为在不同时期，以不同比例紧紧围绕考试展开。人格、感觉和直觉、判断和思维不再重要，价值观的方向、世界观的结构—系统和事实—逻辑、方法论的重点—协同都不重要。总之，在考试的知识点面前，文化、知识、思想的系统不再重要，更不要谈劳动教育和体系教育。

考试教育服务于人的本性，本性是人的长期社会性积淀，它寻求功利。考试教育主要满足于人的基本生存、就业谋生的需求。即使以上五种教育也很难从根本上改造人，人的本性、社会性强大而坚硬，多数人只能掩饰、压制，很难提升、超越。

在十分本性的社会，五种教育往往难敌一种教育。

在十分本性的社会，考试教育甚至很容易退化为单一、强迫、偏执、完全功利的考试教育，和其他教育完全脱钩。知识被完全压缩成知识点，被压缩成考试知识，考试知识被压缩成应试技巧，被压缩成应试速度。第六种考试教育退化出了最牛的教育。它不仅是经济起飞、急功近利时期的教育，且基因强大，古已有之，于今为盛。

在信息、数据、数字、智能叠加的网络社会，在非有机的、碎片的知识和信息比较容易检索获得的时代，有机的、结构化的知识变得更加重要。没有判断和思维，我们无法获得系统—结构、事实—逻辑构成的知识树，无法获得可以生长、融合、迁移的知识树，只剩下碎片化的固定联想，技高一筹的只是联想的速度而已。

退化的考试教育（单一、强迫、偏执、完全功利的考试教育）受到完全功利主义的心态主宰，优质教育的资源供给和不断上升的功利欲望相比永远是稀缺的，并且会变得更为稀缺，加剧了资源和配置的矛盾。只要从经济学角度就可以理解这一魔力心态。对多数人而言，魔力心态是一千多年都难以走出来的心态，是强大的集体意识和潜意识混合的心态。加上多数人童年考试失败的记忆、成年生存竞争的压力，使得功利主义的心魔愈发强大。在功利主义面前，退化的考试教育没错，但我们就眼看着孩子的人格、感觉和直觉、判断和思维、想象力和创造力在普遍的焦虑中被毁灭，甚至自我毁灭。考试教育，尤其是退化的考试教育是许多人内心巨大的阴影之一。即使到了成年，许多人依然梦见它，并把它作为集体潜意识传导下去。

当意识似乎愿意解放自我的时候，潜意识也不答应。多数人必然为社会公认的、单一的权力和金钱功利标准活着。很难实施理想的教育，内心深处真实的教育仅限于十分简单的社会权力和经济利益获取的水平，是为了单一生存选择的教育、永远物质饥饿的教育。约束、改造考试教育，特别是消灭退化的考试教育，只有首先改造人心。

6. 伟大的教育（也许就是我们内涵饱满的素质教育）是综合的，也是稀有的，是家庭教育、艺术教育、创新教育、通识教育、课程教育、考试教育六种教育的贯通融合，是前三种统领后三种，尤其是约束第六种。伟大的教育缺少不了前三种，充实的教育缺少不了第四种、第五种。如果教育只剩下考试教育，就是最糟糕的教育，它让人生毫无意义，变成了纯粹的占有而非生存。

要成为现实中完整和丰富的人，我们要接受这六种教育；要融入现代社会，在当下生存，我们必须接受第五种、第六种教育，尤其要去体验第六种教育的单调、无趣、压抑、失败和沮丧。考试教育会长期具有强大的生命力，成为磨练意志、顺应社会、满足基本需求的重要路径。只是它容易走火入魔，要有巨大的反功利心力方能驾驭。

多数人首先屈从于考试教育，当这种教育结束后，他们的内心已经受尽了折磨，什么教育对自己都是痛苦，统统放弃，这就是考试教育引发的普遍心理障碍。多数人从此落进手机，被信息和视频投喂，内卷成一个手机信息茧房的囚徒；同时通过心理补偿机制，把教育的焦虑和压力传导给下一代。成人读书越来越少，逼着儿童读书越来越多的现象就是明证。

快乐教育和教育快乐只是教育和其功能的一小部分。如果教育都是快乐的，教育就失败了。无论哪种教育都包含学习的痛苦，都是和人熵增（人就是想躺平的）的本能冲突、对立。好的教育产生较为均衡的多巴胺和内啡肽。

以上六种教育最初都是依靠它者实现的，当最终实现了不断的、终生的自我教育，教育就大圆满了：实现了外在规训向自我规训的转化，实现了实然状态向应然状态的转化，实现了必然王国向自由王国的转化。

思来想去，本文是写给自己，构建自我想象的教育世界，补偿自身残缺不全的教育。我是残缺不全但比较快乐的教育产物。在我身边这样的教育现在已经不多见了。

家庭教育和终生教育

教育培养人三个基本的核心素养：人文精神、科学精神、审美精神，即宽容、理性、审美；核心素养的四个目标或使命是：健康人格、感觉和直觉能力、判断和思维能力、想象力和创造力。学科体系的总体方向离不开这三加四，离不开康德纯粹理性、实践理性、判断力三大批判的框架，离不开马克思人的全面发展的思想基础，离不开立德树人、启智增慧、培根铸魂。

教育，考试教育，极端而退化的考试教育

学生、家长都在谈论教育，多数人都把教育等同于考试教育，并顺其自然地把考试教育极端化——单一、强迫、偏执、完全功利，排除其他一切教育，除非它们也需要考试——最终把退化的考试教育的结果当作衡量一切、赢家通吃的标准。在他们眼里教育功能十分单一，就是一切为考试服务。教育就是考试训练机、“英才”孵化器、阶层分化的工具。教育完全由考试教育的结果评判。分数和成绩的功利主义如果得不到缓解，改变教育的状态、发挥教育的功能、实现教育的目的几无可能。

三个教育平台

家庭、学校、自我和社会都是教育的平台，都应该激发内驱力和内在成长的动力，实现教育的三个基本的核心素养——人文精神、科学精神、审美精神，实现核心素养的四个目标——健康人格、感觉和直觉能力、判断和思维能力、想象力和创造力，最终获得思想能力和跨文化的能力。缺乏内驱力的教育、强化外部的刺激诱惑的教育是一种自我枯竭、竭泽而渔、功利主义的教育，不是走向富强民族的教育。

三个平台形成了一个完整的教育系统和生态。没有家庭教育、终生的自我和社会教育，教育生态是脆弱的；没有终生的自我和社会教育，家庭教育和学校教育完全或基本被考试教育所绑架，客观上在两个方面形成对人的伤害：

一是考试教育挤压出来的人普遍厌倦自我和社会教育，对于他们而言，考试教育提供的知识就是人生知识的全部，供一生消耗；知识成长随着考试教育的终止而终止，甚至三年高中考试教育的知识已经达到人生知识的顶峰。

二是考试教育使大部分人生存在重复、速度、过度的习题劳作中，形成不同程度的心理障碍，并非一些人所理解的考试教育形成了统筹和规划力、自律和意志力，并且受益终身；进入社会后，考试教育的成果不能适应社会和人的需求，无用感和无力感随之而来。强迫症、焦虑症、躁狂症、抑郁症都是在考试教育之中和之后形成的，为考试而考试的、排除其他一切教育的考试教育对人格的伤害远远没有被评估出来。

我们似乎还没有独立的、各具特点的、宽容而理性的家庭教育，只有考试教育向幼龄延伸的、成为小学考试教育预科的家庭教育，家庭已经成了考试教育功利和焦虑的共谋，甚至是资本合作伙伴，孩子只是家长欲望和焦虑、失败和补偿、投入和产出的出口和雇工，且代代相传，成为习俗、习惯、集体潜意识、社会心理，通过遗传成为本能、本性。传统的功利主义在没有价值理性指导的工具理性的助力下，在考试教育中找到了坚固的堡垒。

学校也不敢和家庭需求、社会需求作对，也成了考试教育心不甘情不愿或者心甘情愿（斯德哥尔摩综合征）的共谋。一旦考试教育在家庭、学校隐性结构化、体制化、情结化，成为集体潜意识的一部分，其消极影响绝非通过发文件、搞运动可以清除。因为它是在和人性、传统作战。

有时想想自己真幸运，基本上没有被考试教育折磨过，呵斥过。家庭教育就是看闲书、听闲乐；按照户口所在地上了中小学，中考都没有；根据自己的能力上了应该上的大学；形成读点思点写点的习惯。家庭教育和学校教育没有带来焦虑，而是终身对自我教育的喜爱。也许教育的过程就应该这样朴实。也许那个时代一去不复返了：完全依靠自然而然的教育和自发的学习，没有社会、资本、家长的干预，完成或进行着三个平台的教育。

艰难的教育革命

相对于显性的社会存在和社会意识，存活在经济基础和上层建筑之间的习俗、习惯、集体潜意识、社会心理隐性而顽固；相对于显性的社会性和精神性，人的本能和本性隐性而顽固。社会革命和自我革命双管齐下，消弭功利主义，回归以人为本，面向真实的自我，面向未来的世界，培养人三个基本的核心素养，实现核心素养的四个目标，是一条漫长而艰辛的朝圣之路。**教育是民族的根，是民族精神现状和未来的镜子。这条路不走也得走。民族、未来不能在考试中内卷，不能通过考试的内卷之后，挤进体制内终生躺平。**

解放儿童已经成了一场最伟大的社会革命和自我革命。天真的儿童来到这个世界，他们还不知道等待他们的是超前和过度的考试教育，等待他们的可能是一场家庭内外的共谋。

就自我革命而言，家庭教育、终生的自我和社会教育是基础，只有这两个教育强起来，学校教育才有可能从考试教育的绑架中解放出来，得到根本的改变。家庭教育在培养健康人格、劳动、运动、阅读的爱好和习惯、文化涵养上起着关键的作用；终生的自我和社会教育可以和职业相结合，延伸学校教育的学科、课程成果，贯穿在一生的通识教育、创新教育、艺术教育当中，并延绵到新一代的家庭教育当中。

更重要的是，我们处在信息碎片爆炸同时又充满信息茧房的互联网空间，处在技术发展超越人文社科发展、工具理性超越价值理性的时代，处在去中心化而分散多元、变化多端而难以预期的后现代社会，这个社会和前现代社会、现代社会混杂成了当下的社会景观。在这个景观里，这两个教育变为个人生存和发展的守护神。不要把一切都挤压在十多年不等的学校教育身上，最后挤压在考试教育上。考试教育出来的人难以适应未来的线下和线上社会。我们不可能用高中、大学、研究生的考试知识，离校接受的最终知识来应对未来。潜意识和意识的文化、知识、思想的力量需要一生去加强。

对个人而言，首先是人格和身体的健康

人格的最终形成，取决于遗传、集体潜意识、童年经历、学校教育、社会经历、自我教育，等等。但最重要的遗传、集体潜意识、童年经历，都与父母和家庭教育相关。家庭教育是满足人、生发人、限制人、约束人、弥补人，提升人、塑造人、弘扬人、超越人的起点，当我们把孩子送到学校接受教育的时候，人格已经在家庭教育中基本形成。

对人而言，健康的人格永远第一，健康地活着永远第一，量体裁衣、谋生养活自己第一。超越年龄段的教育、过度的考试教育除了制造强迫症、躁狂症、焦虑症、抑郁症，除了伤害身体，除了不切实际、想入非非，就是得不偿失。

在社会层面看清自己、认清能力，选择合适的教育。不要盲目自信和妄念，缺乏对自我、对自己孩子的理智认知。千万不要把自己没有实现的愿望焦虑地、不切实际地变成压力去折磨自己的孩子。鼓励孩子做自己能够做、可能做的事情，把它们尽量做好。

精英阶层永远存在，精英教育永远存在，这是永远的事实。不可能人人都去做精英，更不能做不了精英就虐待自己、毁坏自己、放弃自己。如果不接受精英阶层和精英教育是稀缺的现实，单一、强迫、偏执、完全功利的考试教育永远存在，范进中举的现象永远存在。家庭教育首先被同化为考试教育；艺术教育要么不存在，要么也被同化成考试教育；创新教育和通识教育被视作浪费时间，被边缘化或彻底取消；课程教育要么被考试教育选择性地敷衍，要么被考试教育选择性地削弱或取消。

教育革命从自我开始

消除内卷似乎只有依赖内心解放。内心解放是一场艰难的自我革命，它是守住平常心向剧场效应宣战，向焦虑的意识和潜意识宣战，向根深蒂固的功利主义传统挑战。

内心如果被永远锁在功利主义意识和潜意识的焦虑中，并且以集体的方式弥散，内卷难以消弭，对一代一代人心理的扭曲和伤害难以消弭，情绪、人格、精神三类心理障碍以及代际传导永远难以消弭。

解放儿童，必须解放母亲。这是一位父亲的来信：“中国教育的未来需要伟大的母亲，从女性教育出发，塑造宽容、温柔、慈爱、善良、忍耐、平和的女性人格，成为真善美的化身，摒弃功利、世俗、虚荣、狭隘、急躁、目光短浅的人类弱点，我们的孩子才会有光明伟大的未来，倘若我们的孩子天天和一个被情绪和妄念控制的女人在一起，功利和焦虑相互塑造，最终会制造源源不断的社会巨婴，我们的教育将没有任何希望。我们全社会的母亲必须向古代先贤孟母学习。”

解放儿童，母亲首先要解放自己。儿童的世界已经成人化，尤其是母亲欲望补偿的世界，儿童已经成了她们的工具。一位小朋友告诉我：最怕听到的声音是母亲呵斥的声音，像电锯一样。后来变成了幻听。

这是一位母亲的来信：“每篇谈及教育的文章都能在我们心中激起千层浪，反观自己面对的现状，五味杂陈之感就愈加强烈。社会的文明程度越高，教育越回归育‘人’的原点，保护孩子的思考力和创新力；反之，教育越侧重于生产阶层划分所需的工具人，强调去个性化，思想、行为统一化。你所说的‘当意识似乎愿意解放自我的时候，潜意识也不答应’，道出当下很多家长矛盾心态的根源，当我尝试想让孩子不被考试教育所累时，学校频繁的考试和老师都不相信‘双减’有效的话语把我又拉回到集体潜意识中，被这股洪流裹挟着，心魔滋长，我不断挣扎和偏离理想的教育目标，很痛苦。”

退化的考试教育根植于功利主义的心理和社会环境下的肥沃土壤，使促进人格完善的艺术教育、创新教育、通识教育等无法生根发芽，唯有考试教育能在其中吸收养分茁壮生长，高耸入云。

否定单一、强迫、偏执、完全功利的考试教育，更加证明了教育的重要。人格、感觉和直觉能力、判断和思维能力、想象和创造能力多少是由遗传、集体潜意识、童年经历、学校教育、社会经历、自我教育等要素决定，由于个体差异存在，决定的比例划分甚难。但我们相信童年经历、学校教育、社会经历、自我教育依然重要，相信人可以约束、提升和超越自我，相信文化以及其核心部分教育十分重要。

教育不是考试，不是筛选，而是对人的全面塑造和培养。解放儿童必须认清真正的教育，认清教育必须认清自我、解放自我，解放自我需要天下父母给自己一场正确的教育。

终生的自我教育是最重要的教育

传承文化和传播文明最系统、全面、深刻的手段是教育和出版。对我而言，终生的自我教育是实现“三”（三个核心素养：人文精神、科学精神、审美精神）加“四”（四个目标或使命：健康人格、感觉和直觉能力、判断和思维能力、想象力和创造力）最重要的教育。

面对过往，不要后悔所接受的教育残缺不全、痛苦不堪，不要期盼人生从头再来，要意识到还有终生的自我教育。终生的自我教育能创造良好环境，并助力学校教育的变革。

此文不用“终身”，而用“终生”，以表自我教育价值意义重大，是一生的事业、志业，而非一辈子从事的事务。其实没有这个事务，终身教育是伪概念，教育只是积极意义上的“终生”。

退化的考试教育的多重伤害

我谈了很多种教育，从内容出发有：艺术教育、创新教育、通识教育、课程教育、考试教育。从实施主体出发有：家庭教育、学校教育、社会教育、自我教育。文化和文明不仅是民族，也是个人自我超越的体现，其中教育是最重要的手段。自我超越是抵御人性强大的熵增的力量。作为文化传播和文明传承最重要的手段，教育的终极目标不是同化和顺应外部的刺激，而是让一个人产生强大的心力和内驱力，与知行合一、修身养性相结合，实现终生的自我教育。

如果没有良好的家庭教育和终生的自我教育（这两个教育是共生共存的），其他内容和实施主体的教育很可能被异化成揠苗助长、饮鸩止渴的考试教育。

教育是人一辈子的事情，不应该被压缩到十几年的学校教育当中，更不应该又被压缩到十几年退化的考试教育当中。这真是一个焦虑弥漫、自我厌倦、无趣无味的高浓度考试年代。我估计全中国家长最怕的词是“中考”，然后是“高考”，然后是“就业”。中考、高考分数出来后都是对考试排名和录取排名的网络宣传，它们将焦虑、厌倦、无趣集体意识化，最终深深扎入集体潜意识当中。

最恐怖的场景是：退化的考试教育抹去了所有和考试内容无关的教育，考试教育吞噬了家庭教育、学校教育、社会教育。一些缺乏终生自我教育和不读书的教师和家长，逼着孩子在刷题、考试中长大，孩子是他们生存、维护面子、焦虑释放的工具。

退化的考试教育的多重伤害是：(1) 制造不同等级的心理障碍，心力衰退、萎缩；(2) 内驱力丧失，毕业后厌倦学习；(3) 塑造顽固而至上的功利主义人格；(4) 对考试以外的知识一概拒绝；(5) 感觉和直觉迟钝、想象力和创造力匮乏；(6) 以上五点形成代际遗传，形成加固的集体意识和顽固的集体潜意识。前三点是对人格的伤害；第四点是对知识建构、解构、重构这一结构化过程的伤害，以及对适应未来社会进行知识不断进化的伤害；第五点是对个人和集体创新的严重损害，人本能地需要他人提供正确和安全的答案；第六点是对民族和社会的文化、知识、思想等精神持续的伤害。

随着离开学校这个教育主体，人就此走上熵增的旅途，一路破损而去，吱吱嘎嘎，最终散架一地。

学习艰辛而痛苦，但把艰辛和痛苦交给这种考试教育实在不值得；把精力最旺盛、记忆力最强大、想象力最丰富的时光交付给内卷成钢管的考试教育，真是欲哭无泪。这种考试教育不会产生获取文化、知识、思想的多巴胺，但把内啡肽的产生交给它更是完全不值得。

终生的自我教育塑造健康人格

无产阶级要解放全人类，首先要解放自己。我们把自己都关在退化的考试教育中，关在它的分数排名和宣传中，自己都解放不了，何谈解放全人类。教育不应该是现实的随波逐流者，而应该成为解放自我的先导者。

解放自我就是塑造强大、丰富、整一的人格，它比考试成绩更为重要；就是帮助个体选择适合自己的人生道路和职业道路；就是让个体关注自我成长，努力适应社会的变化。人格都残缺、分裂、崩溃了，拼命要考试的分数干吗？解放自我太需要终生自我教育的父母，需要终生自我教育的自我。

现在似乎是一个焦虑和剧场效应泛滥、协作和善意匮乏的时代，个体越来越脆弱，越来越无依无靠。同时个体淹没在信息、数据当中，无所适从；只好锁在自己的信息茧房当中，很难掌握事实、真相、确定性、规律，很难达成共识。这个时代需要谨慎，但更需要强大的心力和内驱力，需要尊重人性和常识、宽容和理性，这是强大、丰富、整一的人格的重要标志。

学校教育是一条长长的链条，从前到后有国家的学科设定、课程设计、课本编写、考纲考题，到社会和学校的教辅工具、教育理念、教育实践，再到学生个人的自我努力、练习应对、临场发挥。由于链条过长，参与人数众多，变化多端，对学校教育的评判和学习成果的获取，是众多变量的结果。有时我们不得不面对中考、高考、硕博研究生的一次又一次选择和被选择，但每一次选择和被选择都不应该成为对终生自我教育的放弃。强大、丰富、整一的人格在其中发挥着重要的作用。

在学校期间，我从不刻意在分数上创先争优，顺其自然，入脑入心则可，根据自己的能力选择学校和职业。我能学习一辈子，龟兔赛跑的故事对我启迪最大。我不是自己、父母和老师维护面子的工具。我一辈子秉持自我教育，这样，人格结构就不会垮塌，判断和思维就不会腐朽，感觉和直觉还能保持些微，想象力和创造力最终还能有些许游丝。人和人最终的差异就是人格差异，总体活得很坦然。

我知道说这些等于在山谷的风口吹了一口气，没多大用。大多父母听不进去，大多中小学老师也嗤之以鼻。退化的考试教育是功利主义意识强大、潜意识根深蒂固的文化传统，是社会生存的需求，这两个东西是顽石般的硬核。实现理想教育对个人而言，是心的解放；对社会而言，是一场持久的革命，需要政治力量、意识形态力量硬碰硬的、持续和系统的干预。

终生的自我教育才能适应未来社会

实现理想教育的另一个路径是心的解放、自我革命。自我革命的最好方式是终生的自我教育。好在未来社会的图景反对极端的考试教育，给理想教育的自我革命带来了希望和可能，并开辟了道路。

退化的考试教育制造出脆弱的人格；制造出线性思维、简单的框架思维、结构固化和固定联想的知识；制造出感觉和直觉的迟钝；制造出想象力和创造力的匮乏。它们还能够局部适应组织化、体制化、规制化、中心化的前现代、现代社会，但无法适应后现代社会。

这是信息、数据、数字、智能泛在和混合的时代，是前现代社会、现代社会、后现代社会混合的时代。要形成结构化的知识树、以感觉和直觉为核心的接受能力和处理能力、以想象力和创造力为核心的智慧，最终形成思想和跨文化的冲击力，这些是个人、集体、企业在当下社会的生存和发展的能力。目前的学校无法教会我们这些能力。

前现代社会是点线关系，现代社会是点线结构，后现代社会是混沌结构，当下和未来的社会形态是前现代社会、现代社会、后现代社会混合的社会。这个社会本质上是组织化、体制化、规制化、中心化的不断解构和不断重构。回归自我，把握自我，自我教育一辈子，才能适应后现代社会，才能适应混合的社会形态。

真正的考试永远是自己测评自己，真正的教育永远是自己培养自己。学校教育很重要，但我更注重家庭教育、社会教育，特别是终生的自我教育，把宝押在自己身上。后现代教育的本质是借助家庭教育、学校教育、社会教育，实现终生的自我教育。这样，终生的自我教育已经贴近我心中理想的教育了。

理想的教育和实际的教育

理想的教育和实际的教育并非截然对立，通过自我和社会两个层面的努力，它们会部分重叠，逐渐大部分重叠。

理想的教育是德、智、体、美、劳全面发展的教育，是在核心素养指导下的教育，是能实施核心素养的教育。

实际的教育往往偏向极端，德智体美劳全面发展不复存在，就剩下一个考试的智。这个智和通识教育、知识树、智慧没有关联。学生所有的资源、家庭和学校所有的资源都在重复、过度、疯狂地使用在考试的智上面。

从学科设定到课程设计，到课标制定，到课本编写，到学习和教育实践，到出卷测评，还有课程的整体叠加，其中参与者众多，要素和变量多元。如何保持整个教育链条、基础教育、具体课程等各层次教育的核心素养逻辑一贯，各守边际？如何对不同课程的教学任务、任务群进行总体设计，控制其界限？这些都是结构思维和系统方法的问题、非常专业的问题。

理想教育是应然之相，既存在于未来，也是当下的实践。除了自身理论和实践的专业问题，理想教育受到强大的功利主义欲望以及它所带来的教育方式、学习方式、考试方式的挤压和扭曲。功利主义的教育认为中考是人生的第一分水岭，高考是人生的第二分水岭；分数就是教育的目的，分数带来美好未来，育分远比育人重要。理想教育或者成为假相，只是人美好的幻想；或者是本相，和实际的教育纠结缠绕在一起，难以取舍，不辨良莠。

以考分为最终目的的教育很容易控制全部的教育，围绕它的拼命内卷是实际的教育状态，成为真相：教育被压缩成知识点、记忆、联想速度的智力教育，德体美劳成为点缀。人格和身体不重要、判断和思维不重要、感觉和直觉不重要、想象力和创造力不重要，考试分数最重要，工业时代粗暴的功利主义和传统世俗的功利主义得到了完美的合流。

实际的教育是坚硬的石头，表面上被中考、高考所控制，深层次被集体和个人的功利主义心魔所控制。在传统功利主义集体潜意识控制下，在现代工业功利主义集体意识的推波助澜下，作为个体的家庭、个体的班级、个体的学校很难真正实施理想的教育。

从自我的内心解放入手

这条路径是启迪性的人生课、劝谏性的道德课。可以说得很生动，但功效似乎越来越弱。我们可以和家长说尽理想教育的系统目标，说尽理想教育对人一生中长期的好处，说尽：(1) 不同学生的学习能力、考试能力、心理承受能力都有一个限度，要有自知自明地做出人生的选择。(2) 在能力基本相同的情况下，考试分数和经济指标一样，理念得当，方法得当，心情放松，不会太差。执着于分数，追求好上加好，每战必胜，不敢保证。影响分数的变量太多。把心放宽一点，不要为此患了强迫症和焦虑症等心理障碍，影响终身的人格健康得不偿失。(3) 身体健康、心理健康、终生教育才能受益终身；人生很长，学校教育很重要，终生教育以及相伴相随的家庭教育也很重要。人生是漫长的养育，不是一次性的赌博。(4) 为孩子的升学、就业内卷可以理解，是一个认知问题；如果把孩子作为自己的面子、虚荣心补偿的工具，是不道德的行为。

这些反复唠叨的道理在短期可以一时被接受，但在中长期不可能被接受。没有多少家长宽心到可以长期不在乎考试分数，可以抵御考试分数集体性的内卷压力或者诱惑。

人格中的本能、本性、社会性坚如顽石，当下、短期远比中期、未来具有压力和诱惑力。面对中期和未来，精神性的东西在没有制度保护的前提下是脆弱和不稳定的。破山中贼易，破心中贼难。

另外，大多数人对教育的认知和想象力已经被“遗传”在狭隘的考试当中，成为了顽固的基因，控制了人的心智。除了考试知识、考试训练、考试分数，教育什么也不是。我最近面试了许多毕业生，无论来自什么等级的学校，基本上都是考试生。出版能交给他们吗?

面对考试要内心解放。认清个人在文化、知识、思想方面学习能力上的限度，不要无理性地在一条道上硬逼，充满了杀身成仁的戾气。不要无理性地死扛，总有人会在中途下车。理性、常识、宽容对各类个体最为重要。

但我越来越不想指责人性的弱点，政治的、文化的制度保障，以及教育的制度优化是更为理性的选择。

从考试入手

（1）考试（尤其中考和高考）要紧紧围绕核心素养，为理想的教育服务；理想的教育并不排斥测评、考试，但测评和考试要最大程度体现理想教育对核心素养的要求。考什么、怎么考，决定怎么教和学。这和政府对国有企业的综合考核一样，怎么考核，决定了企业干什么、怎么干。考试体现核心素养是很难的活，但也根本地决定了教育和学习持之以恒的方式。(2) 降低考试难度，不现实。降低难度反而会进一步增强应试的内卷，增强背题、刷题和斤斤计较的动力。既然是分流，必然有难度。主要是以什么标准分流。(3) 考试最终就是分流，分流的程度和教育资源的布局、供给相匹配，这是无法改变的事实。考试的难度会长期地存在。总之，考试可能是内卷的助推器，也可能是内卷的终结者。

从政治的、文化的制度保障入手

职业教育的提升、考试改革，可以推进教育和学习方式的变革。这些变革只是理想教育的一部分，理想的教育首先关注健康的人格和身体，关注感觉和直觉，关注想象力和创造力，而不仅仅是知识，甚至不仅仅是它的高级版本：知识和方法、知识树、判断和思维。

因此，实现理想的教育首先是一场社会革命，需要政治力量、意识形态力量硬碰硬的、持续和系统的干预。没有政治的、文化的制度保障的个体改造十分脆弱。批评国民性并不难，制度保障是技术活，专业要求高，还需坚韧不拔，持之以恒。与其花费力气消极地不断批评不良的国民性，不如积极地不断加大制度保障，培育优良的国民性。在制度面前，全世界的国民性总体上差不多，制度保障好，人向上提升；制度保障不好，人向下涌动。

职业教育必须全面提高水平，形成一条很好的分流通道。

考试为理想教育服务，同时考试难度和分流必须面对。

制度干预内卷是必须的，坚韧不拔的“双减”不能停步。这样我们就可能去实践理想的教育——为人核心素养的教育、为民族的教育、为未来的教育。

第一条建议是个人安慰，第二、三、四条建议是社会方案。人生苦短，也不能什么都依赖于外部力量，命运自己把握得越多越好。

终生的自我教育

人生要有出口，要有分叉。自己拥有的出口越多，分叉越多，活得越开阔。自我解放和自我教育是最好的出口和分叉。用日日行、月月新的自我教育，实现人的全面发展、核心素养，实现人对未来社会的同化和顺应。中途下车不怕，终生教育在车站等着你。这个教育可以牢牢地控制在自己的手上，这等于扼住了命运的喉咙。

终生教育—学习和出版业

我从事出版业 30 余年，工作的经历给我四条重要的经验：一是终生教育—学习。用“终生”而非“终身”，是因为一辈子的教育是一种使命和奋斗，是艰难的自我成长不止的道路。由于中小学接受的基础教育课程并不完备，由于大学本科、研究生接受的通识教育不够开阔，文化和知识的未涉领域等待不断开放；由于外部世界越来越复杂、模糊、不确定、难以预测；由于思想、理论、学术生态的不断演化；由于人自我放松下坠的本能，就业后的终生教育—学习显得尤为重要，否则就会不知不觉地成为无知无识的出版人，就会逐步成为受到体制保护的无用之人。阅读、思考、写作成了我终生教育—学习重要的组成部分，成为了一生的劳动。

二是不断从实践中总结思路和方法，将它们结构化和系统化，并不断让实践的水流冲洗，使得结构和系统更加清澈，并进行局部的解构和重构。总体性的解构和重构没有发生，也许是出版的本质没有变，也许出版行业还没有出现颠覆性的变化，或者自己过于保守。

三是不断使自己的思想逻辑化和简约化，使思想主题和它的展开有着清晰的轨迹。感觉和直觉、潜意识都在底层做着支撑，输送能量。从不担心理性会扼杀这些有生命力的东西。只要思想来源于实践，来源于阅读、思考和写作，能接上地气，理性不会苍白。有生命力的东西就在其中，但要约束和冷却它们。巴赫充满幻想的前奏曲和严谨的赋格曲一直是自然融合的，赋格曲约束和冷却着前奏曲，使前奏曲更加饱满和高贵。一切思想的原型都应该在巴赫的48首平均律键盘曲当中：从生活和实践中获得生生不息的动力，用读、思、写把它们压缩、结构和系统化。

四是中庸之道。任何人、任何集体的信息、知识、理性都是有限的，世界的结构和社会系统越来越复杂，越来越难以预测和不确定。没有比不极端、不激进、理性的集体讨论、集体选择、集体行为更重要的事情。我始终坚持出版是一个集体行为。

以上四点都离不开终生教育—学习直接或间接的加持。

有关阅读、思考、写作、教育等人类行为，我在不同的文章中给予了论述，这些论述的基础大多是我个人行为的经验和教训的总结。这些行为涉及到感觉和直觉、知识树和知识林、想象力和创造力、思想力和跨文化能力的建立和培养，也涉及到人格、道德、信仰的建立和培养。立德树人、启智增慧、培根铸魂是人一生的事业，离不开终生教育—学习，尤其当下由于以下几个因素显得更是如此。

1. 教育的状态。教育大致由课程教育、素质教育（比西方的文理通识教育和博雅教育内涵更加丰富）、创新教育、考试教育四个部分构成。由于各种原因的推动，考试教育不断地扭曲前三种教育，甚至自己扭曲了自己，我们不得不耗费大量的时间用于考试培训和刷题训练，然后用终生教育—学习来弥补前三种教育的遗憾。高考不是教育的终点，大学教育更不是教育的终点，最失败的教育就是学业结束后对学习的厌恶，对学业的放弃。人的一生永远需要课程教育、素质教育、创新教育陪伴，去实现专业内部的拓展和专业之间的交叉创新。这是一个只有多面手、跨学科更可能生存、发展的世界。

2. 我们面对着三重世界。一是简单的线性关系的世界，这是一个二元世界，可以通过平衡的方法加以处置。二是复杂的线性结构的世界，这是一个多元世界，复杂性从巴赫的赋格到托马斯·泰利斯的40声部的复调合唱曲不等，但还是一个可以大概率预期和驾驭的世界。三是混沌结构的世界，充满了复杂交错的关系和黑天鹅事件，犹如古斯塔夫·马勒的交响曲里充满的突如其来、令人措手不及的变化，这些变化经常让指挥家迷失方向。我们每天都在不同程度地面对这样一个混合一体的三重世界。如果没有终生教育—学习，这个世界对许多人来说会变得越来越难以理解，越来越茫然，更不用说如何应对了。

3. 我们生活在三重社会之中。当下社会是前现代—现代—后现代、农业—工业—信息、中国—亚洲—世界混合的社会，决定社会的六要素——生态、政治、文化，经济、技术、文明（取偏物质意义的）——分为前后两组，交织在一起，各自发挥着不同等级的功能，决定着社会发展的形态和方向。没有终生教育—学习，这个和过去、未来充满关联，形态混合的社会，这个在不同国家和地区呈现方式不同的社会，会让我们迷失方向，无所适从。

终生教育—学习是人生存、发展的必由之路。能为终生教育—学习提供资源支撑的重要力量来自出版业。迄今为止，没有哪个文化产业能够在传承文化、传播文明方面和出版业相匹敌。出版业的重要基础是文字语言和写作。文字语言和写作是人类最伟大的创造。文字语言的叙事、抒情、想象、象征、论理等功能具有弥散和渗透能力，是其他语言难以望其项背的；写作的传承和传播能力远远超出了口口相传，思想、理论、学术、历史不可能通过口述实现。但必须记得：出版是文字、写作精品的呈现，是语文力的体现，而不是精品的消失和语文力的沉沦，尤其在不能再胡乱写书的当下。

对于终生教育—学习而言，出版业面临的最大挑战是它的知识服务能否实现体系化、深度化、专业化，和世界的发展、变化同步。任何对知识服务体系、深度、专业的漠视都会葬送出版业的未来。出版要不断努力进取才能成为终生教育—学习的支柱之一。

中国出版前景辉煌的基础是科技出版、社科出版和艺术出版，这三大类别的出版很大程度上依赖于每一个人对终生教育—学习的依赖，也决定了终生教育—学习的质量和力量。

一位结构主义者的所思所为

一位结构主义者知道世界的点线关系重要，他以一般均衡的方法去思考和处置它，犹如对待古典交响乐几个声部的关系。他也知道世界的点线结构更为重要，他以工业设计的态度去思考和处置它，知晓理念、系统化和制度化的方法在驾驭这个结构中的重要性，否则他不会去展开大规模的制造行为，犹如对待一部19世纪交响乐各个声部的关系。他也知道世界的混沌结构是不可避免的，灰犀牛群上不时会飞来黑天鹅群，他以更复杂的人类新生态的态度去思考和处置它，知道看清趋势和新的方法在控制这一结构中的重要性，犹如对待自马勒以后现代交响乐各个声部的关系。结构主义者会把握结构—系统、事实—逻辑、定位—布局，但不是控制型的人格。控制型人格的人只控制点和线，只控制细节。

一位结构主义者知道人的行为大多是各种形态的集体行为，知道有效的结构远远大于部分的相加，无效或不良结构远远低于部分的相加。结构唯有系统观念和方法方可驾驭；系统观念和方法起步是事实—逻辑，目标是定位—布局；集体行为在结构—系统、事实—逻辑、定位—布局下进行，实现效率和效益最大化。除了判断和思维的理性力量，健康的结构主义者相信个人和群体的感觉、直觉、感情、潜意识的力量，但这些力量必须和系统—结构保持张力的关系才能成为建设性的、持久的力量。

一位结构主义者知道理念（它有不同的名词表达：价值观、世界观、战略、原则、思路、目标）、方法（系统化和制度化的方法是其高级形态）、集体行为（它有不同的名词表达：举措、重大项目、重点任务）之间逻辑清晰、关联同向。没有任何理念和方法的行为完全是盲目冲动。价值观决定行为方向，世界观决定行为的系统和结构、事实和逻辑，方法论决定行为的重点和协同。任何行为有了细节才获得了生命和生长。

一位结构主义者崇尚极简原则，如无必要，不增实体。任何集体行为，以及行为规则、行为单元的增加都要带来超过简单相加的行为效果和意义。任何没有系统—结构、事实—逻辑、定位—布局认知控制的集体忙碌，都是糟蹋自己和他人的短暂生命，剥夺生命的意义。

一位结构主义者知道给个人行为留下纯粹个人的、非结构性的空间和时间，让个人享受潜意识和直觉。所以他知道集体行为必须得到控制，把时间和空间留给纯粹个人的、非结构性的意识和行为，这里有结构维护的持久能量，有解构性、颠覆性的创新种子。

一位结构主义者是一位哲学家，或者是具有哲学思维的人。哲学的历史是一个不断从各个具体领域退却的历史，一个不断调整自我定位的历史，也是一个最终找到自我定位的历史。哲学最初解答外部世界的本质，后来转向人的本质，后来转向神的问题，后来转向认识论和方法论的问题，后来再转向世界、人的生存、科学认识等问题，形成了本体论、价值论、方法论的大循环。随着各种学科的兴起、成熟和独立，它们都树立了学科自身的根本理念和哲学，哲学已经既没有能力提供所有学科的普适基础，也没有能力对所有学科进行普遍的抽象，除非重复古典哲学的话语。哲学螺旋上升的过程在 20 世纪开始逐步关闭，它的领地越来越小，只关注、思考、发现人的生存意义和人的生存行为的元问题，确定意义和行为的完整、连贯的世界观、价值观和方法论。这个问题非常顽固，似乎永远解决不了，又需要解决，科学无法解决，所以哲学找到了自己的角斗场，它永远不会消失。

在具体的出版行为中，结构主义者注重单本图书，但更重视单本书内容的延展，单本书和一个系列、一个版块、整体出版结构的关联度，即在他眼里，单本书背后一定有出版的系统—结构、事实—逻辑、定位—布局。他关心出版的细节和活力，但以控制总体和方向为前提。

如是，一位真正的结构主义者不会（尤其是团队）僵化，他（它）通过想象力、创新力、批判力，通过阅读、思考、写作、实践，经历着一个不断建构、解构、重构的、充满生命力的结构化过程。

在海南万宁凤凰九里书店平台上想到的一些东西

2020 年 12 月 6 日的夜晚，海南万宁市凤凰九里书店是黑茫茫沙滩上唯一的亮处。书店定位是大海边的诗意守望和思想探索之地，洋溢着中庸平和之气。可以说这家书店是黑暗中的亮者，然后延伸出许多有关书和阅读的抒情、哲理。但这非我所长。

室内几桌人在独自低头读书，室外平台上几桌人在喝茶聊天，平台外是我说不出树名的树在风中的沙沙声，树外是有节奏的海浪声，但不看见一缕海浪。

灯光下看见人和书，灯光之外依稀看见几株树，树外是发出巨大声响而不可见的大海。这就是我看见的九里书店的场景，其巨大的象征和隐喻的意义也是我个人面对的外部世界。

对灯光下的世界我所知甚少，对灯光外的世界我所知朦胧，对完全灯光外的世界我其实只有一点点线索。

因此，聪明人为何经常是失败者：一、他不相信自我理性的局限性，相信自己有光到处就有光，傲慢而盲目，他不需要协同者；二、他不相信别人的理性，相信自己的光才是光，他不需要别人的光来互映，他没有协作者；三、人性使然，他伤害了他者，他者等着他出错，一旦出错他自然没有援手，被投井下石。

因此，选择策略是：

把握好人性和人格之道，即人的本能、本性、社会性、精神性的内外深浅的基本框架。知道人性和人格需要展开，一旦展开，依然幽暗曲折，自我和他者都有难以细微展开的地方。

把握好地之道，传统社会起主导作用的生态、文化、政治，近现代社会起主导作用的技术、文明（偏重于物质的理解）、经济是决定社会模式和发展的基本框架，但其复杂的交互关系难以细微掌控。哪个要素、哪组要素起决定性作用，决定着社会发展的道路，不同时空中，往往把握不住。

把握好天之道，集体行为的理念选择再高远挺拔，都不能脱离人之道和地之道。前两道幽暗曲折，看得见在灯下，那只是一小部分，大部分在朦胧中、在黑暗中。人只能通过较为健全的人格和知识架构的群体性讨论，探索胜算概率较大的道路，中庸谨慎顺势地前行。

最后意识流流出了“人心惟危，道心惟微，惟精惟一，允执厥中”十六个字。

朦胧和黑暗告诉我们：人需要集体讨论，而非辩论，更非争论、争吵。

决定世界进展的变量诸多，且不是简单的线性关系，而是一种复杂的线性结构，甚至是混沌结构。恩格斯晚年在马克思墓前称这种复杂的线性结构关系是力的平行四边形法则，而我们当今面对的诸多历史变化更具有混沌的特性。诸多变量中大概率的、不断重复出现且相互关联的要素，我们习惯叫它必然性或规律；小概率的、很少重复出现的且无法确定的事情，我们叫它偶然性。

必然性的世界一直在重复，对群体和个人而言是依稀可见的命运。

经济繁荣和萧条、技术革命和衰退、政治改革和保守、社会稳定和动荡、文化开放和封闭，它们都会随着时间推移反复发生，相互关联。这些要素基本上是以周期的形式重复出现，并相互关联，有时一个周期比人的寿命更长，有时一个人一生要遇到三到四个的周期。贯穿其中的制度体系、人的素质和治理能力起着决定性的作用。

偶然性的世界一直在出现，对群体和个人而言是冥冥之中的命运。

尽管人们不能预测和确定小概率的、很少重复出现的事情，但都希望通过大概率的、不断重复出现且相互关联的要素来减少前者的消极力量，增强前者的积极功力。历史无法逃避偶然，没有偶然就等于没有机遇，没有责任，没有挑战；但历史应该以法治的制度体系、各级的治理能力控制、缓冲偶然，否则历史对所有的人来说都太无情无义了。

他者和世界虽然难以理解，自己也很难读懂自己。但安静地和自己待在一起，守护好自己，才有可能发现一些自己，然后发现一些他者和世界。

所谓：慈悲生智慧，智慧除执着，无执生开阔，开阔生谦虚，谦虚知力及。心灯自亮，边际自现。先照亮自己，再照亮别人，心灯互映，照亮时空。

几千年前就把握易经之理的中国人无需为命运和它的挑战担忧，关键在于通过可以看清和把握的大概率增强抵御小概率打击的能力。中国式的乐观主义是现实主义的、结构系统性的、大概率的。中国的生存方法论——结构—系统、事实—逻辑的集体讨论——更符合我们面对的世界。

海子是面朝大海，春暖花开，简单透明，虚心至纯。我是面朝大海，三重世界，由明至暗，不得不慎。凤凰九里书店的白天属于海子，夜晚属于我。

结构、简约、中庸地面对世界

人的三种存在方式：为生存的劳作，为灵魂的劳动，为共同目标的行动。对个人而言这三种存在方式比例各不相同。每个人都必须面对三个选择，做出不同的配比。尽管有外部条件的限制，但不同的人在相近的条件下会做出差异很大的选择。从这个意义而言，人的存在有时确实先于他的本质，人的选择有时确实决定他的本质。

结构

为生存的劳作关注点线面，为灵魂的劳动关注点线面结构，为共同目标的集体行动关注点线面结构，更关注混沌结构。三种存在方式应该有不同的思维方式，但不少人进入了后两种存在方式的时候，思维方式依然停留在点线面。尤其集体行动特别需要系统—结构观念，否则就如一支没有指挥的交响乐团在演奏马勒的作品。集体行动的失败固然如曼瑟·奥尔森所言和人性相关，但和系统—结构观念的匮乏也紧密相关。

简约

简约的思想，就是回到伟大先秦思想传统。世界的变化、信息的泛滥、知识和思想的生产，都需要我们不断建构、解构、重构，但简约是结构化三个环节的基本品质。啰嗦、累赘的思想固然不乏深刻，但没有重点、逻辑的简约就无法实现思想的效率和效益，就是耗费自己和他者的宝贵生命。思想的美感也来自重点突出、逻辑清晰的简约。

中庸

任何人、任何集体的信息、知识、思想、理性都是有限的，面对的混沌结构和黑天鹅式的风险比比皆是。敬畏宇宙之大，知晓自我的迷茫和无知，没有比中庸的心态来进行集体讨论和选择更为重要。

人是一个复杂的人格整体，充满了本能、本性、社会性、精神性四个层面的矛盾，充满了四个层面有意识结构和潜意识结构之间的矛盾，以及四个层面内外结构间的矛盾，人格的复杂、矛盾、不确定和不稳定，需要以中庸的形态对己对人。当你知道人格底牌的时候，既不会欣赏，也不会苛求，中庸的心态油然而生。

哲学如今不再是宇宙论、认识论、自然和历史理论。哲学的历史是一个不断从具体学科退却的历史。它是最基础的、其他学科不涉及的世界观、价值观和方法论，尤其是有关人的存在的世界观、价值观和方法论，其方法论的核心——结构、简约、中庸——可以让我们建立熵减的耗散结构。这个核心在伟大的先秦思想传统中早已完成，成为我们民族的集体潜意识。它强大无比，不时泛起，如今凸显，是我们文化自信和智慧的不尽源泉。

写到这里，耳朵里突然响起了爱沙尼亚最伟大的作曲家阿尔沃·帕特《镜中镜》里面的声音。这一声音和结构、简约、中庸是多么的吻合。

人和人的差异最终在哪里

我在《文化人士的读思写听》留下了一句话——人和人的人格差异在于：第一是显性的、有限的、有意识的结构世界；第二，也更重要的是隐性的、无边无际的、潜意识的结构世界。根据主题与变奏的原则，我续写人格的差异问题。这个问题我之所以感到重要，取决于诸多的情结：取决于我对人格心理学数十年时断时续的兴趣；取决于越来越多的父母以网络刷题的知识让儿童补偿自己在考试教育中的失败；取决于随之而来无序的、高密度的网课、作业、培训、考试剥夺了儿童对知识的兴趣、想象力和创造力，并引发儿童的群体焦虑、躁狂、抑郁；取决于一些儿童和年轻人以不同的形式厌倦生命和放弃生命；取决于自身和他者不时泛起的情绪、人格、精神层面的心理障碍和障碍危机；取决于对未来心理障碍群体涌现过虑的预期。

1. 人和人的外在差异点甚多，年幼的时候被关注的是文化面和知识力，年轻的时候是想象力和创造力，以及随后的思想力，以及跨文化的能力，中年时候是各种现实权力。对多数人而言，60 岁前后的知识力、想象力和创造力、思想力、现实权力的动能都将耗尽，特别是它们的社会象征意义对人对己也在滑落。任何人的差异最终“山高月小、水落石出”，集中体现在向死而生的人格力量和质量上。人生的舞台越来越暗了，聚光灯只聚焦于本真的我。

2. 人格由四个层面组成：本能、本性、社会性、精神性。在不同的人那里，这四个层面还呈现出内外（内在人格和外在人格、面具——纯粹心理学意义上的，没有任何道德和政治意义上的含义）、深浅（潜意识结构和有意识结构）的差异。它们一旦高度分化开来就会非常复杂，让人很难把握。

人格四个层面强大、丰富、整一的人是稀少的，需要先天和后天各种机缘的汇聚，需要劳其筋骨、苦其心志地培养。常态下培养几十年的人格，可能瞬间在关键时刻崩塌，人格的长成是热血、辛劳、汗水和眼泪的结果。人格越强大、丰富、整一，就越不易出现严重的心理障碍——情绪失控、人格分裂、精神崩溃。大多数人多少都有不同等级和程度的心理障碍。

从短期而言，内在人格和外在人格会有矛盾，但从长期而言会趋向一致；面具是外在人格最社会化的一部分，是假性的外部人格。面具的些微痛苦在于戴不上去，绝对痛苦在于脱不下来，这两种痛苦都可能导致心理障碍，尤其后者。

显性的、有限的、有意识的表层结构世界是人格的海上冰山；隐性的、无边无际的、潜意识的底层结构世界是人格的海底冰山。后者对人格的品质具有决定性作用。底层结构，决定一生思考和实践的方式，犹如芯片和操作系统。一旦意识层面处理不了问题的时候，一定会调动潜意识的力量。人生恰恰在于大多数重大遭遇都是意识层面无法解决的。潜意识底层结构的培育、养成、质量对人格来说至关重要，也是所谓十年树木、百年树人的关键所在，它是战略武器库。

3. 人格有多少来源于集体潜意识，有多少来源于基因遗传，有多少来源于童年的经验，有多少来源于童年之后对社会关系的同化、顺应，有多少来源于各种形式的教育和文化熏陶，有多少来源于自我的修炼，最终人格来源的诸多要素哪一个占主导地位，各种来源的比例分配，一是因人而异，二是众说纷纭。

因为人的经历是单程和隐秘程度不同的旅行，人也不是实验室的物品，我们无法对他们进行回溯、反复、封闭的实验，并进行定量分析；因为具体的人的生活经验、教育和文化，尤其是他的儿童期、他的遗传、他的集体潜意识构成了一个复杂、独特的系统；因为人格层次，以及这些层次的内外和深浅关系复杂多端，对人格来源的认知，尤其涉及到具体的人都是想象比实际的多。

人是一切社会关系的总和，人也是一切非社会关系的总和，也是一切关系的总和。人格是个体性的、多重要素作用的结果，每一个个体和每一个要素都值得重视。

4. 心理学和哲学、文学的实践是不可或缺的、互补的堂吉诃德大战风车，它们都不是严格意义上的实验科学，它们从不同的角度探究人，去猜测和寻找这个世界的面目、行为逻辑和价值。对人、对具体人的探究和发现是一场西西弗斯的劳动，不断循环，永无止境。

就人的存在而言，人格是多重的、内在的、深层的东西，是根，是没有太多纠缠的孤立之物；人的其他——知识、想象、创造、权力、金钱——是枝叶，大部分纠缠一体。根本的问题是根有多深，而不是枝叶有多繁茂。解决存在的诸多问题固然需要枝叶，但重大问题需要的是根，尤其在需要方向和定力的关键时刻。很多东西可有可无，可多可少，但健康的人格不可能无中生有，我们更应该重视这个伴随一辈子的稀缺资源。

写作的心理障碍

这是一个写作过度的时代、文本泛滥的时代，大量写作是复制、粘贴、拼凑的产物。电脑写作本来是一件好事，让人便于修改文本，调整框架，而结果是助力人懒惰的思维之熵，使思想崩陷。抄袭引用、陈词滥调、同语反复、循环论证之文汗牛充栋，纷至沓来。许多文本写作者本人都不知思想的原点什么，逻辑是什么，方向是什么，架构是什么。文本进入了自我生殖和繁衍的状态，导致很多写者和读者得了写作恐惧症和阅读厌烦症。心理障碍根据 DSM－5 的分类一共有 19 种，应该再加上这两种。

一旦我们不复制、粘贴、拼凑，我们就可能开始了真正的写作。写作的心理障碍首先是没有能力组织语言，缺乏语言的技能。许多接受过高等教育的人一辈子都不知道怎么组织语言，他们的语言总是像一座被爆破了一半的碉堡。毕竟不是文学写作，对组织语言的要求是十分有限的，一般经过写作训练的人可以克服这一技术障碍。

最大、最顽固的写作心理障碍是来自精神：脑力枯竭，笔力塌陷。句子和句子、段落和段落的意义无法生长、展开、延伸，整个文章没有逻辑和失去方向。在这个意义上，写作不是技术问题，而是精神问题。解决写作精神问题的办法就是将实践、阅读、思考、写作贯通。实践和阅读为思考输送能量，思考力最终转化为写作力。

写作心理障碍的根源问题解决不了，同时又不断被强迫写作，就会导致不同程度的心理障碍：情绪失控、人格分裂，直至精神崩溃。

对我个人来说，写作当下的功用是排遣工作压力，以免胡思乱想落入无法解决或一时难以解决的困境，沉迷其中而不可自拔。写作是情绪的安慰剂，是精神的救生圈。但思想会逐渐枯竭，每周一文成了压力，成了心理障碍：骑虎难下同时欲罢不能。写作最终要解决精神资源的问题。

除了写作的技术能力和精神资源以外，对我个人而言还有一个风格的问题。我固然认同罗兰·巴特零度写作的姿态，但认同姿态不是赞同观点。我感觉写作情感和理性必须得到各自五十度的张力平衡。这是一个情绪、情感泛滥的时代。首先没有认识的情感分文不值，其次，不要怕没有强烈的感情，而要怕感情过于强烈。真正的抒情不抒情，控制情感比抒发情感更需要力量。情感过于强烈会使得表达过于黏稠、繁茂，甚至结构混乱、失控，看不到线索、方向和本质。破坏性的强烈抒情往往是低劣的。写作要透气，保持干硬冷的风格，犹如透过冬日的森林看到山水。哪怕低于五十度，像格林·古尔德弹奏的巴赫《哥德堡变奏曲》；而郎朗对此曲的演奏高于五十度，抒情的浪漫风有点让人受不了。

技能是有重量的，必须拥有它；技能是有难度的，必须克服它。之后，当你运用自如地表达内心世界的时候，技能似乎就消失了。精神变得重要起来，它能融解技能，让人感受不到技能的重量和难度。对这一点，杰出音乐演奏家感受最深。

有关五种语言的四个片段

文字语言处于所有语言的中心

从语言的起源来看，动作语言（高级形态是舞蹈语言）、声音语言（高级形态是音乐语言）、图像语言（高级形态是各种狭义的艺术语言，如绘画、雕塑语言）、文字语言（高级形态众多，文字语言只是其重要代表之一）、数学语言都是我们或多或少需要掌握的基础语言。文字语言虽然起步较晚，却是人使用最为广泛和基础的语言。它从小在生活中开始是自然习得，习得成本低，容易精进和升级，其他语言的精进和升级就困难得多。通过持续的阅读、思考、写作、朗读、演讲、交流，我们可以系统地并在较高的层次上掌握和运用文字语言，充分实现文字语言叙事（描写、叙述）、抒情、想象、象征、论理的功能。尽管绝不可能替代其他语言，更不能穷尽其他语言的意义，文字语言依然可以用来作为理解和解析其他语言的方便路径。对全民阅读的广泛认同、语文教育的基础作用、阅读在语文教育中的核心地位、阅读对其他课程学习的重要性，等等，都不断证明文字语言的核心地位。

各种语言相互依托和补充，才能建构起比较完整的意义世界

世界的意义深不可测，文字语言显现其较为显性和易于表达的一部分。其他语言突破了文字语言的表达边界，它们面对更底层的潜意识、感觉、直觉、情感或更抽象的思维。尽管语言文字功能强大，但仅仅依靠它无法触及完整的世界，获得其完整的意义。

任何语言都是具象和抽象的混合

图像语言、动作语言、文字语言、声音语言、数学语言大致是一条从具象到抽象的光谱。其中文字语言的具象和抽象的弹性变化尺度最大。

任何语言都是一个系统，是时空结构的混合

文字语言的能指和所指系统最为复杂；差异化大，不像其他语言具有全球的通约性。文化的密码首先隐藏在它的文字语言系统中。欲知一族、一国的文化，先学其文字语言。欲灭一族、一国之文化，先灭其文字语言。

图像语言、动作语言从空间指向时间，文字语言、数学语言从时间指向空间；声音语言时空混合，在音乐语言中对此会有强烈的感受。

除了文字语言，我在声音语言中获得的启示最多。其高级形式是音乐语言，音乐语言的高级形式是交响乐。管理一个庞大的组织就犹如指挥一个庞大的交响乐团。“如何把弦乐、管乐、打击乐三大板块协调好，如何把三大板块中的内部声部协调好，乐队指挥知道这极其不容易：每一个乐句如何勾连，每一个声部如何叠加，勾连和叠加最终朝着哪个方向发展。其中不乏即兴的部分，但千万不要忘记方向，否则局部的完美依然会导致整体的散架。”

进入世界文学的中国文学

世界和全球的概念是1500年前后大航海时期开始形成的。现在我们都已经有了全球、全球化的观念。中国从中国的中国变为亚洲的中国、世界的中国，今天也已经深入人心。

全球化在思想界最重要的成果是对全球史的研究。一旦我们有了对全球史比较深入的认知，对全球化的各种行为就会有更多的主体意识，以及与他者互动的意识。

全球史的著作层出不穷。其中最为流行的有斯塔夫里阿诺斯的《全球通史：从史前史到21世纪》（首选），威廉·麦克尼尔的《西方的兴起：人类共同体史》（另一首选，如果补充上该作者的《瘟疫与人》《竞逐富强：公元1000年以来的技术、军事与社会》，以及与其子同著的《人类之网：鸟瞰世界历史》三书更是锦上添花），菲利普·费尔南德兹-阿迈斯托的《世界：一部历史》，杰里·本特利和赫伯特·齐格勒的《新全球史——文明的传承与交流》，J. M. 罗伯茨和O. A. 维斯塔德的《企鹅全球史》，菲利普·李·拉尔夫、罗伯特·E. 勒纳、斯坦迪什·米查姆、爱德华·伯恩斯的《世界文明史》，都是皇皇巨著。

小型的有威廉·麦克尼尔的《世界简史》（首选），阿诺德·汤因比的《人类与大地的母亲：一部叙事体世界历史》，安德鲁·玛尔的《BBC世界史》，尼尔·麦格雷戈的《大英博物馆世界简史》，彼得·弗兰科潘的《丝绸之路：一部新的全球史》。

最简版的有约翰·R. 麦克尼尔和威廉·麦克尼尔子父的《麦克尼尔全球史：从史前到21世纪的人类网络》（首选），赫伯特·乔治·威尔士的《世界简史》；马克垚主编的《世界文明史》上下卷是大部头，是中国学者在全球史写作上的重要尝试。

其中大—小—简三种版本中都有威廉·麦克尼尔的著作，可见他在对全球历史认知上的地位。他坚信：社会的变革是与其他社会接触后的产物，采取的方式要么是模仿，要么是应对。1500年之后的全球史中，这样的例子不胜枚举。文学的变革也概莫能外。

世界文学是全球化后形成的文学观念和文学现象。世界文学是一个复杂的组合体，充满了内在的差异、多元、冲突、互动、对话、包容、交融，只有和这个组合体发生关系，或者进入这个组合体的时候，一部文学作品才成为世界文学的一部分，否则它只是一国的文学，甚至是一个国家中一个地区的文学。

中国作家对世界文学的认识有几个阶段：

1. 世界文学是他者，是目标。从叙述、描写、结构，甚至到情感、思想、想象，它都是模仿、追赶的对象，似乎只有用他者的文学性才能定义自己的身份，才能进入世界文学当中。这个阶段已经被中国作家扬弃。

2. 世界文学作为整体，是中国文学的背景，中国文学也力图成为其中的一部分，整体地嵌入。在这个背景下，中国作家进行创作和生产，并参与和它的互动、对话。政府、出版机构在其中成为重要的推手力量。作家们借助这一力量走入世界文学。

3. 世界文学是作家的栖息地，是一个庞大的文化社区、社群。作家以鲜明的个人身份，进入世界文学共同体，和世界的作家共同去建构世界文学的景观。

文学作品的文学性（是独立和原创的文学性，不是模仿和讨好的文学性）、思想力（对世界的世界观，生活在世界中的价值观）对文学的世界传播至关重要。 中国作家不再有进入世界文学的焦虑，取而代之是进入文学的焦虑、进入思想的焦虑。 这些焦虑逼着作家不断地自我超越。

只有作品具有文学性、思想力，再以作家的身份进入世界文学的共同体，才有可能成为世界文学的一部分。 世界文学史中这样的案例比比皆是，里面没有政府和出版社的推手，只有文学作品之间、作家之间深入的碰撞、融合。 世界文学是作家圆桌对话的结果。

作家国际交流的语言能力要提高，文化视野要拓展，才能提高对世界文学的参与度。 当语言和文化的屏障消失了，保持民族性又不沉溺于民族性，在文学性和思想性上形成高度，才有可能自然而然地成为世界文学的一部分。 进入世界文学是对作家自身语言能力、文化视野、文学性、思想力的全面挑战。

4. 要成为世界文学重要的组成部分，文学要和其他文化载体结盟，形成文化共同体，尤其和音乐、绘画、哲学、心理学、历史结盟，在其他艺术门类和学科中看见自己的影子，互通互融，形成文化合力。 世界文化史中这样的例子比比皆是。 伟大的作家和他们的作品不仅生活在文学当中，也生活在音乐、绘画、哲学、心理学、历史等领域当中，得到更多传播和传承的能量和渠道。

再谈文学性

一

文学都用文字语言表达，每个人都可以不同程度地接受文学、理解文学，这里没有绘画语言和音乐语言的门槛。我一直认为文学的艰涩和障碍在感情、思想、想象方面已经够多了，没有必要在遣词造句上、叙述和描写的结构上弄得过于艰涩，制造过多的障碍。乔伊斯的《都柏林人》《一个青年艺术家的画像》比《尤利西斯》《芬尼根的守灵夜》好，后两部的语言和结构制造了太多的障碍，破坏了文学性更重要的方面。约翰·福尔斯的《法国中尉的女人》采用了维多利亚时代的文体，远没有他的成名作《收藏家》好，过于繁复的文体也是对文学性的损坏。自我节制的语言和结构是文学性的守护神。现代文学的错误在于在文字语言和叙事结构方面做了过多的尝试，其实人们更能接受他们不太使用、不熟悉的绘画语言、音乐语言上的创新，而不能接受他们天天使用的文字语言的创新，与它变得过于疏离。

音乐史、美术史、文学史一直处于噪音和顺耳、变形和和谐、叙事创新和传承这些二元的对立和变化上。文学由于使用的文字语言不像绘画语言，尤其不像音乐语言，是大多数人日常使用和掌握的日常工具，因此人们对它含义的不稳定、含糊的忍耐力就变得十分有限，文学作品的革命性、象征性、多义性总是有限的。美术、音乐的现代主义轨迹远远比文学清晰。

二

文学世界是想象的、象征的。

这是进入文学必须跨过的门槛。文学不是作家生平和心的传记、不是历史记录，即使采用了写实手法，它也只是想象世界和象征世界。否则它就不是文学。但不少人被锁在写实手法、19 世纪现实主义的花园里太久，对文学的理解基本上在这个空间中展开，再加上 19 世纪积极浪漫主义夸张的趣味，写作和阅读的空间受到了约束；甚至严重伤害了文学的本质，让文学承担了过多的现实使命，或承担了过多的现实风险。

无论文学是一面镜子映照世界，还是一盏灯照亮自我和他者，它都是想象的产物，是象征的世界。即使文学手法是写实的，文学作品是现实主义的，与当下、过去有着直接的联系，它也是虚构的世界；它是作家和读者共同创造意义的世界，它一旦产生就有着语言所指和能指交织一体、自我生长的含义。因为想象和象征，文学的含义复杂、混合、多义、再生，十分开放，新批评、阐释学、解构主义做了大量专业的研究和解析；也正因为如此，文学批评在 20 世纪一直是各类创新思想、方法的试验场。

三

文学性一般处于多元和混合的状态。文学性包括语言的形式和风格、表达的结构，前两者和叙事、抒情、知识、思想的结合，但它们几乎不会以独立的状态呈现，有着不同程度的混合。各种作品体现的文学性不同，差异性极大，没有统一的文学性。读者总能在文学世界找到自己偏爱的对应物，并将自己投射进去。

一部作品之所以吸引我们，不是实现了全部的文学性，而是非常有特点和个性地实现了一部分；伟大的文学作品具有文学性的多层性、融合性和不确定性，有些甚至接近全部的文学性，提供无限阅读和解释的可能。

文学性是作品的审美性，两者是正关联关系。审美性的力量不仅仅停留在语言和结构上，也包含了显现知识和思想结合的力量，甚至可能放大知识和思想的力量。丰富而深刻的审美性和审美活动是最伟大的客体和心理体验。

以上三段话解释了从内部机制来说，为何读者各有所爱；为何一些作品能够成为经典，成为伟大的书；为何审美判断力高于纯粹理性和实践理性；为何不是越民族性越世界性，而是越文学性越世界性，民族性只是文学性的一部分。

出版和文学可以展开的三个话题

个人行为时，个人接受信息，感觉和判断并不均衡；个人处理信息，直觉和思维也不平衡。对个人而言差异很大，但不存在纯粹单一的接受和处理信息的方式。

集体行为时，虽然判断和思维有限，并经常错误，但人们依然会以判断和思维为前提，它们容易达成共识和妥协。这是集体行为的逻辑起点。

一、作为集体行为的出版和文学

如果出版是由规模出版企业完成的，它一定是人类重要的集体行为。成熟的集体行为有三个重要标志：

第一，它是由集体理性对自身优势，以及对行业趋势认知、判断和选择决定的；

第二，它是在系统化、制度化的世界观、价值观、方法论指导下的集体实践；

第三，它有一支职业敬业专业事业的团队支撑自己的行为，实现自身的集体逻辑。

这三点也是判断一家出版企业是否成熟的标志。

文学出版也是出版集体行为的选择：出版什么类型的文学、为什么出、为什么人出，涉及具体的文学出版理念；如何实现文学出版和阅读的最大价值需要编辑、营销、销售系统的方法，需要一支优秀的出版团队去实现这些出版理念和方法。

表面上看，文学创作是个人行为，是作家个人当下的意识产物，但其背后是他一生意识的积淀，是集体意识的积淀，是集体潜意识的积淀。文学写作似乎面对自我、回到自我，实际上也在面对他者、创造他者。最自我的作家都面对他者创作、需要他者的阅读。所有作家无论如何创新，他意识和潜意识中都有写作的边际和禁忌，都有超越自我的目的和责任。且一旦作品和出版、阅读相关联，作家就成为集体行为的一部分，作品就不再属于他自己了。

传记批评、心理分析批评和作家个人直接关联，对理解作品有一定价值，文本细读批评也是不可或缺的，但文学批评为何形成如此繁多的流派和理论，固然和文学批评的自我繁衍有关，但更重要的原因在于文学创作确实不仅是一个复杂的个人行为，它也是复杂的集体意识和文化的社会行为。文学创作通过个人，通过个人天才，连接个人和群体、连接传统又不断创造传统。因此，文学批评和其对象文学一样是一个综合体，难免会调动人类认知、思想的所有工具。

二、文学出版和文学阅读

关于出版和阅读的意义我们可以写一本书，但关乎人也就几句话：

出版关乎内在自我和人格，关乎内部和外部世界的认识结构，关乎人的想象力、创造力、批判力，使人发现自我、发现世界、发现未来。文学出版作为出版最重要的组成部分，它用于阅读，直接激发读者，是发挥这些功能的主力。

在中国，出版由文化精英把握，对政治、社会、文化三个导向负责，实现导向、质量、原创、精品四位一体的目标。文学出版还要为文学性负责。文学出版要对语言和语言表达的东西有敬畏之心。

我对出版的高度评价，对文学出版的高度评价并非出于对从业盈利能力的补偿意识：因为我是做出版的，它不是一个大型营利性行业，所以它必须了不起，然后去生造它的精神价值。出版的精神价值是实实在在的，文学出版的价值是真实的。

具有阅读意义的出版是不是出版主体，我没有做过统计学上的判断，但可以肯定，大部分图书不是用来阅读的。大多数普通读者可不这样想，他们认为出版和阅读高度关联，出版服务阅读，出版的意义和阅读的意义贯通；出版和阅读的主体就是少儿文学和成人文学。

出版的服务功能十分丰富，尤其在传承、传播文化和文明，教化、培养人格和人心方面，都是出版的使命和天职。这些服务功能导致了出版的形态多样，导致了一些出版形态一定是通过阅读来实现的，导致了文学出版一定是通过尽可能多的广泛阅读去实现的。文学出版和阅读从来就没有分离。

在资本和时间高度挤压欲望的时代，人特别脆弱，变得容易空心和碎片。文学写人，又直指人心，因此文学出版和文学阅读的意义如今显得尤其尊贵。

三、文学出版是十分艰难的出版

没有一种出版是容易的，但文学出版尤为如是。

文学出版比其他出版的难处在于，文学世界和文学性实在难以把握。文学世界是文学性对人格、认识、想象的综合和融化，任何一种力量无法单独驾驭。文学性内涵丰富，不是越民族的就越世界性，而是越文学性的就越可能世界性。

文学性的最高层次是它独特的知识和思想：文学的世界是对人的存在状态的认知、思考、启示的世界，是想象和虚构的世界，是具有多重意义，最终是有象征意义的世界。文学性几乎不会以独立状态呈现。各种作品体现的文学性不同，差异性极大，没有统一的文学性。伟大的文学作品具有文学性的多层性和不确定性，提供无限阅读和解释的可能性。文学出版就是要时刻对文学性的诸要素以及其混合状态进行鉴别判断。这是对出版理念、方法、编辑个人和团队的考验，是一场没有止境的、艰难的历程。

无论文学是一面镜子映照世界，还是一盏灯照亮自我和他者，它都是人生存状态的世界，都是想象的产物，都是象征的世界。它是人的生存世界，即使没有写人；它不是真实的世界，即使文学手法是写实的，文学作品的倾向是现实主义的，与当下、过去有着直接的联系；它是作家和读者共同创造意义的世界，它一旦产生就有着自我生长的含义。

虽然从宏观的结构和方向上看，出版是集体行为；但出版也需要微观的、个人的硬核。一位杰出的文学出版人需要一个，就这一个不可或缺的能力：对书稿文学性的鉴别和选择能力。缺了这个能力，一切皆无。这个能力是编辑年幼时潜意识长期积累的结果，是他成年后意识不断下沉为潜意识堆积的结果。对每一本具体的文学书稿而言，不要迷信集体选题论证会的判断和思维，要相信对作品文学性的感觉接受和直觉处理，尤其是针对类型文学以外的原创文学，对原创文学的鉴别和选择有时是一场冒险和赌博。鉴别和选择作品需要深厚广大的修养做底子，最后落在感觉和直觉上，也落在判断和思维的补充、说明、完备上。

文学出版和其他出版是两回事：文学要多用心，其他出版要多用脑，要落在理性接受和思维处理上。所以优秀的文学编辑远比其他门类的编辑更为稀有。

文学、绘画、音乐的杂想

在马勒的音乐那里，我始终没有发现纯粹的音乐，它和文学、绘画总有着非固定的关联。同时，它依然保持着音乐的抽象性和独立性。就此难免对文学、绘画、音乐产生了一点联想，这些联想一直连接到我在三十多年前研究生的学习、阅读和思考。

人心·技术和精神·象征的世界

文学、绘画、音乐是最流行的三种艺术形式，对它们有着无数专业的定义。简单而言，它们是人的内在世界通过不同的形式的外化，没有形式和外化，也就无所谓艺术。

文学、绘画、音乐不仅仅是抒情，也不仅仅是反映。它们首先是对人心的探索、挖掘、发现、拓展。只有在这个意义上，抒情和反映才会有知识和思想上的意义，才有艺术性上更高的意义。无论职业作家或写手，还是业余作家或写手，创作可能是内在生命的体现，可能是无聊的补偿，可能是必需的劳作，可能是牟利的工具。创作的第一种现象是艺术的规范性（normative）而非描述性（descriptive）定义。

创作者的心是什么，就投射出什么。艺术品总是通过心呈现出来的。我们也是通过心去认知它们。抒情和反映并非关键，关键是心和对心的拓展。没有人心的灯（抒情）和镜（反映）暗淡无光（推荐阅读梅耶·霍华德·艾布拉姆斯的《镜与灯》）。

以上三类艺术涉及文学、绘画、音乐这三种最坚挺的语言。后两种语言的难点在于，它们不像文学语言和文字语言、文字语言和日常生活有着直接的关联，有着自然习得的基础；它们需要在技术上有更多的训练。语言是技术，语言的结构化和系统化是技术，技术有重量、有难度，必须跨越，是艺术性的要素。当技术越发自如的时候，甚至感觉消失无踪的时候，艺术性的其他要素——结构、形式和内容的结合、知识、思想——的重要性就凸显出来。

再重复一遍：技术（技巧、技能）的硬物质要素无法回避。无论文学语言、绘画语言、音乐语言风格如何，只有拥有和克服它们，加上结构可以自如地表达内在世界的时候，精神才变得重要，它融化了技术。艺术的创作是非常艰苦的，它要克服精神的外化和精神本身的双重障碍。

先要说法国画家埃德加·德加的话："没有艺术像我的艺术那样不是自发的，灵感、自发性、气质对我而言是未知的。一个人必须十次甚至百次处理同样的问题。在艺术那里，应该没有机会和偶然。"然后再加上英国诗人华兹华斯的话："诗歌是强烈感情的自发流露。"艺术实践的目标是达到形式和内容、技术和精神、外化和内在的张力平衡，但这种张力平衡是稀有现象，即使在大师和他们的作品那里，也是如此。

艺术品是想象创造的意象、象征的世界。它们是感觉、直觉、思维、判断混合——在不同的艺术家那里混合的方式、表现的形态完全不同，最后转化为想象的产物——这是必经之路，构成意象的世界，传达所指的直接意义和隐含的意义，更重要的是能传达所指的象征意义。简单粗糙的浪漫的抒情逻辑和写实的叙述描写逻辑是无法创造伟大的艺术品，也不能用来理解伟大的艺术品。深厚、多向、多层的艺术品都是含义丰富的意象群和象征世界。所有伟大的作品，风格各异，对我而言都不是简单的抒情和写实，它们都具有丰富的隐喻和象征意义（推荐阅读雷纳·韦勒克《文学理论》）。

语言的差异

艺术语言表达和体现的方式从具象到抽象，程度不等。从题材上来看，音乐最抽象，文学居其中，抽象和具象的弹性最大，绘画最具象。文学依赖文字语言，文字语言作为人类最重要的交流工具，其功能特性是叙事、抒情、想象、象征、论理，总体趋向含义明确，任何反功能的实验都吃力不讨好。文学的多义性主要不是来源于文学语言的能指，而更多地来源于文学语言的所指，以及其背后的东西。

从历史演变来看，对具象的偏爱出现在绘画透视学发达的时代，出现在文学偏爱写实叙述、描绘的时代，出现在音乐、文学、绘画混合的时代。具象是一种风格，不是音乐、绘画、文学的所有风格。艺术的本质是通过各种形式呈现人内在的回忆、想象、幻想，是不同程度对现实的超越和扭曲，是构筑一个具有象征意义的意象世界。

艺术语言的创新度和其日常性成反比。越日常性的艺术语言，语言的创新度越弱。这就是为什么现代主义的文学并不成功；为什么现代主义文学远没有现代主义绘画、音乐被人逐步接受，并成为传统；为什么现代主义文学的脉络，远没有现代主义绘画、文学脉络清晰（推荐阅读朱利安·巴恩斯《另眼看艺术》）。

文字语言是人天天使用的语言，语意最为清晰，文学语言是它的艺术形式。相对其他艺术，文学更容易被人理解。除非文学语言的表达形式与日常文字语言过度分离。我一直认为这种过度分离几乎总是失败的，只留下文学史上的名气；我也一直认为文学是可以用不太偏差的语言，创造丰富的想象世界。从艺术史的角度来看，读者对文字语言的过度偏差不够宽容，而比较容易接受绘画语言和音乐语言的偏差。

绘画语言大多是具象的，相对容易理解，变形和抽象的绘画语言就有一定的难度。但人们总体对绘画语言是宽容的，它毕竟不是日常使用的语言，它可以得到比较充分的解构和重构。人们可以接受在变形和抽象的绘画中玩捉迷藏。

在文学语言中玩捉迷藏会令人厌烦。它的所指的功能是叙事、抒情、想象、象征、论理，用于日常、普遍的交流、传播，相对而言特别需要具体、明确，以便直接把握。文学语言的能指创新真是吃力不讨好。

音乐语言是最难、最抽象的、含义不明确的语言，也是最有意义延展的语言。节奏、旋律和我们身体的舞动相近时，音乐相对容易被接受，但依然很难明确它的含义。音乐是人心的隐秘堡垒。当一切都停止话语的时候，音乐依然可以发声。

尽管音乐抽象，有文学、绘画导引的音乐传播力更强，传播度更广，比如歌剧、歌曲、交响诗、交响音画、音诗，还有被作曲家、出版商、名人加了标题的音乐。从国别来看，除德国音乐，对其他国家音乐的接受更需要，或者说不排斥文学、绘画的通感。

一旦节奏、旋律，再加上对位、和声、配器的习惯偏离，特别是调性发生了习惯偏离，噪音就出现了。音乐史是噪音和顺耳互相转化的历史（推荐阅读亚历克斯·罗斯《余下只有噪音》）。美术史也是如此，是美和不美相互转化的历史。

白日梦·文学性·超越美·通感

人生有很多遗憾，但文学、绘画、音乐会少许多，它们将创造者的现实遗憾和压抑在想象、象征的世界里部分地补偿、升华。艺术是白日的梦想。艺术不一定比现实更残酷，但一般比现实更美好（推荐阅读西格蒙德·弗洛伊德《诗人和白日梦的关系》）。

不要让丰富的文学性消逝。文学性内涵丰富，包括文学语言的形式和风格，表达的结构，以及这两者和文学叙事、抒情、知识、思想的融合，还有文学的最高层次——知识和思想。它们一般都以混合的状态出现，否则就没有丰富混杂多层多义的文学性。对绘画和音乐艺术来说也是如此。单一、单面、单向的艺术性一般不具有在历史中不断呈现，被不断阐释，成为经典的可能。

在艺术面前不要简单地谈论美。就个人而言，艺术的内涵、艺术性（审美性）、艺术的审美活动远远超越美的要素和内涵。就群体而言，艺术的表达、艺术的内涵、艺术的传播和接受远比定义不清的美重要。说得清的美一般是形式的、传统的、保守的、单薄的。不要把精力花在美学、美的定义和美的要素上。美学是德国古典哲学的冗余派生物，破坏了艺术性以及对它的审视。

要有强大的通感，才能更丰富地创造和感受文学、绘画、音乐。浪漫主义综合艺术的理想在今天更有实践意义。浪漫主义艺术创作和鉴赏的理想状态，是建立在通感基础上的艺术生态。通感也是意识和潜意识一并涌现的状态。

三个对我而言最重要的想法

对人性的贴近和深入至关重要。 虽然受到集体意识和集体潜意识的促动和推动，但文学、绘画和音乐艺术依然是纯粹的个人行为。 正因为此，对艺术认知整个世界的能力不要抱有太大的希望。 通过艺术家去认知外部世界、解决外部世界的问题会让艺术家成为迷路的、背负过多负担的骡子。 艺术的价值在于首先开拓人心，其次把握人心，升华、补偿人心的渴望，展示出人心的多种可能性。

艺术性和世界性的关系至关重要。 只有艺术性过关了，民族性、乡土性才能和世界性连接起来。 越民族的就越具有世界性，只说对了真相的一小部分。 没有艺术性就没有世界性。

艺术是用来感知的，而不是用来谈论的。 细读一篇小说、观赏一幅绘画、聆听一段音乐远比阅读此文重要得多。

有关艺术的保守七言

1. 艺术关心的是人的生存状态，他的存在、命运、境遇、选择。艺术是高尔基说的“人学”。艺术无论关注什么，不能缺失人的生存状态。无人就是疲软。

2. 在艺术中，人的生存状态通过个体形态呈现出来。

个体是艺术家自我，也是他者，但都存活在艺术家的自我当中，通过艺术家自我的形式表达，外化出去。艺术是自我之心解放，也是解放他者之心的行为。艺术在现实中弱小无力，在心中强大无比。无艺术家则无艺术，无艺术则失魂落魄。

3. 艺术无论如何呈现——是镜子还是灯，都是想象的产物、象征的世界。想象超越现实、弥补空白，连接起个人时空的断层；象征使得艺术生成所指之外更深更多的含义，使得艺术不仅面对当下，也进入未来。艺术起初是艺术家想象和象征的世界，最后成为接收者和他共同创造的世界，甚至进入大小不一的传统，成为一代一代社群共同创造的世界。

4. 艺术有从简单到复杂的美，有更复杂的审美性和表现力，有可以独立出来的关于人的生存状态的感觉和直觉、判断和思考。艺术有单一形态的美，但伟大的艺术总是混合的，尤其后两者是必需的，形成冲击和震撼。

艺术家提供美，更提供表达力，提供精神力。唯美就是疲软。

5. 艺术首先是一个技术问题、形式问题，它有重量，需要克服；艺术最后是一个精神力的问题，它也有重量，需要承载；艺术中间是一个形式和内容结合的问题，也有重量，需要掌握。

虽然我是一个艺术品的有机论者，相信艺术品是一个不可拆解的整体，形式就是内容，内容就是形式，尤其对艺术品的感受和直觉更是如此；但从艺术训练和艺术分析的角度而言，以上三个问题都是可以独立的。不要把艺术品的有机体变成浪漫主义的神秘体。

6. 艺术要进入世界艺术共同体，进入传统，艺术家的主体性、表现力、精神力至关重要，各类艺术的资源联合至关重要。

各类艺术有各自的语言特性，但各类艺术语言可以打通，19世纪的浪漫主义者在各类艺术的混合和审美通感上做了大量实践。即使拒绝混合和通感，各类艺术的资源依然可以相互借用，得到更好的传播和渗透。

7. 艺术虽然可以和其他文化叠加，但其他文化不可替代它；它也不可能，也没有能力替代其他文化。

艺术也不等同于其他文化形态，它和其他文化形态一样，它就是它自己：黑格尔的一个“这一个”，发自于人的生存状态，回归于人的生存状态。

知识树和碎片化

大家基本上认为：这是一个信息泛滥的时代，缺乏深度和系统的文化、知识、思想、理论、学术的时代。事实上，从古到今，对于大多数人而言，这些东西都不会以深度和系统的方式获取和呈现，只是信息、数据、数字、智能在网络社会的泛滥强化和凸显了这一历史常态。

种植和培育一棵可以生长、融合、迁移的知识树，和想象力、创造力相关的知识树，不太符合人的本性、家庭的需求和社会的需求。个人可能为此要长期，甚至大半生支付巨大的精神和身体的成本，而人是天生趋向偷懒和熵增的；家庭要支付巨大的金钱和身体成本，而经济收益难以预测和确认；社会的需求也不强烈，专业分工似乎也只接受相对系统的、可以确认的专业知识，社会是不会为不清晰的收益买单。因此，个人、家庭、社会总体都出于各种功利的目的来对待知识。知识当下被网络刷题、作业、培训、考试等极度破坏性地碎片化、去结构化，这种趋势是有强大的人性基础、经济基础和社会基础的。

知识并非力量，而是各类成本和收益、权利和权力的一部分。是否是深度的、系统的知识，还是碎片化的知识并不重要，短期和直接的效益和获得才是最重要的。网络刷题的、作业的、培训的、考试的碎片化知识具有强大的、系统性的生存基础，并转化成强劲的自我生存—生长—繁殖的能量。应试教育的剧场效应是难以抵制的，尤其在功利主义的集体潜意识和人性、家庭和社会需求完美结合的状态下，它成了难以销毁的鸦片。尽管我们都认识到了这一结构性的、洪流般的问题的危害，但还没有找到明确的解题方法，更不用说答案。

碎片化的知识在所难免，但应该发现，没有知识树，这些知识就是杂货铺，甚至是废墟和烟云；有了知识树，碎片化的知识就被嵌入结构，被结构化，处于和知识树之间建构、解构、重构的互动中，它们才具有生命和活力。

种植知识树，即建立知识的系统—结构，犹如音乐有了主题，音乐有了引子；碎片化的知识自然嵌入，找到了归宿，甚至成为营养素，成为雨和风，促发知识树的生长、融合、迁移，促发它的解构和重构，犹如音乐主题有了变奏，音乐的引子有了随想和回旋。

碎片化的知识不是敌人，没有知识树的碎片化知识才是敌人。但很少有人意识到去种这棵树，他们一开始就抵制学科、课程、教科书的结构和系统知识，抵制广泛阅读获得的知识，沉迷所有功利主义的知识和结果，不惜异化知识（网络刷题是异化之极端），扭曲和伤害人格；成年以后，经过刷题、作业、培训、考试综合折磨的一代，形成了获取极度碎片化知识的路径依赖，一生也不会去种植这棵树。他们会一生厌倦结构和系统的知识，一生不会有想象能力和创造能力，一生受到各类心理障碍的困扰，一生最高境界也就是成为精致的利己主义分子和占有者。

这是一个过度需要“知识”、功利的时代，网络刷题、作业、培训、考试等极度碎片化知识，替代了生长、融合、迁移的知识树知识，而且这些碎片化的知识得到各种权力和利益的强化，竟然成了人与人差异的起始和分化最重要的要素；人的想象力、创造力不再重要；强大、丰富、整一、向死而生的人格完全被淹没，脆弱单一分裂成了难以解决的精神现象。

到了恢复知识树价值的时候，到了恢复想象力、创造力价值的时候，尤其到了恢复人格力量是最重要价值的时候，世界充满了未知的、难以预测的变化，需要一颗十分强大、稳定、牢固、平静的心。看到年龄层次越来越低的人，面对剧场效应愈演愈烈的刷题、作业、培训、考试，在扼杀真正的知识、想象力和创造力的时候；看到他们焦虑、躁狂、抑郁的情感综合征成了心理障碍的第一站，成了深层心理结构的要素，成了最终毁灭人格的终结者的时候，大家真的要为他们的未来行动起来。

海上人家和海上书店

未来的书店应该都是具有明确主题定位的社区书店、社群书店，它不以卖书为主要功能，而是以其特有的文化形态呈现出一种独特的文化价值，实现和促进附加的商业价值。未来的书店都是由文化人办的，就像一家剧场、音乐厅、博物馆、美术馆一样都是由非常专业的人士经营的。

在博鳌苍茫的大海边，我来到一处居高之地，店主想和我们合开一家综合书店。我想可以开一所海上人家和一家海上书店。

我凝视着黄昏大海的汹涌澎湃，聆听着海浪和海风交织的声音，脑海里首先回响起德彪西迷幻且富有象征性的《大海》，瓦格纳风雨交加的《漂泊的荷兰人》序曲，布里顿阴冷怪异的《四首大海间奏曲》的旋律。

又想到了书。赫尔曼·麦尔维尔的《白鲸》，它和海明威《老人与海》的精神属于一个谱系，前者是一种视死如归的悲剧，后者是一种隐忍人生虚幻的悲剧，也许它们是最好的以海洋为背景展开的悲剧小说。随后，笛福的《鲁滨逊漂流记》、凡尔纳的《海底两万里》、马克·吐温的《汤姆·索亚历险记》、扬·马特尔的《少年 Pi 的奇幻漂流》中的大海景象一一浮现起来。我想，和海洋关联的小说、诗歌不胜枚举，完全可以像海浪一样在一家书店一层层地绽放。

又想到了画。首先是卡斯帕·大卫·弗里德里希七幅海滨月光系列，它们可以是海上人家和海上书店最好的背景装饰。

然后是席利科的《美杜莎之筏》震撼人心的场景，然后是安东尼·福尔克玛（Antonie Volkmar）的《移民的告别》，然后是葛饰北斋的《神奈川冲浪里》。还有许多我喜欢的大海绘画一一浮现。有关大海、海岸的绘画不胜枚举，投射出变化中的人的精神状态，以及艺术呈现的方式。

又想到了酒。从苏格兰北部的奥克尼岛（Orkeney），到西北部的天空岛（Skye），到西部的马尔岛（Mull）、朱拉岛（Jura），再到西南部的艾雷岛（Islay）、艾伦岛（Arran）、坎贝尔镇（Campeltown），浸润着不同海味的威士忌在空气中弥漫开来。在海边享受它们惬意又激发想象力。

又想到了历史。海还是一样的海，但1500年后的历史中，大海意义不一样了，它是全球化的波澜之路。海洋使欧洲的领土得到了重塑，威尼斯、热那亚、西班牙、葡萄牙、荷兰、英国这些小国依次成了区域大国，甚至帝国。美国自不待言。有关大海和全球化的名著一辈子也读不完，有关海洋的历史、海洋的科普图书也是汗牛充栋，在此没有罗列的必要。1500年后的全球史表明：拥有大海，陆地就得到了延展，生存空间才真正辽阔起来。当然未来还有太空。

大海能让我们想到的元素太多。当这些元素混合在一起，充斥在海上人家的每一个角落，尤其是海上书店的时候，大海就汇聚成一种文化的力量，一个巨大无边的文化场。不同的人在这里能够找到属于自己的身体之家和心之屋，找到大海无际而多元的象征寓意和巨大的知识树。人在这里可以全方位地感受大海，给大海投射出更多的意义。投射的结果是：更喜欢大海，更留恋海上人家和海上书店。

海上人家、海上书店到处是海的音乐、文学、绘画、历史，但愿它能降生，也祝愿有更多文化定位明确的社区书店、社群书店降生。

实体书店不再是各类书籍胡乱的堆积，也不是气场庞大豪华或优雅精致的杂列，它首先是一种文化的聚焦和聚集。“实体书店应该是有明确文化定位内涵丰富的书店，在此基础上实现新技术、文化多元业态融合的提升。 书店要有文化的魂，它不是有钱人各种层次和形态的，或可有可无，或网红打卡的摆设。 办一个好的书店其实就是办一家优秀的出版社。”

糟糕透顶的身体和有点糟糕的身体

精神和身体、精神和欲望

1. 身体是精神的载体，一般而言，健康的精神寓于健康的身体，健康的精神生于健康的身体。要善待身体，让身心合一。不要折磨它、遗忘它，直到它不行的时候，才发现它的价值；但人往往为了各种快感和欲望伤害它，直到这个载体出了问题，才注意到它。要善待身体，一旦身体无可救药，也就只好顺其自然，让精神放飞，离它而去。

2. 个人和集体强大的精神力量一直是令人向往的。人们希望它们能控制、提升、超越人的各种本能和本性的欲望。人类文化、文明很大的一部分就集中在这里展开。有关这类问题的严肃著作、各种艺术作品、层次不同的鸡汤论述难以计数。

难以计数就证明这是一条艰难的旅程。现实中，我们遇见更多的是精神力量薄薄的面纱，包裹着或汹涌澎湃、或顽固坚硬的本能和本性的欲望，所以不得不动用法治或法制的力量来控制这些欲望，把它们关到笼子里去。

人类的本能欲望最为古老，可以用 20 万年计；人的社会性欲望和其沉淀的本性欲望次之，可以用 5 万年计。以陶器规模化制作、城市的建立，尤其以语言文字的出现为标杆，系统的文化过程，即文明史分别约为 8000 年、1 万年、5200 年的历史；至于成为大众普遍拥有的文化、文明都是在工业文明之后开始的。不要低估本能、本性的力量，尤其不要低估身体本能的力量，它的历史实在悠久，是最强大的基因力量。

3. 精神对控制、提升、超越各类本能、本性的欲望还是可能的，但必须看到，精神对出现问题尤其是对出现严重问题的身体的控制却十分艰难，有时几乎没有可能。一些人长期承受着精神和身体搏斗的压力，他者很难切身体验和感受到他们身体的巨大病痛，以及身体对他们精神、意志的不断吞噬。

出了问题的身体和医学、医疗

身体出现了问题，尤其是严重问题时，会引发人们过度，甚至是极度的恐慌，并强化当事人对医学、临床医疗的过度信赖，甚至产生了幻觉，以致忘记了：

1. 医学和医疗总有限度，首先，它们不可能战胜死亡；其次，它们不可能治愈所有的疾病；第三，过度治疗往往会加重病情；第四，身体疾病和心理疾病会经常互相强化。

2. 医学的发展和医疗的进步并非同步，医学变成临床治疗、普惠的临床治疗受到各种时空条件的限制：医学和医疗有专攻，跨科融会贯通要协调，各种综合的方案往往不同；医学和医疗资源分布不均匀，不是每个人可以均衡享用；优质医学和医疗资源永远稀缺，不是每个人都能拥有。

3. 医德和医术有个体和机构上的差异。仅就技术而言，错误的诊疗在所难免。

以上三点导致医疗的结果有很大的不确定性。

对个人而言，有一点医学、医疗常识，注重预防保健，相信身体的修复能力，少一点大惊小怪的过度就诊、诊断、治疗。对医学、医疗的不理解、不宽容，是文明程度、理性程度不高的表现。

糟糕透顶的身体和有点糟糕的身体

1. 糟糕透顶的身体，精神无法控制。

精神对身体有控制力，不同的人呈现的力量不同，但最终身体不可战胜。没有真正体会过身体痛苦的人，或者没有经历过慢性疾病折磨的人，说不清身心搏斗、身心妥协的关系。

记得我二十多年前读过三联书店出版的一本书《爱的秩序》，非常吸引我。它是德国哲学家马克斯·舍勒所著。在其中一文《受苦的意义》中，他描述了精神如何通过体验病痛，从病痛中得到生存的体悟。文章写得非常优雅，但是我不相信多数人具有精神力量去忍受极端痛苦的、漫长的病症。

精神的修行十分艰难，要从道德、哲学、信仰、审美四个领域展开，去平静地面对和应对无常。无常中最坚实的是身体之苦，尤其是医学不可战胜、控制，长期和持续困扰人的慢性病。它们难以战胜，不可战胜。比如顽固性的神经性耳鸣、鼻中隔严重偏曲或穿孔、白血病、晚期癌症、淋巴癌、慢性肾衰竭、帕金森氏综合征、类风湿关节炎、肝硬化、狂犬病、早衰症、多发性硬化症，等等，不胜枚举。

人的精神对身体的控制力存在着个体的差异，但最终没法战胜糟糕透顶的、持续痛—麻—鸣—胀的身体。这样的身体没有谎言。不要幻想精神以及它潜意识的力量能完全控制到达病痛极限压力的身体，它只能部分控制，且需要相当的修行和强大的自我。

2. 有点糟糕的身体，可以修炼精神。

能够长期与病痛妥协相处的人都是内向的、自救的，没有过多的精力和能力与外部世界周旋。他们在内部寻找寄托，坚信自我的丰富、强大、统一是第一位。开几扇窗对外，取决于自己的精力。

既然回归的是内心，他们也就无惧寂寞、孤独。活在自己的世界里，是他们存在的状态。活在自己的思考—语言—行为中，是他们存在的方式。

病痛者知道喧哗与躁动者首先灭亡。

他们不会过于显露，无谓地耗费能量；他们不会过于暴露，使得自己易于遭受攻击。

他们保持安静，保护能量，免受无谓的损耗；尽量隐蔽，减少被攻击的可能；避免解释、辩解、争论、争斗，减少矛盾，降低熵增的速度。

他们写文章和为人处事干硬冷，一是没时间，二是身体真的不好，写多了累，交往多了累。这不仅是认知和智慧的选择，也是身体迫不得已的抉择。

结语

珍惜好自己健康的身体，这是命运的恩赐。如果身体好而不养育精神，真是糟蹋肉身；没有精神，强壮、健美、健康的身体最终也会失去趣味。身体是精神的躯壳，如果没有精神，需要这个躯壳干吗?

躯壳强健，赶快养育精神。躯壳已成废墟，那就让精神飞翔出走，寻找另一个躯壳。

劳动、写作、学习

日常除了生活，无非是劳动、阅读、思考、写作、接受教育和学习。能做全这些的人很累，就要学会省劲和“偷懒”，实现帕累托最优，实现边际效益，在互联网时代还要实践“去边际效益”，给生活和享受留下更多的时间。

劳动

劳动和劳作不同，前者服从于初心和使命，和内心的充实、完善相关，是一个自性化的过程，是自我的回归、审视、充实：一是心甘情愿，内心欢喜，有内心的需求，而非外界的强迫；二是修炼身心，由内向外，有内心的指向，而非外界的诱惑。这不是无理性的自我中心，而是清醒通透地把握自己，与事与人相处，以提高劳动的效率和效益。

劳动要确定方向、事实—逻辑、结构—系统、重点—协同，第一项确定价值观，第二、第三项确定世界观，最后一项就是把价值观、世界观转化为方法论，将思路转化为举措—项目。

劳动并不一定会打井就出水，但绝对不是到处乱挖坑，搞机会主义、形式主义和游击战术。

人除了面对日常线性的一元、二元关系（包括对立、平衡、混合三种形态），还要面对多元的线性结构关系，今天更要面对混沌的结构关系。这些关系在古斯塔夫·马勒的交响曲中体现得最为明显。凡是听过他交响曲的人，都会对同时处理不同性质事务的“交响力”有较深的感受和体会。

但一些人一生都是单向度的，都以简单的一元因果关系和非此即彼的二元对立关系（俗称“二极管”思维），或固执或胡乱地看待、处理、制造问题。结果是问题压得越来越多，事情做得越来越乱。

经常停下如同驴子转磨的工作模式，经常停下来安静、平和地思考一下劳动为何、如何劳动。人常常失去自我，但又不愿和不敢正视这一点，陷入自恋、自慰、自我沉迷、自我中心之中。向外言语滔滔不绝，停不下来地瞎折腾，以便向内掩盖空虚和焦虑。

除非应对紧急发生的事件，我们不得不做出有预案的（灰犀牛四处游荡）或无预案的（黑天鹅突然飞出）迅速抉择之外，其他都得少动、慢动、不折腾。当方向、事实和逻辑、结构和系统、重点和协同基本清晰的时候，再有所动作。对世界复杂和未来无常的敬畏，对集体理性、个人理性有限和致命自负的警觉，对集体和个人欲望偏离认知轨道的提防，是集体劳动行为、个人劳动行为的起点。

写作

写作的功能对我而言有许多：集中注意力向内，凝神聚气，是救生圈；暂时逃避或忘却现实的纠缠，是救命稻草；释放或升华心理压力，是填充物；表明自我的一种身份，以文会友，是门面；体验新媒体传播，是试验品，等等。但其根本是一种对自我的结构化过程，是盖房子。结构化不意味着僵化，一成不变，它本身是一个结构、解构、重构不断循环的过程。循环有两种交织、并存的形态：一是春夏秋冬式的，一是螺旋上升、否定之否定式的。对个人而言，循环是有限的，但对人类的文明史来说是无限的。图书基本记载了文明以这两种形式循环的过程。

思考是对实践、阅读的结构化，写作是对思考的结构化。脚力是实践，眼力是阅读，脑力是思考，最后转化为笔力，即写作。放弃实践、阅读、思考，尤其是最后的写作，等于放弃建筑的结构而废弃，放弃心路上的里程碑而迷失。

对多数人而言，文字阅读，尤其是文字写作可能会变得越来越难。它们将成为社会精英的工具和标志之一。阅读，尤其写作让人紧张、收缩、爆炸，然后获得生命，如同形成宇宙的奇点。

对知识精英而言，博学，有文献基础，陷入前人影响的焦虑之中，追求完美和卓越，不愿动笔，或动笔永远处于未完成阶段，最终一事无成，其实是忽略了用写作将思考阶段性地建构，惧怕被解构和重构。学而不思有问题，述而不作更有问题。

就我个人而言，写作首先要搭建清晰的思路框架结构，过清晰的逻辑关和紧凑的结构关；确立利落的表达风格，过简洁的字、词、句的语言关：不要堆在一起说话，展开“12345”；不要夹着大话空话假话废话绕话，以及莫名其妙的论理抒情。其次是字、词、章、句的逻辑和简练。

开门见山，戛然而止，简化一切，留下干货。虽然达不到罗兰·巴特的零度写作，起码也要低于51度。

简化是一种能力，也是一种智慧。并不是每个人都可以随便拥有，需要抵制人心的自恋、空虚、虚荣。它尊崇朴素、从容、克制、淡定、谦卑、理性。简化是基因赋予每一个人的能力，但不是每个环境都能让人去把握它，使可能变为现实。

学习

1. 在我看来教育和学习是一回事。只有教育而没有自主学习、终生学习，教育在很大程度上就失败了。教育应该促发学习的内驱力、爱好和习惯，而不是扼杀学习。教育和学习的良性互动是终身大事。可悲的是，进入大学之后，不少人放弃了学习；走出大学后，更多的人放弃了学习。

2. 教育和学习的目的应该是清晰的。

首先是建立强大、丰富、整一的人格，是立德树人。没有首先培养人格的教育一开始就失败了，甚至是彻底失败了。

培养敏锐的感觉、直觉，建好信息感受器、处理器、反应器。

种植能够生长、融合、迁移知识树和多树种组成的知识林，形成判断和思维能力；形成跨领域跳舞的可能性，扩容信息感受器、处理器、反应器。

形成想象力和创造力，升级信息感受器、处理器、反应器，实现启智增慧。

通过以上四点，开启以世界观、价值观、方法论为核心的思想和跨文化的道路。

要达到以上的目的，全面的课程教育、必要的考试教育、广泛的素质教育、面向未来和打通学科的创新教育，以及相关的学习，在高中之前至关重要。在此基础上每个人找到适合自己成长的教育和学习。不是争当考试第一名，而是通过正常的教育和学习发现自己的道路。

3. 偏科教育、单一的考试教育，在需要建立健康人格的关键期，强化了功利主义和物质主义的单向人格，促发了精致利己主义，形成了考试和排名“强迫症”，并进一步形成各类心理障碍。

在需要形成对世界宽广感受的关键期，将儿童、青少年的文化世界狭隘化。

在需要发挥记忆能力和神经元可塑性去实现认知功能的时候，用强化快速的固定联想，把人当动物驱使，并使人在高考后、工作后彻底厌恶学习。

这种教育简直是心理迫害，对人的大脑造成不可逆的永久性损伤。一个脑神经受到严重损伤的人是没有想象力和创造力的。

4. 当我们放弃甚至废除偏科教育、单一的考试教育的时候，也要知道：系统的课程教育、必要的考试教育、比较全面的通识教育，以及面向未来跨学科的创新教育，当下和未来依然是非常辛苦的事业。即使找到自己适合的教育和学习的时候，教育和学习依然是十分辛苦的劳动，需要一个健全的人格去支撑。正确的路上依然要付出血和汗水，抵御人性的弱点——熵增。

永远记得：正确的劳动、写作和学习，都是艰苦的心路旅程。放弃错误的东西并不意味着正确的东西唾手可得。

科学精神

科学精神是一种理性态度。 科学研究需要科学精神，日常生活和工作也需要科学精神。

科学精神知道：讲科学、讲理性是困难的

1. 尽量排除片面、极端、僵化、狭隘、情绪、欲望、利益等主体动机对认知的影响，使认知纯净是强大人格的标志之一。人们的观点容易被以上诸类状态控制和驱使。 约翰·米尔顿有言："一个人如果能够控制自己的激情、欲望和恐惧，那他就胜过国王。"

2. 感知—观察—定量—实证—逻辑是科学的基本要素，它们是一个人一辈子科学和理性地看待问题、解决问题的习惯和定势。 它们极难铸就，极易破坏，尤其在网络迷魂的世界。

科学和理性是反本能、反本性的，是健康的社会性、精神性的一部分，是健康人格的一部分。 科学和理性不会自然生成，是从小教育、训练、环境、传统造就的结果。

3. 追寻事实，解释真相，提高结论、假设、理论的证实概率和解释力（元理论、理论科学更依赖于此）是科学的核心目标。掌握证实概率和解释力的科学真理的逻辑，比获得绝对真理、永恒规律的念想重要。

知道真话（实话）、事实、真相、大概率、解释力是不同层面的东西，后四者需要强大的科学精神。 不要轻言事实、真相，更不要轻言大概率和解释力的结论、假设、理论。

受到时空和能力的限制，普通的个人和社群很难把握到复杂的事实、真相，很难知道大概率和解释力的存在，很难认识到认知结论、假设不是那么容易和认知对象对应、对称。

4. 质疑、批评要建立在真相、事实、证实概率和解释力的基础之上，否则很容易成为“真话”的喷子，或患上列宁所说的幼稚病。说的都是掏心掏肺的真心话，但无科学和理性，伤人伤己。

片面的人、绝对的人、顽固的人常认为自己说的是“真话”，一旦沉迷于其中，就会格外自信，愈发单一。他们聚焦细节，放大碎片，得理不饶人，偏执而不宽容；他们固执求同，在认知上或独一无二，或非此即彼，水火不容；甚至不看不闻不问，以激情喷射为乐。他们实际上是坚守了自己的无知、愚昧，甚至个人利益和恶意。罔顾事实、真相、大概率、解释力的“真话”是一种认知、道德、心理的病态和戾气，网络世界会放大这些倾向。

在碎片、偏执、恶意、喷射四位一体的网络世界，科学、理性、常识、宽容从未有过如此重要的价值；哈贝马斯的主体间性和阿伦特的公共空间从未有过如此重要的价值。

科学精神知道：科学是复杂的

1. 社会科学和自然科学都是系统的认知体系。但社会科学是一种更为复杂的科学。它不可能在控制变量、剔除变量的实验室里反复进行，它和社会习俗、习惯、利益、权力、集体潜意识、社会心理、意识形态有着更多的纠缠，它需要研究者和研究团队有更大的自我克制和约束能力。

在经济基础和上层建筑之间有一个庞大的中间区域，它是上层建筑显性的制度、设施和意识形态之下隐性的习俗、习惯、集体潜意识、社会心理。无论是隐性的还是显性的社会存在和社会意识，都对社会科学产生了巨大的渗透，形成共体。而在自然科学那里，不是没有，但这样的情况会少得多。

2. 理论上，社会科学也应该独立于意识形态，具有普适性。由于和意识形态纠缠和渗透的存在，普适性的社会科学体系建设更为困难。它们更多是科学片段，而非体系；是解释力和选择的竞争。社会科学理论从未像自然科学理论那样，出现过科学哲学家库恩描述的范式完全替代的现象。它们此消彼长，风水轮流。人们只是在接受新的，但从未毁灭旧的。旧的过了数十年，一旦有了现实的契机，又改头换面成了新的时髦起来。拉卡托斯的方法论较为符合社会科学整个发展的历史轨迹，它强调不同阵营之间的竞争以及由此造成的各流派的兴衰，并允许以前退步的纲领东山再起。另一位科学哲学家劳丹的描述更符合社会科学理论的现实，即不同阵营持久性的竞争，许多对手共存于永久的竞争和不断评价的环境中。无论哪个也未得到普遍的接受，也没有遭到普遍的拒绝。社会科学的多样化和丰富性在没有哪种理论可以处于稳固的状态下被保留下来。社会科学永远不会像自然科学那样“硬”，社会科学家永远穿不上实验室里的白大褂。

科学精神知道：科学是有限的

1. 人的理性认知能力有限，要尊重理性，但不崇拜理性，搞理性的自负。个人的理性更是有限，要培育和相信集体的理性。

2. 科学认知的结论、假设、理论都是相对，不要刻意求同，要更多地倾听和审视空间和时间上的差异。

认知需要理性、审慎。这一方面来自认知主体本身有待建构，甚至解构和重构；一方面来自客体世界错综复杂和变动不居。两个方面纠缠在一起，使得我们对自我认知的能力必须持谨慎、怀疑的态度，对他者的理性持倾听、接纳的态度。文明的核心之一是科学精神，文明人的内心深处需要“麦田里的守望者”。

认知上的教条主义有两个来源：第一个来源是本本的固化，教条的演绎推理是容易识别的；第二个来源是经验的固化，经验的类比推理是不容易识别的，其实经验主义也是一种教条主义。

3. 科学和技术的关系也不是简单的父子关系，许多科学（应用科学）直接带来了技术，许多科学（理论科学）长期不能直接变为技术；许多技术先于科学，科学不能解释许多技术。

4. 科学精神不是万能的，它有自身的边际。非科学的综合认知、判断和思维的理性认知、感觉和直觉的非理性认知、再现认知、想象认知都是把握世界的手段。科学不去描述不能描述的东西，比如大概率的最终动因，这是哲学和神学的问题。科学把能够描述的说清楚，在不可描述的地方保持沉默。科学是分学科的、自我限定严格的理性认知。

科学精神是获取对世界、对一个行业的世界观和方法论的重要路径，但它并不排除感觉、直觉、想象、个人潜意识、集体潜意识的认知能力。当意识不够的时候，我们一定会动用潜意识的能力。卡尔·荣格一直企图在科学—理性和宗教—非理性两个认知世界之间搭建桥梁。

5. 科学精神不崇拜科学、执着科学。科学的逻辑之外，还有别的逻辑。它应该知道自己的疆域。科学不可能在真空中发挥其功能。在社会的整体结构中，科学作为一个重要的要素，和其他的要素一道，在不同的时空中，发挥着自身的功能。社会体系比科学体系更为复杂。比如公共政策的决策需要科学家参与，但不是科学家决策。

6. 认识到以上的有限性，就不会陷入各种形态的唯科学主义。尽管有以上的限定，现实依然不断告诉我们，仅仅有立场、道德、价值观是不够的，需要科学精神，它能带来有效和节制的世界观和方法论，带来现实主义的认识和行为选择，带来认知和方法上求同存异的生态，使立场、道德、价值观走上更高的层面。

最后我必须说：马克思主义是致力于实现全人类身心解放和自由的意识形态，也是普遍的、基础的社会科学认知体系，提供了完整的当代世界观和方法论。学懂弄通马克思主义，意识形态方向明确，社会科学一切兼通。

文化和文明

出版提供系统、全面、深刻的思想、理论、学术、知识、想象，它在培养人的科学精神、人文精神、审美精神，在培养人的核心素养目标——健康人格、知识树（结构化的知识、判断和思维能力）、感觉和直觉能力、想象力和创造力，在实现马克思人的全面发展的理念，在体现立德树人根本宗旨，为国家培根铸魂，为个人启智增慧上，发挥着近乎教育的作用。出版和教育一样，是衡量国家综合实力，尤其是文化实力的重要指标。几乎难以想象，一个强大的国家没有强大的教育和出版。这就导致出版对从业人员的要求非常高，出版需要一支政治、专业、文字语言、业务创新都比较过硬的优秀团队，甚至是文化精英团队。

教育和出版是民族的根，是民族现在和未来精神状态的镜子。它们是为传承文化、传播文明，为人的全面发展服务的，不是为考试、功利主义服务的。因此，我不得不说说我对文化和文明的理解。

文化

文化的定义实在太多。

抽象概念作为工具，应该提供方便法门，其力量在于简单，便于操作，具有解释力，具有大概率的价值，而非无懈可击、面面俱到。

抽象概念应该达成相互理解或基本共识，否则一切的争论、辩论、讨论都没有意义。许多争论、辩论、讨论浪费时间，首先是因为对概念没有达成相互理解或基本共识。

文最初是具象的纹，是图像语言，后来逐步有了人记录自身一切行为、情感、思想的各种语言，即进化了的动作语言、声音语言，以及后来形成的文字语言、数学语言。目前来看，文字语言、数学语言一直是人类文化生活中的老大，在学科和课程中，它们两个是价值观、世界观、方法论理性和感性表达的基础。尽管图像语言的力量有很大的回归，但目前还看不出它在知识结构中能重获原始的垄断地位。

文字语言习得成本和维护成本低、功能强大、运用起来直接而锐利，因此我特别推崇阅读、思考、写作。

当我们说一个人没文化，是侧重于"文"。如果他对前四类语言的表达所知甚少，不懂这些语言的高级方式，尤其是绘画、舞蹈、音乐、文学，即使在某个以数学语言为基础的学科领域里很有专长，他也会被认为是没有丰富的文化，或文化层次不高，或文化视野狭窄。所谓通识教育、博雅教育都是企图解决这个问题，尤其在1500年以后文明直接而简单地等同经济、技术的资本社会。

丰富的人生要缩微地走完人类文化的一生一世，即动作语言、声音语言、图像语言、文字语言、数学语言演化的一生。

人类之所以聪明，甚至智慧，是因为具有多种语言的"文"，具有系统方法的"化"，具有承载文化的大脑。"文"是多种语言，"化"是系统方法。化就是利用这些语言，形成方法和路径，来实现人的目的。由于对人性的具体认识和价值取向不尽相同，就决定了"化"的分野：是通过文化和教育去限制、约束、弥补人性中消极的成分，或去生发、弘扬人本能和本性中积极的成分，或去整体性地提升、塑造和超越人，涉及对人性的认识，涉及文化的初心和对文化的信心程度。

作为治疗心理疾病的心理学家，弗洛伊德是消极的还原论者，把超我和道德原则还原为自我和现实原则，最终还原为本我和快乐原则，这样他成为了人性的悲观主义者，超我和道德原则不过是面具而已。霍布斯和马基雅维利式的政治学、古典经济学和新古典经济学、法学、精神分析学，以及大部分具有冲击力的艺术作品，总体上都趋向于消极的还原论。法治、法制、心理分析和治疗是唯一现实主义的真实力量。

儒、释、道是积极的还原论者，文化是可以起到生发和弘扬本能、本性中的积极成分，是去蔽而不是掩盖、掩饰。同时也是积极的进化论者，相信文化可以整体性地提升、塑造和超越人。

荣格是审慎的进化论者，他不仅像康德和卢梭那样，相信文化可以限制人性中消极的成分，他还相信超我和道德原则可能培养起来，成为内在人格的一部分，尽管内在人格的超我难以建立，脆弱而不稳定，属于少数人。这种观念后来在阿德勒、霍尼、弗洛姆、马斯洛那里都得到了反响，人还是可以在黑暗中被拯救，在幽暗中光大。

无论是还原和进化都涉及对人性结构的理解，涉及个人的基因和集体潜意识到底决定了人性中的哪些要素，涉及后天的文化和环境到底决定了人性中的哪些要素，涉及人性是否存在个体差异，当对这几个问题的认知没有到达大概率解释力的时候，对文化和人性的关系认知依然会停留在价值观的水平上。

现在我只能弄一个无奈的平衡：人都可能有两个还原（消极的、积极的）和一个进化（审慎的），这取决于个人遭遇的遗传基因、集体潜意识、环境和文化。 提供好的环境和文化，让他拥有积极的还原和审慎的进化，这是良好政治和社会的正义。在这一正义原则下，教育、出版、读思写，都以这两个目的为目标。 但我们几乎摆脱不了消极的还原论，来谈论积极的还原和审慎的进化；消极还原论是我们对人性认识的清醒剂，是我们相信制度力量的催化剂。

就此，我们需要多种语言相互支撑的文化体系，需要多种教育相互支撑的教育体系。 尽管我们对人性的历史表现难免惊恐和心存疑虑，但我们依然相信文化和教育的力量可以限制人、约束人、弥补人，生发人、弘扬人，提升人、塑造人，超越人。

我这里谈的文化侧重观念文化，而非制度文化、器物文化。一是观念文化的生命力强，具有抽象化的独立力量，有的源远流长；制度文化、器物文化相对而言，生命周期较短，且会更多地从文明的历史演化角度理解。 二是我们说传承中国优秀传统文化，讲创造性转化、创造性发展，更多的是从观念文化入手，更多的是从优秀的观念文化系统入手。

文明

文明是一个更为复杂的概念。 可以从四个层面入手。

一是系统的文化，在古代表现为陶器的大规模制作、城市的建立，特别是文字语言的形成。

二是高级形态的文化系统：规范的原则、价值和理想体系，以及世界观和方法论体系。 它为人消极的约束、积极的还原和审慎的进化服务。

其中教育是最为重要的手段，培养人三个基本的核心素养：人文精神、科学精神、审美精神。 核心素养的四个目标或使命是：健康人格、感觉和直觉能力、判断和思维能力、想象力和创造力。整个课程体系、每个学科和课程有其自身的特质和核心素养，有其根，有其主干，有其分支，有其边界，但总体方向是三加四，离不开康德纯粹理性、实践理性、判断力三大批判的框架，离不开马克思人的全面发展的思想基础。

三是发达的经济、技术的系统。这也是德国浪漫主义反对的文明。在现代社会，它在没有高级形态的文化系统控制，而被垄断资本、帝国政治操纵的前提下，很容易堕落成野蛮的、人类自我毁灭的力量。经济、技术的文明需要第二种文明去定义，去规定方向。

浪漫主义之后近两百多年对第三种文明的抵制，已经让资本和市场信仰、技术崇拜等极端思想的危险性暴露出来。尤其在后现代社会，唯技术崇拜者十分可能成为失控的怪物。第三种文明的最大风险就是技术失控，它随时会摆脱垄断资本和帝国政治，成为托马斯·品钦《万有引力之虹》里的飞弹。尖端技术是现代尤其是后现代发展的利器，也可能是毁灭性的杀器，尤其它被危险的人物和组织体系操控的时候。如何发展技术同时控制技术已经成为巨大的焦虑。这种文明发展的速度已经超越了其他文明形态进化的速度。世界发展的最大危险是文明内部发展的不均衡。

突然想起德国人奥斯瓦尔德·斯宾格勒约一百年前的学术畅销书《西方的没落》。此书洋洋洒洒百万字，商务印书馆的全文版，无人文功底的人不要去看，如坠入五里雾当中。译林出版社的精选版虽然有损此作的完整性，但对大多数读者来说还是不错的选择。对斯宾格勒而言，西方的没落一言以蔽之是现代工业文明对古代文化智慧的胜利引发的，是由文化（第二种文明）

的衰落、文明（第三种文明）的粗野引发的。

1500 年后的全球化、工业化、现代化、现代性一直受到各方面的挑战，从未停止过：人口爆炸、能源危机、空气污染、粮食短缺、生态崩溃等。但政治家、企业家大多和哈贝马斯持有同样的观点，坚信现代化可以克服现代性中的消极问题，现代性依然是未竟的事业。科学和技术文明的风险在原子武器、原子能那里得到了足够的重视，但新技术的膨胀在垄断资本和帝国政治操纵下的危险，必须得到重视；这一膨胀可能摆脱垄断资本和帝国政治控制的危险，必须得到更足够的重视。前现代社会是可以控制第三种文明的，现代社会是可能控制第三种文明的，但后现代社会这种可以、可能的概率在降低。

近代以来，人们越来越把经济、技术作为文明；其实文明是系统的文化，是高级形态的文化体系，也是第四种社会治理体系和治理能力、人性摆脱消极还原的文明。这种文明是第二种文明的延伸，但在制度上更正义和健全，治理上更系统和科学，通过文化和教育限制、约束、弥补人性中消极的成分，生发、弘扬人本能和本性中积极的成分，整体性地提升、塑造和超越人，更清晰和成熟。

文明是一个过程，它存在于人类的童年，存在于人类演化的历程当中。文明也是一个等级，内在的均衡至关重要。没有系统文化的，没有高级形态文化体系的，没有制度和人性的文明，只有经济、技术的文明，是野蛮的文明，是人类自我毁灭的文明。人性的幽暗和经济、技术文明的结合在前现代社会只是飓风，在现代社会是海啸，在后现代社会是天崩地裂。

就此，我们需要四种文明相互支撑的文明体系。

五相世界和《狂喜之诗》

大千世界，五相世界

1. 假相、虚相的世界。它是人以各种形式虚构并生活其中的世界。之所以是假相、虚相，是因为心中所投射出来的意向和真相相去甚远，成假成虚。肖邦《G 大调圆舞曲》(Op. 37, No. 2) 和《C 小调夜曲》(Op. 48, No. 1) 中幻想的乔治·桑、勃拉姆斯第三交响曲第三乐章幻想的爱情，马勒第三交响曲第二乐章中迎风摇曳的花海世界、约翰·洛克自然权利的世界、楚门的世界。出于认知空间、认知角度、认知能力，出于生理需求、心理需求，以及其他种种更为复杂的集体性目的，这个世界总是不断被创造出来，人生活在其中，甚至沉浸在其中。它是对真相世界有不同形式的释缓、补偿、平衡、疏离、逃避。

2. 真相、实相的世界。它是实际存在，但隐秘不对称，或不被人熟知，或人们讳莫如深的世界。它极其复杂，它的历史依次由前现代社会、现代社会、后现代社会叠加混合而成，依次由线性关系、点线结构、混沌结构叠加混合而成。认知它需要集体和个人的科学精神和能力，包括常识、逻辑、理性、先入之见的悬置、自我的批判和否定、结构化，还需要意志、力量和勇气。20 万年智人的历程世界、马基雅维利的世界、霍布斯的世界、奴隶制度的世界、帝国和分封对峙的世界、帝国征服大陆和海洋的世界、资本主义—殖民主义—帝国主义的世界，都告诉了我们真相世界总体寒冷，且真相世界越来越具有风险，难以预测，它是人的本能和本性、人的社会性、权力、资本纠缠不清的世界。

3. 本相的世界。 它是1和2混合的世界。 在其中，人们心里接受真相世界，表面也接受假相世界。 它是真相和假相以各种形式纠缠、妥协、分裂的世界。

多数人生活在第一个世界里；一部分人生活在第二、三个世界里，生活在它们的对立、冲突和分裂当中；少数人生活在第四、第五个世界里；更少的人将五个世界贯通起来。

4. 应然之相的世界。 它不是假相、虚相、本相的世界，它是对三个世界真实认知基础上对三个世界超越的世界，是实现历史和逻辑统一的世界，是实现价值观、世界观、方法论统一的世界。 把握和实践它更需要集体和个人的科学能力、意志力量，还有道德品质、制度的约束。

5. 无相世界。 小无相世界：人性空幻有，扫相破执。 性不常在，有不常在，相不常在。 接受无常，放空幻有扫相不执念。 前十二字是客观现实，后十三字是主观心态。 大无相世界：连无相世界也不执念，贯通一切法，贯通一切相。 人终将面对自我，面对个人进退、成败、荣辱、生死，如无“小无相世界”，会形成程度不同的各种心理障碍；人在不同阶段、不同时空生活在不同相的世界当中，“大无相世界”的人可以自由游走在五相世界当中。

奏鸣曲式对应五相世界，《狂喜之诗》是大无相世界

奏鸣曲式的呈示部的两个主题一柔一刚或一刚一柔，呈现出假相世界和真相世界的对应或对立；展开部是本相世界的混合、变化、发展；再现部是对上面三个世界超越的应然之相；最后的尾声是无相世界的降临。

最能通过奏鸣曲式、旋律、和声和配器的表现风格、音乐内涵的逻辑展开来体现五相世界贯通的音乐，当属亚历山大·斯克里亚宾的《狂喜之诗》。

音乐开头的引子和呈示部的第一主题飘忽不定，呈现出充满幻想、渴望的假相世界；第二主题内涵丰富，逐次展开真相世界的基本元素：胜利、高贵、尊严、英雄气概、爱的祝福、权力、迷乱、陶醉，最后真相世界的万钧之力淹没了假相世界的梦幻。

展开部将假相世界和真相世界混合、交织在一起，形成迷乱的本相世界，知真处幻，真幻难辨。

再现部把第一主题和第二主题从对峙到交织，最终交合提升出一个理想的、充满创造力的应然之相的世界，流光溢彩，精神升华到自由的境界。 听众都以为到了终点，谁知最后一个长长的渐强尾声拉出一个大无相的世界。 满月之下，心月一体，万物消遁。

月圆之时听《狂喜之诗》能感受到四相世界的变幻，最终能瞬间见到大无相世界。 推荐一个最能体现此曲的视频版本：基里尔·彼得连科指挥柏林爱乐乐团的演奏。

1961 年，尤里·加加林首次进入太空时，《狂喜之诗》在全苏广播电台作为伴奏音乐向全世界播放。

尾声

修行的艰难

在一个越来越简单、越来越直接的功利主义、物质主义社会，心理障碍的泛滥是必然的。个人和集体的强迫症、焦虑症、躁狂症、抑郁症、自恋症等将成为普遍的精神现象和日常词汇。名利追逐不能解决精神问题，忙碌狂欢、自我麻痹和自恋不能填补精神空白；相反使得精神问题和精神空白愈发严重。对个人而言，任何人和人的最终差异是人格，修行是重要的出路。

1. 修行十分艰难。它的核心是约束、控制、超越本性的弱点——贪婪、恐惧、嫉妒、虚荣等；理解、宽容别人人性的弱点；平静地面对、处置、接纳人生的无常之苦——复杂、模糊、不确定、难以预测；彻底地安静和放空，让自己的身心合一，灵魂安静地待在身体内，而非心无居所，或行尸走肉。我们大多的状态都与以上四点不同程度地相悖。

许多人都看了许多鸡汤书籍，背诵了许多鸡汤格言，一旦到关键时刻，一下子全都变成了白水。对好事，自然会生出更大的欲望；对坏事，自然会生起诸多痛苦。修行就是可以完全接受发生的每一件事（每一个人），既不认为它是好事，也不认为它是坏事，只是自己遇到了一件事，它来了而已，安静而无畏地去面对。

2. 修行的目标一是坦然地接受和应对无常——也就是我们所说的偶然性、不可预见性、黑天鹅事件，不再为无常心苦。无常之得失、进退、是非、功过、成败是人生之苦的起源。一无所有的人痛苦，应有尽有的人也痛苦，无常不时侵扰着每个人。修行是要让自己有能力接受和应对生活中发生的所有事。无常就是常态，这一点可能许多人（包括我自己）一辈子也不能真正明白和做到。

修行就是让内心始终开放，任何情况都能适应，任何可能性都会被接受，所以没有了恐惧和烦恼。修行让内心柔韧、开阔，无忧无惧地包容一切。就像大地有承载万物的能力，匍匐在万物的脚下，既敬畏又无畏。这里也就是说说和想想，我和许多人都做不到。

修行就是让人想明白，一切都是不可靠、不持久也不稳定。对于无常的“偷袭”，好事会让人手舞足蹈，坏事会让人捶胸顿足；而积极的情绪却让人重新审视自己面对生活的态度。正视无常，它会带给我们很多从前没有的不悲不喜、不卑不亢。这种能力的获得和升华，是因为我们淡化了很多企图之心。

接受无常不是无所作为，而是以安静的心态，用方向、事实—逻辑、结构—系统、重点—协同去承接一项日常事务。这一点很重要，不仅是默默地忍受，更是静静地处置。不摒俗人，方知世事深浅冷暖，方能同坐成事。接受无常的人进什么场呈什么相，和光同尘，随顺众生。

3. 修行的目标二是能够放空。没有什么东西是永恒不变的，缘合则聚，缘灭则散，出现是诸多原因汇聚的结果，消失是诸多原因散去的结果。不执于得，不执于失，不悲过去，不贪未来，怀平和之心，恬淡地活在每一个当下。

没事时烦恼，有事时煎熬，有事没事日子都很糟糕，这是庸人心态；没事时淡然，有事时慌乱，有事没事日子判若两人，这是常人心态；没事时安静，有事时淡定，有事没事日子都闲庭信步，这是智者心态。

放空不是刻意地一无所有，而是一切都能拿得起、放得下，得失随缘。

4. 修行的目标三是不再执念。人生不过是尽人事、安天命而已。选择了，努力了，坚持了，走过了，问心无愧就好，至于结果怎样，其实并不重要。人这一辈子，无非就是一个过程，得意些什么？失意些什么？顺其自然，随遇而安，如行云般自在，像流水般洒脱，才是人生应有的态度。太说教，打住！勃拉姆斯的《德文安魂曲》第二乐章常听常新，流入心底的就是不执念。

并非一谈起不执念，就觉得世间的一切美好事物——金钱、婚姻、华服、饰品等——全都充满罪恶，这种认知本身就是一种执念。如果拥有真正的不执念，可以享用它们，但不会沉溺进去，它们就变得没有那么重要，随时都能放弃。于是，可能因此而得到最充分的享受。可惜多数人和我一样，在享受的时候，永远充斥着无尽的希望和担忧，这种患得患失的态度，让很多快乐也变为了痛苦，更不用说一旦失去将面临的心灵打击。

5. 修行的目标四是身心合一。如果我们更多地拥有身心合一的状态，它会让我们每时每刻的生活更加丰富和充实，帮助我们更加珍视自己所拥有的一切，家庭、朋友、财富，乃至小小的一杯茶、一道菜。一个身心合一的人每次品茶、做菜，都好像是在完成心的行为。工匠精神不仅是熟练和技术，而是将心融入劳动之中。功利主义让我们疲于奔命、心乱如麻、心有旁骛，没有方向地应付一堆堆乱七八糟的事务。

只要心放在现在正在做的这件事上面，就不算浪费生命。譬如刷牙、洗脸、做饭、家务这些简单的事。只要把心放在上面，杂务就是有意义的。但我们的心和正在做的事经常分离，身体忙忙碌碌，而心一直游离，人生就没了意义，那是真正的浪费。身心合一地做任何事都是修行。

6. 修行的目标五是不求回报。善待他人是内心善意的外部化，而非期待有所回报的面具行为，或希望别人仰慕你是一个善人。当人们忘记所谓恩义的时候，不应该感到丝毫的困扰。你是活在自己当中，而非别人的回报当中。

7. 修行的起步。修行一开始不能太猛。一开始只要能接受一些小苦难，舍弃一些小快乐；没有过度的欲望，没有不受约束和控制的自利心；没有超过界限的执念；身心时常合一专注；不太在意回报和被人恭维，就可以了。

8. 修行的“大圆满”。它是个体实现了以上六种状态的自觉。清清白白、干干净净，彻底回到了对自我不再牵挂的内心世界。

此文太鸡汤，说说而已，我基本也做不到。执念、身心分离、图念报答的放弃，还可以做做；要真正接受和安静应对无常和放空，苦而不言，喜而不语，忍辱不辩，难！确实难！每天一小步，不怕回头路，只要有进步，残缺也无妨。常有此念，也算修行。

写到此时，不知怎么回事，突然涌现出两位钢琴家：朱晓梅和海伦·格里莫（Helene Grimaud）；冒出一段旋律：拉威尔《G大调钢琴协奏曲》第二乐章。

价值观、世界观、方法论在个体身上谁是起点，它们之间如何相互影响和修正，存在着不同的逻辑和肌理。做到三观浑厚而贯通需要一生的读、思、写和艰苦的实践。

我谈了对修行的八点看法，其实关键在于前两点：坦然地接受和应对无常，能够放空自我。无常的世界观和放空的价值观高度关联，并都要以积极的方法论去认同：(1) 接受无常不是无所作为，而是以安静的心态，用方向（价值观）、结构—系统和事实—逻辑（世界观）、重点—协同（方法论）的组合去承接和处置比较复杂的事务。这一点很重要，不仅是默默地忍受，更是静心地处置。(2) 放空不是刻意地断舍离，而是一切都能拿得起、放得下，得失随缘。

无常

1. 无常是常态，是这个不延续的、充满断裂、一切都在加速的时代的基本特征。永恒和固有，以及相应的经验和体验从来没有如此脆弱过。点线面封闭展开的事物还有规则和规律可循，但是在现代世界庞大的结构和系统中，要素和变量众多，相互之间的关系错综复杂，且不断生成新的连接，不是复杂难以把握，就是混沌十分难以把握。

结构和系统有它自身的逻辑，一定先把它们接受下来。人的理性有限，难以战胜和消灭复杂和混沌，只能心怀敬畏，摸索和顺应它们。如果出于认知局限否定复杂和混沌只是愚钝；如果出于理性的虚荣和自大，以及个人、群体的利益而为之，就是掩耳盗铃。

世界太复杂，由此及彼的一元关系越来越稀有；两元关系比比皆是，但不应热衷非此即彼，你死我活，尽量不对立，可均衡，可调和；结构系统性的多元关系越来越多，敬畏复杂、混沌、无常才是正常的心态。

我们通常生活在浮光掠影的肤浅幻觉中，生活在脱离现实的“深刻”想象中。最大的想象和幻觉是我们不承认无常，不承认我们的理性十分有限。总之无常是常态，关键是我们应对的心态。

2. 无常可能是事物积极或消极两面的突发，也可能是它们合一的过程。我们通常只想要无常积极的一半，我们只要生而不要死，只要得而不要失，只要圆满的突然降临，不要灾难和不幸的突然到达。对无常的接受来自领悟事物的两面：财富、健康、和平、名望和它们的反面一样，都是可能随时降临、随时转化。

3. 接受、认同、处置无常，需要不断地重塑自我。个人的自信要融合进团队和集体的自信当中。人要建立更善于反思、交流、合作、创新、开放的人格。个人内心强大、丰富、整一固然重要，但集体人格、集体理性、集体行为从来没有像今天这样重要，担负着比个人大得多的权力和责任；理性的集体决策、智库的决策成为决策的主流。重大事项的协同、条块部门的协同、资源的协同从来没有像今天这么重要。

在特定的工作技能之外，生活技能变得更加重要，其核心就是：反思、沟通、合作、创新、开放。作为单体的个人，无论人格多么强大、知识树多么繁茂、感觉和直觉多么灵敏、创造力和想象力多么旺盛，最终因为个人认知的巨大局限，适应不了不连续的、充满裂痕的时代变化，个人硬扛只会使得自己生活在压力和焦虑中。

对个人而言，放空是最终的路径，放下自我，把决策和应对的力量交给理性和强大的集体。这也许是当下最大的理性和学养。在当今世界，需要宽大无我地将个人渺小的理性放到集体的理性中生长，同时集体也要对自身的理性能力存有谨慎态度。

4. 接受、认同、处置无常，依然需要个人努力去种植活的，能够生长、融合、迁移的知识树、知识林。

接受和记得多少知识不是首要的，判断知识，将知识结构化更为重要。死的知识取之不尽，活的知识才能用之不竭，转知成智至关重要。世界观和方法论将被不断地结构化，而非固化。结构化的建构—解构—重构循环将是常态。面对过去、当下和未来，知识结构化将成为知识学习的主流。要让神经元里的基因生成出新的蛋白质，使得神经元重新链接，使神经元的连接枢纽——突触——重新排列，获得新的活力。但随着个人年龄的增长，这种可能性在不断地降低。因此，接受、认同、处置无常，不断地重塑自我变得格外重要。

放空

1. 放空者知道：无常中有常。但无常是我们无法预见或理解的。一旦可以预见或理解了无常中的有常，也就无所谓无常了。

束缚人的不是现象，而是对现象的执念。若没有执念，我们拥有什么、失去什么都不会成为困扰。即使拥有令一切世人仰止的成就，也不会被这些现象所束缚。出离是自我的解放，执念是自我的囚禁。

放空不是一无所有，而是接受无常，荣辱得失成败不惊。放空不是无所作为，而是不留恋过往的惯性，不着迷未来的幻觉，活在当下，保持精进。

放空者知道：他们求己而不求外，不被对物质利益一个接一个的执念左右。对放空者而言，个人消费、物质消耗只是基础而已，精神世界的生长和涅槃重生对人的存在意义重大。当把注意力放在自己身上，关照自己心灵的时候，当人把心思不再放在心计上的时候，人才触摸到智慧。个人物质上的获益、名声，他人的敬仰，逐渐弥散开去，提不起人的兴奋和激越。不是心被物所放逐，而是物被心所驾驭。

放空者知道：唯有向内求，接受自己，听从自己，不为外部利益所做左右，建立强大的自我才能度过无常的岁月。放空者内心充溢，不感到无聊，不寻求刺激，不在乎面子，不为个人利益而虚伪，不为博取他人好感而行为，不为刻意展现他们的特长和能力而劳作。

放空者一直走在自性化、回归自我、发现自我的道路上，目标是先建立强大丰富整一的自我，由内向外，触及旁物。

放空者知道：确定一个方向，义无反顾地走下去，不是抵达了目标才算是成功，而是一直朝这个方向前行。不需要抵达，每一步的风景都是抵达。

放空者知道：痛苦是每个人生活的一部分。越排斥它，抗拒它，它的力量就会越强大。越接受它、认识它，它反而无影无踪。

2. 放空是培养平常心。平常心是不会让内心太过娇宠，也不会让内心过分坚硬，是中庸之道，是顺应自然。

平常心是过去的事不执念去想，因为无法改变过去；将来的事不执念去想，因为无法决定将来。

平常心是对昨日和明日无执着、无妄念。人实际所拥有的不过是当下而已，人全然地活在此时此刻。

平常心是对天空、大地、生命有敬畏心，理解和宽容人性的善变、脆弱。

现在的人一个比一个聪明，都在努力创造物质价值，体现自我的能力和个人价值；但真正从内心层面感觉快乐和幸福的人却很少，物质的增长和幸福指数不成比例，内心的欲望被过度透支。欲望是内生动力、一种积极的力量。但一旦过度会失去平常心，失去分寸感，以物质富有的想象吞噬了知足的心态，以财富和成就的幻相引发不断的焦虑。

无常无处不在。没有精神世界，没有放下自我，静水深流，由内向外，我们无法面对物质世界。如果宇宙还存其他高级的生命，它也许是很少发声、折腾的生命，是精神力满满、没有多余物质羁绊的生命。

你富有，有权势，生命结束之时，拥有的一切连同身体都留在此世，唯有灵魂跟着你走下一段旅程。这时你知道：人生不是一场物质的盛宴，而是一次灵魂的修炼，它在谢幕之时比开幕之初更为饱满。

以上所言难以做到，但心向往之。常有此念，加上一生的读—听—思—写和实践、劳动，也算修行。